Thomas Hellmuth (Hrsg.)

Das „selbstreflexive Ich"

Thomas Hellmuth (Hrsg.)

Das „selbstreflexive Ich"

Beiträge zur Theorie und Praxis politischer Bildung

StudienVerlag
Innsbruck
Wien
Bozen

Gedruckt mit Unterstützung durch das Bundesministerium für Wissenschaft und Forschung in Wien, das Bundesministerium für Unterricht, Kunst und Kultur – Abteilung V/11 Politische Bildung, den BSA Oberösterreich – Fachverband AHS, die Grünen Oberösterreich, den Hochschulfonds der Johannes Kepler Universität Linz, das Institut für politische Grundlagenforschung Linz (ipol), die Johannes Kepler Universität Linz, den Linzer Hochschulfonds, die Pädagogische Akademie/Pädagogische Hochschule des Bundes in Oberösterreich und den SPÖ Landtagsklub Oberösterreich.

Die MitarbeiterInnen der Pädagogischen Hochschule des Bundes in Oberösterreich wurden vom Bundesministerium für Unterricht, Kunst und Kultur durch ein Forschungsprojekt (2005–2007) gefördert.

© 2009 by Studienverlag Ges.m.b.H., Erlerstraße 10, A-6020 Innsbruck
e-mail: order@studienverlag.at
Internet: www.studienverlag.at

Satz: Studienverlag/Christine Petschauer
Umschlag: Studienverlag/Vanessa Sonnewend

Gedruckt auf umweltfreundlichem, chlor- und säurefrei gebleichtem Papier.

Bibliografische Information Der Deutschen Bibliothek
Die Deutsche Bibliothek verzeichnet diese Publikation in der Deutschen Nationalbibliografie; detaillierte bibliografische Daten sind im Internet über <http://dnb.ddb.de> abrufbar.

ISBN 978-3-7065-4481-8

Alle Rechte vorbehalten. Kein Teil des Werkes darf in irgendeiner Form (Druck, Fotokopie, Mikrofilm oder in einem anderen Verfahren) ohne schriftliche Genehmigung des Verlages reproduziert oder unter Verwendung elektronischer Systeme verarbeitet, vervielfältigt oder verbreitet werden.

Inhalt

Vorwort   7

Theoretisch-methodische Grundlagen   9

Thomas Hellmuth
Das „selbstreflexive Ich"
Politische Bildung und kognitive Struktur   11

Martin Heinrich
Politische Bildung zum „selbstreflexiven Ich"
Versuch über ein didaktisches Paradoxon   21

Gerhard Zenaty
Psychoanalyse und politische Ethik
Überlegungen zu einer an der Psychoanalyse als Kulturwissenschaft
orientierten politischen Bildung   37

Ewald Hiebl
Die Dekonstruktion der Inszenierungen
Massenmedien und politische Bildung in Gegenwart und Geschichte   53

Astrid Huber
Politisches Lernen – schon im Volksschulalter?   66

Thomas Hellmuth
Entscheidende politische Sozialisation
Politische Bildung in der Unterstufe   81

Reinhard Krammer
Weder politisch noch gebildet?
„Geschichte und Politische Bildung" in der Oberstufe der AHS   97

Edith Killingseder/Barbara Mayerhofer
Politische Bildung im „Geographie und Wirtschaftskunde"-Unterricht   114

Albert Hamann
Ästhetische Erziehung und politische Bildung   126

Politische Bildung in der Praxis 137

Astrid Huber
„Anders sein und doch (gem)einsam?"
Politisches Lernen in der Volksschule 139

Thomas Hellmuth
Krieg und Frieden 147
Interdisziplinärer Geschichts- und Deutschunterricht in der Unterstufe

Christian Angerer
Erich Hackls Erzählung „Abschied von Sidonie"
Politische Bildung im Deutschunterricht der Unterstufe 157
Anhang: *Karl-Markus Gauß*: Ein Mädchen namens Nadica.
           Eine österreichische Weihnachtsgeschichte 167

Thomas Hellmuth
„Revolution" – Vom Modewort zum analytischen Begriff
Geschichte und politische Bildung in der Oberstufe 173

Christian Angerer
Luftkrieg und Literatur
Eine Kontroverse um Literatur, Geschichte und Moral
im Literaturunterricht der Oberstufe 193

Albert Hamann
Fotomontage und performative Kunst
Bildnerische Erziehung und politische Bildung 213

Politische Bildung auf dem Prüfstand 247

Cornelia Klepp
(Politische) Bildung und Qualität – Ein Paradoxon? 249

Thomas Hellmuth/Gerhard Zenaty
Was bedeutet politische Bildung?
Eine quantitative Analyse der LehrerInnenausbildung und des
Verständnisses von politischer Bildung in Österreich 262

Cornelia Klepp
Master of Science (Politische Bildung) –
Ein österreichisches Best Practice-Beispiel auf dem Prüfstand 287

AutorInnen 307

Vorwort

Infolge der österreichischen Wahlrechtsreform von 2007 sind in Österreich nun auch 16- und 17-Jährige wahlberechtigt. Die Regierung hat daher eine so genannte „Demokratie-Initiative" beschlossen: Jugendliche sollen politische „Mündigkeit" erlangen, indem politische Bildung forciert wird. Damit stellen sich mehrere Fragen bzw. Problembereiche: 1. Wo und wie soll politische Bildung installiert werden? 2. Welche Inhalte soll politische Bildung vermitteln und auf welche Weise sollen diese vermittelt werden? Bislang wurde in erster Linie über den ersten Problembereich diskutiert, eine Didaktik der politischen Bildung steckt dagegen in den „Kinderschuhen".

Das vorliegende Buch versucht daher, eine Diskussion über theoretisch-methodische bzw. didaktische Fragen anzuregen und somit einen Beitrag zur Entwicklung moderner didaktischer Modelle der politischen Bildung zu leisten. Ein erster Teil beschäftigt sich mit den theoretisch-methodischen Grundlagen politischer Bildung (insbesondere auf kulturwissenschaftlicher Basis) sowohl in den verschiedenen Schulstufen als auch in unterschiedlichen Fächern. In einem zweiten Teil werden aber auch praktische Beispiele für verschiedene Schulfächer und -stufen geboten, die auf den theoretisch-methodischen Grundlagen aufbauen. Im Zentrum stehen dabei vor allem Fragen der Kompetenzvermittlung (politische Urteils- und Handlungskompetenzen, politikbezogene Methodenkompetenzen), des Verhältnisses zwischen Kompetenzen und Wissen sowie die Herausbildung eines „selbstreflexiven Ich". Letzteres meint die Modifikation des Postulats der kantschen „Mündigkeit", d.h. dass sich der Einzelne seiner Eingebundenheit in Sozialisationsprozesse und somit der partiellen Beschränktheit seiner Handlungen bewusst sein sollte. Zum Abschluss wird die gegenwärtige politische Bildung auf den Prüfstand gestellt. Dabei kommen die Möglichkeiten der Evaluation politischer Bildung zur Sprache, zudem werden das Verständnis politischer Bildung, die Ausbildungssituation und die Bewertung der politischen Bildung durch die Auszubildenden empirisch untersucht.

Die hier skizzierten wissenschaftlichen Studien und die Erstellung schulpraktischer Beispiele wurden durch das – vom Bundesministerium für Unterricht, Kunst und Kultur teilfinanzierte – Projekt „Politische Bildung auf kulturwissenschaftlicher Basis" ermöglicht: eine Kooperation der Pädagogischen Hochschule des Bundes in Oberösterreich mit dem Institut für Neuere Geschichte und Zeitgeschichte, dem Institut für Pädagogik und dem Zentrum für soziale und interkulturelle Kompetenz der Johannes Kepler Universität Linz, mit dem Fachbereich Geschichte und dem Fachbereich Geographie und Geologie der Paris Lodron Universität Salzburg sowie mit dem Department für Politische Kommunikation der Donau-Universität Krems.

Die Ergebnisse dieses Projekts umfassen nicht alle Bereiche politischer Bildung. Mit Ausnahme von Geographie bzw. dem Schulfach „Geographie und Wirtschaftskunde" steht lediglich der geistes- und kulturwissenschaftliche Bereich – und auch dieser wird nicht gänzlich abgedeckt – im Mittelpunkt des vorliegenden Buches. Naturwissenschaftliche Disziplinen und Fächer bleiben weitgehend ausgeschlossen, obwohl diese durchaus mit politischer Bildung zu tun haben. Daher ist das Buch als Beginn einer intensiven Beschäftigung mit den theoretisch-methodischen bzw. didaktischen Grundlagen sowie der Praxis politischer Bildung auch in Österreich zu betrachten. Es bleibt zu hoffen, dass weitere Studien folgen werden.

Linz, im März 2008   Thomas Hellmuth

Theoretisch-methodische Grundlagen

Thomas Hellmuth

Das „selbstreflexive Ich"
Politische Bildung und kognitive Struktur*

> daß der kopf gebohrt ist, weiß
> bald nach der geburt
> fast schon jeder.
> daß er aber mir gehört (gehören soll)
> kann ich nicht erfassen, außer
> durch ihn. darum ist er ja gebohrt,
> damit er nicht allein
> sich selbst (ge)hört
> wie die ungebohrte baumkrone.
> *(Ernst Jandl, der gebohrte kopf)*[1]

Unterricht bedeutet nicht nur Wissensvermittlung – eine pädagogische Einsicht, die heute, auch wenn uns die Praxis nicht selten eines anderen belehrt, unumstritten ist. Wie bereits Wolfgang Klafki vor über vierzig Jahren ausgeführt hat,[2] soll der Unterricht die SchülerInnen vielmehr dazu zu befähigen, das erworbene Wissen auch praktisch verwerten zu können. Unterrichtskonzepte sollen demnach darauf ausgerichtet sein, den SchülerInnen die notwendigen Ressourcen zur Verfügung zu stellen, um ihre Existenz sinnvoll und verantwortungsbewusst zu gestalten. Auf der Grundlage dieses didaktischen Postulats hat sich politische Bildung in erster Linie mit der Vermittlung politischer Strukturen, etwa mit dem Funktionieren politischer Systeme, und der „Erziehung zur Mündigkeit" im Kantschen Sinn beschäftigt. Dieser so genannte „subjekttheoretische Diskurs"[3] geht von der gleichsam sozio-technologischen Annahme aus, dass sich Individuen als weitgehend autonome Wesen emanzipieren und zu „mündigen" BürgerInnen entwickeln können, wenn ihnen das dazu notwendige „Werkzeug", d.h. spezifisches (Fakten-)Wissen sowie bestimmte Denk-, Verhaltens- und Handlungsstrategien, durch politische Bildung zur Verfügung gestellt wird.

Auf den ersten Blick scheint diese Annahme nachvollziehbar, bei genauerer Betrachtung erweist sie sich aber insofern als problematisch, weil sie Sozialisationsprozesse nur unzureichend berücksichtigt. Zwar besitzen Individuen eine gewisse Eigenständigkeit, sie sind aber auch stark von äußeren Einflüssen geprägt, etwa durch ihre Zugehörigkeit zu bestimmten sozialen Milieus oder Gruppen und somit durch ihre Eingebundenheit in spezifische Kulturen.[4] Der Einzelne ist – wie nicht zuletzt die Erfahrungen in der industriellen Produktion, den industrialisierten Weltkriegen und der nationalsozialistischen Vernichtungsmaschinerie zeigt – nicht „idealistisch als autonomes und heroisches Willenssubjekt gedacht", sondern als „ein *sub-jectum* im Wortsinn, ein [zum Teil, Anm. d. V.] unterworfenes".[5] Dennoch ist damit die aufklärerisch-emanzipatorische Denktradition nicht grundsätzlich zu verwerfen, allerdings scheint ihre Modifikation notwendig, indem eine Didaktik politischer Bildung auch Sozialisationsprozesse und die Frage der Identitätsbildung verstärkt berücksichtigt.

Individuum und Sozialisation

Politische Bildung, wie sie traditionell erfolgt, behandelt meist drei Dimensionen des Politischen: die formale, inhaltliche und prozessuale Dimension. Unter der *formalen Dimension*, der „Form" der Politik („polity"), sind etwa die Verfassung oder politische Institutionen bzw. allgemeiner das Funktionieren politischer Systeme gemeint. Dagegen umfasst die *inhaltliche Dimension*, die als „policy" bezeichnet wird, die Ziele und Aufgaben der Politik wie die Gestaltung gesellschaftlicher Verhältnisse und die Konkurrenz politischer Interessen bzw. Ideologien. Die *prozessuale Dimension* beinhaltet die „politics", d.h. politische Willensbildung, Formen der politischen Konfliktaustragung und Konsensbildung sowie Fragen der Mehrheitsbeschaffung.[6] Dieses so genannte „Dimensionen-Modell" ist somit primär auf einer strukturellen Ebene verankert, d.h. es beschäftigt sich mit Politik im engeren Sinn, ohne dabei das Individuum, das letztlich politisch verantwortungsbewusst handeln soll, in das Zentrum einer Didaktik der politischen Bildung zu rücken.

Politische Bildung sollte sich daher nicht allein auf strukturelle Grundlagen konzentrieren, sondern auch eine andere, an subjektiven Faktoren orientierte Perspektive einnehmen und sich somit an Ansätzen der „Politischen Kulturforschung" orientieren. Diese lebt von Interdisziplinarität und benötigt somit andere Wissenschaften, insbesondere die Soziologie, die Politikwissenschaft, die Geschichtswissenschaft und die Psychologie bzw. „Politische Psychologie", die Wechselwirkungen zwischen kollektiven Ideologien und persönlichen Überzeugungen untersucht.[7] Politische Kulturforschung rückt daher – im Sinne der Kulturwissenschaft – das handelnde Subjekt in den Mittelpunkt des wissenschaftlichen Interesses und geht von einem dialektischen Verhältnis zwischen gesellschaftlicher Struktur und Individuum aus, d.h. dass Akteure etwa von bestimmten Werten geprägt sind, diese aber auch verändern können. In diesem Zusammenhang haben die Forschungen zur politischen Sozialisation unter anderem die – selbstverständlich nicht als absolut zu setzende – „Kristallisationsthese" entwickelt, die die Persistenz der früheren politischen Sozialisation, insbesondere in der Familie, betont. Auch vom „Strukturierungsprinzip" wird in diesem Zusammenhang gesprochen, d.h. dass späteres Lernen durch die früh erworbenen Werte und Orientierungen partiell vorstrukturiert ist.[8]

Demnach verfügt der Einzelne über eine sozialisierte „kognitive Struktur", womit „ein Gefüge von Begriffen, Operationen und Schemata" gemeint ist, „das, im Bewusstsein […] verankert, dort [aber] auch verändert werden kann" und „für künftige Erkenntnis- und Denkakte und Handlungen bereit" steht.[9] Somit lässt sich die kognitive Struktur auch als „Habitus" umschreiben, unter dem Pierre Bourdieu sozialisierte Wahrnehmungs- und Handlungsstrategien versteht.[10] Der Habitus dient dem Einzelnen gleichsam als „Operator zwischen Struktur und Praxis [...], der [...] die Praxis der Struktur anpasst und die praktische Reproduktion und Aktualisierung der Struktur gewährleistet".[11] Demnach richtet sich individuelles Verhalten und Handeln einerseits nach milieu- bzw. kulturbedingten Vorgaben und trägt damit zu deren Erhalt bei, andererseits können diese Vorgaben aber auch – wie noch genauer besprochen wird – verändert werden.

Die Bestandteile der kognitiven Struktur resultieren aus einem *kollektiven Gedächtnis*, das sich wiederum in ein „kommunikatives" und ein „kulturelles Gedächtnis" differenzieren lässt. Das *kommunikative Gedächtnis* ist Ergebnis der Alltagskommunikation, d.h. der Kommunikation mit anderen in spezifischen sozialen Räumen bzw. innerhalb sozialer Gruppen bzw. Milieus und im weiteren Sinn auch innerhalb einer Nation[12]. „Diese anderen sind [...] keine beliebige Menge", schreibt Jan Assmann, „sondern Gruppen, die ein Bild oder einen Begriff von sich selbst, d.h. ihrer Einheit und Eigenheit haben und dies auf ein Bewusstsein gemeinsamer Vergangenheit stützen". Im Gegensatz dazu ist das *kulturelle Gedächtnis* durch seine Alltagsferne gekennzeichnet und beinhaltet vermeintliche „schicksalhafte Ereignisse der Vergangenheit", die sich in Form von „Erinnerungsfiguren" kulturell manifestieren.[13] Solche Erinnerungsfiguren sind etwa Denkmäler, Texte oder Ausstellungen, die sich mit spezifischen – oft mythisierten – historischen Ereignissen auseinandersetzen, etwa mit den beiden Weltkriegen oder dem Holocaust.[14] In vielen Fällen existieren das kommunikative und kulturelle Gedächtnis keineswegs unabhängig voneinander. Vielmehr verfügt das kollektive Gedächtnis über eine *„kulturelle Metasemantik"*, die aber eine *„kulturelle Tiefenstruktur"* aufweist. Das bedeutete, dass sich das kollektive Gedächtnis bzw. seine kulturelle Metasemantik durch ihre Rezeption in sozialen Handlungsräumen verformen und sich somit durch soziale, lokale sowie regionale Variationen auszeichnen kann.[15]

Im Zusammenhang mit der individuellen „kognitiven Struktur" steht die Frage der Identitätsbildung, vorausgesetzt, dass Identität als „subjektiver Konstruktionsprozess" verstanden wird, als ein ständiger Umbauprozess, „in dem Individuen eine Passung von innerer und äußerer Welt suchen".[16] Identitätsbildung bedeutet also das ständige Bemühen, seine individuellen Bedürfnisse mit den wirtschaftlichen und gesellschaftlichen Wandlungsprozessen und den sich verändernden Anforderungen der anderen in Einklang zu bringen. Trotz seiner Eingebundenheit in ein kollektives Gedächtnis ist daher eine gewisse Eigenständigkeit des Individuums anzunehmen, zumal es über die Fähigkeit verfügt, die Bestandteile der kognitiven Struktur, die unterschiedlichen Denk-, Verhaltens- und Handlungsressourcen, je nach Situation unterschiedlich zu kombinieren. Das Individuum entwickelt somit auf der Basis vorhandener Ressourcen individuelle Strategien zur Existenzbewältigung. Vorhandene Ressourcen sind aber nicht immer ausreichend, um die „Passung von innerer und äußerer Welt" zu gewährleisten. Daher müssen auch neue Ressourcen übernommen werden, die sich aus Erfahrungen und der ständigen Sozialisation ergeben.[17]

Demnach ist es Aufgabe politischer Bildung, die kognitive Struktur im Bezug auf demokratisches politisches Denken und Handeln durch neue Ressourcen zu erweitern und den Lernenden zu befähigen, die Ressourcen auch zu hinterfragen. Sie orientiert sich somit an lern- und entwicklungspsychologischen Ansätzen, die von einer aktiven Auseinandersetzung des Individuums mit seiner Umwelt ausgehen. Damit verbunden ist ein lebenslanges Lernen, das durch die Gestaltung soziokultureller Bedingungen beeinflusst werden kann, zum Beispiel durch ein entsprechendes Lernangebot.[18] Dabei ist zu berücksichtigen, dass LehrerInnen nicht nur VermittlerInnen oder ErzieherInnen sind, die gleichsam wissen, was die SchülerInnen brauchen, und diesen somit lehren, ihr Leben adäquat zu meistern. Vielmehr agieren auch die Lehrenden in einem sich ständig wandelnden ökonomischen und gesellschaftlichen Kontext, d.h. dass sie wie die SchülerInnen von einem kollektiven Gedächtnis beeinflusst sind. Didaktische Konzepte der politischen Bildung müssen daher so gestaltet werden, dass eine möglichst geringe Einflussnahme bzw. Manipulation durch die Lehrenden erfolgt. Freilich wird Unterricht nicht völlig „objektiv" im Sinne von wertneutral sein können, sondern immer auch von den unterschiedlichen Deutungen sowohl der Lehrperson als auch der SchülerInnen abhängen, zumal alle in der Klasse handelnden Personen in unterschiedlichen sozialen Räumen sozialisiert wurden und werden. Gerade deshalb muss aber den SchülerInnen das Bewusstsein ermöglicht werden, dass Entscheidungen eben nicht immer völlig frei erfolgen können. Nur auf diese Weise ist zumindest eine partielle Autonomie des Individuums gewährleistet.

Das „selbstreflexive Ich"

Im Zentrum einer Didaktik der politischen Bildung muss daher die Entwicklung eines „selbstreflexiven Ich" stehen, das über Denk-, Verhaltens und Handlungsressourcen verfügt, mit denen sich ständig wandelnde Umweltbedingungen verarbeiten lassen bzw. diese auch aktiv gestaltet werden können. Diese Ressourcen sollen aber nicht nur genutzt, sondern auch immer wieder hinterfragt werden. Auf diese Weise erkennt das „selbstreflexive Ich" seine Abhängigkeit von Sozialisationsprozessen, von vorgegebenen Normen und Werten sowie von den Erwartungen der Alterität, kurzum: vom „kollektiven Ich". Es sei explizit darauf hingewiesen, dass das „kollektives Ich" nicht gleichbedeutend mit C. G. Jungs „kollektivem Unterbewusstsein"[19] ist, zumal es nicht nur die „äußeren" Einflüsse umfasst, denen das Individuum unbewusst ausgesetzt ist, sondern auch bewusst wahrzunehmende soziale Anforderungen[20].

Der (selbst-)reflexive Umgang mit Ressourcen muss trainiert werden und ist zugleich selbst eine Ressource, die es ermöglicht, verschiedene andere Ressourcen gegeneinander abzuwägen und schließlich ein individuelles und doch kommunikativ sowie rational begründetes und damit an demokratische Prozesse anschlussfähiges *politisches Urteil* zu fällen. Obwohl der Einzelne nicht völlig autonom ist, muss er letztlich eine Entscheidung treffen können, allerdings erst, nachdem er ein Problem von möglichst verschiedenen Perspektiven aus betrachtet hat. Er soll bei

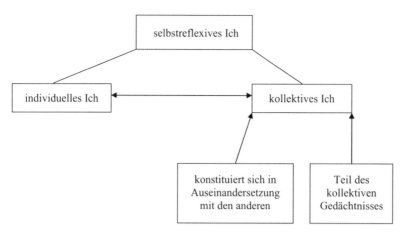

Grafik 1: Das „selbstreflexive Ich"

der eigenen politischen Urteilsbildung differenziert argumentieren können und in der Politik unterschiedliche politische Urteile als rational begründbare Urteile akzeptieren lernen. Dazu ist es unter anderem notwendig, zwischen verschiedenen Sichtweisen zu unterscheiden. So können etwa die Sichtweisen der politisch Handelnden und der von der Politik Betroffenen sowie die im demokratischen System verankerten Regeln stark voneinander abweichen.[21]

Perspektivenvielfalt ist, wie bereits angedeutet, nur auf der Basis von Rationalität möglich, d.h. dass politische Urteile begründbar und durch das Prinzip des „offenen Diskurses" geprägt sind, sich also im Dialog erörtern lassen.[22] Zu berücksichtigen ist zudem die so genannte „Wertrationalität", die politische Urteile an demokratische Werte bzw. Spielregeln gebunden sieht. Bei der Wertrationalität handelt es sich allerdings um eine so genannte „weiche" Rationalität; sie muss in diskursiven Prozessen immer wieder neu ausgehandelt werden.[23] Aufgrund des Rationalitätsprinzips sind politische Urteile von politischen Vorausurteilen und politischen Vorurteilen zu unterscheiden. *Politische Vorausurteile* beruhen auf einer schmalen und nicht gesicherten Wissensbasis und sind emotional noch wenig gefestigt. Daher lassen sie sich ohne große emotionale Widerstände diskutieren und gegebenenfalls auch modifizieren. Im Gegensatz dazu sind *politische Vorurteile* gegenüber Kritik immun und widerstehen hartnäckig allen Beweisen.

Um einen (selbst-)reflexiven Umgang mit sozialisierten Denk-, Verhaltens- und Handlungsressourcen zu gewährleisten, muss bei didaktischen Konzepten zur politischen Bildung – in Anlehnung an Karl-Ernst Jeismanns Theorem des „reflektierten Geschichtsbewusstseins" – zwischen Sachaussage, Sachurteil und Bewertung unterschieden werden. Die *Sachaussage* benennt einen gesellschaftlichen Sachverhalt, d.h. es handelt sich um die Feststellung der „reinen" Faktenlagen. Das *Sachurteil* meint dagegen die Analyse dieser Sachverhalte bezüglich ihrer Ursachen und Wirkungen. Die *Ebene der Bewertung* bezieht sich schließlich auf die Analyse kollektiver und davon beeinflusster individueller Wertungen von Sachverhalten, also auf die Analyse der gesellschaftlichen Manifestation des kollektiven Gedächtnisses, zum Beispiel der politischen Instrumentalisierung bestimmter Ereignisse.[24] Beispielsweise umfasst die Sachaussage beim Thema „Zweite Republik in Österreich" diverse Eckdaten oder auch Details wie die Befreiung durch die Truppen der alliierten Kräfte, die Verankerung der Neutralität in der Verfassung oder den Abschluss des Staatsvertrags. Diese Fakten werden in einem weiteren Schritt durch das Sachurteil miteinander verbunden, d.h. auf Basis rationaler Kriterien zueinander in Beziehung gesetzt. Dabei wirkt aber bereits die Ebene der Bewertung, denn die Sachverhalte können unterschiedlich interpretiert und verknüpft werden. Im Übrigen ist auch die Frage, welche Fakten als relevant gelten, bereits vom kollektiven Gedächtnis abhängig. Politische Bildung muss daher den SchülerInnen ermöglichen, einerseits die analytische Trennung zwischen Sachverhalt, Sachurteil und Bewertung zu vollziehen, andererseits die gegenseitige Abhängigkeit dieser Analyseebenen zu erkennen. Die Entscheidung für das eine oder andere Sachurteil, das in weiterer Folge die zentrale Instanz für politisches Verhalten und Handeln bilden sollte, resultiert aus der Fähigkeit, auf kommunikativer und rationaler Basis die unterschiedlichen Sachurteile und Bewertungen zu vergleichen und abzuwägen.

Der Ausgleich zwischen „individuellem" und „kollektivem Ich"

Die Herausbildung eines „selbstreflexiven Ich" bedarf eines Ausgleichs zwischen „individuellem" und „kollektivem Ich", d.h. dass die Erfüllung individueller Bedürfnisse oder individueller Freiheit immer nur im Rahmen eines bestimmten demokratischen Normen- und Regelsystems erfolgen sollte. Dieses Prinzip der „eingezäunten Freiheit" stellt eine Grundvoraussetzung für bürgerlich-demokratische Systeme dar. Misslingt der Ausgleich zwischen „individuellem" und „kollektivem Ich", wird entweder aggressiver Widerstand, ein „egozentrischer Widerstand", entwickelt oder eine weitgehende Anpassung an das kollektive Ich angestrebt, die hier als „subordinierende Anpassung" bezeichnet werden soll. Eine Didaktik politischer Bildung sollte daher darauf ausgerichtet sein, politische Verantwortung und politisches Handeln im Sinne einer – zumindest partiellen – Auflösung des Spannungsverhältnisses zwischen „individuellem" und „kollektivem Ich" zu ermöglichen. Selbstverständlich ist unter „Auflösung", wie im Folgenden noch ausführlich diskutiert wird, keineswegs die individuelle Anpassung bzw. Unterordnung an die gesellschaftlichen Anforderungen zu verstehen.

Bei der Entwicklung einer adäquaten Didaktik scheint es sinnvoll, das Konzept des „selbstreflexiven Ich" auf vier Bereiche der politischen Bildung zu übertragen: „Autonomie", „Kritikfähigkeit", „Emanzipation" und „individuelle Partizipation". Unter *individueller Emanzipation* ist das rational und auf Kommunikation begründete Abwägen von Sachurteilen und die Entscheidung für ein Sachurteil zu verstehen. Die Entscheidung für ein Sachurteil setzt wiederum *Kritikfähigkeit* voraus, d.h. die Fähigkeit, die gegenseitige Abhängigkeit von Sachverhalt, Sachurteil und Bewertung erkennen und auch hinterfragen zu können, wobei hier individuelle *Autonomie* als maßgeblich betrachtet werden muss. Nur auf der Basis der individu-

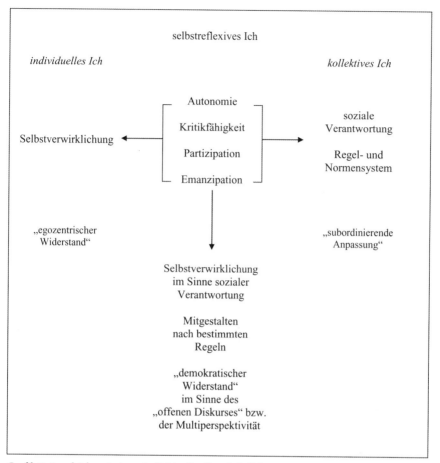

Grafik 2: Ausgleich zwischen „individuellem" und „kollektivem Ich"

ellen Emanzipation, der Kritikfähigkeit und individueller Autonomie ist schließlich die *Partizipation* an gesellschaftlichen Entscheidungsprozessen möglich, d.h. die Erhaltung und Verwirklichung demokratischer Kultur durch die Teilnahme an Wahlen und politischer Aktivität.

Inhalte und Materialien des politischen Unterrichts sollten auf individuelle Autonomie und Emanzipation sowie Kritikfähigkeit und Partizipation abgestimmt sein. Auf diese Weise wird dem Lernenden ermöglicht, sich im Sinne sozialer Verantwortung selbst zu verwirklichen und die Gesellschaft nach bestimmten Regeln mitzugestalten, worunter auch „demokratischen Widerstand" im Sinne des „offenen Diskurses" verstanden wird. Dies setzt voraus, dass Sachaussagen und bestimmte Sachurteile didaktisch so aufbereitet werden, dass sie auch die Lernenden in ihren Lebenswelten erreichen. Einerseits sind objektive Relevanzkriterien von Bedeutung, d.h. dass etwa die Kenntnis der Spielregeln bürgerlich-demokratischer Systeme für den Ausgleich zwischen „individuellem" und „kollektivem Ich" unabdingbar sind. Andererseits müssen aber auch subjektive Relevanzkriterien berücksichtigt werden, d.h. die Lebensrelevanz bzw. die konkreten Interessen, Bedürfnisse und Probleme der jeweiligen SchülerInnen. Eine Didaktik politischer Bildung darf somit nicht nur als wissenschaftlicher *Ableitungszusammenhang* verstanden werden, d.h. dass aus der Summe des Wissens, über das die unterschiedlichen wissenschaftlichen Disziplinen verfügen, lediglich ein didaktisch relevantes Kernwissen durch die „didaktische Reduktion"[25] für Unterrichtszwecke verfügbar gemacht wird. Vielmehr muss sie als wissenschaftlicher *Begründungszusammenhang* verstanden werden und somit dem Lernenden jene Kompetenzen vermitteln, die ihn auf Basis seiner eigenen Bedürfnisse zu (wert-)rationalen, kommunikativ begründeten und somit demokratischen politischen Urteilen, Entscheidungen und Handlungen befähigen.[26] Damit wird letztlich dem „postkonventionelle Stadium" des Stufenmodells von Lawrence Kohlberg entsprochen, das am Ende des politischen Lernens stehen sollte: Das „individuelle Ich" akzeptiert einen Rahmen von Regeln und Erwartungen, ohne sich diesen völlig unterzuordnen. Vielmehr handelt es innerhalb dieses allgemeinen Rahmens rational und argumentativ. Zudem vermeidet das „individuelle Ich", den Verhaltens- und Handlungsspielraum anderer zu verletzen.[27] Zu berücksichtigen ist allerdings, dass Kohlbergs Stufenmodell eine hierarchische Ordnung unterstellt, die in der Praxis kaum als realistisch erscheint: Ein „postkonventionelles Stadium" wird nicht in allen politischen Fragen erreichbar sein; die einzelnen „Stadien" sind eher als Verhaltens- und Handlungsmöglichkeiten nebeneinander zu betrachten und wohl auch von der jeweiligen Situation oder auch der Schulstufe abhängig, in der politische Bildung unterrichtet wird. Bezüglich seines Inhaltes bzw. als Idealtypus kann das „postkonventionelle Stadium" aber durchaus als Ziel politischer Bildung postuliert werden.

Anmerkungen

*   Martin Heinrich sei an dieser Stelle für zahlreiche Hinweise und Anregungen gedankt.
1   Jandl, Ernst: der gelbe hund. gedichte, Darmstadt/Neuwied 1980, S. 74.
2   Klafki, Wolfgang: Das pädagogische Problem des Elementaren und die Theorie der kategorialen Bildung, Weinheim 1959.
3   Zu den unterschiedlichen Diskursen zur politischen Bildung siehe: Hafeneger, Benno: Politische Bildung, in: Tippelt, Rudolf (Hg.): Handbuch Bildungsforschung, Opladen 2002, S. 691-705.
4   Hier sei nur auf zwei inzwischen zu „Klassikern" avancierten Arbeiten verwiesen, die die gesellschaftliche Entwicklung diagnostizieren und ihre Auswirkung auf Sozialisationsprozesse beschreiben: Beck, Ulrich: Risikogesellschaft, Frankfurt a. M. 1986; Schulze, Gerhard: Die Erlebnisgesellschaft, Frankfurt a. M. 1992.
5   Sieder, Reinhard: Kulturwissenschaften. Fragen und Theorien. Erste Annäherung, in: Lutter, Christina (Hg.): Kulturgeschichte. Fragestellungen, Konzepte, Annäherungen, Innsbruck 2004, S. 13, 18-19.
6   Kuhn, Hans-Werner: Dimensionen des Politischen, in: Richter, Dagmar/Weißeno, Georg (Hg.): Lexikon der politischen Bildung, Bd. 1. Didaktik und Schule, Schwalbach/Ts. 1999, S. 53-54.
7   Eine kompakte Beschreibung politischer Kulturforschung bietet: Funke, Hajo: Politische Kultur, in: Richter/Weißeno (Hg.), Lexikon politischer Bildung 1, S. 189-191.
8   Ackermann, Paul: Politische Sozialisation, in: Richter/Weißeno (Hg.), Lexikon politischer Bildung 1, S. 194-196. Siehe dazu auch: Claußen, Bernhard/Geißler, Rainer (Hg.): Politisierung des Menschen. Instanzen politischer Sozialisation. Ein Handbuch, Opladen 1996.

9 Gagel, Walter: Einführung in die Didaktik des politischen Unterrichts, 2. Auflage, Opladen 2000, S. 224. Siehe dazu auch: Seiler, Bernhard (Hg.): Kognitive Strukturiertheit. Theorien, Analysen, Befunde, Stuttgart 1973.
10 Bourdieu, Pierre: Der Habitus als Vermittlung zwischen Struktur und Praxis, in: Ders.: Zur Soziologie der symbolischen Formen, 6. Auflage, Frankfurt a. M. 1997, S. 125-158; Ders.: Die feinen Unterschiede. Kritik der gesellschaftlichen Urteilskraft, 10. Auflage, Frankfurt a. M. 1998, S. 277-286.
11 Reichhardt, Sven: Bourdieu für Historiker? Ein kultursoziologisches Angebot an die Sozialgeschichte, in: Mergel, Thomas/Welskopp, Thomas (Hg.): Geschichte zwischen Kultur und Gesellschaft. Beiträge zur Theoriedebatte, München 1997, S. 75.
12 Dies setzt freilich voraus, dass eine Nation als dauerhafte Sozialgemeinschaft verstanden wird, zu deren Bildung sich Menschen aufgrund gemeinsamer Interessen entschlossen haben und die sich – etwa durch eine vermeintlich gemeinsame Kultur und Geschichte, die freilich einen hohen Grad an Konstruktion bzw. Erfindung aufweisen – von anderen Sozialgemeinschaften unterscheidet. Freilich sind Nationen im Wesentlichen „von oben" konstruiert, erwecken aber „unten" Hoffnungen, Bedürfnisse und Sehnsüchte und beeinflussen daher auch das kommunikative Gedächtnis. Zur Definition von Nation siehe u.a.: Hobsbawm, Eric J.: Nationen und Nationalismus. Mythos und Realität seit 1780, Frankfurt a. M./New York 1991, S. 20-22.
13 Assmann, Jan: Kollektives Gedächtnis und kulturelle Identität, in: Ders./Hölscher, Tonio (Hg.): Kultur und Gedächtnis, Frankfurt a. M. 1988, S. 10.
14 Siehe dazu u.a.: Wegan, Katharina: Monument, Macht, Mythos. Frankreich und Österreich im Vergleich nach 1945, Innsbruck/Wien/Bozen 2005; Uhl, Heidemarie: Jede Vergangenheit schafft sich ihre Vergangenheit neu. Die Transformation des kulturellen Gedächtnisses, in: XING. Ein Kulturmagazin, 2 (2005), S. 26-29; Kirsch, Jan-Holger: Nationaler Mythos oder historische Trauer? Der Streit um ein zentrales „Holocaust-Mahnmal" für die Berliner Republik, Köln/Weimar/Wien 2003; Prost, Antoine: Les monuments aux morts. Culte républicain? Culte civique? Culte patriotique?, in: Nora, Pierre (Hg.): Les Lieux de Mémoire, Bd. 1. La République – La Nation – Les France, Paris 1997, S. 199-223.
15 Assmann, Jan: Ägypten. Eine Sinngeschichte, Frankfurt a. M. 1999, S. 30, 100.
16 Keupp, Heiner/Ahbe, Thomas/Gmür, Wolfgang/Höfer, Renate/Mitzscherlich, Beate/Kraus, Wolfgang/Straus, Florian: Identitätskonstruktionen. Das Patchwork der Identitäten in der Spätmoderne, Reinbek b. Hamburg 1999, S. 7. Siehe dazu auch: Herzog, Walter: Das Kulturverständnis in der neueren Erziehungswissenschaft, in: Appelsmeyer, Heide/Billmann-Mahecha, Elfriede (Hg.): Kulturwissenschaft. Felder einer prozeßorientierten wissenschaftlichen Praxis, Weilerswist 2001, S. 97-124; Mey, Günther: Adoleszenz, Identität, Erzählung. Theoretische, methodologische und empirische Erkundungen, Berlin 1999.
17 Hellmuth, Thomas: „Patchwork" der Identitäten. Ideologische Grundlagen und politische Praxis des Populismus in Frankreich und Österreich, in: Hauch, Gabriella/Ders./Pasteur, Paul (Hg.): Populismus. Ideologie und Praxis in Frankreich und Österreich, Innsbruck/Wien/Bozen/München 2002, S. 30-31.
18 Ackermann, Politische Sozialisation, S. 194-195.
19 Jung, Carl G.: Bewußtes und Unbewußtes. Beiträge zur Psychologie, Frankfurt a. M. 1957; Ders.: Die Beziehung zwischen dem Ich und dem Unbewußten, 7., revid. Auflage, Zürich 1967.
20 Keupp u.a., Identitätskonstruktionen, S. 95-96.
21 Massing, Peter/Weißeno, Georg (Hg.): Politische Urteilsbildung. Zentrale Aufgabe für den Politikunterricht, Schwalbach/Ts. 1997. Siehe dazu auch: Massing, Peter: Was heißt und wie ermögliche ich politische Urteilsbildung?, in: Ders./Weißeno, Georg (Hg.): Politik als Kern politischer Bildung. Wege zur Überwindung unpolitischen Politikunterrichts, Opladen 1995, S. 205-224.
22 Hättich, Manfred: Rationalität als Ziel politischer Bildung. Eine Einführung, München 1977.
23 Massing, Peter: Politische Urteilsbildung, in: Richter/Weißeno (Hg.), Lexikon der politischen Bildung 1, S. 200; Schulz-Hageleit, Peter: Grundzüge geschichtlichen und geschichtsdidaktischen Denkens, Frankfurt a. M. 2002, S. 79-84.
24 Jeismann, Karl-Ernst: „Geschichtsbewusstsein" als zentrale Kategorie der Didaktik des Geschichtsunterrichts, in: Niemetz, Gerold (Hg.): Aktuelle Probleme der Geschichtsdidaktik, Stuttgart 1990, S. 44-75. Siehe dazu auch: Schreiber, Waltraud: Reflektiertes und (selbst-)reflektiertes Geschichtsbewusstsein durch Geschichtsunterricht fördern – ein vielschichtiges Forschungsfeld der Geschichts-

didaktik, in: Zeitschrift für Geschichtsdidaktik, Jahresband 2000, S. 18-43; Krammer, Reinhard: Intention und Prozesse im Geschichtsunterricht. Der Einfluss externer Faktoren auf die Praxis an den deutschsprachigen Mittelschulen Österreichs 1848-1914, Habilitationsschrift, Salzburg 2003.

25 Bei der „didaktischen Reduktion" wird zwischen „vertikaler Reduktion" und „horizontaler Reduktion" unterschieden: Die „vertikale Reduktion" formt eine komplexe wissenschaftliche Aussage zu einer anderen mit geringerem Gültigkeitsgrad um. Dagegen bleibt die Gültigkeit der Aussage bei der „horizontalen Reduktion" gleich. Die Aussage wird aber in eine konkretere Form transformiert, die den Lernenden leichter verständlich ist, etwa durch anschauliche Beispiele oder die Überleitung wissenschaftlicher Darstellungen in umgangssprachliche. Zur „didaktischen Reduktion" siehe: Grammes, Tilman. Kommunikative Fachdidaktik, Opladen 1998, S. 55; Gagel, Einführung in die Didaktik, S. 110-119.

26 Zur Auswahl von Inhalten für den politischen Unterricht siehe: Weinbrenner, Peter: Inhaltsauswahl, in: Richter/Weißeno (Hg.), Lexikon der politischen Bildung 1, S. 108-111; Gagel, Einführung in die Didaktik, S. 109-179.

27 Dem *postkonventionellen Stadium* gehen bei Kohlbergs Stufenmodell zwei Stadien voraus: 1) Das *präkonventionelle Stadium*, in dem die Unterordnung unter die überlegene Macht erfolgt, um damit in egozentrischer Manier ein Optimum für sich herauszuholen. „Richtiges" Handeln wird definiert als alleinige Befriedigung des „individuellen Ich". 2) Das *konventionelle Stadium*, das sich durch das Bemühen auszeichnet zu gefallen und sich letztlich anzubiedern. Soziale Ordnung und Autorität werden aufrechterhalten. Kohlberg, Lawrence: Zur kognitiven Entwicklung des Kindes, Frankfurt a. M. 1974, S. 60-61. Eine gute Zusammenfassung und Weiterführung des Kohlbergschen Stufenmodell findet sich bei: Reinhardt, Sibylle: Moralisches Lernen, in: Sander, Wolfgang (Hg.): Handbuch politische Bildung, 3., völlig überarbeitete Auflage, Schwalbach/Ts. 2005, S. 369-372. Siehe dazu auch: Dies.: Betroffenheit und Distanz beim moralischen Urteilen – die Balance im Unterricht, in: Mickel, Wolfgang W./Zitzlaff, Dietrich (Hg): Methodenvielfalt im politischen Unterricht, 3. Auflage, Schwalbach/Ts. 1995, S. 157-159.

Martin Heinrich

Politische Bildung zum „selbstreflexiven Ich"

Versuch über ein didaktisches Paradoxon

„Politische Bildung zum ‚selbstreflexiven Ich'" – Streng genommen enthält dieser Titel entweder eine unglaubliche Provokation oder ist Ausdruck pädagogisch-didaktischer Naivität: Nimmt man die Idee eines „selbstreflexiven Ich", wie sie im vorausgehenden Beitrag von Thomas Hellmuth konzeptionalisiert wurde, als Fluchtpunkt und proklamiert dann die Möglichkeit einer „Machbarkeit" eines solchen Ichs durch „politische Bildung", dann liegt die Kritik an den latenten Omnipotenzphantasien der Pädagogik[1] ebenso nahe wie der Verweis auf das Luhmannsche Verdikt vom Technologiedefizit des pädagogischen Systems[2]. Die dahingehende Selbstüberschätzung des Didaktischen hat indessen Tradition.[3] Problematisch ist die latent unterstellte Linearität, der insinuierte Ableitungszusammenhang zwischen einer pädagogischen Aktivität („politische Bildung") und der den Intentionen entsprechenden Entwicklung des Subjekts („selbstreflexives Ich"). Aus vielen alltäglichen pädagogischen Prozessen, aber auch aus der empirischen Schul- und Bildungsforschung wissen wir: Nicht nur die Diskussion über jedwede Form der Bildung ist von kontraintentionalen und transintentionalen Effekten belastet, sondern auch die Praxis selbst. Die Widersprüchlichkeit schulischer Realität als strukturelle Bedingung von LehrerInnenarbeit[4] wird daher auch schon seit längerer Zeit als Ausgangspunkt für Schulentwicklung begriffen, da die Bewältigung komplexer Situationen leichter fällt, wenn die in ihnen verborgenen Widersprüche und Spannungsverhältnisse sichtbar gemacht werden. Auch in aktuellen Überlegungen zum Neuarrangement „schulischer Lernorganisation"[5] finden Reflexionen zu pädagogischen Dilemmata ihren Ort, innerhalb derer versucht wird, sowohl der Komplexität pädagogisch-didaktischer Prozesse als auch der strukturellen Widersprüchlichkeit der dahinter liegenden Bedingungen der Möglichkeit schulischer Bildung gerecht zu werden.

Eingebettet in diesen Diskurs wird deutlich, dass die Vorstellung eines „selbstreflexiven Ich" im Sinne einer regulativen Idee konzeptionalisiert werden muss, d.h. als ein pädagogisch-didaktisch Anzustrebendes allerdings in dem vollen Bewusstsein, dass sich dessen letztgültige Ausformung weder final bestimmen noch durch didaktische Arrangements oder Maßnahmen schlichtweg herbeiführen lässt. Aber welche Konsequenz hat eine solche Vorstellung des „selbstreflexiven Ich" für die Konzeptionalisierung einer „politischen Bildung"? Ist der Versuch einer „politischen Bildung zum ‚selbstreflexiven Ich'" damit obsolet geworden?

Im folgenden Text möchte ich die These plausibilisieren, dass eine politische Bildung zum „selbstreflexiven Ich" sich zwar nicht didaktisch im Sinne konkreter

Handlungsanweisungen operationalisieren lässt, dass sich aber sehr wohl pädagogisch-didaktische Zielsetzungen formulieren lassen und auch Rahmenbedingungen zu nennen sind, die Bildungsprozesse in Richtung einer Bildung zum „selbstreflexiven Ich" befördern helfen könnten. Es soll versucht werden, eine bildungstheoretisch fundierte Konzeptionalisierung der Idee des „selbstreflexiven Ich" vorzustellen. Hierfür sind – gemäß des Begriffs des Selbstreflexiven – zunächst epistemologische Voraussetzungen dieser Vorstellungen zu konkretisieren. Im Anschluss daran ist zu klären, welche anthropologische Vorstellung des „Ich", d.h. des sich selbst reflektierenden Selbst in dieser Konzeption zugrunde gelegt ist. Um schließlich nicht dem Verdikt einer ahistorischen, wirklichkeitsfernen und damit letztlich einer „neuen Innerlichkeit" verhafteten Bildungskonzeption anheim zu fallen, wie dies als Kritik beispielsweise an der geisteswissenschaftlichen Pädagogik formuliert wurde,[6] müssen daraufhin die gesellschaftlichen Voraussetzungen, d.h. die sozialen Bedingungen der Möglichkeit eines solchen „selbstreflexiven Ich" geprüft werden, bevor schließlich bildungstheoretische Überlegungen die Vorstellungen des „selbstreflexiven Ich" allererst in einen spezifisch pädagogisch zu nennenden Kontext einbetten. Die Ausführungen zur bildungstheoretischen Konzeptionalisierung des „selbstreflexiven Ich" werden schließlich nicht zu einer definiten Modellvorstellung verdichtet, was ja der regulativen Idee zuwiderlaufen würde, sondern nur anhand eines Beispiels ex negativo illustriert.

Wahrheitsanspruch – die epistemologischen Voraussetzungen des „selbstreflexiven Ich"

Um eine konkretere Vorstellung davon zu gewinnen, was aus epistemologischer Sicht unter einem „selbstreflexiven Ich" zu verstehen sei, möchte ich auf Thomas Nagels Theorie vom „objektiven Selbst" zurückgreifen. Ich verstehe unter dem „selbstreflexiven Ich" hinsichtlich seiner erkenntnistheoretischen Dimension letztlich nichts anderes als das „objektive Selbst", wie es bei Nagel konzeptionalisiert ist. Lediglich der Blickwinkel variiert hierbei, wenn Nagel vom „objektiven Selbst" spricht, um die Möglichkeiten objektiver Erkenntnis auszuloten, während die Rede vom „selbstreflexiven Ich" eher den bildungstheoretischen Aspekt dieses Phänomens akzentuiert. In beiden Fällen geht es um eine reflexive Selbstbezüglichkeit des Subjekts, die im Folgenden zunächst im Sinne Nagels vorgestellt wird, um sie anschließend auf die Vorstellung des „selbstreflexiven Ich" zu übertragen.

Nagels Objektivitätsauffassung basiert auf der Grundannahme seines Realismus: Die Welt wird als von unserem Geiste unabhängig vorgestellt. Die Antonyme Subjektivität und Objektivität beschreiben das Verhältnis, in dem sich der erkennende Geist zur Welt befindet. Objektive Erkenntnis ist solche, die das Objekt (die Welt) in einer Art und Weise erfasst, die unabhängig ist von den spezifischen Eigenschaften des Subjekts (des Geistes). Die Crux dieser weit verbreiteten Objektivitätsauffassung liegt in ihrer Aporie begründet, dass Erkenntnis von Welt nicht unabhängig vom Geist stattfinden kann, da sie sonst gleichsam aus dem Nichts entstehen müsste.[7] Die Frage nach der Objektivität von Erkenntnis bleibt daher verbunden mit den Eigenheiten und dem Standpunkt des erkennenden Subjekts im Bezug zu seinem Erkenntnisgegenstand, d.h. seiner Perspektive.[8] Wenn nun jede Erkenntnis eines erkennenden Geistes (Subjekt) und eines Erkenntnisgegenstands (Objekt) bedarf, dann muss Objektivität in irgendeiner Weise in dem Verhältnis dieser beiden zueinander begründet liegen. Nagel schreibt: „Die Objektivität ist ein Verfahren des Verstandes. Es sind Überzeugungen und Einstellungen, die im primären Sinne objektiv sind; die Wahrheiten, die man auf diesem Wege gewinnt, nennen wir nur in einem derivativen Sinne objektiv."[9] Nagel beschreibt den Prozess der Objektivierung wie folgt: „Um zu einem objektiveren Verständnis eines Aspektes des Lebens oder der Welt zu gelangen, treten wir von unserer ursprünglichen Sichtweise dieses Aspekts zurück und bilden uns eine neuartige Auffassung, welche die ältere Auffassung und ihre Weltbeziehung zum Gegenstand hat. Mit anderen Worten, wir integrieren uns selbst in die Welt, die wir gerade zu verstehen suchen. Die vorgängige Weltbeschreibung wird von nun an als eine Art von Schein gedacht, als eine subjektivere Auffassung als die neue, die mit Bezug auf diese berichtigt und bestätigt zu werden vermag. Wird dieses Verfahren jeweils wiederholt, kommt es zu weiteren, immer objektiveren Weltauffassungen."[10]

Nagels Form der Objektivierung ist selbstreflexiv. Sie begreift die eigenen Erkenntnisse als durch subjektive Wahrnehmung gewonnene und macht sie zum Gegenstand weiterführender Überlegungen. Durch diesen Prozess werden das Erkenntnissubjekt *und dessen Beziehung zur Welt* – im positiven Sinne – verdinglicht: Sie werden zum Gegenstand (Objekt) weiterer Überlegungen. Damit wird dieses Verfahren auch der wörtlichen Bedeutung von Objektivierung, *etwas zu einem Objekt machen*, gerecht. Diese Objektivierung unterscheidet sich von anderen Formen der Verdinglichung. Sie macht nicht einen beliebigen Gegenstand der Welt zum Objekt ihrer Überlegung, sondern *einen Gedanken, der selbst schon Ergebnis einer Objektivierung*, einer Aneignung von Welt durch das Erkenntnissubjekt darstellt. Bei immer erneuter Reflexion des Erkenntnissubjekts auf das bereits Erkannte und seine Beziehung auf den Gegenstand im Erkenntnisprozess kann solche Objektivierung theoretisch ad infinitum fortgesetzt werden. Objektivität wäre dann Resultat der gegen unendlich gehenden Objektivierung. Folglich kann objektive Erkenntnis für Nagel immer nur einen Näherungswert darstellen. Diese Auffassung stimmt mit seinem Begriff des Realismus überein, der von einer Wirklichkeit ausgeht, die nur teilweise vom Menschen erkannt werden kann. Die Vorstellung von Objektivität als eines fiktiven Endpunktes einer unendlichen Reihe von Objektivierungen ist zugleich plausibel und unanschaulich. Plausibel ist sie aufgrund der zwar abstrakten, aber eindeutigen Beschreibung des Objektivierungsprozesses. Unanschaulich ist sie als Resultat von ad infinitum fortgeführter Objektivierung. Unendlichkeit, gerade die von etwas so Komplexem wie einer Reihe von Objektivierungen, ist nicht anschaulich vorstellbar. Nagel ersetzt damit letztlich eine prekäre Vorstellung durch eine andere: Die nicht vorstellbare vollkommene Unabhängigkeit der Erkenntnis vom erkennenden Objekt wird ersetzt durch die unanschauliche Vorstellung eines unendlichen Prozesses der Objektivierung.

Inwiefern ist Nagels Bestimmung von Objektivität dann Erkenntnis erweiternd? Nagels Leistung besteht in einer Konkretisierung der Objektivitätsvorstellung, auch wenn diese letztlich dennoch unanschaulich bleibt: Die Vorstellung einer vollkommenen Unabhängigkeit einer Erkenntnis vom erkennenden Subjekt ist abstrakter als die dagegen „relativ" konkrete Vorstellung dieser Form der Objektivierung, die allerdings als ad infinitum fortgesetzt vorgestellt werden muss. Das Abstraktum einer reinen, vom Subjekt unabhängigen Erkenntnis wird durch dessen Auflösung in einen Prozess leichter fassbar.

In seiner Untersuchung der Möglichkeiten menschlicher Erkenntnis konzentriert sich Nagel auf die Bestimmung der inneren Grenze von Objektivität, d.h. der dem Objektivierungsverfahren inhärenten Begrenzung. Um diese Beschränkung aufzuzeigen und als eine dem Verfahren der Objektivierung notwendig immanente herauszustellen, entwirft er das Bild eines Zustandes, innerhalb dessen die äußeren Grenzen der Objektivität aufgehoben sind. Er imaginiert eine Weltsicht, die frei ist vom Reduktionismus der physikalischen Objektivitätsauffassung. In dieser Vorstellung von Welt sollen auch „subjektive Perspektiven und Erlebnistatsachen"[11] enthalten sein. Selbst eine solche scheinbar vollständige Objektivitätsauffassung bleibt indes Nagel zufolge defizitär, „denn dieses globale Zugeständnis läßt ein der *individuellen* Subjektivität eigentümliches ungelöstes Problem noch völlig unangetastet."[12] Diese Weltvorstellung ist indifferent gegenüber einem wesentlichen Teil der Subjektivität: der eigenen Perspektive. Sie schließt nicht nur alle Dinge und jedes Individuum ein, sondern sie enthält sie auch alle in gleicher Weise. Sie hat keinen Mittelpunkt, ist azentrisch. Innerhalb dieser Objektivitätsauffassung kommt allen Dingen und Individuen derselbe metaphysische Status zu. Wegen jener Indifferenz gegenüber dem eigenen Standpunkt ist selbst diese Weltsicht unvollständig: Sie berücksichtigt nicht „die Tatsache, daß eine besondere Person in ihr kein anderer ist als sie *selbst*".[13] Die Vorstellung eines *objektiven Selbst* hingegen trägt gerade diesem Faktum Rechnung. Denn jede Objektivierung bedarf eines Erkenntnissubjektes. Auch bei steigender Objektivierung ist es der Platzhalter einer abstrakten Subjektivität. Problematisch an dieser Vorstellung vom *objektiven Selbst* ist, dass es nicht genau bestimmt werden kann. Alles, was man über *es* sagen kann, ist, dass *es* das Erkenntnissubjekt einer umfassenden und ins Unendliche getriebenen Objektivierung von Welt ist – ein epistemologisches Apeiron.[14]

Das objektive Selbst kann nun als epistemologischer Statthalter des „selbstreflexiven Ich" gelten. Denn für die Vorstellung des „selbstreflexiven Ich", das zwischen einem individuellen Ich und einem kollektiven Ich vermitteln muss, ist es essentiell, dass es sowohl Formen der Objektivierung leistet, dabei aber zugleich immer die eigene Perspektivität mitreflektiert, d.h. das „selbstreflexive Ich" muss, genau wie das objektive Selbst, immer in jedem Objektivierungsprozess die Perspektivität des jeweiligen eigenen Urteils – d.h. seine Ich-Welt-Beziehung – mitdenken und in das nächste Urteil einbeziehen. Zugleich darf es aber auch bei jedem dieser Abstraktions- und Objektivierungsprozesse niemals vergessen, dass eben jene Subjektivität auch essentiell ist für seinen Weltbezug. Wenn nach Wilhelm von Humboldt die regsame Wechselwirkung zwischen Ich und Welt den Bildungsprozess bestimmt, dann darf gerade so ein zentraler kognitiver Prozess wie der Versuch von Objektivierungen nicht von eben jenem Element des Subjektiven abstrahieren. Objektivierung gerät sonst zum sowohl vom Ich-Bezug als auch zum Welt-Bezug abgehobenen Glasperlenspiel. Gerade vor einem bildungstheoretischen Hintergrund ist damit das „selbstreflexive Ich" als „objektives Selbst" und nicht als „azentrische Weltsicht" zu denken.

Selbsterhaltung – die anthropologischen Voraussetzungen des „selbstreflexiven Ich"

In der Diskussion um aufgeklärtes, rationales Handeln und Verhalten stolpert man allenthalben über den Topos der „notwendigen Distanz", so etwa, wenn allzu impulsiv und affektiv sich Gebärdenden dieselbe abgesprochen wird. Das Kompositum der „notwendigen Distanz" indiziert eine strukturelle Verknüpfung. Zu verstehen ist es als elliptische Formulierung des folgenden Zusammenhangs: „Wer rational handeln will, der bedarf dazu notwendig einer gewissen kognitiven Distanz!" Rationales Handeln wird dabei häufig mit effektivem, rationellem, moralisch hochwertigem oder überhaupt legitimierbarem Agieren in eins gesetzt.

Inwiefern die Distanz für das rationale Handeln zur „notwendigen" wird, ist schon in deren Begriff angelegt. Der Terminus der Distanz enthält in nuce bereits die Vorstellung vom neuzeitlichen Subjekt-Objekt-Modell der (im Idealfall handlungsleitenden) Erkenntnis. Das Erkenntnissubjekt, dessen Handeln durch seine Ratio bestimmt werden soll, kann den zu behandelnden Gegenstand nur ganz er- und damit begreifen, wenn es auf Abstand zu ihm geht. Die Distanz erlaubt indes auch einen bedenkenloseren Umgang mit dem (Erkenntnis-)Gegenstand, da der/die Handelnde durch sie weniger involviert ist und dementsprechend die aus seinem/ihrem Verhalten resultierenden Konsequenzen sein/ihr Bewusstsein nicht so stark tangieren. Aus dieser Verflechtung von Distanz und bedenkenlosem Tun resultiert auch die pejorative Konnotation der Rede des „Zum-Objekt-Machens": Distanzierung ermöglicht erst Verfügungsgewalt gegenüber dem dadurch zum Objekt Gemachten.

Die rein epistemologische Interpretation der Subjekt-Objekt-Beziehung erweist sich somit als unzureichend gegenüber den realen Wechselwirkungen innerhalb sozialer Praxis. Die erkenntnistheoretisch erwünschte Objektivierung bringt unweigerlich das normativ beargwöhnte „Zum-Objekt-Machen" mit sich. Epistemische Distanz droht zur Gleichgültigkeit zu führen. Aus dieser Konstellation eine obligate Verknüpfung zu konstruieren, ist indessen unzulässig simplifizierend: Distanzierung ist nicht einfach ein erkenntnistheoretisches Medikament mit der unerwünschten Nebenwirkung der moralisch fragwürdigen Impassibilität. Die kantische Tradition versuchte sogar gerade rationales und moralisches Handeln miteinander zu identifizieren, woraus abzuleiten wäre, dass Distanz, wenn sie Voraussetzung für rationales Handeln ist, auch Bedingung moralischen Verhaltens sein muss. Distanziertheit gälte damit innerhalb des kantischen Begründungszusammenhangs nicht als Gefahr für aufgeklärtes, moralisches Handeln, sondern als dessen Grundlage. Diese divergierende Bewertung in der moralischen Beurteilung von Distanz – einerseits als Gefahr, andererseits als Voraussetzung moralischen Handelns – verweist auf deren Doppelcharakter. Vom Standpunkt einer rationalistischen bzw. vernunftoptimistischen

Ethik aus betrachtet, ist die Wirkungsweise der Distanzierungsfähigkeit ambivalent, vergleichbar dem homöopathischen Wirkstoff: sowohl Ursache als auch Gegengift und damit Therapeutikum des Übels.

Die Effekte solcher distanzierenden „Kälte"[15] erschöpfen sich nicht in ihrer Funktion als Antidoton gegen den unkontrollierten Affekt. Neben dieser partikularen, moralischen, kommt ihr noch eine viel weiter reichende Funktion zu: Sie ist das „Grundprinzip der bürgerlichen Subjektivität"[16]. Das „Zum-Objekt-Machen" durch distanzierende Kälte birgt in sich zugleich das Moment der Konstituierung des Subjekts, welches die Objektivierung vornimmt. Das Subjekt ist konstitutiv von solcher Objektivierung abhängig. Indem das „Zum-Objekt-Machen" Subjekt und Objekt voneinander trennt, stehen beide isolierte einander gegenüber. Analog hierzu können auch zwei Individuen als getrennte sich gegenüberstehen: Ausgangspunkt der Vereinzelung in der Gesellschaft. Diese nur mittels Distanzierung mögliche Vereinzelung ist entgegen dem herkömmlichen Sprachgebrauch nicht nur als soziomoralische Dysfunktion zu denken. Erst die Vereinzelung – worauf neoliberale Theorien immer wieder hinweisen – ermöglicht Konkurrenz, die wiederum Grundlage der antagonistischen Produktionsweise ist, die bisher allein es vermochte, den gegenwärtigen hohen Stand an materieller Bedürfnisbefriedigung zu gewährleisten. Paradox scheint damit die kalte Distanzierung zur Voraussetzung eines „guten Lebens", zur „materialen Basis" einer bürgerlichen Sozialutopie zu werden. So wird einsichtig, wie gerade diese Vereinzelung produzierende Kälte zum „Grundprinzip der bürgerlichen Subjektivität" werden kann: Die aus der Distanzierung resultierende Vereinzelung kann – positiv gewendet – als Grundlage des bürgerlichen Selbstbewusstseins gelten.

Die pejorative Konnotation des Begriffs der Vereinzelung in der Alltagssprache verweist aber auch auf ein dazugehöriges negatives Moment dieses Zusammenhangs von Distanzierung und Selbstbehauptung. Der Zuwachs an Fähigkeiten ist bei der Selbstbehauptung gekoppelt an die gleichzeitige Zerstörung anderer Möglichkeiten. Das liegt begründet im Zwangscharakter der Selbstbehauptung, der Erfahrungsmöglichkeiten beschneidet. In der Selbstbehauptung macht das Selbst sich selbst zum Objekt, das es auf diese Weise in eine bestimmte Richtung dirigieren kann. Damit tut das Selbst sich selbst Gewalt an. Begrifflich findet das seinen Ausdruck in dem mit der Selbstbehauptung verwandten Terminus der Selbstdisziplin, der letztlich nichts anderes besagt, als dass dem Subjekt die eigene Disziplinierung gelingt, gleichsam eine Introjektion der Ansprüche auf Affektkontrolle, die in der Erziehung an es von außen herangetragen werden. Das so disziplinierte Selbst ist damit schon nicht mehr das allen seinen subjektiven Bedürfnissen gegenüber offene, sondern das bereits in bestimmte Bahnen gelenkte. Daher ist ein Zusammenhang zwischen Selbstbehauptung und der Beschneidung von Möglichkeiten gegeben: „Die Herrschaft des Menschen über sich selbst, die sein Selbst begründet, ist virtuell allemal die Vernichtung des Subjekts, in dessen Dienst sie geschieht, denn die beherrschte, unterdrückte und durch Selbsterhaltung aufgelöste Substanz ist gar nichts anderes als das Lebendige, als dessen Funktion die Leistungen der Selbsterhaltung einzig sich bestimmen, eigentlich gerade das, was erhalten werden soll."[17]

Das Subjekt, das sich seiner selbst bewusst wird, ist sogleich mit allen Mitteln um seine Erhaltung bemüht, häufig ohne gewahr zu werden, dass es damit zugleich einen Teil seiner selbst verleugnet. Die eigene Erfahrungsbeschneidung durch die für die Selbsterhaltung notwendige Selbstdisziplin tritt oftmals nicht ins Bewusstsein, da sie das positive Bild des Selbst beschädigen würde, um dessentwillen der Aufwand betrieben wird. Die Unterdrückung des Wissens um den Verzicht ist selbst wieder nur durch Disziplinierung möglich, sodass eine Hermetik der Verknüpfungen entsteht, die einen Circulus vitiosus evoziert. Um den Teufelskreis wiederum nicht ins Bewusstsein dringen zu lassen, findet eine Fixierung auf ein positives Selbstbild statt. Und damit die Diskrepanz zwischen dem realen Selbst und dessen positivem Bild nicht allzu augenscheinlich wird, kommt es oftmals zu einer Projektion des idealisierten Bildes auf einen zukünftigen Zustand, in dem der Anspruch eingelöst sein soll. Gesellschaftlich findet dies seinen Ausdruck im Zukunfts- und Fortschrittsoptimismus, pädagogisch im Mündigkeitsversprechen: „Wenn du groß bist, darfst du das auch!" oder „Das lernst du auch noch!": „Für den Erziehungs- und Bildungsbereich im engeren Sinne bedeutete diese Historisierung der Wahrnehmung und des Denkens vor allem die Entdeckung einer zukünftigen sozialen Perspektive, von der alle erzieherischen Einflußnahmen auf die natürliche Entwicklung des Kindes Sinn und Rechtfertigung erhalten. Erst seit der Aufklärungsbewegung und ihrer Entdeckung der Zukunft werden Erziehungs- und Bildungsprozesse von der spezifisch historischen Intention her wahrgenommen, daß die Kinder es einmal besser haben sollen. Waren die Kinder bisher durch natürliche Teilhabe am Leben in ihren Erwachsenenstatus selbstverständlich hineingewachsen, waren Erziehungs- und Bildungsprozesse naturwüchsig eingelassen in den allgemeinen Lebensrhythmus des Kommens und Gehens der Generationen, so nimmt das Verhältnis der Generationen nun durch das Interesse am gesellschaftlichen Fortschritt eine neue Qualität an: Durch die ‚aufgeklärten' Intentionen und historischen Projektionen der Erwachsenen vermittelt, werden die Kinder von der Geschichte gleichsam in Besitz genommen, denn es soll etwas aus ihnen werden."[18]

Negativ kann dieser ganze Prozess zusammenfassend beschrieben werden als Unterdrückung der eigenen Triebregungen zugunsten der Selbsterhaltung oder anders formuliert als Selbstbehauptung nicht nur nach außen, als Handlungsfähigkeit durch die Distanzierung vom Objekt, sondern auch nach innen, als Bändigung der dem Fortkommen entgegenstehenden Triebregungen. Introjizierte Affektkontrolle ist damit der Ausgangspunkt eines extrem effektiven disziplinierten Habitus.

Doch die geschilderte Hermetik der Funktionslogik ist nie total, sodass zuweilen das Bewusstsein des defizitären Modus der Lebensgestaltung durchscheint und das Selbstbewusstsein gefährdet. In Momenten des Selbstzweifels kann Distanz auch als solche empfunden und damit selbst Stein des Anstoßes werden. Diese Einsicht in die Selbstrestriktion bzw. die Ahnung vom reduzierten Selbst bedroht die bürgerliche Synthesis existenziell, sodass im Interesse der Selbstbehauptung ein noch weiter greifender Mechanismus notwendig wird. Dieser muss das Missbehagen, die Aversion oder Bitterkeit gegenüber dem Widerspruch zwischen idealem und realem Selbst lindern helfen. Es macht Sinn, auch diese noch weiter reichende

Reaktionsform des Subjekts, die als Entfremdung gefasst werden kann, als eine Ausprägung von Selbstdisziplinierung zu beschreiben, da sie strukturell den anderen Selbstbehauptungsmechanismen verwandt ist. Ihre objektive Funktion ist die eines Schutzmechanismus gegenüber dem Disparaten, das dem Subjekt in seinem Überlebenskampf als das noch Unbewältigte, Fremde und bislang Unbeherrschbare gegenübertritt. Sie erscheint damit als eine die Handlungsfähigkeit aufrechterhaltende Vermittlungsinstanz zwischen einem uneinlösbaren idealen Anspruch und dem Realitätsprinzip. Solche Form der Selbstdisziplinierung ist dem Menschen indes nicht von selbst gegeben, sondern muss hart eingeübt werden. Der wichtigste Ort hierfür ist die Schule.[19]

Die Vorstellung eines „selbstreflexiven Ich" darf nun – aus anthropologischer Perspektive betrachtet – nicht die beschriebene Dialektik der Selbstdisziplinierung vernachlässigen, die dem Akt der Selbstreflexion gegenüber dem Ich inhärent ist. Die Selbstreflexionsfähigkeit muss dementsprechend jederzeit sowohl als Bedingung der Möglichkeit eines „selbstreflexiven Ich" begriffen werden, aber auch als potenzielle Bedrohung des Subjekts im Sinne der totalen Unterdrückung subjektiver Triebregungen. Für eine politische Bildung auf kulturwissenschaftlicher Basis bedeutet dies, dass sie reflektieren muss, inwieweit sie womöglich die Vermittlung zwischen kollektivem Ich und individuellem Ich einseitig zu Lasten des letzteren vollzieht. Als PädagogInnen sind wir – im Sinne eines Erfolgsindikators für unseren Unterricht – schnell dazu verleitet, eine Unterdrückung des individuellen Ichs zugunsten des kollektiven Ichs als gelungene Form politischer Bildung fehl zu interpretieren, da wir nicht die Gestehungskosten einkalkulieren, die die SchülerInnen – im Sinne einer bürgerlichen Synthesis – dann vielfach im Sinne eines Verlusts des Subjektiven zu zahlen haben. Nicht selten bezahlen sie die erfolgreiche Integration in die Gesellschaft mit einem Verlust an Identitätsgefühl. Pädagogisch positiv gewendet kann man diesen Prozess freilich auch als vom Subjekt zu leistende Entwicklungsaufgabe fassen: „Individuelle Identität ist nicht mehr durch die Geburt weitgehend vorgegeben, sondern aufgegeben. Dem Subjekt wird zugemutet, Individuum zu sein."[20]

Identität – die gesellschaftlichen Voraussetzungen des „selbstreflexiven Ich"

„Identität" ist schwer zu fassen. Phänomenologische Versuche der Introspektion scheitern immer wieder am Prozesshaften dieses Phänomens. Jede Stillstellung dieses Prozesses wirkt als unzulässige Verdinglichung, als Hypostasierung, die dem Phänomen selbst Gewalt antut. Zugleich erscheint Identität aber als notwendig Substanzhaftes, wenn sie es einer Person ermöglichen soll, sich trotz wechselnder Zustände und über die verschiedenen Positionen im sozialen Raum hinweg als Wesen mit Kontinuität und Konsistenz zu begreifen.[21]

Das Scheitern des Versuchs eines phänomenologischen Zugangs zur Identität qua Introspektion verweist darauf, dass eine subjektivistische Vorstellung von Identität eine solipsistische Verkürzung darstellt – mit anderen Worten die gesellschaftliche Dimension dieses Phänomens ausblendet. Identität ist immer auch gesellschaftlich vermittelt, d.h. sie stützt sich auf symbolische Konstrukte und soziale Rollen wie etwa Geschlecht, Klasse, soziale Herkunft, Berufsrollen, Ethnizität etc. Die Akzeleration gesellschaftlichen Wandels lässt nun die traditionellen symbolischen Konstrukte (zum Beispiel Nation, Beruf, Geschlecht oder ethnisch-kulturelle oder regionale Zugehörigkeiten) diffundieren,[22] d.h. in modernen Gesellschaften wird der Mensch nicht mehr in einen bestimmten Stand hineingeboren, sondern muss seine Individualität selbst entwerfen, indem er sich an seiner gesellschaftlichen Umwelt abarbeitet, i.e. der Einzelne muss „auf der Ebene seines Persönlichkeits*systems*, und das heißt: in der Differenz zu seiner *Umwelt* und in der Art, wie er sie im Unterschied zu anderen handhabt, Bestätigung finden".[23] Stellte im Mittelalter noch die Religion allgemein verbindliche Normen für die Moral bereit, so wird letztlich im 21. Jahrhundert durch die Ausdifferenzierung der sozialen Systeme, die ohne zentrale Steuerung funktionieren, die Moral individualisiert, d.h. subjektiviert und pluralisiert.[24] Gleichzeitig findet solche Individualisierung aber im Medium einer widersprüchlichen Gesellschaft statt: Da die „steuerlosen Systeme" keinen gemeinsamen Referenzrahmen mehr haben, geraten viele Werte und Normen zunehmend in Widerspruch zueinander.[25] Wie aber ist unter diesen Umständen die individuelle Identitätsbildung vorzustellen?

Meines Erachtens ist eine gesellschaftlich aufgeklärte Vorstellung eines „selbstreflexiven Ich" konstitutiv angewiesen auf die reflexive Durchdringung der „Bedingungen der Möglichkeit moralischer Sozialisation". Wird in einer Konzeption einer politischen Bildung auf kulturwissenschaftlicher Basis der Begriff des „selbstreflexiven Ich" verwendet, so eignet diesem latent immer eine positive Konnotation, die auf den „heimlichen normativen Horizont der Aufklärung" referiert, so wie er in den letzten Kapiteln bereits vorgestellt, zugleich aber auch zum Teil dekonstruiert wurde: In unserer Vorstellung vom „selbstreflexiven Ich" hat sowohl Selbstreflexion als Element aufklärerischen Denkens einen hohen Stellenwert als auch als Element „richtigen Handelns". In beiden vorangegangenen Kapiteln wurde aber auch auf das Reduktionistische dieser Vorstellung des linearen Zusammenhangs von Reflexion und richtigem Handeln verwiesen. Politische Bildung zielt nun aber gerade auf eben jenen Zusammenhang von „Reflexion und richtigem Handeln" innerhalb der Gesellschaft.

In ihrer Sozialisation und Erziehung werden Kinder nun über Wertvorstellungen mit den Ansprüchen des kollektiven Ichs konfrontiert. Vergesellschaftung konstituiert sich sogar zu einem nicht unerheblichen Teil aus solcher Konfrontation der Heranwachsenden mit den verschiedensten Normen. Insbesondere gilt das für die *moralische* Entwicklung von Kindern und Jugendlichen. In der Auseinandersetzung mit den Normen und Regeln, die unser gesellschaftliches Zusammenleben prägen, entwickeln sie sukzessive ein moralisches Selbst. Dem steht grundsätzlich entgegen, dass die gesellschaftlichen Ansprüche an ein sozialisiertes Subjekt selbst widersprüchlich sind: Das bürgerliche Subjekt soll sowohl als soziales Wesen in die Gemeinschaft integriert werden, als auch als überlebensfähige/r Einzelne/r gemäß dem Realitätsprinzip sich bewähren. Die Ansprüche an das Sozialverhalten des Subjekts sind kodiert in den gesellschaftlichen Normen, während das Überleben durch die Orientierung des eigenen Handelns an den gesellschaftlichen Funktionen gewährleistet wird. Durch diese zum Teil in Widerspruch zueinander tretenden gesellschaftlichen Anforderungen an das vergesellschaftete Subjekt wird die Vermittlung zwischen diesen zum Moment der Selbstbehauptung. Das Erlernen dieser Vermittlungsleistung wird damit zu einer zentralen Entwicklungsaufgabe. Sie findet statt als Desensibilisierung gegenüber den Widersprüchen zwischen Sein und Sollen. Nur mittels eines Reaktionsvermögens gegenüber diesen Widersprüchen bleibt die/der Einzelne handlungsfähig.

Am Beispiel der Gerechtigkeitsnorm lässt sich dieses Bedingungsgefüge recht klar illustrieren: Die Kinder und Jungendlichen werden sowohl mit einer widersprüchlichen Norm konfrontiert als auch mit gesellschaftlichen Funktionen, die mit dieser in Konkurrenz treten: So gelten beispielsweise gleichzeitig die Normen der Gerechtigkeit als Gleichbehandlung wie auch der Gerechtigkeit als ausgleichender Gerechtigkeit. Die Norm der ausgleichenden Gerechtigkeit wird dabei durch verwandte Normorientierungen wie etwa die Solidaritätsforderung gestützt, zugleich aber durch die gesellschaftlichen Funktionen der Selektion und der Konkurrenz konterkariert.[26] Hierdurch entsteht ein komplexes, unübersichtliches und in sich widersprüchliches Konzept von gesellschaftlichen Verhaltenserwartungen. Die Begriffe „Norm" und „gesellschaftliche Funktion" sind hierbei allein als analytisch-heuristisch aufschlussreiche Begriffe[27] zu fassen, während sich empirisch diese klare Trennlinie wohl nicht ziehen lässt: So ist zum Beispiel Selektion in den deutschsprachigen Schulsystemen nicht nur gesellschaftliche Funktion, sondern von vielen inzwischen angesichts der Konkurrenzorientierung auch eine Norm. Gleiches gilt für eben jene Konkurrenzorientierung, die nicht nur als abstrakter Mechanismus zur leistungsorientierten Handlungskoordination genutzt wird, sondern zugleich auch vielfach normativ hypostasiert wird.

Die Ergebnisse empirischer Untersuchungen zu den Verarbeitungsmechanismen von Kindern und Jugendlichen gegenüber solchen widersprüchlichen Herausforderungen[28] belegen eindrücklich, dass eine politische Bildung, die eine konstruktive Vermittlung des individuellen Ichs mit dem in sich widersprüchlichen kollektiven Ich zu befördern versucht, eben jenen Entwicklungen vorbeugen muss, um letztlich eine Lernorganisation bzw. ein Lernarrangement zu schaffen, welche SchülerInnen dazu befähigt, einen reflexiven Protest gegenüber Missständen zu artikulieren, dabei um die Beschränkung der eigenen Handlungsmöglichkeiten zu wissen und dennoch eine genügend hohe Frustrationstoleranz auszubilden, um sich beständig konstruktiv einzumischen.

Bildungstheoretische Implikationen des „selbstreflexiven Ich"

Wenn nun versucht werden soll, eine bildungstheoretische Dimensionierung des Konzepts des „selbstreflexiven Ich" vorzunehmen, die nicht hinter die Erkenntnisse der epistemologischen, anthropologischen wie auch der gesellschaftlichen Voraussetzungen zurückfällt, dann ist ein sehr umfassender Bildungsanspruch zu formulieren, der einerseits offen genug ist, um dem Desiderat der Konzeptionalisierung des „selbstreflexiven Ich" als einer „regluativen Idee" gerecht zu werden, andererseits aber auch die Dialektik der Aufklärung und die gesellschaftlichen Widersprüchlichkeiten reflektiert, ohne dabei das konstruktive Moment zu verlieren.

Ich möchte mich einer solchen bildungstheoretischen Bestimmung nähern, indem ich als Ausgangspunkt eine sehr weite und dennoch gesellschaftskritische Bildungsvorstellung anführe, wie ich sie im Rahmen von Überlegungen zu einer „Bildung für Nachhaltige Entwicklung" formuliert habe. In einem zweiten Schritt möchte ich vor diesem Hintergrund darauf aufbauend eine – sicherlich angesichts der empirisch bislang noch nicht geprüften Umsetzbarkeit einer solchen Maxime vorläufige – Definition wagen, die den Status des „selbstreflexiven Ich" innerhalb einer politischen Bildung auf kulturwissenschaftlicher Basis konturieren könnte.

Ausgangspunkt für die folgenden Überlegungen ist zunächst eine Vorstellung einer „Bildung für Nachhaltige Entwicklung", die in Anlehnung an die klassische Formulierung aus dem Bruntland-Report (1987)[29] im Rahmen von Überlegungen zur Aktualisierung von Bildung angesichts der globalen Bedrohungen formuliert wurde: „Bildung für Nachhaltige Entwicklung ist die Entfaltung von Lebensbewältigungs- und Lebensgestaltungskompetenz in sozialer, ökologischer, ökonomischer und politischer Verantwortung gegenüber den Bedürfnissen der gegenwärtigen und kommenden Generationen."[30] Diese Formulierung kann als Ausgangspunkt fungieren, da in ihr zumindest zentrale gesellschaftlich widersprüchlich organisierte Lebensfelder angesprochen sind, die durch Bildung im Sinne von Lebensbewältigungskompetenz bearbeitbar gemacht werden sollen. Durch den Begriff der Lebensgestaltungskompetenz ist zudem das konstruktive Element enthalten, das vor Resignation schützen soll. Mit dem Topos der „Bedürfnisse der gegenwärtigen und kommenden Generationen" ist – im Sinne der Nachhaltigkeitsidee – das umschrieben, was ich im Kontext politischer Bildung als die Idee der „Selbstverwirklichung in sozialer Verantwortung" fassen würde. Im Vergleich zu den vorausgehenden Überlegungen wird allerdings deutlich, dass das aufklärerisch-reflexive Moment sowie die Dimension des Selbstreflexiven fehlen (bzw. nicht zureichend expliziert sind). Im Sinne der anvisierten Bildungsvorstellung ließe sich so womöglich ergänzen:

Politische Bildung auf kulturwissenschaftlicher Basis ist der Versuch, im Medium eines „selbstreflexiven Ich" in sozialer Verantwortung eine Lebensbewältigungs- und Lebensgestaltungskompetenz zu entfalten, die es erlaubt, einen reflexiven Protest gegenüber Missständen zu artikulieren, dabei um die Beschränkung der eigenen Handlungsmöglichkeiten zu wissen und dennoch eine genügend hohe Frustrationstoleranz auszubilden, um sich beständig konstruktiv einzumischen.

Diese Konzeption ist zugleich offen und anspruchsvoll. Offen ist sie in dem Sinne, dass sich das Gelingen einer solchen politischen Bildung immer erst je spezifisch in der sozialen Situation konkretisieren kann und wird. Anspruchsvoll ist sie in dem Sinne, dass sie – auch bei äußerlicher Unauffälligkeit – leicht scheitern kann.

Der folgende Versuch, die Vorstellung einer politischen Bildung auf kulturwissenschaftlicher Basis etwas zu konkretisieren, ohne dabei unzulässig zu verallgemeinern, soll daher ex negativo anhand eines Fallbeispiels geschehen. Die LeserInnen können so einen Eindruck davon gewinnen, wie leicht man an diesem Anspruch scheitern kann und wie schwierig es daher ist, ihn pädagogisch-positiv zu fassen. Ich habe das folgende Fallbeispiel gewählt, da es aufgrund seiner gesellschaftlichen Situierung ein drastisches Beispiel darstellt (Nationalsozialismus) und zugleich ein zentrales pädagogisches Dilemma aufgreift.

Bestimmung des „selbstreflexiven Ich" ex negativo – ein Fallbeispiel

„Wie kultiviere ich die Freiheit bei dem Zwange?"[31] Mit diesen Worten formulierte Immanuel Kant das Paradox, dem sich eine jedwede Erziehung in aufklärerischer Absicht gegenübergestellt sieht, die sich den „Ausgang des Menschen aus seiner selbst verschuldeten Unmündigkeit"[32] zum Ziel gesetzt hat. Die Erziehung im Nationalsozialismus ist demgegenüber oft als Perversion der bürgerlich-aufklärerischen Erziehungskonzeption bezeichnet worden. Perversion als Zerrform und damit Umkehrung der Intentionen führt zu der Frage: „Wie kultiviere ich den Zwang bei der Freiheit?"

Das Buch „Eine Hitler-Jugend" von Waltraud Kannonier-Finster zeigt, indem sie durch extensive jahrelange Dokumentenanalyse, Interviews und Kontextanalysen das historische Phänomen einer Jugend im Nationalsozialismus anhand der lebensgeschichtlichen Erfahrung einer konkreten Person rekonstruiert, dass die Dinge nicht so einfach liegen, wie es die PädagogInnen vielleicht gerne hätten. Anhand der Lebensgeschichte des 1925 in einer österreichischen Landgemeinde geborenen Alois Hauser zeigt die Autorin, wie die als umfassende Sozialisationsagentur konzeptionalisierte Hitler-Jugend zwar versuchte, den „neuen deutschen Menschen" zu formen, zugleich aber „dieser Formungsprozess von Jugendlichen – so auch von Alois Hauser – als Bildungsprozess und nicht als Prozess der Indoktrination erlebt wurde."[33] Diese Umdeutung ist nun nicht als Beschwichtigung oder gar nachträgliche Legitimation misszuverstehen, die die Widerständigkeit von Jugendlichen innerhalb solcher Indoktrinationsprozesse zu gelungenen Bildungsprozessen hypostasiert. Die Fallstudie zeigt vielmehr, „wie ein Jugendlicher paradoxerweise diese Zeit als eine Phase der persönlichen Entfaltung und des Tatendranges erleben konnte, obwohl ihm zugleich jedes Streben nach Freiheit und Unabhängigkeit abgewöhnt wurde".[34] Die ausführliche Analyse der biographischen Dokumente bringt hervor, wie sich ein Jugendlicher zwar dem unmittelbaren Zugriff der Indoktrination entzieht, aber doch zugleich an ihr Schaden nimmt: „An der strikten Unterordnung der einzelnen unter die Gemeinschaft mussten zwar die individuellen Größenphantasien zerbrechen. Namentlich die männlichen Jugendlichen konnten sich jedoch an der Propagierung des kollektiven Heldentums und mit der blinden Anpassung an die Rolle des Soldaten wieder aufrichten."[35]

Wenn die Hitler-Jugend als gesellschaftliche Institution begriffen wird, die die Statuspassage vom Kind zum Erwachsenen pädagogisch strikt kontrolliert, so verweist dies ex negativo auf grundlegende Funktionen von Erziehung in diesem Lebensabschnitt: Die erzieherische Integration der nachfolgenden Generation in die Gesellschaft geschieht sowohl als konformistischer Sozialisationsprozess als auch zugleich mit dem Anspruch, Raum für individuierende Bildungsprozesse zur Verfügung zu stellen, die zur Eigenständigkeit und gesellschaftlichen Willensbildung führen. Als Perversion einer solchen auf politisches Bewusstsein und Eigensinn abzielenden Praxis als Effekt der nationalsozialistischen Erziehung hebt Arno Klönne die „Dressur der Jugendlichen zur Systemanpassung" hervor, „zum Verzicht auf politische und gesellschaftliche Willensbildung und Spontaneität, in der Verhinderung sowohl eigener politischer Erfahrung als auch der gesellschaftlichen Utopiebildung – kurz: in der politisch-gesellschaftlichen und oft genug damit zusammenhängend, ethischen Neutralisierung der Jugend."[36] Diese Interpretation führt Waltraud Kannonier-Finster zu folgender Erklärung: „In einem praktischen Beispiel gedacht, würde das bedeuten, dass etwa hinsichtlich der Rassenideologie die HJ-Erziehung kaum überzeugte Anhänger der Rassenlehre des Nationalsozialismus produzierte, wohl aber in großem Umfang das Denken nach dem Prinzip vom ‚Recht des Stärkeren' hinterließ."[37]

Hausers Lebensgeschichte zeigt jedoch, wie diese Diagnose noch weiter getrieben werden kann: Die Liebe zur sportlichen Betätigung führt ihn entgegen dem Willen seines Vaters zur Hitler-Jugend. Dort identifiziert er sich mit abstrakten Prinzipien wie Gruppensolidarität (in Form von Kameradschaft), Ordnung und Gerechtigkeit. Diese Normen hat er als bürgerliche Normen soweit internalisiert, dass er – wohl schon in einer Vorahnung des Kommenden – angesichts der Einberufung zur Deutschen Wehrmacht in seinen Bildband „Hitlerjugend. Das Erlebnis einer großen Kameradschaft"[38] die Selbst-Widmung schreibt: „Dieses Buch ist die letzte Erinnerung an eine schöne Zeit meines jungen Lebens. Sooft ich dieses Buch in die Hand nehme, werden die Jahre 1941 bis 42 und besonders 1943 als Erinnerung und Mahnung vor mich treten und sagen: ‚Bist du noch wie damals, dann war dein Leben vor Gott und Allen immer recht und wahr!'"[39]

Die Emphase, mit der Hauser hier seine ethisch-moralischen Grundfesten formuliert, sollte in der Wehrmachtszeit gebrochen werden. Die Hitler-Jugend konnte er als in sich geschlossenes und in dieser Immanenz konsistentes normatives Orientierungsgerüst erleben. Insbesondere die Identifikation mit der Gerechtigkeitsnorm ließen ihn den Zwang und die Disziplinierung als gerechtfertigt erscheinen. Dies änderte sich in seiner Zeit als Soldat: „Zweifellos hat Alois Hauser auch in der Hitler-Jugend Drill und Disziplinierung erfahren. Dort hat er diese Formen der Zurichtung jedoch als etwas verstanden, an dem er wachsen könnte. Er war mit der Disziplinierung sozusagen persönlich gemeint. Dieser ‚persönliche Sinn' ist in der Wehrmacht geronnnen, erstarrt. Die dort gebräuchlichen Schikanen werden als Depersonalisierung und Ungerechtigkeit erlebt. Die großen Phantasien von Alois Hauser zerbrechen. Von der persönlichen Begeisterung des Hitler-Jungen bleibt als Rest die Bindung des Soldaten an seine Rolle. Nach wie vor ist die Wehrmacht für ihn etwas Großes, gegenüber der man gehorsam ist und seine Pflicht erfüllt.

Gerade deshalb empfindet er die erfahrenen Schikanen als Verletzung und letztlich auch als Zurückweisung seiner hohen Opferbereitschaft."[40]

In seiner weiteren Lebensgeschichte wird deutlich, wie Alois Hauser diese (narzisstische) Kränkung verarbeitet durch eine Desensibilisierung gegenüber gesellschaftlichen Widersprüchen, wie sie zuvor bereits abstrakt beschrieben wurde: als Desensibilisierung gegenüber den Widersprüchen, die gesellschaftlich zwischen den wohlverstandenen bürgerlichen Normen wie beispielsweise Gerechtigkeit, Solidarität, Freiheit einerseits und den diesen widersprechenden Alltagserfahrungen andererseits bestehen. Die psychischen Mechanismen der Bearbeitung solcher Widersprüche führen zu einer Diskontinuität von moralischem Wissen, moralischem Urteil und moralischem Handeln.[41] Deutlich wird dieser Zusammenhang, wenn Alois Hauser in den 1990er-Jahren, nach seiner Meinung über die rechtsradikalen Jugendlichen in Deutschland befragt, äußert: „Also für solche Jugendliche hätte ich kein Verständnis. Da sage ich immer, da gehörte noch der Arbeitsdienst her. Zum Arbeitsdienst in einem Lager, um sechs ausrücken und mit der Schaufel arbeiten bis in die Nacht. Und in der Nacht muss er so weit sein, dass er sagt, jetzt habe ich gegessen und hab mich gewaschen, jetzt will ich ins Bett gehen. Das sage ich halt. Irgendwie müsste sich das schon eindämmen lassen."[42] Seine Vorstellungen von Selbstverwirklichung und Tatendrang, wie er sie in der Hitler-Jugend verwirklicht sah, stehen hier unverbunden neben der schikanierenden Disziplinierung, Willensbrechung und systematischen Erzeugung von Ohnmacht, die er als Antidoton gegenüber rechtsradikaler Gewalt Jugendlicher empfiehlt. Er macht sich gegenüber diesem Missverhältnis – schließlich hat er die Schikane und Entmündigung in der Wehrmacht radikal kritisiert – kalt.

Im Zuge der Lektüre der Lebensgeschichte Hausers fällt auf, wie sich als Leser sukzessive die Sympathie gegenüber dem kleinen Alois, der Opfer der Strukturen ist, gegenüber dem alten Mann Hauser verflüchtigt. Grund hierfür ist die Täter-Opfer-Dialektik solcher bürgerlichen Kälte.[43] Aufgeklärt über solche Zusammenhänge moralischer Ontogenese sollte indessen deutlich werden, dass Alois Hauser uns immer unsympathischer wird, da er mit seinen extremen moralischen Urteilsweisen nur in aller Deutlichkeit expliziert, was wir alle tagtäglich praktizieren: die Negation der Differenz zwischen dem Sein und Sollen, das Wegschauen von der eigenen Doppelmoral. Alois Hausers „Hitler-Jugend" ist damit ein beeindruckendes historisches Lehrstück zur Ontogenese bürgerlicher Kälte,[44] eine Dokumentation dafür, wie eine Sozialisationsagentur den Zwang im Medium jugendlichen Autonomiestrebens kultivierte. Die Lektüre von Hausers Lebensgeschichte ist damit ein historisches Lehrstück und gibt Antwort auf die Frage: „Wie kultiviere ich den Zwang bei der Freiheit?"

Der Verlauf dieses Bildungsprozesses – gemessen an den zuvor explizierten Vorstellungen eines „selbstreflexiven Ich" – dokumentiert im Medium seines Scheiterns, inwiefern eine politische Bildung hinter ihren Ansprüchen zurückbleiben wird, wenn sie versuchen sollte, eine „politische Bildung zum selbstreflexiven Ich" linear in didaktische Maßnahmen zu übersetzen. Zugleich macht eben dieses Scheitern aber auch deutlich, inwiefern eine politische Bildung in aufklärerischer Absicht wohl nicht anders kann, als an einem Konstrukt wie etwa dem eines "selbstreflexiven Ich" festzuhalten – um zumindest im Sinne dieser regulativen Idee die Notwendigkeit ihrer eigenen Existenz zu reklamieren.

Anmerkungen

1   Gruschka, Andreas: Negative Pädagogik: Einführung in die Pädagogik mit Kritischer Theorie, Wetzlar 1988.
2   Luhmann, Niklas/Schorr, Karl-Eberhard: Das Technologiedefizit der Erziehung und die Pädagogik, in: Zeitschrift für Pädagogik (1979), S. 345-365 (Wiederabdruck 1982, S. 11-40).
3   Heinrich, Martin: Minima Didactica. Unsicherheit, Skepsis und Widersprüchlichkeit in der Didaktik, Münster 2007.
4   Berlak, Ann/Berlak, Harold: Dilemmas of Schooling, London 1981; Oevermann, Ulrich: Zur Behinderung pädagogischer Arbeitsbündnisse durch die gesetzliche Schulpflicht, in: Rihm, Thomas (Hg.): Schulentwicklung. Vom Subjektstandpunkt ausgehen..., Wiesbaden 2006, S. 69-92; Helsper, Werner: Antinomien des Lehrerhandelns in modernisierten pädagogischen Kulturen. Paradoxe Verwendungsweisen von Autonomie und Selbstverantwortlichkeit, in: Combe, Arno/Ders. (Hg.): Pädagogische Professionalität. Untersuchungen zum Typus pädagogischen Handelns, Frankfurt a. M. 1996 (Neuauflage 2000), S. 521-569.
5   Schlömerkemper, Jörg: Qualitätsentwicklung durch Kompetenz- und Prozessorientierung – eine Alternative zu selektionsorientierter Lernorganisation, in: Eder, Ferdinand/Gastager, Angela/Hofmann, Franz (Hg.): Qualität durch Standards?, Münster 2006, S. 103-111.
6   Heinrich, Martin: Autonomie und Schulautonomie. Die vergessenen ideengeschichtlichen Quellen der Autonomiedebatte der 1990er Jahre, Münster 2006.
7   Nagel, Thomas: Der Blick von nirgendwo, Frankfurt a. M. 1992, S. 56, 204.
8   Ebenda, S. 16.
9   Ebenda, S. 12.
10 Ebenda, S. 12f.
11 Ebenda, S. 97.
12 Ebenda.
13 Ebenda.
14 Siehe dazu ausführlich: Heinrich, Martin: Über ein epistemologisches Apeiron. Das „objektive Selbst" in der Erkenntnistheorie Thomas Nagels, Frankfurt a. d. Oder 1998 (Edition Philosophie, 3).
15 Gruschka, Andreas: Bürgerliche Kälte und Pädagogik, Wetzlar 1994.
16 Adorno, Theodor W.: Negative Dialektik, Frankfurt a. M. 1994.
17 Adorno, Theodor W./Horkheimer, Max: Dialektik der Aufklärung. Philosophische Fragmente, Frankfurt a. M. 1994, S. 62.
18 Titze, Hans: Erziehung und Bildung in der historisch-materialistischen Position, in: Lenzen, Dieter/Mollenhauer, Klaus (Hg.): Enzyklopädie Erziehungswissenschaft, Bd. 1. Theorien und Grundbegriffe der Erziehung und Bildung, Stuttgart/Dresden 1995, S. 44.
19 Heinrich, Martin: Alle, alles, allseitig, Wetzlar 2001.
20 Breitsamer, Christof: Identität und Moral in der modernen Gesellschaft. Theologische Ethik und Sozialwissenschaften im interdisziplinären Gespräch, Paderborn/München/Wien/Zürich 2003, S. 10.
21 Döbert, Rainer/Habermas, Jürgen/Nunner-Winkler, Gertrud: Zur Einführung, in: Dies. (Hg.): Entwicklung des Ichs, Köln 1977, S. 9-30.
22 Gergen, Kenneth J.: Die Konstruktion des Selbst im Zeitalter der Postmoderne, in: Psychologische Rundschau, 41 (1990), S. 191-199.
23 Luhmann, Niklas: Liebe als Passion. Zur Codierung von Intimität, 3. Auflage, Frankfurt a. M. 1996, S. 16.
24 Breitsamer, Identität und Moral, S. 171.
25 Keupp, Heiner: Identität, in: Grubitzsch, Siegfried/Weber, Klaus (Hg.): Psychologische Grundbegriffe. Ein Handbuch, Reinbek b. Hamburg 1998, S. 239-245; Keupp, Heiner/Ahbe, Thomas/Gmür,

Wolfgang/Höfer, Renate/Mitzscherlich, Beate/Kraus, Wolfgang/Straus, Florian: Identitätskonstruktionen. Das Patchwork der Identitäten in der Spätmoderne, Reinbek b. Hamburg 1999 (Neuauflage 2002).

26 Fend, Helmut: Theorie der Schule, München 1980.
27 Heinrich, Alle, alles, allseitig.
28 Gruschka, Bürgerliche Kälte; Gruschka, Andreas: Wie misst und wie stimuliert man moralische Urteilskraft?, in: Pädagogische Korrespondenz, 18 (1996), S. 49-72; Ders.: Wie lernt man, kalt zu werden? – Von den Konflikten auf dem Weg zum guten und schlechten Menschen, in: Pädagogische Korrespondenz, 19 (1997), S. 34-59; Heinrich, Martin: Moralische Identität in einer globalisierten Welt. Zur Moralentwicklung junger Erwachsener innerhalb widersprüchlicher Normorientierungen, in: Gruber, Petra C. (Hg.): Identität und Nachhaltigkeit in einer globalisierten Welt, Münster 2005, S. 43-82; Heinrich, Martin: Von der Gefahr pädagogischer Urteile über moralisches Urteilen – Kritische Anmerkungen zur Wirkung von Kohlbergs Theorie der Moralentwicklung, in: Ethica, 15/1 (2007), S. 51-72.
29 Bruntland, Gro Harlem (Hg.): Our common future: The World Commission on Environment and Development, Oxford 1987.
30 Heinrich, Martin: Bildung für Nachhaltige Entwicklung. Eine empirische Studie zu SchülerInnensichtweisen. Unter Mitarbeit von Franz Rauch und Petra May, Münster 2005, S. 86.
31 Kant, Immanuel: Über Pädagogik (1803), in: Ders.: Sämtliche Werke, hg. von Karl Vorländer, Bd. VIII. Erste Abteilung, Leipzig 1922, S. 206.
32 Kant, Immanuel: Beantwortung der Frage: Was ist Aufklärung? (1784), in: Ders.: Sämtliche Werke, hg. von Karl Vorländer, Bd. V. Zweite Abteilung, Leipzig 1921, S. 135.
33 Kannonier-Finster, Waltraud: Eine Hitler-Jugend. Sozialisation, Biographie und Geschichte in einer soziologischen Fallstudie, Innsbruck 2004, S. 91.
34 Ebenda, S. 18
35 Ebenda, S. 80.
36 Klönne, Arno: Jugend im Dritten Reich. Die Hitler-Jugend und ihre Gegner, München 1990, S. 124.
37 Kannonier-Finster, Eine Hitler-Jugend, S. 81.
38 Sautter, Reinhold: Hitler-Jugend. Das Erlebnis einer großen Kameradschaft. München 1942.
39 Zit. bei: Kannonier-Finster, Eine Hitler-Jugend, S. 69.
40 Kannonier-Finster, Eine Hitler-Jugend, S. 125
41 Heinrich, Moralische Identität.
42 Zit. bei: Kannonier-Finster, Eine Hitler-Jugend, S. 159.
43 Pollmanns, Marion: Die Welt als Wille oder Widerwille. Zur „Opfer"/„Täter"-Dialektik in der bürgerlichen Kälte, in: Pädagogische Korrespondenz, 25 (2000), S. 44-57.
44 Gruschka, Bürgerliche Kälte.

Gerhard Zenaty

Psychoanalyse und politische Ethik
Überlegungen zu einer an der Psychoanalyse als Kulturwissenschaft orientierten politischen Bildung

> „Wenn das Denken den Menschen
> überhaupt etwas bringen kann,
> dann indem es ihnen ermöglicht,
> Phantasmen der Macht in Frage zu stellen."
> *(Thanos Lipowatz)*

Ziele einer an der Psychoanalyse orientierten „politischen Bildung"
Zur Vermittlung des Individuellen und des Gesellschaftlichen

Die traditionelle Soziologie bestimmt die Funktion der Individuen im politischen Raum als etwas, das durch das „System", die gesellschaftlichen Verhältnisse erzeugt und produziert wird. Diese geben dem Individuum seinen Platz und seine Rolle. Die umgekehrte („idealistische") Auffassung behauptet, dass Subjekte als rationale und zur Entscheidungsfreiheit disponierte Akteure ihre eigene Geschichte „bewusst konstruieren" und gestalten. Beide Auffassungen sind vom Standpunkt der Psychoanalyse aus einseitig. Erstere unterschlägt die Einmaligkeit und Einzigartigkeit der Subjekte, die zweite ignoriert das Unbewusste und die Determiniertheit des Subjekts von seinem Begehren her. Es gibt auch keine „kollektive Seele", kein „kollektives Unbewusstes" unabhängig von den Seelen der Individuen, die ein Kollektiv bilden. Individualpsychologie ist immer auch Sozialpsychologie, denn die Psyche des Subjekts konstituiert sich über ihr Verhältnis zum Anderen. Die methodische Regel, auf die im Folgenden das Konzept einer politischen Bildung gestellt wird, ist zugleich eine prinzipielle These: Sowohl das Subjekt als auch die Gesellschaft werden vom *Symbolischen* konstituiert. Bevor Menschen individuell oder kollektiv daran gehen, ihre Projekte zu entwickeln, sind sie schon vom Gesetz der Sprache und der Kultur strukturiert. Dieses erkenntnisleitende Interesse am Symbolischen bestätigt auch Reinhard Sieder: „Diesen Veränderungen des geschichtswissenschaftlichen Denkens gemeinsam und es gewissermaßen neu fundierend ist die erhöhte Aufmerksamkeit für Symbolisierung: Das Politische, das Ökonomische, das Soziale, das Religiöse, das Wissenschaftliche usw. sind immer nur in zeichenhaften Strukturen wirksam und präsent."[1]

Die Anerkennung der Bedeutsamkeit symbolischer Vermitteltheit bedeutet auch, dass sich Subjekte nicht aus gesellschaftlichen Verhältnissen ableiten und „erklären" lassen und letztere nicht aus jenen „verstanden" werden können. Das Symbolische vermittelt zwischen ihnen, so wie es zwischen „Mensch" und „Natur" vermittelt. Insofern ist die *methodische Grundregel* für eine an der Psychoanalyse orientierte politische Bildung die Anstrengung um eine Sensibilisierung für das Symbolische.

Im politischen Raum entstehen Mythen und Ideologien dadurch, dass die Individuen ihre zum Teil unbewussten Wünsche und Ängste auf die Gesellschaft, das Kollektiv projizieren. „Die Zweideutigkeit und Ambivalenz dieser Wünsche sind der Kern, um den herum die Phantasmen sich kristallisieren."[2] Die Bereitschaft zur neurotischen Angst existiert in jedem Menschen. Wenn äußere Gefahren auftauchen bzw. wenn solche etwa von den Medien oder von der „Politik" inszeniert werden, dann wird in den Individuen diese latente Angst mobilisiert. Gesellschaftliche Konflikte, die letztlich immer existieren werden, produzieren eben auch ein psychisches Substrat, das sich in der Ambivalenz von Wünschen und Ängsten und deren verschiedenen Ausformungen niederschlägt.

Die gängigen gesellschafts- und geschichtsorientierten Erklärungen (vom Liberalismus über den Faschismus bis zum Marxismus) implizieren eine phantasmatische Wirkung, insofern sie den latenten Wünschen, Hoffnungen und Befürchtungen der Menschen einen Rahmen geben, der es ihnen ermöglicht, als Subjekte zu verschwinden. Sie können sich in einem solchen Gesellschaftsbild selbst vergessen und als Ausgeschlossene wieder unbewusst in Szene setzen. Es sind dann immer die Anderen, abstrakte Wesenheiten wie die Herrschenden, die Ausbeutung, der Staat, das Kapital, das Milieu, die Eltern, die Erziehung etc., die daran *schuld* sein sollen, dass die Welt nicht so ist, wie wir sie uns erträumen.

Demgegenüber könnte man die Haltung einer an Sigmund Freud orientierten Kulturtheorie folgendermaßen ausdrücken: „Der Mensch ‚macht' seine Geschichte, aber er ist *nicht* ihr absoluter Herr, weil er in sich immer ein geschichtliches Erbe trägt, das ihn übersteigt und das er anerkennen muß, *ohne* ihm hörig zu werden."[3] Die Grundlage konstruktiven politischen Handelns könnte man als Ausdruck und Ergebnis der Anerkennung des Nicht-Identischen, der unaufhebbaren Spannung zwischen realpolitischen Verhältnissen und politischen Veränderungsideen verstehen.

Das Ziel für eine an der Psychoanalyse als Kulturwissenschaft orientierten politischen Bildung besteht in diesem Zusammenhang darin, die Phantasmen in ihren politischen Ausprägungen, aber auch in ihren individuellen Motivierungen symbolisch aufzuarbeiten. Dies intendiert die partielle Umwandlung und Aufhebung von neurotischen Ängsten in reale Ängste, was den Subjekten ihre Handlungsfähigkeit zurückgeben soll. Die klassischen Ideologien des 20. Jahrhunderts boten den latenten Ängsten der Menschen dagegen paranoide Erklärungen: Indem die „Feinde" dämonisiert wurden, die Ängste der Menschen auf die Gefahr einer kommunistischen, kapitalistischen bzw. jüdischen Weltverschwörung projiziert wurden, konnten die „realen" ökonomischen, sozialen und politischen Konflikte verdeckt, verleugnet, verdrängt und „vergessen" werden.

Was heißt überhaupt „Realität"?

Der herrschende wissenschaftliche Diskurs beruht auf einem positivistischen Verständnis der Beziehung von Erkenntnis und Objekt. Trotz aller Erschütterungen des modern-physikalistischen Weltbildes (durch Einstein, Heisenberg, Freud etc.) ist es in den Human- und Sozialwissenschaften zu keinem Paradigmenwechsel gekommen. Bei SozialwissenschaftlerInnen dominiert nach wie vor die klassische aristotelisch-thomistische Erkenntnisposition, wonach Wahrheit in der Übereinstimmung von Begriff und Sache besteht. Diese Auffassung ignoriert sowohl die naturwissenschaftlichen Erkenntnisse des ganzen 20. Jahrhunderts, die wissenschaftlich-empirische Belege für die kantische Auffassung der prinzipiellen Unfassbarkeit des *Ding an sich* brachten, als auch die freudsche Erkenntnis der grundsätzlichen und unaufhebbaren phantasmatischen Vermitteltheit jeder Realität für uns Menschen. Jede Rede vom *wirklichen* oder *natürlichen* Menschen, von *der* Wirklichkeit, *der* gesellschaftlichen Realität ist folglich ein Mythos. Phantasmen haben also die Funktion, die Menschen vor diesem Abgrund des *Realen* zu schützen, es bleibt bei jedem Erkenntnisakt ein Rest an Unverstandenem, an Unerklärlichem, der durch das Phantasma verdeckt wird. Alle sozialen und politischen Beziehungen enthalten als bestimmendes Element eine unbewusste Illusion, die den *fundamentalen Mangel* verschleiern soll. Dieser Mangel kann im Politischen als jene Grenze, jenes „Jenseits des Lustprinzips" verstanden werden, das unmöglich in Kontrolle genommen, beseitigt werden kann, z.B. die strukturelle Unmöglichkeit, soziale Konflikte und Machtverhältnisse aus der Welt schaffen zu können. So wie es keine totale und harmonische Beziehung zwischen zwei Menschen geben kann (was Jacques Lacan in dem oft missverstandenem Diktum „es gibt kein sexuelles Verhältnis" ausgedrückt hat), so kann es auch die paradiesische Gesellschaft nicht geben. Phantasmen und Ideologien haben also die Funktion, diesen strukturellen Mangel durch die Ausbildung von Illusionen zu verdecken. Für die heutige spätmoderne globalisierte Industriegesellschaft ließe sich dieses „Unmögliche" etwa folgendermaßen beschreiben: Es ist unmöglich, dass wir gleichzeitig im Stande sind, eine vollständige soziale Sicherheit und eine vollständige ökonomische Freiheit zu realisieren.

Andererseits ist es gerade diese Grenze des Unmöglichen, die die Menschen kreativ und erfinderisch macht. Sie erfinden Institutionen, probieren neue Lösungen, verstricken sich dabei wieder in Widersprüche und Gegensätze, treiben aber so den Geschichtsprozess vorwärts. Wir sollten also nicht in den Fehler verfallen, die *Endlösung* als Illusion zu denunzieren (wie es etwa mittels der Funktionalisierung der popperschen Kritik an den Geschichtsutopien von Platon bis Marx durch die Apologeten des Kalten Krieges geschah), sondern im Sinne einer differenzierenden Ideologiekritik die Funktion der Identifizierungsmechanismen und ihrer Motive (das „heimliche Genießen") erkennen und auf eine symbolische Ebene transformieren.

Der methodische Primat einer psychoanalytischen Kulturwissenschaft liegt insofern im Versuch der Aufdeckung der jeweiligen „Schlüsselcodes", d.h. der die jeweilige Kultur bestimmenden Interpretationsmuster, Aneignungsmuster und

Aneignungsmethoden. „Das politische Unbewusste konzentriert sich folglich auf die Dynamik des Akts des Interpretierens und geht davon aus, dass wir uns einen Text nie wirklich unmittelbar, in all seiner Neuheit als Ding-an-sich, vornehmen."[4] Die grundlegenden Begriffe, mittels derer eine solcherart verfahrende Kulturanalyse verfährt, sind: Unbewusstes und Begehren, Repräsentation, Geschichte und kulturelle Produktion, Ideologie und Erzählung (als zentrale Instanz menschlichgeistiger Produktion). Entgegen einer mittlerweile den Zeitgeist innerhalb des wissenschaftlichen Diskurses bestimmenden Auffassung des Konstruktivismus/Narrativismus wird im Folgenden auf den traditionellen Ansprüchen beharrt, die mit den Begriffen *Wahrheit* und *Reales* verbunden sind. „Geschichte ist kein Text, keine Narration [...], sondern sie ist uns als abwesende Ursache unzugänglich, es sei denn in textueller Form [...]. Somit erfolgt unser Zugang zur Geschichte und zum Realen selbst notwendigerweise mittels ihrer vorherigen Textualisierung, d.h. ihrer Narrativierung im politischen Unbewussten."[5] Realität, auch die gesellschaftliche und kulturelle Realität, ist also weder direkt positivistisch zugänglich noch in individuelle oder soziale Narrationen auflösbar. Sowohl Wahrheit als auch Realität sind als Grenzbegriffe einer psychoanalytischen Kulturtheorie unverzichtbar. Denn: Wie soll ohne die Annahme einer Wahrheit ein *falsches Bewusstsein*, eine Illusionsbildung ideologiekritisch fassbar sein? Und wie sollen wir unter Verzicht auf die Grenzkategorie des Realen die Funktion der individuellen und kollektiven Phantasmen verstehen?

Zur politischen Ethik der Psychoanalyse: Anerkennung des Mangels, Umwandlung des Imaginären in Symbolisches

Als zentrales Ziel einer an der Psychoanalyse orientierten politischen Ethik können wir das „Akzeptieren des Mangels" fassen. „Das Subjekt lernt, daß ihm etwas fehlt und daß immer etwas fehlen wird, und es wird besser für es sein zu akzeptieren, mit diesem Wissen zu leben, ohne aber das, was ihm fehlt, dem anderen oder der ‚Gesellschaft' aufzubürden."[6] Diese Position steht im Widerspruch zu allen großen Ideologien der Gegenwart; wird dort (im Faschismus wie im Sozialismus/Kommunismus, aber auch im Liberalismus) doch das Strukturelement des Mangels geleugnet und verdrängt bzw. auf ein Fremdes/Böses, das außen liegt, projiziert. Einmal sind es die Juden oder aber der Klassenfeind, das Weltkapital oder aber die Behinderungen des freien Marktes, die den gesellschaftlichen Fortschritt blockieren.

Dass die Menschen zwar einerseits „Geschichte machen", andererseits aber die „Geschichte" auch sie zu dem „macht", was sie sind, ist die grundlegende Positionierung einer psychoanalytischen Kulturtheorie, die das berühmte Diktum Freuds „Wo Es war, soll Ich werden" auf eine politische Psychologie zu übersetzen sucht. Dort, wo das Unbewusste unerkannt, quasi naturwüchsig waltet, auch und gerade durch die Illusionsbildung eines sich autonom verstehenden Ichs, dort ist es die ethische Pflicht des psychoanalytischen Subjekts, mit dem *Existieren* anzufangen, d.h. „mich in meiner Differenz zu den diversen inneren und äußeren Zwängen zu setzen."[7] „Akzeptieren des Mangels" bedeutet also gerade nicht ein konformistisches oder resignativ-quietistisches Hinnehmen des Status quo, sondern ein für das eigene und das Unbewusste der Anderen offenes Hinhören und Hinsehen, ein Ernstnehmen des Wortes und ein aktives Handeln und Eingreifen in die gesellschaftlichen Verhältnisse.

Die Forderung nach einer symbolischen Bearbeitung der Phantasmen bedeutet weder eine Diffamierung der kulturellen Tradition noch eine Fixierung auf diese Vergangenheit, sondern sie ist Ausdruck der Überzeugung, dass dies zum einen möglich ist und zum anderen es sich für die Subjekte lohnt, nicht in diese Phantasmen verstrickt zu bleiben. Zu erinnern wäre in diesem Kontext an die so genannte *dritte Kränkung*, die Freud (nach denjenigen durch Kopernikus und Darwin) der Menschheit zufügte. Indem er mit seiner Theorie des Unbewussten unmissverständlich zeigte, dass „der Mensch nicht Herr im eigenen Haus ist",[8] stellte er die Menschheit vor eine schwierige Alternative: Entweder sie flüchten sich vor dieser kränkenden Einsicht in eine der Illusionsbildungen, die ihnen die Kultur unter anderem in der Form der Religion anbietet, oder sie versuchen diese schockierende Konfrontation mit den eigenen Grenzen zu verarbeiten. Freud war überzeugt, dass die zweitere Haltung letztlich die für die Entwicklung des Subjekts und der Kultur bessere und produktivere sei.

Die phantasmatische Wirkung aller ausschließlich gesellschafts- bzw. geschichtsorientierten Erklärungen liegt darin, dass sie für die Handlungen der Subjekte keinen Raum geben. Die Subjekte als solche verschwinden in diesen Ideologien und werden sich in der Folge als selbstvergessene unbemerkt in Szene setzen. In solchen Erklärungsansätzen sind dann Herrschaft, Milieueinfluss, wirtschaftliche Ungerechtigkeit etc. „schuld" am allgemeinen und individuellen Unglück. Nur in dem Maße, wie es gelingt, diese phantasmatischen „Erklärungen" für das Handeln der Menschen aufzulösen, öffnet sich ein Raum für politisches Handeln und eine nicht dem Wiederholungszwang unterworfene Gestaltung der Zukunft.

Das Subjekt als nicht-identisches – die Spannung zwischen dem Symbolischen und dem Imaginären im Individuum und in der Politik

Die Besonderheit des psychoanalytischen Verständnisses des Unbewussten besteht unter anderem darin, dass das Unbewusste „wie eine Sprache" strukturiert gesehen wird.[9] Der Mensch wird hier als jenes Wesen verstanden, das *Subjekt der Sprache* ist, ihr unterworfen ist. Er definiert und versteht seine *Natur* nur durch die Vermittlung der Sprache, nur so, über die Vermittlung der Sprache, hat er ein Verhältnis zu sich, zu den Anderen, zur Gesellschaft und zur Natur. „Ein Subjekt ‚ek-sistiert' nur als ein sprechendes, sich erinnerndes, denkendes, begehrendes, wollendes Wesen, nicht ‚an sich'."[10]

Das ist auch das Spezifische der psychoanalytischen Perspektive auf das Mängelwesen Mensch: „Es mangelt ihm an dem, was ich die präformierten Wege nenne. Der Mensch geht von überhaupt nichts aus. Er muß lernen, daß das Holz brennt und daß er sich nicht in die Tiefe stürzen darf."[11] Diese Gegebenheit (des Mangels) ist nicht ein Mangel an Haben, sondern ein Entzug an Sein. Die Unmöglichkeit, Bedürfnis und Begehren zur Deckung zu bringen, schreibt der Triebstruktur des Menschen eine unauflösliche Negativität ein, die sich in der Seinserfahrung des Menschen als der eines Mangels, eines Entzugs an Sein, bestimmt. In dieser „Seinsverfehlung" sieht Lacan die „condition humaine" verankert. Dieser Mangel an Sein lässt sich nicht auf eine biologische Mangelausstattung reduzieren (wie dies z.B. Arnold Gehlen versuchte), da das *Triebbedürfnis* vom Anfang des Lebens an als *Triebwunsch* auf den Anderen gerichtet ist und dem menschlichen Begehren das fundamentale Verlangen nach Liebe und Anerkennung zugrunde liegt.

Auch die innere Welt existiert für den Menschen nur, insofern er in der Lage ist, symbolisch-sprachlich das, was er fühlt und denkt, zu äußern. Und er spricht immer zu einem Anderen. So organisiert das Wort zugleich die psychische und die soziale Welt: Auch Arbeits- und Herrschaftsverhältnisse existieren nicht außerhalb und ohne die Sprache.

Was für das Unbewusste existiert, sind nicht die Begriffe, die Inhalte, sondern die Worte selbst, die Signifikanten. Wichtig ist jener Moment in der Entwicklung des Subjekts, in dem die noch unbestimmte Intentionalität des Körpers (die Triebe) sich mit den Signifikanten bzw. Signifikantenketten verbinden, um ein Bedürfnis artikulieren zu können. Die Signifikanten gleiten zwar ständig, aber es gibt die Notwendigkeit des Halts, sodass sich die Wortketten an gewissen strategischen Punkten fixieren. Den Hauptsignifikanten nennt Lacan den „Namen des Vaters", er entspricht einer ersten Identifizierung. Dieser Hauptsignifikant funktioniert im Raum des Ideologischen mittels der Bildung eines bestimmten Sinns. So gibt etwa der Hauptsignifikant „Kommunismus" allen anderen Wörtern wie Freiheit, Individuum, Klasse, Staat, Geschichte etc. einen spezifischen Sinn, während der Hauptsignifikant „Liberalismus" denselben Worten einen völlig anderen und oft gegenteiligen Sinn verleiht.

Für das Verständnis des Verhältnisses des Menschen zur Welt der Politik ist die Einsicht in die narzisstische Verfasstheit seiner Existenz grundlegend. Die Entdeckung des *Narzissmus*[12] bedeutete einen Wendepunkt in der psychoanalytischen Theorie. Das Ich, bis dahin als die abwehrende, verdrängende, zensierende und die Beziehung zur Außenwelt herstellende Instanz erachtet, rückte jetzt als das bevorzugte Objekt der Liebe für das Subjekt selbst in den Blick. Das Ich bzw. das Selbst ist sein liebstes Objekt, bis zu dem Punkt der extremen Verblendung, wo das Subjekt alles andere, was es stört, vergessen und ignorieren kann. „Das Selbst ist das aus heterogenen Elementen zusammengeklebte Bild, das das Subjekt sich und den anderen zeigt. Es ist die narzisstische Verkleidung der Ur-sache des Begehrens."[13]

Diese Einsicht in die prinzipiell narzisstische Verfasstheit menschlicher Selbstverständigung hat entscheidende Folgen für das psychoanalytische Konzept der Identität: „Der Begriff der *Identität* nimmt hier ihren Ausgang. Das Subjekt bekommt im Laufe seines Lebens eine ‚Identität', indem es sein ‚Selbst' mit dem idealen Bild von einem anderen *identifiziert* und es nach dessen Muster unbewusst ‚konstruiert', wobei es gleichzeitig ein anderes Bild, das Bild des ‚Fremden', mit dem es sich negativ identifiziert, verwirft."[14] Identität wird einerseits in seiner

Konstitution als intersubjektiv gedacht, zum anderen wird mit diesem Konzept von Identität der grundsätzlichen Konflikthaftigkeit des Menschen Rechnung getragen. Indem das Subjekt alles Fremde verwirft, was seine harmonische Sicht des eigenen Selbst und seiner Welt stört, steht es in einer grundsätzlichen Ambivalenz zu sich und zu den Anderen. Das ist vermutlich der substantielle Kern des Satzes von Freud, wonach der Mensch in seinem tiefsten Inneren immer „ein Feind der Kultur" sei.

Es gibt aber auch die andere, die erotische Seite der Beziehung des narzisstischen Ich zum Anderen: dies nämlich unter der Voraussetzung, dass der Andere (und das kann auch die Gesellschaft als ganzes sein) zur Projektionsfläche für die „großen" Wünsche wird. Es sieht ihn so, wie es sich wünscht, dass der Andere sei, nämlich vollkommen, groß, allmächtig usw. Der Kern dieses narzisstischen Ich besteht also aus Gefühlen der Allmacht, Allwissenheit und Vollkommenheit, die dann immer (bis zu einem gewissen Grad unvermeidlich) auf die Anderen, anfangs die Eltern, später die Religion, die Politik, die großen Männer, die richtige Ideologie etc. projiziert werden. Diese Neigung zur „Allmacht des Gedankens"[15] ermöglicht in seinem Extrem sogar die Idealisierung des Selbstmordes, weil in diesem sich das Subjekt von den „störenden, fremden Aspekten der Anderen" zu befreien glaubt. (Es sei hier auf politische Implikationen einer solchen Konzeption für das Verständnis und die Analyse der Faszination der Gewalt hingewiesen, auf die als unbewusste Motivationen wirksamen Triebkräfte in Menschen, die in aktuellen politischen Analysen zum zeitgenössischen Terrorismus als so genannte „Selbstmordattentäter" klassifiziert werden.)

Der Narzissmus stützt sich auf eine klinisch bestätigte Erfahrung, die Lacan im „Spiegelstadium"[16] beschrieben hat. Das kleine Kind realisiert im Alter von sechs bis 18 Monaten plötzlich die Einheit seines Körpers, d.h. sein Körperbild als *imaginäre Einheit*, die als Kern seiner Identität verstanden werden kann. Dieses Erlebnis führt das Kind zur Freude und zum Gefühl der Allmacht, aber auch zu einer spezifischen Wendung an den Anderen: Mutter und/oder Vater sollen durch ihren Blick diese Entdeckung anerkennend bestätigen.

Das *Imaginäre* hat also seinen Ursprung im schönen Bild des eigenen Körpers, das sich in der Folge als Bild des Selbst, als „Ein-bildung" äußert. Das Subjekt verfängt sich dabei in seinem idealen Bild, das genetisch betrachtet die Spiegelung des Bildes des Anderen/im Anderen ist. „Die imaginäre Identifizierung bedeutet für das Subjekt die Identifizierung mit jenem Bild, in dem es sich selbst als ‚liebenswürdig' erscheint (das, was ihm gefällt zu sein)."[17] Daraus resultiert die strukturelle Entfremdung des Subjekts als Selbst- bzw. Weltentfremdung. Es gerät in Abhängigkeit und in eine ambivalente Beziehung zu dieser imaginären Identifizierung. Es ist immer wieder in Gefahr, sich vom idealen Bild (von sich, vom Anderen) faszinieren und gefangen nehmen zu lassen.

Allerdings ist das Subjekt, wie bereits angedeutet, von Anfang an, schon vor seiner Geburt, sobald es zu einem Objekt des Begehrens seiner Eltern geworden ist, in der Sprache, im *Symbolischen* existent. So wie der *Mangel* einerseits das Ergebnis der Existenz der Sprache ist, so ist diese andererseits die Möglichkeit und der Antrieb, diesen Mangel produktiv zu überwinden. So sucht das Subjekt immer und ersetzt das, was ihm fehlt, durch etwas anderes, es erfindet es symbolisch. So kann man etwa sagen, dass das kleine Kind die Abwesenheit der Mutter, die daraus resultierende Angst bewältigt, indem es selbst die Absenz der Mutter inszeniert. Abwesenheit ist eben nicht nur ein Defizit, es ist auch der Abstand, die Voraussetzung für die symbolische Distanz von der Welt. Auch die Fähigkeit zur Selbstdistanzierung des Subjekts ist ein mögliches Resultat dieser ursprünglich traumatischen Erfahrung (siehe das berühmte „Fort-Da-Spiel", wie es Freud in „Jenseits des Lustprinzips" darstellt bzw. dessen Interpretation durch Lacan). So bedeutet die symbolische Identifizierung eine Identifikation „mit jenem *Ort*, von wo aus der Andere sieht und von wo aus das Subjekt sich selbst so beobachtet, wie es sein *möchte* (im Konjunktiv). Die Identifizierung findet hier also nicht mit dem Bild, sondern mit dem Blick und dem Ort des Anderen statt. Sie hat einen indirekten und abstrakten Charakter".[18]

Das Verhältnis des Menschen zur Welt und zur Politik auf einer symbolischen Ebene impliziert die Annahme des Mangels in der Form des *Gesetzes*, den wir in der Formulierung von Lacan „nicht alles ist möglich" verstehen. Diese *symbolische Kastration* bindet die Subjekte an das Gesetz, es erinnert sie daran, dass nicht alles erlaubt ist. In dem Maße, wie die Menschen diesen Mangel symbolisch verarbeiten können (und ihn nicht imaginär zu verwerfen suchen), sind sie fähig, einen produktiven Beitrag zur Entwicklung der Zivilisation zu leisten. Denn das Wort und das Gesetz, die den Mangel im Subjekt einführen, schaffen auch das Begehren, welches die Voraussetzung für Entwicklung, Veränderung und Produktivität ist. Diese innere Konstitution durch das Begehren und das Gesetz strukturiert auch das Verhältnis der Menschen zu ihren „Bedürfnissen": Weil die Menschen sprechen und phantasieren, haben sie eben keine „natürlichen", „bloß materiellen", „primären" Bedürfnisse. Weil sie etwas begehren und beanspruchen, sind sie nie mit der standardisierten Bedürfnisbefriedigung, die ihnen die Kultur zur Verfügung stellt, zufrieden. Ihr Streben nach „Luxus" ist der wesentliche Motor für die Entwicklung der Kultur, der Innovationen der Technik, der Ökonomie und der Entfaltung der politischen Kultur.

Das Unbehagen in der Kultur – Diskurstypen – Identifizierung

Schon Freud erkannte das prinzipielle „Unbehagen in der Kultur", indem er konstatierte, dass die Kultur – und zwar jede – dem Menschen ein Zuviel an Triebverzicht abverlange. Aus dieser Gegebenheit leitete Freud die grundsätzliche Ambivalenz des Menschen gegenüber der Kultur, in der er lebt, ab. Die Flucht in die Illusionsbildung ist eine ständige Verführung, dieser prinzipiellen Kränkung auszuweichen.

Eine politische Psychologie auf dem Boden der Psychoanalyse hat keinen speziellen Gegenstand, sie geht von der Analyse der Struktur des Subjekts aus. Die kulturelle und „gesellschaftliche Produktion von Unbewusstheit" (Mario Erdheim) verbindet und verschränkt sich mit dem Unbewussten der handelnden und sprechenden Subjekte. Knotenpunkte dieser Begegnung sind unter anderem Religionen und Ideologien.

Eine Ideologie aus psychoanalytischer Perspektive zu verstehen bedeutet, ihre Gegründetheit in der psychischen Struktur zu betrachten. Die wesentliche Differenzierung, die Freud gegenüber der klassischen Vernunft- und Bewusstseinsphilosophie einführte, war die Anerkennung des Unbewussten. Es ist dieser innere Bruch, diese letztlich unaufhebbare Spannung, die Lacan die *Spaltung des Subjekts* nennt.

Das Unbewusste ist zwar nicht direkt beobachtbar, es zeigt sich aber, und zwar in den Symptomen und Phantasmen, sowohl auf individueller als auch kollektiver Ebene. Es hinterlässt Spuren nicht zuletzt in der Alltagskultur, d.h. in den Gewohnheiten, Tradierungen, Mentalitäten, Wissensformen, Glaubensbekundungen und Überzeugungen. Alle diese Formierungen weisen neben ihrem manifesten Charakter, der Eingang in die klassischen sozial- und kulturwissenschaftlichen Analysen findet, auch latente Strukturierungen auf. Man könnte in Anlehnung an Michel Foucault und Jacques Lacan von *Diskurstypen* sprechen, Praktiken, Glaubens- und Überzeugungsformen, die eben latent, d.h. halbbewusst bleiben, aber das Funktionieren der bewussten Diskurse tendenziell steuern und mit entsprechenden libidinös besetzten Wünschen und Ängsten nähren: Macht, Herrschaft, Vorurteile, Irrationalismus und Fanatismus, Rassismus oder Nationalismus. All diese Phänomene des Politischen finden ihre tiefere Erklärung in den vorbewussten und unbewussten Prozessen, von denen sie mitbestimmt werden. Der paradigmatische Zugang der Psychoanalyse zu diesen Phänomenen ist dabei die Sprache, insbesondere das individuelle und politische Sprechen. Die gesprochene Sprache ist nämlich ein flexibles Medium, innerhalb dessen der Sprecher seine Spuren hinterlässt – diese Spuren *sind* seine Persönlichkeit. Im Feld des Politischen können wir ebenfalls bestimmte Diskurstypen ausmachen; so versucht etwa eine bürokratisch-technokratische Sprache das Subjekt zu verdrängen, auszulassen und zu vergessen.

Einen anderen Diskurstyp unserer gegenwärtigen Kultur stellt die unter anderem von Lipowatz so genannte „Technokratisierung" dar: „Das Kennzeichen der heutigen Kultur und des Unbehagens in ihr ist nicht die Technik, sondern die Technokratisierung des Alltags (außerhalb der Produktionssphäre) bzw. des Rechts und der Verwaltung."[19] Diese Technokratisierung bewirkt eine tendenzielle Beseitigung des Subjekts. Jedenfalls wird in den Menschen das Gefühl erzeugt, dass nicht nur die Welt, sondern auch die Subjekte „machbar" geworden sind. Eine wichtige Variante dieser Technokratisierung ist das technokratische Denken, ein bestimmter Wissensdiskurs, der in seiner scheinbaren Harmlosigkeit sich allerdings bei genauer Analyse als geistiges Pendant einer Politik und Ökonomie des Totalitären entpuppt, das schon in der berühmten Schrift „Dialektik der Aufklärung" von Theodor W. Adorno und Max Horkheimer analysiert wurde. – Vielleicht ist es nicht unberechtigt, auch bestimmte Projekte und Maßnahmen der Öffentlichkeit sowie in Schulen und anderen Bildungseinrichtungen politische Bildung „effizienter" zu organisieren, als Ausdruck eines solchen Herstellungsdenkens zu verstehen.

Ideologien bestehen zudem aus Rationalisierungen von gesellschaftlichen Interessenkonflikten, die als Mythen verschoben, verdichtet und in ihren Perspektiven verkehrt werden. Sie bestehen dabei aus Elementen oder Ideologemen, die sich aus Resten und Spuren des historischen Erbes, der Geschichte gesellschaftlicher Gruppen, archaischen Legenden und Tradierungen aber auch modernen Erklärungselementen und Ereignissplittern zusammensetzen. Das Phantasma der *Ganzheit, Vollkommenheit, Allmacht* und *Einheit* ist dabei die Matrix und Grundfigur aller gesellschaftsbezogenen Mythen und Ideologien.

Der wesentliche psychische Mechanismus, der das Bindeglied zwischen dem Individuum und dem Kollektiv darstellt, ist die *Identifizierung*. Die konventionelle Auffassung versteht Identifizierung nach dem Modell der Nachahmung von Vorbildern. Im Unterschied dazu betont die Psychoanalyse, dass sowohl die symbolische als auch die imaginäre Identifizierung weitestgehend unbewusst und verdeckt geschehen. Die Subjekte schwanken dabei ständig zwischen diesen zwei Formen der Identifizierung, sie sind dabei unbewusst von der drängenden Frage getrieben: „Was will der Andere von mir wirklich?" Diese Frage macht dem Subjekt Angst – seine Antworten bestehen in der laufenden Produktion von Phantasmen, die die individuelle Basis und Voraussetzung von Ideologien bilden. Imaginär besetzte Führer, aber auch die täglich auf uns einwirkende Produktwerbung arbeiten mit diesem Phantasma der Allmacht, und ihre Anstrengungen zielen darauf ab, dass sich die Masse der Menschen mit ihnen primär identifiziert.

Jedes Herrschaftssystem fördert die psychische Zensur der Individuen und sucht sie für die eigenen Zwecke zu instrumentalisieren. Die Bekämpfung der sozialen Zensur setzt allerdings Individuen voraus, die ein intaktes moralisches Gewissen haben, ansonsten mündet ihr Protest in Akte der Willkür. So können wir etwa bestimmte Aktionen des „Terrorismus" (individuelle, kollektive, linke, rechte, religiöse etc.) als Akte des „Kurzschlusses" sehen, bei denen das individuelle moralische Gewissen sich zur kollektiven Moralinstanz macht: „Wir sind das Gewissen der Nation"; „Wir sind die Retter der Gesellschaft"; „Für die Durchsetzung unserer wahren/heiligen Ziele ist jedes Mittel gerechtfertigt". In der komplementären paranoischen Phantasie ist es der Andere, sind es die Fremden, die an der „Misere" „schuld" sind. Das Phantasma der „reinen" Gesellschaft, in der das „Absolute" herrschen soll, ist dann Legitimationsgrundlage für jede Form des Terrors. Es ist die Haltung der narzisstischen Allmacht, die den Mangel, den Konflikt, die Notwendigkeit von Verhandlung, Kompromiss, das Vertrauen in den Anderen verwirft.

Dem gegenüber bringt eine an der Psychoanalyse orientierte politische Bildung die *Anerkennung des Mangels* ins Spiel: So wie sich das Lustprinzip mit dem Realitätsprinzip nie vollständig zur Deckung bringen lässt, so kann es auch keine vollkommene politische und wirtschaftliche Ordnung geben. Konstruktives politisches Handeln ist nur im Raum des Sprechens und der Diskurse möglich. Es muss sich dazu freilich immer wieder von bloß instrumentellen Zwecken emanzipieren. Politisches Handeln ist so verstanden eine offene symbolische Kette, etwas nie Fertiges, mit offenem Ausgang, anfällig für Fehler und Irrtum, es geht ihm die strahlende Perfektion und Stabilität des „Herstellens" ab.[20]

Phänomene der Medialisierung als Beispiel für das Wirken des Imaginären
Strukturelle Veränderung des öffentlichen Bewusstseins und der Masse

Am Beispiel einer Analyse der Medien und ihrer Rolle in der heutigen Politik soll im Folgenden das Wirken des Imaginären beschrieben werden. Der Blick der Psychoanalyse legt dabei ein anderes Verständnis der Dynamik von Gesellschaft, Medien und Politik frei. Die gängige wissenschaftliche Sichtweise in den (Sozial-)Wissenschaften in Bezug auf die Phänomene von Information und Kommunikation beruht auf folgenden Annahmen:
1. Menschen kommunizieren primär, um sich gegenseitig zu informieren und einander besser zu verstehen.
2. Das in zahllosen Büchern verbreitete Modell von „Kommunikation" unterscheidet meist eine „Sachebene" von der „Beziehungsebene".[21] Es wird demnach behauptet, dass eine trennscharfe Unterscheidung und Unterscheidbarkeit von sachlogischer „Information", dem Rationalen, Überprüfbaren, „Objektivem" vom Gefühlsmäßigen, Subjektiven, Situativen, Mythen-, Überzeugungs- und Ideologiegesteuertem möglich ist.
3. Funktionierende im Sinne von „gute" bzw. „normale" Kommunikation ist demnach eine solche, bei der die Beteiligten das „Was" und das „Wie" klar unterscheiden und auseinander zu halten imstande sind. Sie sind eben rationale Wesen und wollen demnach sich selbst, die Anderen und die Welt rational verstehen und beherrschen (wobei dieses Bedürfnis nach Beherrschen ebenfalls als „rational" außer Streit gestellt wird, handle es sich dabei doch um einen funktionalen Ausdruck ihres Willens, möglichst gut, sicher und autonom zu überleben).
4. Es wird zwar zugestanden, dass die „Beziehungsebene" auch von unbewussten und gefühlsmäßigen Haltungen gesteuert und insofern auch die „Sachebene" von Einflüssen der „Beziehungsebene" infiltriert sein kann. Dies gilt aber als Fall von „gestörter Kommunikation", was bedeutet, dass die Überzeugung vorherrscht, dass es eine störungsfreie, sprich primär rationale, der Objektivität der Sachinformation verpflichtete Kommunikationsform geben kann und geben soll. Sie wird implizit als das Modell, die Norm, das Anzustrebende in jedem Kommunikationsakt vorausgesetzt.

Dem gegenüber wird in diesem Beitrag davon ausgegangen, dass das primäre Ziel von Kommunikation, insbesondere wie sie sich in Mengen und Massen abspielt, nicht die Weitergabe von Information über bestimmte Ereignisse ist, sondern dass es dabei um die Produktion eines *Mediums* geht, „das einen Code und gleichzeitig bestimmte Mythen verbreitet".[22]

Unter einem historischen Gesichtspunkt macht es Sinn, zwischen zwei Formen der Kommunikation, nämlich Monolog und Dialog bzw. zwischen Kommunikation unter vorindustriellen (primär oralen) Kommunikationsbedingungen sowie unter industriellen, modernen und postmodernen Bedingungen (Kommunikation über Medien) zu differenzieren. „Der Monolog war geschichtlich *vor* dem Dialog da: Ursprünglich sprach nur der Vater/Führer und befahl den anderen seinen Willen. Das ist der Diskurs des Herrn, der Autorität. Der Dialog wurde später entdeckt, als ein Ergebnis der Freiheit und der Gleichheit."[23]

Der Dialog als die grundlegende Kommunikationsform, auf der eine funktionierende Demokratie basiert, verlor im Laufe des 20. Jahrhunderts in dem Maße, als die Medien anfingen zu dominieren, seine führende Stellung im privaten und öffentlichen Diskurs. Massenhafte Verbreitung von Printmedien, Radio und Fernsehen üben heute unterschiedlichste Wirkungen auf unsere Art und Weise zu kommunizieren aus. Aber eine entscheidende Folge ist, dass diese technischen Innovationen mit der Suggestion einer bestimmten „Objektivität" einhergingen, die den Raum der Diskussion aushöhlte und unterminierte. „Die Kunst des Diskutierens begann zugunsten einer Ideologie der Objektivität zu schwinden […]."[24] Obwohl die Entwicklung des Pressewesens in den liberalen Ländern Europas und Nordamerikas im 19. Jahrhundert von einer Geisteshaltung getragen wurde, die sich an der Aufklärung sowie dem objektiven und kritischen Geist der Wissenschaft orientierte, sie also gerade nicht die Verbreitung von Mythen und Ideologien intendierte, wird die heutige Medienlandschaft bzw. die Kultur, die von Medien und ihrem Publikum gebildet wird, zunehmend auch von gegenläufigen Tendenzen überschwemmt. Wir wollen hierfür die folgende Formel aufstellen: „Je niedriger das Niveau des Inhalts liegt, desto intensiver ist die negative psychologische Beeinflussung. Diese besteht im Phänomen der *Massebildung*, die dadurch zustande kommt, dass ein bestimmtes Publikum die gleiche Zeitung, die gleiche Zeitschrift (oder auch das gleiche Buch) liest: dies schafft dem Publikum eine *Identität* und gibt ihm das Gefühl der Allmacht."[25]

Radio und Fernsehen fördern neben anderen Entwicklungen auch die Möglichkeit zur kulturellen Regression, insofern sie den Hörer/Seher auf ein passives und eindimensionales Reagieren fixieren und damit die Fähigkeiten des Sprechens, Diskutierens, Lesens, Schreibens, Abstrahierens, Kritisierens und Urteilens verkümmern lassen.

Das „Zeitalter der Massenmedien" hat wichtige strukturelle Veränderungen gebracht, was die Verfasstheit der Massen betrifft:

1. Eine davon ist, dass die traditionelle Masse „konzentriert" war, ihre Existenz hing auch an der Voraussetzung, „an einem Ort" zu sein, während das moderne *Telepublikum* verstreut ist. Insofern ist das Publikum weniger mobil und wohl auch moderater als die traditionelle Masse.
2. Massenmedien tendieren dazu, „das intellektuelle Niveau des Publikums durch die Vereinfachung der Information und die Suggestion, die die erste impliziert"[26], zu senken.
3. Die alltägliche und die öffentliche Kommunikation produzieren unausweichlich die *Meinungen*, die einen Ausdruck des Imaginären darstellen, insofern sie sowohl gegen die Tradition als auch gegen die Vernunft sind. Als Anhänger von Meinungen sind wir folglich immer gefährdet, „zum Objekt demagogischer Ausbeutung und des Populismus"[27] zu werden.

4. „Die Klassenunterschiede verlieren ihren traditionellen Sinn: Die Existenz der Medien schwächt und verstellt sie."[28] Dies bedeutet nicht, dass es keine Klassen mehr gibt. Aber die Unterschiede zwischen ihnen sind in der allgemeinen Wahrnehmung unklarer und diffuser und sie werden durch die Phänomene der Masse und des durch die Medien geschaffenen Publikums überformt. So hat dieses relativ junge Phänomen des Publikums auch strukturellen Einfluss auf das Funktionieren politischer Parteien. Um erfolgreich zu sein, müssen sie bekannt sein, sie müssen „Ereignisse" produzieren, die sie in die Medien bringen, damit sie zum möglichst permanenten Thema des Publikums werden. Aus den Massenparteien werden immer deutlicher *Publikumsparteien*, was sich im Aufstieg des zeitgenössischen Populismus offenbart, der ohne Massenmedien nicht denkbar wäre.

5. In der „massendemokratischen Postmoderne"[29] funktioniert die Masse nicht länger primär nach dem klassischen Führerprinzip. Das organisierende Moment ist jetzt struktureller Natur: Nicht mehr die Person, sondern ein Signifikant, ein Symbol, eine Idee formieren die Menge zur Masse. Insbesondere „paranoide Theorien" sind heutzutage weit verbreitet, haben sie doch den Vorteil, eine konkrete Erklärung anzubieten, indem sie ohne eine echte Analyse der Verhältnisse eine „Ursache", einen „Schuldigen" lokalisieren. (Man denke etwa an die in den letzten Jahren das politische Klima in Österreich bestimmenden paranoischen „Erklärungen" für verschiedenste politische, wirtschaftliche und soziale Krisenphänomene: die „Bürokraten in Brüssel", die „Ausländer", die „Globalisierung" etc.[30])

6. Folglich muss auch der zeitgenössische Politiker seine Funktion anpassen – er muss „telegen" sein und seine „Realität" tendiert dazu, hinter dem „Simulacrum der imaginären Bilder und Wünsche des Publikums"[31] zu verschwinden. Das Feld der Politik und der Öffentlichkeit gerät damit in die permanente Gefahr, zum „Spektakel" zu werden, zu einer imaginären Leinwand, die zugleich eine Ununterscheidbarkeit von wichtig und unwichtig, von real und phantastisch, von vernünftig und irrational und die Verhüllung des wirklichen Geschäfts der Macht und der Herrschaft bewirkt. Die Qualitäten, die einen Politiker ausmachen, sind immer weniger von republikanischen Werten bestimmt als von denen des Starkults, mehr von den Bildern des Idols als den Fähigkeiten und Werthaltungen eines Vorbilds: „Das Idol ist etwas anderes als das Vorbild: Das erste entspricht dem imaginären ‚Idealich', dem narzisstischen Bild des anderen, der die Projektion des Selbst ist, während das zweite, das Vorbild, das ‚Ichideal' ist, die symbolische Stütze im Anderen, der mit seinem Wort sich an das Subjekt wendet."[32]

Psychoanalyse des Gerüchts

Die heutigen Medien produzieren und verbreiten das, was immer schon die öffentliche Meinung ausmachte: eine Mischung aus Information, Mythen und Gerüchten. Letztere beruhen auf den Vorurteilen, die in einer Gesellschaft existieren, die schließlich zur Bildung von Ideologien beitragen. Politische Bildung unter Lebensbedingungen einer massenmedial strukturierten Spätmoderne verlangt daher immer stärker die Fähigkeit bzw. die Urteilskraft, zwischen Information und Gerücht, zwischen Vernunft und Phantasma zu unterscheiden.

In den vormodernen Gesellschaften präsentierte sich das Gerücht über den mündlichen Diskurs, in der Kultur der Spätmoderne hingegen verändert sich die Erscheinungsform: Es sind die Presse und diverse Bildmedien, insbesondere das Boulevardfernsehen und die Skandalpresse, die gezielt für die Produktion und Verbreitung bestimmter Gerüchte sorgen.

Was aber ist der psychologische Boden für die Bildung von Gerüchten? Allgemein lässt sich vielleicht sagen, dass ein Gerücht auf dem Boden der Akkumulation von Unbehagen entsteht, dass es verschiedene Szenarien von Bedrohung, schlimmer Erwartung und Katastrophen zur Voraussetzung hat. Es ist also der Affekt der Angst in Verbindung mit einer Erwartung des *Bösen*, sodass man sagen kann, dass das Gerücht die „*Lokalisierung* einer Gefahr mittels ihrer *Benennung*"[33] ist. Wie ein „herrenloses *Wort*"[34] funktioniert es nach den Gesetzen des Unbewussten. So kann es sich jederzeit an andere Träger, Personen oder Orte hängen, nicht zuletzt auch gegen jene, die es ursprünglich für ihre eigenen Interessen zu inszenieren suchten. In diesem Kontext kann man etwa an das Wort des US-amerikanischen Präsidenten G. W. Bush von der „Achse des Bösen" denken, ein Gerücht, in die Welt geschickt, um eine Dämonisierung des Gegners sowie die Unbewusstmachung der eigenen Interessen, politischen Motive und Handlungen zu erreichen. In bestimmten Milieus aber, keineswegs nur innerhalb der Welt des Islam, kam es zu einer Verkehrung dieses Impulses gegen Bush und die USA selber, insofern nun der „amerikanische Imperialismus/Neokolonialismus/die amerikanische Weltherrschaft" als das „eigentliche Böse" imaginiert und propagiert wurde und wird.

Im herrschenden Diskurs der an den Zielen aufgeklärter Rationalität orientierten politischen Bildung herrscht die letztlich naive Überzeugung vor, dass es, um die Macht und die Wirkung oben beschriebener „Gerüchte" zu brechen, genüge, diese rational zu „verstehen". Bewusstmachung und Aufklärung führe dazu, dass die Menschen, nun wieder im Besitz ihrer kritischen Rationalität, motiviert und in die Lage versetzt seien, solche Vorurteile und Gerüchte zu durchschauen und in der Folge auch zu bekämpfen. Unbeachtet bleibt hierbei die unbewusste Gegründet- und Verfasstheit menschlicher Existenz. Lipowatz verweist in diesem Zusammenhang auf ein einschlägiges Beispiel aus dem „medialen Krieg" während des Zweiten Weltkrieges. So stellten damals die US-Psychologen Gordon Allport und Leo Postman[35] fest, dass in der Folge der Kriegspropaganda grassierende Gerüchte die „Moral der Bevölkerung unterminierten und Haß gegen die Gemeinschaften der Japaner, Deutschen und Italiener erzeugten".[36] Sie betrachteten diese Gerüchte als „gefährliche Lügen" und übersahen dabei, dass solche Sichtweisen und „Kommunikationsspiele" grundlegend für jede, auch für eine demokratische Gesellschaft sind. Auch die „gute" demokratische Gesellschaft enthält im Substrat ihrer Überzeugungen, historischen Herleitungen, Bewältigungsstrategien für die Orientierung in der aktuellen politischen Welt ebenso Elemente von Gerüchten, die manchmal „umkippen" und dann ihre „andere", die „böse" Seite zeigen, d.h. nationalistische, rassistische oder antisemitische Inhalte.

Die meines Erachtens zu kurz greifende Annahme dieser Art von politischer Bildung besteht also letztlich in der positivistischen Überzeugung: Wenn wir etwas wissen, können wir es voraussehen, um es in der Folge auch kontrollieren zu können. Einmal mehr sehen wir die unbewusst bleibende Überzeugung am Werk, dass „alles" kontrollierbar sei, was logischerweise die Verdrängung und Verleugnung des Unbewussten des Menschen bedeutet. Verkannt wird dabei die innere „Logik" des Gerüchts, sein Faszinosum: Es funktioniert eben nicht nach der Logik der Vernunft, sondern es vermittelt, ähnlich wie der Traum, eine gefühlsmäßige, imaginäre Befriedigung eines archaischen Wunsches, der anders gar nicht befriedigt werden kann. „Das Gerücht ist diffus, anonym, unverantwortlich, vulgär, böswillig, verleumderisch, aggressiv; es geht um die Furcht vor jedem, durch ‚jemanden' Schaden zu erleiden: vergiftet, betrogen, verraten, geschlagen, vergewaltigt, verfolgt, bestohlen usw. zu werden."[37]

Das Faszinierende am Gerücht ist also seine Möglichkeit, diffuse Gefühle der Angst und Bedrohung zu artikulieren, ihnen ein Gesicht, eine Form, ein Objekt zu geben, sodass sie erträglicher werden. Damit entkommen die Menschen ein Stück ihren Gefühlen der Ohnmacht und Tatenlosigkeit. Durch das Gerücht bekommen ihre geheimen und bis dahin privaten Ängste eine kollektive Form, eine dramatische Inszenierung, die sie wieder handlungsfähig werden lässt. Insofern ist das Gerücht eine wesentliche Voraussetzung und Brücke von der Vereinzelung zur instrumentalisierbaren Masse.

Eine die psychologische Ebene nicht ausklammernde Analyse des Gerüchts lässt uns nicht nur gängige Psychotechnologien besser verstehen, wie sie von diktatorischen und populistischen Regimen eingesetzt werden. Sie bietet uns auch Einsicht in grundsätzliche, üblicher Weise unbewusst bleibende Vorgänge der Kommunikation. So erscheinen uns etwa „Informationen" umso glaubwürdiger, je stärker sie sich auf bereits existierende Erwartungen, Überzeugungen und Ängste beziehen. Solche „Nachrichten", die sich perfekt in bereits existierende Schemata von Überzeugungen, Sichtweisen und Ideologemen integrieren lassen, können auch entsprechend leicht Verbreitung finden. Dabei wird unter anderem deutlich, dass die gängige Annahme der Kommunikationswissenschaft, wonach das Bedürfnis von Menschen zu kommunizieren primär aus ihrem Interesse an Sachinformation gespeist sei, grob einseitig ist. Vielmehr müssen wir zur Kenntnis nehmen, dass es ein ganz wesentliches unbewusstes Kommunikationsziel gibt, nämlich die lustvolle Bekräftigung der eigenen Überzeugungen mittels der erfolgreichen Beeinflussung der anderen. Dies ist mit ein Grund, warum das „Was", der Inhalt, der kommuniziert wird, weniger wichtig ist als das „Wie", die Form des Aussagens der Information, die Veränderung der intersubjektiven Situation durch den kommunikativen Akt.

Anmerkungen

1 Sieder, Reinhard: Die Rückkehr des Subjekts in den Kulturwissenschaften, Wien 2004, S. 93.
2 Lipowatz, Thanos: Politik der Psyche. Eine Einführung in die Psychopathologie des Politischen, Wien 1998, S. 127.
3 Ebenda, S. 142.
4 Jameson, Fredric: Das politische Unbewusste. Literatur als Symbol sozialen Handelns. Reinbek b. Hamburg 1988, S. 7.
5 Ebenda, S. 29f.
6 Lipowatz, Politik der Psyche, S. 37.
7 Ebenda, S. 49.
8 Freud, Sigmund: Eine Schwierigkeit der Psychoanalyse (1917), in: GW XII, Frankfurt a. M. 1999, S. 11.
9 Lacan, Jacques: Subversion des Subjekts und Dialektik des Begehrens im Freudschen Unbewußten (1960). In: Ders.: Schriften, Bd. 2, Olten 1975, S. 179f.
10 Lipowatz, Politik der Psyche, S. 21.
11 Lacan, Jacques: Das Seminar, Buch II. Das Ich in der Theorie Freuds und in der Psychoanalyse, Weinheim/Berlin 1980, 146.
12 Freud, Sigmund: Zur Einführung des Narzissmus (1914), in: GW X, Frankfurt a. M. 1999.
13 Lipowatz, Thanos: Die Verleugnung des Politischen. Die Ethik des Symbolischen bei Jacques Lacan, Weinheim/Berlin 1986, S. 21.
14 Lipowatz, Politik der Psyche, S. 63.
15 Freud. Sigmund: Zur Einführung des Narzissmus, S. 140.
16 Lacan, Jacques: Das Spiegelstadium als Bildner der Ichfunktion, in: Ders.: Schriften, Bd. I, Weinheim/Berlin 1973, 61f.
17 Lipowatz, Politik der Psyche, S. 158 (Kursiv im Original).
18 Ebenda, S. 159.
19 Lipowatz, Die Verleugnung des Politischen, S. 31.
20 Arendt, Hannah: Elemente und Ursprünge der totalen Herrschaft, Frankfurt a. M. 1962, S. 682.
21 Siehe dazu u. a. die „Klassiker" der Kommunikationswissenschaft: Watzlawick, Paul/Beavin, Janet H./Jackson, Don D.: Menschliche Kommunikation. Formen, Störungen, Paradoxien, Bern 1969; Schulz von Thun, Friedemann: Miteinander reden, 3 Bände, Reinbek b. Hamburg 1981-1989.
22 Lipowatz, Politik der Psyche, S. 108.
23 Ebenda.
24 Ebenda.
25 Ebenda, S. 109.
26 Ebenda, S. 111.
27 Ebenda, S. 112.
28 Ebenda.
29 Kondylis, Panajotis: Der Niedergang der bürgerlichen Denk- und Lebensform. Die liberale Moderne und die massendemokratische Postmoderne, Weinheim 1991.
30 Siehe dazu die Studie zum Populismus von: Ötsch, Walter: Demagogische Vorstellungswelten. Das Beispiel der Freiheitlichen Partei Österreichs, in: Hauch, Gabriella/Hellmuth, Thomas/Pasteur, Paul (Hg.): Populismus. Ideologie und Praxis in Frankreich und Österreich, Innsbruck/Wien/München/Bozen 2002, S. 93-122.
31 Baudrillard, Jean: Das System der Dinge, Frankfurt a. M./New York 1991, S. 260.
32 Lipowatz, Politik der Psyche, S. 114.
33 Ebenda, S. 117.
34 Ebenda, S. 117 (Kursivsetzung im Original).
35 Allport, Gordon/Postman, Leo: The Psychology of Rumor, New York 1947.
36 Lipowatz, Politik der Psyche, S. 118.
37 Ebenda, S. 119.

Ewald Hiebl

Die Dekonstruktion der Inszenierungen

Massenmedien und politische Bildung
in Gegenwart und Geschichte

> „Will eine politische Bewegung heute erfolgreich sein, müssen alle ihre Formen der Selbstdarstellung und Kommunikation – extern wie intern – aufeinander abgestimmt sein und den Standards oder Erwartungshaltungen einer modernen Informations-, Medien- und Erlebnisgesellschaft angemessen sein. Wer diese Grundregel auch nur in einem Punkt verletzt, hat es schwer, sich auf einem freien Wählermarkt zu behaupten."

Mit diesen Worten brachte der Salzburger Germanist und Politiker Martin Apeltauer bei den Ersten Salzburger Rhetorikgesprächen 2004 das Verhältnis von (medialer) Inszenierung und Politik auf den Punkt.[1]

Während PolitikerInnen und PolitikberaterInnen versuchen, Politik und ihre AkteurInnen als Produkte zu inszenieren und die Massenmedien als wichtige Transportmittel dieser Inszenierung zu verwenden, ist es Aufgabe der politischen Bildung, die inszenierten politischen Botschaften zu dekonstruieren. Es wäre naiv zu glauben, dass Politik als Wettbewerb zwischen Parteien, wahlwerbenden Gruppierungen und Interessenvertretungen (zu denen auch NGOs zu zählen sind) nicht jenen Mitteln den höchsten Stellenwert zukommen lässt, die für die beste Verbreitung der jeweils eigenen Botschaft sorgen; und diese Mittel sind – im wahrsten Sinne des Wortes – die Medien, genauer gesagt die Massenmedien wie Presse, Hörfunk, Fernsehen und seit etwa 15 Jahren auch das Internet.

Wenn nun massenmedial inszenierte Politik als Gegebenheit vorauszusetzen ist, so muss die politische Bildung am anderen Ende des Kommunikationsmodells ansetzen, nämlich bei den RezipientInnen. Sie müssen mit Kompetenzen ausgestattet werden, die ihnen ermöglichen, Inszenierungen zu erkennen und zu durchschauen sowie in einen gesellschaftspolitischen Kontext zu stellen.

„Selbstreflexives Ich" und Medienkompetenz

Das Konzept eines „selbstreflexiven Ich", das Selbstverwirklichung und soziale Verantwortung in einer autonomen, von Kritikfähigkeit, Partizipation und Emanzipation gekennzeichneten Persönlichkeit vereint, ist eng mit der Frage von Medienkompetenz verbunden. Darunter wird das „Sich-Zurechtfinden in den neuen und komplexen Medienwelten"[2] verstanden: eine Kompetenz, die nicht auf traditionelle Inhalte und Erfahrungen beschränkt bleiben kann, sondern sich mit der Entwicklung der Medienlandschaft wandeln muss. Medienkompetenz ist weit gefasst. Sie beinhaltet „die Fähigkeit, auf der Basis strukturierten zusammenschauenden Wissens und einer ethisch fundierten Bewertung der medialen Erscheinungsformen und Inhalte sich Medien anzueignen", aber auch die Kompetenz, mit ihnen kritisch und reflexiv umzugehen. Schließlich zählt auch die Fähigkeit, Medien „nach eigenen inhaltlichen und ästhetischen Vorstellungen, in sozialer Verantwortung sowie in kreativem und kollektivem Handeln zu gestalten", zu den wichtigen Zielen einer Vermittlung von Medienkompetenz.[3] Dieter Baacke unterteilt Medienkompetenz in insgesamt vier zentrale Bereiche: Medienkritik, Medienkunde, Mediennutzung und Mediengestaltung. Von zentraler Bedeutung ist im Zusammenhang mit dem „selbstreflexiven Ich" der Bereich der Medienkritik. Sie stellt die Grundlage für alle weiteren Operationen dar. Nach Baacke verfolgt Medienkritik Ziele auf drei verschiedenen Ebenen: Analytisch sollten „problematische gesellschaftliche Prozesse" angemessen erfasst werden können; reflexiv „sollte jeder Mensch in der Lage sein, das analytische Wissen auf sich selbst und sein Handeln anwenden zu können"; und in einer ethischen Dimension müssen analytisches Denken und reflexiver Rückbezug sozial verantwortet werden. Medienkunde als Wissen über Medien und Mediensysteme, reflektierte Mediennutzung sowie aktive und kreative Mediengestaltung als eine andere Form von (Handlungs-)Kompetenzen ergänzen den Aspekt der Medienkritik im Bereich der Medienkompetenz.[4]

Medienkompetenz ist somit Teil eines „subjektorientierten Bildungsideal[s] der modernen Mediengesellschaft" und nicht ausschließlich auf die schulische Ausbildung beschränkt. Die Fähigkeit eines kritischen Umgangs mit Medien, vor allem mit massenmedialen Produkten, stellt eine grundlegende Kompetenz in der modernen „Mediengesellschaft" dar. Vielfach wird deshalb auf die Notwendigkeit der Integration der „Medienerziehung" in ein Konzept eines lebenslangen Lernens hingewiesen. Zusätzlich zur Stärkung der individuellen Medienkompetenz müssen jedoch auch die Rahmenbedingungen, innerhalb derer Massenmedien agieren, in den Blick genommen werden, vor allem die Medien- und Kommunikationskultur demokratischer Gesellschaften.[5]

Von welchen Medien sprechen wir?

Wenn – im alltäglichen wie auch häufig im wissenschaftlichen Bereich – der Begriff „Medien" verwendet wird, sind meist Massenmedien gemeint. Diese stellen jedoch nur einen Teil der Medien dar. Kaum jemand würde Sprache oder Lachen, die in der mittlerweile klassischen Definition des Medienwissenschafters Harry Pross als primäre Medien bezeichnet werden, in eine enge Beziehung zur politischen Bildung setzen. Es sind eher die sekundären, tertiären sowie – in einer Erweiterung der Systematik von Pross – die quartären Medien, die Fragen von öffentlicher Diskussion und Macht berühren und somit einen eminent politischen Charakter erhalten. Sekundäre Medien sind nach Pross jene, die über ein Gerät zur Produktion verfügen, aber ohne Gerät rezipiert werden sollen, also alle Druckmedien. Tertiäre Medien sind solche, die sowohl auf der Produktions- als auch der Rezeptionsseite ein Gerät benötigen, also etwa Radio oder Fernsehen. Als quartäre Medien werden die „neuen Medien" verstanden.[6]

Vor allem die technisch unterstützte Massenproduktion sowie eine zumindest theoretisch intendierte massenhafte Absetzung oder Nutzung der Medienprodukte stellen den Zusammenhang zwischen (Massen-)Medien und politischer Bildung her. Niklas Luhmann definiert Massenmedien als alle Einrichtungen der Gesellschaft, „die sich zur Verbreitung von Kommunikation technischer Mittel der Vervielfältigung bedienen". Luhmann verweist dabei auf Bücher, Zeitschriften und Zeitungen, die durch die Druckpresse hergestellt werden. „Die Massenproduktion von Manuskripten nach Diktat wie in mittelalterlichen Schreibwerkstätten soll nicht genügen." Entscheidend für die Definition von Massenmedien ist weiters, dass keine Interaktion unter Anwesenden zwischen Sendern und Empfängern stattfinden kann.[7]

Massenmedien, Politik und politische Bildung – Aufgaben, Möglichkeiten, Grenzen

An Publikationen über Massenmedien und politische Bildung besteht kein Mangel. Das offenbart vor allem die Relevanz, die dem Bereich der Medien für die moderne Gesellschaft zugesprochen wird. Auch die Metapher der Medien als „vierter Gewalt"[8] – neben Legislative, Exekutive und Judikatur, auf denen die Gewaltentrennung der Demokratie aufbaut – weist in diese Richtung.

Massenmedien können in demokratischen Gesellschaften drei grundlegende Aufgaben übernehmen.[9] Das geht von der Information über politische Vorgänge über die Mitwirkung an der politischen Meinungsbildung bis hin zur Kontrolle und Kritik des politischen Systems und der politischen AkteurInnen.[10]

Die erste Aufgabe übernehmen Massenmedien, indem sie über objektive Informationen eine Öffentlichkeit herstellen. Das gilt als Grundvoraussetzung eines seriösen Journalismus. Diese Informationsleistung dient dem/der BürgerIn als Entscheidungshilfe in politischen Fragen.[11] Selbstverständlich muss hinterfragt werden, ob objektive Information überhaupt möglich ist. Abgesehen von bewussten Verzerrungen, die bereits auf der nächsten Ebene der medialen Meinungsbildung und nicht auf der Ebene der Informationsvermittlung anzusiedeln sind, greifen JournalistInnen durch Selektion und Interpretation von Anfang an in den Prozess medialer Darstellung ein. Allein die Anordnung von Meldungen stellt bereits eine Interpretationsleistung dar. Redaktionen gewichten Informationen, indem sie sie auf dem Titelbild von Printmedien oder als erste Meldung in elektronischen Massenmedien platzieren und ihnen somit mehr Öffentlichkeit schenken als anderen Meldungen. Auch der Vorgang der Vereinfachung komplexer Sachverhalte in der massenmedialen Darstellung stellt eine interpretative Leistung dar. Somit können nicht nur Veränderungen und ergänzende Kommentare den Informationsgehalt journalistischer Produktionen verändern, sondern auch die Reduktion.

Das Analysieren dieser häufig kaum bemerkten Interpretationsleistungen ist wichtig. Ein ausschließlich reflexives Vorgehen reicht jedoch nicht aus, um den komplexen Zusammenhang zwischen Medien und Politik im Sinne einer auf emanzipierte MedienrezipientInnen abzielenden politischen Bildung sichtbar zu machen und die Problematik der Gewichtung von Informationen zu verdeutlichen. Es braucht, wie Frank Langner betont, auch ein „Handeln mit Medien". Medien müssen also „erprobt" werden, um politische Handlungs- und Urteilskompetenz zu fördern. Eine Art des Erprobens stellt die aktive Produktion medialer Produkte dar. Dabei sollten nicht nur relativ einfach zu gestaltende Printmedien produziert werden, sondern auch elektronische Medien, vor allem auch aufgrund der enormen Bedeutung dieser Medien, allen voran des Fernsehens, als Quelle politischer Information.[12] Aktive Medienpädagogik ist dabei nicht nur auf die Schulausbildung zu beschränken. In Erwachsenenbildungseinrichtungen betriebene Medienwerkstätten sowie Bürger- und freie Radios heben durch die eigene Produktion von (elektronischen) Medien die kritisch-reflexiven Kompetenzen im Bereich der medialen Politikvermittlung.[13]

Als zweite wichtige Aufgabe können Massenmedien auch ganz bewusst an der politischen Meinungsbildung mitwirken, indem sie den Prozess der Meinungsbildung vor politischen Entscheidungen wie Wahlen oder Volksabstimmungen direkt oder indirekt beeinflussen: direkt in Form von Kommentaren und Parteinahmen, indirekt, indem sie politischen AkteurInnen eine Plattform zur Selbstpräsentation bieten.[14] Zu berücksichtigen ist in diesem Zusammenhang, dass der Zugang zu Massenmedien und damit zur veröffentlichten Meinung nicht allen BürgerInnen gleichermaßen offensteht. Ökonomische, politische und soziale Eliten werden hier bevorzugt. Die in den Medien publizierte Meinung mit einer öffentlichen Meinung gleichzusetzen hieße, die gesellschaftliche Ungleichheiten, aber auch das ökonomische und politische Netzwerk, in das private wie staatliche oder staatlich kontrollierte Medienunternehmen eingebunden sind, außer Acht zu lassen.[15]

Um die dritte wesentliche Aufgabe, jene der Kontrolle politischer Parteien oder AkteurInnen, erfüllen zu können, müssen Massenmedien bzw. die in diesen tätigen JournalistInnen über die dafür nötige Unabhängigkeit verfügen. In öffentlich-rechtlichen Medien können – trotz des gesetzlichen Auftrags einer ausgewogenen Berichterstattung – das gesetzlich verbriefte Mitspracherecht der politischen Gremien und Parteien oder direkte politische Interventionen diese Unabhängigkeit einschränken. In privaten Medienunternehmen bergen Eigentümer- und andere ökonomische Interessen Gefahren in sich. Redakteursstatute, die JournalistInnen vor politisch oder ökonomisch motivierten Repressionen schützen, spielen deshalb gerade für die Kontrolle des politischen Systems durch JournalistInnen eine große Rolle.[16]

Diese verschiedenen Ebenen der Mitwirkung von Medien am politischen Entscheidungsprozess sichtbar und unterscheidbar zu machen, ist eine wesentliche Aufgabe der politischen Bildung. Eine weitere besteht darin, Kompetenzen zu vermitteln, die eine kritische Auseinandersetzung mit dem ökonomischen, politischen und gesellschaftlichen Umfeld von Massenmedien, aber auch mit der Genese von massenmedialen Produkten ermöglicht. Dazu gehören Sachkompetenzen wie das Wissen um Macht- und Besitzstrukturen im Medienbereich ebenso wie Kompetenzen, die in den Bereich der Sozial-, Selbst-, Urteils- und Methodenkompetenzen reichen. Ein „selbstreflexives Ich" sollte erkennen, dass es Teil eines Kommunikationsprozesses ist, in dem Sender und Empfänger mit höchst unterschiedlicher Macht ausgestattet sind. Ergebnis dieses selbstreflexiven Prozesses sollte freilich nicht das Gefühl von Ohnmacht sein, in dessen Folge auch die Motivation zur politischen Partizipation zurückgeht. Vielmehr müssen Kompetenzen entwickelt werden, die – aufbauend auf dem Wissen, wie Massenmedien Politik vermitteln und beeinflussen – einen kritischen Standpunkt zu den massenmedial vermittelten Meldungen ermöglichen.

Eines der wichtigsten Ziele einer politischen Bildung, die Kompetenz im Umgang mit massenmedial transportierten politischen Diskursen vermitteln möchte, besteht deshalb in der Ausbildung einer Fähigkeit zur Dekonstruktion massenmedialer „Texte", wobei „Texte" in diesem Kontext eine breitere Bedeutung erhalten und auch Radio- und Fernsehbeiträge, Filme[17] oder Hypertext umfassen sollten. Diese „Texte" können durchaus als „fertige Geschichten" verstanden werden, als Narrationen, die dekonstruiert werden müssen, um die Kontextualisierungen, innerhalb derer sie entstanden sind und rezipiert werden, darzulegen.[18]

Grundlage der Analyse ist zunächst eine Dokumentation des Medienbeispiels durch ein Sequenz- bzw. Einstellungsprotokoll, das den inhaltlichen Aufbau (einzelne Sequenzen) sowie den detaillierten Aufbau der Sequenzen genau angibt. Die Länge von Einstellungen, Kamerapositionen, die Verwendung von Musik und Geräuschen, dargestellte Handlungen und Sprache (Originaltöne und Moderation) werden dokumentiert, um als Grundlage einer inhaltlichen Auseinandersetzung zu fungieren.[19] Diese Dekonstruktion einer geschlossenen Erzählung in Einzelteile ermöglicht die kritische Sicht auf das gesamte Konstrukt und macht deutlich, dass Medienbeispiele häufig mehr Informationen über die Entstehungszusammenhänge bieten als über das Erzählte selbst.

Diese „zweite" Erzählebene des Kontexts sichtbar zu machen bietet sich nicht nur bei politischen Nachrichten an, sondern auch und vor allem bei vordergründig „unpolitischen" Medienbeispielen wie Spielfilmen. Durch die detaillierte Analyse offenbaren sich häufig eminent politische Aussagen auch in Unterhaltungsmedien. Alexander Juraske hat dies etwa am Beispiel des Antikfilms „Spartacus" ausgearbeitet und verbindet die „erste" Erzählung über den Sklavenaufstand im Römischen Reich mit der „zweiten" Erzählung einer Kritik an der Repression der US-amerikanischen Unterhaltungsindustrie durch die antikommunistische Politik der McCarthy-Ära. Der Film entstand zwischen 1957 und 1960 durch maßgebliche Mitwirkung von Künstlern, die in der McCarthy-Ära Ziel politischer Verfolgung wurden, darunter Regisseur Stanley Kubrick, Drehbuchautor Dalton Trumbo und Schauspieler Kirk Douglas, der den Film auch mitproduzierte.[20]

Politik und Gesellschaft – Politainment und Propaganda

Die Veränderung der Rahmenbedingungen, unter denen politische Auseinandersetzungen stattfinden, verändert auch den Stil der Auseinandersetzungen. In einer Gesellschaft, in der die Kommunikation von Mensch(en) zu Mensch(en) die wichtigste Form des Meinungsaustausches darstellte, waren Versammlungen und Aufmärsche wirksamere Mittel politischer Propaganda als in der modernen Mediengesellschaft. Die Anpassung der politischen AkteurInnen an das jeweilige mediale Umfeld ist allerdings keine Erfindung der letzten Jahrzehnte. Als es um die Wende vom 19. zum 20. Jahrhundert in der Habsburgermonarchie durch die Senkung des Wahlzensus und die Schaffung allgemeiner Wählerkurien zur tendenziellen Demokratisierung der politischen Mitbestimmung kam, bedienten sich die neu entstandenen Massenparteien auch neuer Werbemethoden. In Salzburg etwa ließ der deutschnationale Reichsratsabgeordnete Julius Sylvester zur Jahrhundertwende quer über die Salzach ein riesiges Transparent spannen, auf dem „Wählet Dr. Sylvester" stand. Er wusste, dass die Wähler nun nicht mehr nur in den bürgerlichen Clubs zu finden und dort im persönlichen Gespräch zu überzeugen waren, sondern dass spektakuläre Aktionen einen wichtigen Multiplikator-Effekt erzeugen. Indem in den regionalen Zeitungen über seine Aktion berichtet wurde, avancierte sie zum Gesprächsthema und drang so über Umwege wieder in die Alltagskommunikation ein.[21]

Wie sehr die Nationalsozialisten sich etwa dreißig Jahre später des damals jungen Massenmediums Radio bedienten, zeigt die noch lange nach dem Zusammenbruch des Regimes fast mythische Verklärung des „Volksempfängers" als Tor zur großen weiten Welt. Dass hinter dem, was aus dem „Volksempfänger" kam, eine penibel geplante Dramaturgie stand, die – verpackt in ein scheinbar harmloses Unterhaltungsprogramm – politische Werte und Normen transportierte, das sollten die Menschen an den Radiogeräten nicht merken. So versandte das NS-Propagandaministerium Instruktionen, in denen auf die Minute genau angegeben war, wann sich die Arbeiter in Betrieben wo zu versammeln hätten, um Sirenensignalen, Reden von Politikern und Propagandaliedern zu lauschen. Was wie eine spontane und willkommene Arbeitspause wirkte, war Teil einer bis ins Detail geplanten politischen Propaganda.[22]

Dass Medien in den Dienst der Politik gestellt wurden und dass sich die politische Propaganda den medialen Erfordernissen anpasste, das besitzt also eine lange Kontinuität. Auch das Erzeugen von Emotionen, die Menschen an die Massenmedien und damit auch an ihre Botschaften binden sollten, ist keine Erfindung der modernen „Mediengesellschaft". Trotzdem wird in vielen Analysen der modernen „Medien- und Teledemokratie"[23] gerade in den letzten Jahren die Gefahr einer Entpolitisierung durch das vermehrte Betonen von Emotionen anstelle von Informationen im Bereich der politischen Diskurse betont. Tatsächlich scheint das Interesse vor allem der so genannten Boulevard-Medien auch im Bereich der Politik an einfach zu vermittelnden Pseudoereignissen größer zu sein als an der inhaltlichen Auseinandersetzung über politische Konzepte zur Lösung der Probleme von Gesellschaften. Der Grund dafür kann in der Entwicklung der Dramaturgie in den modernen Unterhaltungsmedien gefunden werden, die von Abwechslung, schnellerem Themenwechsel und generell kürzeren Texten bzw. Beiträgen in elektronischen Medien gekennzeichnet ist. Dadurch wird Spannung erzeugt. Emotionalisierung ist die Folge. Der Inhalt, in diesem Fall die politische Auseinandersetzung, passt sich der Form, also medialen Erfordernissen und häufig auch Moden, an.[24]

Eine wichtige Aufgabe politischer Bildung ist die Vermittlung medienkritischer Kompetenz nicht nur bezüglich der Art und Weise, wie Politik vermittelt wird, sondern auch der Frage, warum PolitikerInnen es häufig vorziehen, sich in politikfernen Medienformaten zu präsentieren. Diese Form des „Politainments" (Andreas Dörner), welche die „menschliche" Seite von PolitikerInnen in den Vordergrund rückt und ihnen die Möglichkeit bietet, unangenehmen politischen Fragen aus dem Weg zu gehen, führt nach Meinung des Journalisten und Politologen Armin Wolf letztlich zu einer Depolitisierung. Image-Politik tritt an die Stelle von Sachpolitik, U-Politik (Unterhaltungs-Politik) wird von Seiten der PolitikerInnen als wichtiger betrachtet als E-Politik (Ernste Politik), wobei es im demokratiepolitischen Idealfall eigentlich umgekehrt sein müsste.[25] Diese „Flucht" von PolitikerInnen vor kritischer Politikvermittlung in Medien als Teil einer Politik, die Inszenierung[26] über Inhalte stellt, zu decouvrieren ist ebenso Aufgabe politischer Bildung wie das Aufzeigen der Verantwortung des Publikums, das durch den Konsum dieser Unterhaltungsprogramme erst die Möglichkeit für U-Politik schafft.

Als Forum von U-Politik oder symbolischer Politik dienen auch politikferne Bereiche, die großen medialen Zuspruch erfahren. Die Arenen des Sports, im wörtlichen wie im übertragenen Sinne, bieten PolitikerInnen die Möglichkeit, sich selbst als Teil einer suggerierten Gemeinschaft, der Nation, zu inszenieren. Besonders Sportarten, in denen AkteurInnen der eigenen Nation erfolgreich sind und die stark national konnotiert sind – etwa durch die Einblendung von Flaggen und Länderkürzeln –, sind Gelegenheiten, eine homogene Gemeinschaft zumindest jener anzusprechen, die an den Sportereignissen und -übertragungen interessiert sind. Damit kann zum einen die vorhandene Aufteilung der Gesellschaft in verschiedene Klassen und ideologische Lager zugunsten eines inszenierten Miteinanders „der ganzen Nation" kaschiert werden. Zum anderen profitieren PolitikerInnen von der meist hohen Popularität erfolgreicher Sportler. Georg Spitaler sieht diesen „Schulterschluss der Zielräume" als eine durch Medien verstärkte Form symbolischer Politik.[27]

Dem Eindruck, erst die „Erlebnisgesellschaft" der 1990er-Jahre habe die spezifische Form des sich der Macht der Massenmedien bedienenden „Politainment" hervorgebracht, tritt Thymian Bussemer entgegen. Er verweist darauf, dass populäre Unterhaltungskultur immer schon ein zentrales Genre der Politikvermittlung und des Versuchs der politischen Persuasion war. So spielten im nationalsozialistischen Propagandaapparat massenhaft vermittelte Unterhaltungsprogramme eine große Rolle in der Vermittlung politischer Überzeugungen.[28]

Der „ferne Spiegel" – Mediengeschichte und Mechanismen der Politik

Gerade wenn politische Bildung sich nicht nur als „Staatsbürgerkunde" versteht, sondern mehr als ein Fachwissen über politische Institutionen und Prozesse zu vermitteln versucht, sieht sie sich häufig mit dem Vorwurf der Indoktrination konfrontiert. Immer wieder wird politischer Bildung der Vorwurf gemacht, für Parteien, bestimmte politische Lager oder Ideologien Partei zu ergreifen.[29] Obwohl Kritik dieser Art auf einer verkürzten Sicht von politischer Bildung als politischer Indoktrination beruht und somit nicht weiter ernst zu nehmen sein müsste, wird deutlich, dass die Ausbildung politischer Einstellungen und Überzeugungen tatsächlich nie wertneutral vor sich gehen kann. Eine Möglichkeit, diesem Problem zu begegnen, ist die klare Positionierung sowohl von Lehrenden als auch Lernenden und die Notwendigkeit, den jeweils eigenen Standpunkt rational zu begründen und andere Meinungen zu akzeptieren und sich damit auseinanderzusetzen.

Eine weitere Möglichkeit stellt die Beschäftigung mit historischen politischen Prozessen dar. Der Gegenwart wird damit eine Art „ferner Spiegel"[30] vorgehalten, in denen aktuelle Strukturen in einem historischen Gewand sichtbar werden. Gerade im Bereich der Massenmedien und der intendierten politischen Beeinflussung durch die Nutzung von Presse, Radio oder Fernsehen bieten sich zahlreiche Beispiele aus dem 20. Jahrhundert, welche die Bedeutung von Massenmedien für den politischen Wettbewerb sichtbar machen. Die Beschäftigung mit historischen Fragen verhindert in vielen Fällen die klare Zuordnung zu einem aktuellen politischen Lager. Die Strukturen, die in der Beschäftigung mit historischen Phänomenen deutlich gemacht werden können, sind jedoch in der Regel auch auf gegenwärtige Gesellschaften zu übertragen.

Dazu bieten sich etwa Beispiele aus der österreichischen Ersten Republik an. Vor allem in Wien gab es nach dem Ersten Weltkrieg einen regelrechten Zeitungsboom. Zu Beginn des Jahres 1923 existierten in der Bundeshauptstadt 23 Tageszeitungen, darunter viele Parteizeitungen bzw. politischen Lagern nahe stehende Blätter. Wie umkämpft das Sprachrohr vor allem der Tagespresse war, zeigt sich in den „Zeitungskämpfen", die vor allem in den 1920er-Jahren ausgetragen wurden. Es kam zu handgreiflichen Auseinandersetzungen, Redaktionen wurden gestürmt und in Brand gesetzt, RedakteurInnen bedroht und verletzt. Unternehmer wie Siegmund Bosel, der in den ökonomischen Wirren nach dem Ersten Weltkrieg ein Vermögen anhäufen konnte, beteiligten sich an Zeitungen, die sie auch dafür benutzten, PolitikerInnen unter Druck zu setzen, um ökonomische Interessen zu verwirklichen. In manchen Fällen war die Macht der Presse so groß und für PolitikerInnen deshalb derart attraktiv, dass das Ausüben direkten Drucks gar nicht nötig war. Ökonomische und politische Eliten fanden auch so zueinander, wie die engen Kontakte zwischen Bosel und dem Wiener Polizeipräsidenten Johann Schober zeigen. Personifiziert wurde diese Art des Journalismus durch den Chefredakteur der Tageszeitung „Die Stunde" Imre Békessy, der vor allem von Karl Kraus immer wieder heftig angegriffen wurde. Békessy setzte Prominente, darunter auch PolitikerInnen, mit seiner Medienmacht unter Druck, indem er Enthüllungen ankündigte, deren Publikation durch ein Schweigegeld oder besonderes Wohlwollen verhindert werden konnten.[31]

Politisch konnotiert und durch eine massenmedial verbreitete und verstärke Stimmung hervorgerufen ist auch der Mord am bekannten Journalisten und Schriftsteller Hugo Bettauer. Er war Jude und konvertierte zum Christentum. Dennoch wurde seine Form der sozialkritischen und sexuell aufklärenden Berichte, die er etwa in der Zeitschrift „Bettauers Wochenschrift" publizierte, von Antisemiten in die Kategorie der „Asphaltpresse" eingereiht, die als Judenpresse diffamiert wurde. Bettauer wurde auch durch seinen Roman „Stadt ohne Juden" zum Feindbild antisemitischer Hetze. In diesem Roman, der schon kurz nach seiner Entstehung 1924 verfilmt wurde, skizziert er in satirischer Form die negativen Auswirkungen der Vertreibung der Juden aus einem Land. Vor allem die Filmvorführungen wurden immer wieder von nationalsozialistischen Gruppen gestört. Bettauer wurde 1925 ermordet. Der Mörder stammte aus dem nationalsozialistischen Milieu.[32]

Deutlich sichtbar wird an diesen Beispielen, wie Massenmedien in einem demokratischen System durch die Herstellung von Öffentlichkeit zu Macht gelangen, die auch in den Bereich der Politik reichte. Von besonderer Bedeutung ist das deshalb, weil diese Macht nicht demokratisch legitimiert und kontrolliert wird. Demokratie wandelt sich durch die Öffentlichkeit, die Massenmedien herstellen, zur Mediendemokratie.[33] Dass die Macht der Massenmedien für ökonomische, aber auch politische Zwecke missbraucht wird, kann an der Pressegeschichte der österreichischen Ersten Republik ebenso gezeigt werden wie an anderen historischen Beispielen. Auch die Auseinandersetzung um die Medienmacht des Springer-Konzerns in den späten 1960er-Jahren in der BRD oder das von Orson Welles in „Citizen Kane" auch cineastisch verarbeitete und verfremdete Beispiel des Medienmoguls William Randolph Hearst könnten hier angeführt werden. Von Vorteil ist bei allen historischen Beispielen, dass die AkteurInnen eindeutig festgemacht werden können, ohne sich der Kritik einer Parteinahme in aktuellen Konflikten stellen zu müssen. Darüber hinaus kann an den Beispielen aus der Mediengeschichte abgeschätzt werden, welche Bedeutung Medien in der heutigen Zeit besitzen, wo sie nicht – wie im 19. Jahrhundert oder in der Zwischenkriegszeit – eine Erfahrungswelt von vielen darstellen, sondern vielfach die einzige, auf jeden Fall aber die bei weitem bedeutendste, was Politik anbelangt. 75 % der ÖsterreicherInnen bezeichneten 2003 das Fernsehen als primäre politische Informationsquelle. Für 49 % waren das die Tageszeitungen, für 38 % das Radio. Nur 8 % nannten Gespräche als wichtigste politische Informationsquelle.[34] Die Dominanz des Fernsehens wird auch durch andere Untersuchungen bestätigt: Eine im Zuge der Wahlen zum deutschen Bundestag 2005 von ARD und ZDF sowie dem Meinungsforschungsinstitut forsa durchgeführte Umfrage ergab, dass 56 % der Befragten das Fernsehen als wichtigste Informationsquelle benutzten. Nur 24 % nannten Tageszeitungen, 8 % den Hörfunk, 6 % das Internet und 3 % Zeitschriften.[35]

Resümee

Massenmedien sind die wichtigsten Informationsquellen für politische Entscheidungen. Sie erhalten dadurch einen besonderen Status im demokratischen Prozess und sind für PolitikerInnen und Parteien als „Transportmittel" politischer Botschaften interessant. Massenmedien erhalten dadurch aber auch Macht und werden ihrerseits zu politischen Akteuren. Eine moderne Form der U-Politik stellt die Inszenierung der Politik über die inhaltliche Auseinandersetzung, was de facto einer Entpolitisierung der massenmedialen Politikvermittlung gleichkommt.

Da die Herstellung von Öffentlichkeit sich immer der modernsten und effizientesten Möglichkeiten bedient, wird die enge Verbindung zwischen Politik und Massenmedien jedoch nicht aufzulösen sein. Entscheidend ist deshalb, dass politische Bildung dekonstruktivistische Medienkompetenz vermittelt, um mediale politische Inszenierungen einer kritischen Analyse zu unterziehen. Nicht nur einzelne Medienprodukte wie Zeitungsartikel oder Nachrichtensendungen sollen Gegenstand einer kritischen Betrachtungsweise sein, sondern auch strukturelle Zusammenhänge wie politische oder ökonomische Interessen und ihre Auswirkungen auf massenmediale Berichterstattung. Von besonderer Bedeutung ist schließlich, dass die Einsicht in eine enge Verbindung von politischen Interessen und massenmedialer Produktion bei den MedienrezipientInnen nicht das Gefühl einer Ohnmacht erzeugt, die letztlich in Depolitisierung mündet. Vielmehr sollte politische Bildung helfen, dem „selbstreflexiven Ich" angesichts der Gefahr der Konzentration von Macht durch nicht demokratisch legitimierte Gruppen, wie sie einflussreiche Medienkonzerne und -anstalten darstellen, die Bedeutung und Notwendigkeit der eigenen politischen Partizipation zu vermitteln.

Diese Vermittlung geschieht vor allem auch durch eine detaillierte Analyse massenmedialer Politikvermittlung, die Beiträge und Sendungen im wahrsten Sinn des Wortes dekonstruiert, um das Wesen der Konstruktion sichtbar zu machen. Eigenständiges Herstellen medialer Produkte vertieft die Einsicht in das Wesen der Massenmedien. Auch die Analyse historischer Formen massenmedialer Politikvermittlung kann dazu beitragen, aktuelle Prozesse und Problemlagen sichtbar zu machen. Geschichte als „ferner Spiegel" ermöglicht einen distanzierten Blick auf Inszenierungen sowie strukturelle Zusammenhänge zwischen Massenmedien und politischer wie ökonomischer Macht. Die Einbeziehung der historischen Dimension zeigt aber auch, dass es stets das Bestreben von PolitikerInnen und Parteien war, möglichst alle politisch Berechtigen anzusprechen. In einem demokratischen politischen Wettbewerb, an dem Massen beteiligt sind und der Massen ansprechen will, führt deshalb an den jeweils populärsten Massenmedien kein Weg vorbei. Aufgabe der politischen Bildung ist es, Kompetenzen zu vermitteln, die dem jeweiligen technologischen Entwicklungsstand entsprechen. In einer Mediengesellschaft erhält deshalb die Medienkompetenz eine eminente Bedeutung, um die Voraussetzung dafür zu schaffen, dass ein Ich über sich selbst reflektieren kann.

Anmerkungen

1 Martin Apeltauer sieht Medialisierung neben Individualisierung und Personalisierung als wichtigen Trend moderner Politikvermittlung und leitet daraus fünf Hauptaufgaben erfolgreicher Politikvermittlung ab: Personalentwicklung („interessante" politische KandidatInnen), Message Development (knappe Botschaften), Wording (gemeinsame Botschaften der Akteure einer politischen Bewegung), Inszenierung sowie Integrierte Kommunikation (aufeinander abgestimmte Selbstpräsentation). Apeltauer, Martin: Willkommen im freien Markt! Was kann Rhetorik in der modernen politischen Kommunikation noch leisten?, in: RhetOn. Online Zeitschrift für Rhetorik & Wissenstransfer, 2 (2004) (http://www.rheton.sbg.ac.at/?page=articles§ion=02.04&article=apeltauer, eingesehen: 25. Februar 2008).
2 Baacke, Dieter: Medienkompetenz als zentrales Operationsfeld von Projekten, in: Ders./Kornblum, Susanne/Lauffer, Jürgen/Mikos, Lothar/Thiele, Günter A. (Hg.): Handbuch Medien: Medienkompetenz. Modelle und Projekte, Bonn 1999, S. 31-35. Diese umfangreiche Publikation beinhaltet auch zahlreiche konkrete Beispiele von Projekten, die Medienkompetenz vermitteln sollen.
3 Schorb, Bernd: Medienkompetenz, in: Hüther Jürgen/Schorb, Bernd (Hg.): Grundbegriffe Medienpädagogik, 4. Auflage, München 2005, S. 262.
4 Baacke, Medienkompetenz als zentrales Operationsfeld von Projekten, S. 31-35.
5 Hagedorn, Friedrich: Medienkompetenz, in: Hufer, Klaus-Peter (Hg.): Lexikon der politischen Bildung, Bd. 2. Außerschulische Jugend- und Erwachsenenbildung, Schwalbach/Ts. 1999, S. 170-172.
6 Pross, Harry: Medienforschung. Film, Funk, Presse, Fernsehen, Darmstadt 1972, S. 127-162; Beth, Hanno/Pross, Harry: Einführung in die Kommunikationswissenschaft, Stuttgart/Berlin/Köln/Mainz 1976, S. 110-176.
7 Luhmann, Niklas: Die Realität der Massenmedien, 2. Auflage, Opladen 1996, S. 10f.
8 Vgl. dazu die zahlreichen Buchtitel, in der diese Metapher verwendet wird, u. a.: Bergsdorf, Wolfgang: Die vierte Gewalt. Einführung in die politische Massenkommunikation, Mainz 1980.
9 Die Einteilung und Diversifizierung der Funktionen von Medien in demokratischen Systemen ist je nach Abstraktionsgrad unterschiedlich und recht willkürlich. Das Projekt „Geschichte Online" (nunmehr unter „do. didactic online" verfügbar) unterscheidet in einem Online-Lernmodul zu „Medien und Politik" folgende Funktionen: „Informationsfunktion, Herstellen von Öffentlichkeit, Artikulationsfunktion, Politische Sozialisationsfunktion, Integrationsfunktion, Korrelationsfunktion, Politische Bildungsfunktion, Kritik und Kontrollfunktion". Vgl. do. didactic online. Nachrichten als Schlüsselinstanz der Vermittlung von Politik (http://www.didactics.eu/index.php?id=520, eingesehen: 24. März 2008).
10 Chill, Hanni/Meyn, Hermann: Funktionen der Massenmedien in der Demokratie. Einleitung, in: Informationen zur Politischen Bildung, Massenmedien (Heft 260), hg. von der Bundeszentrale für Politische Bildung, o. J. (http://www.bpb.de/publikationen/0430950255807611298-3648580539468,0,0,Funktionen_der_Massenmedien_in_der_Demokratie.html#art0, eingesehen: 23. März 2008). Vgl. auch: Schludermann, Walter: Massenmedien und Politik, in: Massenmedien verstehen. Hintergrundwissen für Lehrer und Medienerzieher, hg. von der Klagenfurter Projektgruppe Medienerziehung, Wien 1991, S. 20-27.
11 Chill, Hanni/Meyn, Hermann: Funktionen der Massenmedien in der Demokratie. Informationsfunktion, in: Informationen zur Politischen Bildung, Massenmedien (Heft 260), hg. v. der Bundeszentrale für Politische Bildung, o. J. (http://www.bpb.de/publikationen/0430950255807611298364858053 9468,1,0,Funktionen_der_Massenmedien_in_der_Demokratie.html#art1, eingesehen: 23. März 2008).
12 Langner, Frank: Medienbezogenes politisches Lernen, in: Reinhardt, Volker (Hg.): Inhaltsfelder der Politischen Bildung, Bd. 3, Baltmannsweiler 2007, S. 213. Vgl. auch do. didactic online. Mediendidaktik (http://www.didactics.eu/index.php?id=567, eingesehen: 24. März 2008); Steinbach, Silke: Medienpädagogik, in: Richter, Dagmar/Weißeno, Georg (Hg.): Lexikon der politischen Bildung, Bd. 1. Didaktik und Schule, Schwalbach a. Ts. 1999, S. 152-155.
13 Preinfalk, Hans: Neue Medien und Bildung. Aspekte der Medienentwicklung und ihre Folgen für das Bildungssystem und die politische Bildung in Österreich, in: Aufderklamm, Kurt/Filla, Wilhelm/Leichtenmüller, Erich/Löderer, Judith: Demokratische Bildung. Realität und Anspruch, Wien 1996, S. 41f (Schriftenreihe des Verbandes Österreichischer Volkshochschulen, 10).

14 Chill, Hanni/Meyn, Hermann: Funktionen der Massenmedien in der Demokratie. Meinungsbildungsfunktion, in: Informationen zur Politischen Bildung, Massenmedien (Heft 260), hg. v. der Bundeszentrale für Politische Bildung, o.J. (http://www.bpb.de/publikationen/04309502558076112983648580539468,2,0,Funktionen_der_Massenmedien_in_der_Demokratie.html#art2, eingesehen: 23. März 2008).
15 Steininger, Christian: Bundesdeutsche Debatten zur Rundfunkfinanzierung, in: Kreuzbauer, Günther/Gratzl, Norbert/Hiebl, Ewald (Hg.): Persuasion und Wissenschaft. Aktuelle Fragestellungen von Rhetorik und Argumentationstheorie, Wien/Berlin 2007, S. 81-95 (Salzburger Beiträge zu Rhetorik und Argumentationstheorie, 2); Knoche, Manfred: Konkurrenz, Konzentration und Regulierung in der Medienindustrie, in: Friedrichsen, Mike/Seufert, Wolfgang (Hg.): Effiziente Medienregulierung. Marktdefizite oder Regierungsdefizite?, Baden-Baden 2004, S. 157-171.
16 Chill, Hanni/Meyn, Hermann: Funktionen der Massenmedien in der Demokratie. Kritik- und Kontrollfunktion, in: Informationen zur Politischen Bildung, Massenmedien (Heft 260), hg. v. der Bundeszentrale für Politische Bildung, o.J. (http://www.bpb.de/publikationen/04309502558076112983648580539468,3,0,Funktionen_der_Massenmedien_in_der_Demokratie.html#art3, eingesehen: 23. März 2008)
17 Zur Analyse von Filmen siehe u.a.: Krammer, Reinhard: Filme im Geschichtsunterricht. Analysieren – Interpretieren – Dekonstruieren, in: Historische Sozialkunde. Geschichte – Fachdidaktik – Politische Bildung, 3 (2006), S. 25-31; Dörner, Andreas: Politik der Bilder. Bemerkungen zur Methodik der Interpretation von audiovisuellen Daten, in: Maier, Matthias Leonhard/Nullmeier, Frank/Pritzlaff, Tanja/Wiesner, Achim (Hg.): Politik als Lernprozess. Wissenszentrierte Ansätze der Politikanalyse, Opladen 2003, S. 197-210.
18 Schreiber, Waltraud: Reflektiertes und (selbst-)reflexives Geschichtsbewusstsein durch Geschichtsunterricht fördern – ein vielschichtiges Forschungsfeld der Geschichtsdidaktik, in: Zeitschrift für Geschichtsdidaktik, 1 (2002), S. 28f.
19 Vgl. die Analyse am Beispiel eines Wochenschau-Berichts zur Feier des Ersten Mai im Jahr 1934: do. didactic online. Beispiel: Medien und Politik (http://www.didactics.eu/index.php?id=529, 24. 3. 2008).
20 Von besonderer Bedeutung ist hier wohl auch, dass die historische Figur des Spartakus zu Beginn des 20. Jahrhunderts eine Symbolfigur für die kommunistischen Emanzipationsbewegungen darstellte. Sichtbar wird das unter anderem in der von Rosa Luxemburg und Karl Liebknecht gegründeten Spartakusgruppe (später Spartakusbund). Vgl. Juraske, Alexander: Large Spartacus versus Small Spartacus. Die Umsetzung des Drehbuchs im Antikfilm „Spartacus" (1960), in: Historische Sozialkunde, 3 (2006), S. 34-38.
21 Haas, Hanns: Salzburg in der Habsburgermonarchie. Vom Liberalismus zum Deutschnationalismus, in: Dopsch, Heinz/Spatzenegger, Hans (Hg.): Geschichte Salzburgs, Bd. II/2. Neuzeit und Zeitgeschichte, Salzburg 1988, S. 852.
22 Diller, Ansgar: Rundfunkpolitik im Dritten Reich, München 1980 (Rundfunk in Deutschland, 2). Unterrichtsvorschläge zum Thema „Nationalsozialismus und Medien" finden sich bei: Hellmuth, Thomas/Ecker, Maria: Faschistische und autoritäre Systeme, in: Hellmuth, Thomas (Hg.): Politik verstehen. Informationen und Unterrichtsvorschläge zu Geschichte und Politischer Bildung, Linz 2002, S. 68, 77.
23 Filzmaier, Peter: Medien und politische Kommunikation, in: Medienpaket Politische Bildung, Kapitel 6 (http://wko.at/aws/AWS1024/PDF/K06.PDF, eingesehen: 25. März 2008).
24 Hellmuth, Thomas/Hiebl, Ewald: Bürgerlich-demokratische Systeme, in: Hellmuth (Hg.), Politik verstehen, S. 24f. Dieser Beitrag bietet neben einer Einführung in Aspekte der Mediendemokratie auch Unterrichtsvorschläge mit vorbereiteten Arbeitsblättern (in einem eigenen Heft) zur Vermittlung von Medienkompetenz im Rahmen des Faches „Geschichte und Politische Bildung".
25 Wolf, Armin: Opfer und Täter zugleich. JournalistInnen als Adressaten und Konstrukteure medialer Inszenierungen von Politik, in: Filzmaier, Peter/Karmasin, Matthias/Klepp, Cornelia (Hg.): Politik und Medien – Medien und Politik, Wien 2006, S. 52f.
26 Meyer, Thomas: Die Theatralität der Politik in der Mediendemokratie, in: bpb. Beilage zur Wochenzeitung das Parlament, hg. von der Bundeszentrale für politische Bildung, Bonn, 29. Dezember 2003, S. 12-20 (http://www.bpb.de/files/L25M9Y.pdf, eingesehen: 25. März 2008).
27 Spitaler, Georg: *Authentischer* Sport – inszenierte Politik? Zum Verhältnis von Mediensport, Symbolischer Politik und Populismus in Österreich, Frankfurt a. M./Berlin/Bern/Bruxelles/New York/Oxford/Wien 2005, bes. S. 95-99, 211.

28 Bussemer, Thymian: „Nach einem dreifachen Sieg-Heil auf den Führer ging man zum gemütlichen Teil über". Propaganda und Unterhaltung im Nationalsozialismus. Zu den historischen Wurzeln eines nur vermeintlich neuen Phänomens, in: Schicha, Christian/Brosda, Carsten (Hg.): Politikvermittlung in Unterhaltungsformaten. Medieninszenierungen zwischen Popularität und Populismus, Münster 2002, S. 73-80.

29 Als Beispiel sei hier auf einige Reaktionen zu einer am 12. März 2008 an der Universität Salzburg veranstalteten Podiumsdiskussion zum Thema „Überbewertet? Unterbewertet? Undurchsichtig? Was ist der tatsächliche Beitrag der Medien zur Politischen Bildung?" verwiesen (die Diskussion ist als Video abzurufen unter: Überbewertet – Unterbewertet – Undurchsichtig? Was ist der tatsächliche Beitrag der Medien zur Politischen Bildung?, in: uniTV. Das Salzburger Unifernsehen, Videos, aktualisiert am 12.03.2008 um 11:59 (http://www.unitv.org/beitrag.asp?ID=155, eingesehen: 25. März 2008). Die angeführten Reaktionen bezogen sich auf einen Bericht über die Veranstaltung auf salzburg.orf.at: „Eigentlich darf die Schule nicht informieren über aktuelle Parteipolitik: Es wurde schon Lehrkräften der Prozess gemacht, weil sie dabei scheinbar politisch einseitige Äußerungen von sich gegeben haben sollen (was Schülerinnen da halt so verstanden haben). Außerdem ist es ein Missbrauch von Schule, wenn dort die Informationsarbeit der Parteien erledigt werden soll: Die Parteien bekommen ohnehin recht viel Geld für ihre Bildungsakademien. Sie müssten nur redlich informieren, statt bevorzugt ihre ‚Gegner' anzupatzen"; „Und was die politische Bildung anbelangt: Politische Bildung müssen in erster Linie Politiker erlernen, wo auch immer. Soll etwa in den Schulen schon irgendein Parteieinfluss installiert werden? Ist das vielleicht geplant? Die Jugendlichen sollten behutsam, aber nicht in Form eines starren Unterrichts in die Materie eingeführt werden, auf dass sie sich ihre eigenen Gedanken machen können und ihre eigenen Entscheidungen treffen können."; „Politische Bildung ist ABZULEHNEN und hat nichts in der Schule verloren, denn jede Pol. Bild. ist nichts anderes als Indoktrinierung im Sinne der Institution, welche diese Veranstaltung abhält." Die Zitate wurden unverändert zitiert, etwaige Fehler wurden nicht korrigiert bzw. gekennzeichnet. Vgl. „Gruselige" politische Bildung für Jugendliche, in: salzburg.orf.at, 18. März 2008 (http://salzburg.orf.at/stories/264284/, eingesehen: 21. März 2008)

30 Dieses Bild ist dem gleichnamigen Buch von Barbara Tuchman entlehnt, das als „A Distant Mirror" 1978 erschien und sich dem Europa des 14. Jahrhunderts widmet, auf deutsch: Tuchman, Barbara Wertheim: Der ferne Spiegel. Das dramatische 14. Jahrhundert, Hamburg 2007.

31 Jagschitz, Gerhard: Die Presse in Österreich von 1918 bis 1945, in: Pürer, Heinz/Lang, Helmut W./ Duchkowitsch, Wolfgang (Hg.): Die österreichische Tagespresse. Vergangenheit, Gegenwart, Zukunft. Eine Dokumentation von Vorträgen des Symposions „200 Jahre Tageszeitung in Österreich", Salzburg 1983, S. 44f.

32 Ebenda, S. 45; Hall, Murray G.: Der Fall Bettauer, Wien 1978.

33 Vowe, Gerhard: Massenmedien, in: Andersen, Uwe/Woyke, Wichard (Hg.): Handwörterbuch des politischen Systems der Bundesrepublik Deutschland, 5. Auflage, Opladen 2003, S. 322-331; Meyer, Thomas: Mediokratie. Die Kolonisierung der Politik durch die Medien, Frankfurt a. M. 2001.

34 Filzmaier, Peter: Wag the Dog? Amerikanisierung der Fernsehlogik und mediale Inszenierungen in Österreich, in: Ders./Karmasin/Klepp (Hg.), Politik und Medien – Medien und Politik, S. 13. Die Daten für 2003 wurden aus folgender Publikation übernommen: Plasser, Fritz/Ulram, Peter A.: Öffentliche Aufmerksamkeit in der Mediendemokratie, in: Plasser, Fritz (Hg.): Politische Kommunikation in Österreich. Ein praxisnahes Handbuch, Wien 2004, S. 73-75.

35 Geese, Stefan/Zubayr, Camille/Gerhard, Heinz: Berichterstattung zur Bundestagswahl 2005 aus Sicht der Zuschauer, in: Media-Perspektiven, 12 (2005), S. 613 f. (http://www.media-perspektiven.de/uploads/tx_mppublications/12-2005_Geese.pdf, eingesehen: 5. Februar 2008).

Astrid Huber

Politisches Lernen – schon im Volksschulalter?

Seit 1978 ist in Österreich der Grundsatzerlass zur Politischen Bildung, die rechtliche Basis des Unterrichtsprinzips Politische Bildung, in Kraft. Sowohl in der Volksschule als auch in allen weiterführenden Schultypen gilt das Unterrichtsprinzip Politische Bildung für alle Unterrichtsgegenstände.[1] In den allgemeinen Bestimmungen im Lehrplan der Volksschule wird es als Unterrichtsprinzip explizit genannt. Neben der politischen Bildung einschließlich der Friedenserziehung existieren noch weitere elf Unterrichtsprinzipien, etwa die Gesundheitserziehung oder die Leseerziehung.[2]

Das Unterrichtsprinzip „Politische Bildung" strebt im Rahmen der Lehrplaninhalte folgende Ziele an:

1. Politische Bildung soll den/die SchülerIn befähigen, gesellschaftliche Strukturen in ihrer Art und ihrer Bedingtheit zu erkennen (Interessen, Normen, Wertvorstellungen; Herrschaft, Macht, Machtverteilung; politische Institutionen).
2. Politische Bildung soll die Überzeugung wecken, dass Demokratie sich nicht in einem innerlich unbeteiligten Einhalten ihrer Spielregeln erschöpft, sondern ein hohes Maß an Engagement erfordert; das soll zur Bereitschaft führen, gemeinsam mit anderen oder allein alle Möglichkeiten realisierbarer Mitbestimmung im demokratischen Willensbildungsprozess verantwortungsbewusst zu nützen. Es soll auf eine „Politisierung" im Sinne eines Erkennens von Möglichkeiten hingearbeitet werden, am politischen Leben teilzunehmen, um die eigenen Interessen, die Anliegen anderer und die Belange des Gemeinwohls legitim zu vertreten.
3. Politische Bildung soll das Denken in politischen Alternativen schulen und dabei zu einer toleranten Einstellung gegenüber politisch Andersdenkenden führen. Dem/der SchülerIn soll bewusst werden, dass in einem demokratischen Gemeinwesen bei der Durchsetzung legitimer Interessen oft Zivilcourage nötig ist und dass Mehrheitsentscheidungen anzuerkennen sind, sofern sie in demokratischer Weise erfolgt sind und den Grundsätzen der Allgemeinen Menschenrechte entsprechen.
4. Politische Bildung soll das Verständnis des Schülers/der Schülerin für die Aufgaben der Umfassenden Landesverteidigung im Dienste der Erhaltung der demokratischen Freiheiten, der Verfassungs- und Rechtsordnung, der Unabhängigkeit und territorialen Unversehrtheit der österreichischen Republik wecken. Auf den defensiven Charakter der Landesverteidigung und auf Fragen der zivilen Schutzvorkehrungen und wirtschaftlichen Vorsorgemaßnahmen soll dabei besonders eingegangen werden.

5. Politische Bildung soll die Fähigkeit und Bereitschaft fördern, für unantastbare Grundwerte wie Freiheit und Menschenwürde einzutreten, Vorurteile abzubauen und sich auch für die Belange Benachteiligter einzusetzen; sie soll die Einsicht vermitteln, dass das Herbeiführen einer gerechten Friedensordnung für das Überleben der Menschheit notwendig ist; sie soll ein klares Bewusstsein dafür schaffen, dass die Erreichung dieses Zieles weltweit den Einsatz aller Kräfte erfordert und als persönliche Verpflichtung eines jeden Menschen aufgefasst werden muss.

Gedanken zur politischen Bildung

Für das Unterrichtsprinzip Politische Bildung ist die Vorstellung maßgebend, dass Lernen auf Erfahrung und Einsicht beruht und Erkennen und Wissen in Beziehung zu einer möglichen Aktivität stehen. Daher wird die Vermittlung von Lerninhalten durch eine Förderung des Erlebens demokratischer Einstellungen und Verhaltensweisen zu ergänzen sein.

Ein wesentlicher Anknüpfungspunkt für die Politische Bildung liegt in den sozialen Erfahrungen der SchülerInnen. Daher werden Lernprozesse vor allem beim Erfahrungsbereich des Schülers/der Schülerin anzusetzen haben. Dazu gehören nicht nur die – auch von GrundschülerInnen[3] – bislang gemachten politischen Erfahrungen, sondern auch die Schaffung von Erfahrungssituationen durch die Methode der Realbegegnung, etwa mit Hilfe von Interviews, aber auch durch Realitätssimulationen, die zum Beispiel durch Rollenspiele bzw. Planspiele – d.h. komplexe Rollenspiele, in denen klare Interessengegensätze aufeinander prallen und hoher Entscheidungszwang herrscht – erzielt werden können.[4]

Ein didaktischer Grundsatz sollte sein, dass bei Stellungnahmen und Wertungen stets auch abweichende Meinungen aufgezeigt werden im Hinblick darauf, dass in einer Demokratie auch verschiedene Wertvorstellungen und Meinungen nebeneinander bestehen können, sofern sie den für die Gesellschaft gültigen Grundwerten verpflichtet sind bzw. diese nicht verletzen.[5] Gegensätzliche Interessen sollen offen dargestellt und unterschiedliche Auffassungen im Dialog ausgetragen werden, zumal das Gespräch eine wichtige Voraussetzung dafür ist, einen Konsens zu finden oder einen Kompromiss zu erzielen. Diese Art der Unterrichtsführung und des Erziehens stellt hohe Ansprüche an das fachliche und pädagogische Können und an die Einsatzfreude des Lehrers bzw. der Lehrerin sowie an seine/ihre Fähigkeit, auf die SchülerInnen in partnerschaftlicher Weise einzugehen. Die Lehrperson wird politische Bildung (gerade angesichts der oft starken Bindungen zwischen LehrerIn und SchülerIn) keinesfalls zum Anlass einer Werbung für seine persönlichen Ansichten und politischen Auffassungen machen. Erfordert es die Situation, dass der/die LehrerIn seine/ihre persönlichen Ansichten darlegt, so sollte streng drauf geachtet werden, dass durch seine/ihre Stellungnahme abweichende Meinungen nicht diskreditiert werden und dass die SchülerInnen eine kritisch abwägende Distanz zur persönlichen Stellungnahme des Lehrers bzw. der Lehrerin aufrechterhalten können. Der/die LehrerIn verfügt keineswegs über die Oberhoheit bei der Auslegung eines politischen Problems.

Die Beachtung des Unterrichtsprinzips Politische Bildung bedeutet somit eine anspruchsvolle Herausforderung an alle pädagogischen Fähigkeiten des Lehrers bzw. der Lehrerin, sie stellt aber ebenso an die SchülerInnen hohe Ansprüche. Von diesen muss verlangt werden, dass sie an der Sicherung des Unterrichtsprinzips Politische Bildung im Rahmen jener Möglichkeiten mitwirken, die vor allem das Schulunterrichtsgesetz eröffnet. An dieser Stelle wären Prozesse der Partizipation der Kinder und das Wissen über die Rechte, aber auch Pflichten von SchülerInnen zu erwähnen.

Erfolgreich wird die politische Bildung an den Schulen besonders dann sein, wenn auch die Möglichkeiten der Zusammenarbeit zwischen der Schule und den Eltern, etwa in Schulgemeinschaftsausschüssen, bei Elternabenden und in Elternvereinen von beiden Seiten genützt werden; dies gilt gerade im Hinblick auf die Hauptverantwortung der Eltern für die gesamte Erziehung. Das Zusammenwirken von LehrerInnen, SchülerInnen und Eltern wird die besten Voraussetzungen dafür schaffen, dass die österreichische Schule ihren Beitrag zur Mitgestaltung der politischen Kultur des Landes leisten kann.[6] Im Schulgemeinschaftsauschuss, einer drittelparitätisch besetzten Einrichtung aus SchülerInnen, Eltern und LehrerInnen, wird unmittelbare Demokratie auf schulischer Ebene erlebt, Prozesse, die sich dann auch auf verschieden politischen Ebenen beobachten lassen.

Lernvoraussetzungen bei VolksschülerInnen

Empirische Studien zur Sozialisationsforschung haben nachgewiesen, dass bereits bei Kindern im Vorschulalter politische Lernprozesse beobachtbar sind.[7] Das Kind beobachtet in seiner unmittelbaren Umgebung Prozesse, beteiligt sich daran und erkennt seine Möglichkeiten der Mitgestaltung. Kindheit ist kein politikfreier Raum, vielmehr sind Kinder sowohl indirekt als auch direkt von politischen Entscheidungen betroffen. Sie sind somit, wie Dietmar von Reeken schreibt, „in einer Demokratie Teil des ‚demos'"[8] und müssen auch als solche politisch ernst genommen werden. Ganz wesentlich zur politischen Sozialisation trägt die Familie, aber auch die vorschulische Erziehung und nicht minder der mediale Einfluss bei.[9]

Zu Beginn der Volksschulzeit fokussiert das Kind in erster Linie nur Wahrnehmungen aus seiner unmittelbaren Umgebung. Die Zentrierung auf die unmittelbare Wahrnehmung wird aber in der Folge systematisch durch die reversible Denkfähigkeit abgelöst. Es kann Wahrgenommenes und/oder Erlebtes vergleichen, reflektieren und in Beziehung zueinander setzen. „Philosophieren mit Kindern" im Unterricht über politische Fragestellungen können diese Denkoperationen sinnvoll unterstützen. Ausgehend von einer Geschichte, einer Situation in der Klasse oder einer bestimmten Fragestellung wird gemeinsam darüber diskutiert, nachgedacht und nach einer Lösung oder Antwort gesucht. In diesem Prozess werden Vorurteile und Ungerechtigkeiten erlebbar und bewusst gemacht. Zu beachten ist allerdings, dass es dem Kind noch nicht gelingt, Wahrnehmungen zu abstrahieren, um aus diesen Erfahrungen prospektiv auf zukünftige Sachverhalte zu schließen.[10]

In verschiedenen Curriculas vorschulischer Erziehungsinstitutionen wird auf drei wesentliche Prinzipien hingewiesen: die Ich-Stärkung, die Partizipation an der sozialen und kulturellen Umgebung und die Übernahme von Mitverantwortung. Soziales und politisches Lernen ist somit untrennbar verbunden und bedingt sich gegenseitig.[11] Allerdings handelt es sich bei den Lebenswelten der GrundschülerInnen und der Politik um zwei unterschiedliche Systeme, zumal Politik über den privaten Bereich hinausgeht: „Vom sozialen Lernen führt kein unmittelbarer Weg zum politischen Wissen oder zu politischen Kategorien, weder zum Aufbau eines politischen Weltbildes noch zur Erschließung des Politischen in der Lebenswelt."[12] Daher muss die „Parallelisierungsfalle", die das „demokratische Handeln" in der Schule mit jener in der Politik gleichsetzt,[13] vermieden und „eine Brücke von der Lebenswelt zur Politik" geschlagen werden, „da Politik im Allgemeinen und politische Institutionen im Besonderen abstrakt und alltagsfern sind"[14].

Didaktische Prinzipien und methodische Überlegungen

Durch die in Österreich erst kürzlich erfolgte Herabsetzung des Wahlalters ist das Wecken von Interesse an politischen Themen ein vordringliches Anliegen. „Politische Fragen stellen lernen" nennt Dietmar von Reeken[15] als einen wichtigen Zugang zu politischen Phänomenen, der einerseits dem Pädagogen bzw. der Pädagogin Einblick in die kindlich Denkwelt gewährt und andererseits das Kind befähigt, diese Phänomene zu differenzieren und zu strukturieren. Somit kann auf das bereits vorhandene politische Wissen aufgebaut oder angeknüpft werden. Bei der Bearbeitung politischer Themen im Unterricht sollten eine Wissenschaftsorientierung, Problemorientierung, Situationsorientierung und Handlungsorientierung als wesentliche Lernzieldimensionen berücksichtig werden.

Volksschulkinder können, wenn sie sich mit politische Fragestellungen aus ihrem lebensnahen Erfahrungsbereich beschäftigen, bereits Methoden erfolgreich anwenden, die wissenschaftlichen Methoden nahe kommen: Fallanalysen, die Analyse von Texten und Bildern aus der Literatur, den Printmedien und dem Internet, Erkundungen in Form von Realbegegnungen, Befragungen von Akteuren und Betroffen, Oral History etc. Besonders Elemente offener Lernformen wie der Projektunterricht ermöglichen es, politische Themen handlungsorientiert umzusetzen. Dabei werden Lösungskonzepte aus dem kindlichen Lebensbereich für problemhaltige Situationen sowie deren Ursachen und Folgen gemeinsam im Diskurs entwickelt und bearbeitet.

Durch die aktive Teilnahme des Kindes am „Problemlösungsprozess" politischer Fragestellungen entwickelt dieses Kompetenzen und Strategien und kann dann in ähnliche Situationen durch seine Transfermöglichkeiten diese optimal bewältigen. Diese Form des „politischen Lernens reflektierter Inhalte" sollte dem traditionellen faktenorientierten Lernen speziell im Volksschulalter vorgezogen werden.[16] „Orientierungswissen", d.h. handlungs- und problemorientiertes Wissen, ist demnach in der Volksschule dem „Grundwissen", gleichsam dem Kanon fachlicher Wissensbestände, vorzuziehen.[17] Orientierungswissen trägt maßgeblich dazu bei, dass

GrundschülerInnen „ein eigenes produktives Verhältnis zur Politik finden – zwischen Loyalität zur politischen Ordnung einerseits und kritischer Aufmerksamkeit gegenüber der politischen Praxis andererseits".[18] Damit wird der Ausbildung eines „selbstreflexiven Ich" entsprochen, das sich durch einen Ausgleich zwischen „individuellem" und „kollektivem Ich" definiert und – wie Thomas Hellmuth in seinem einleitenden Beitrag ausführt – sowohl „egozentrischen Widerstand" als auch „subordinierende Anpassung" verhindert.

Ein mehr oder weniger einheitliches Konzept ist in der Politikdidaktik für die Volksschule noch ausständig, nicht zuletzt aufgrund der – durch die Sozialisations- und Hirnforschung längst widerlegten – Annahme, dass GrundschülerInnen durch einen Politikunterricht überfordert seien.[19] In Österreich spielt zudem auch die spezifische Situation eine Rolle, dass politische Bildung unter anderem wegen der Gründung von Parteiakademien mit Parteipolitik in Verbindung gebracht und daher in der Schule ausgeblendet wurde.[20] Im Folgenden sei auf das Konzept von Illona Katharina Schneider hingewiesen,[21] die für die Bearbeitung komplexer Themen eine Vernetzung methodischer Zugänge und Arbeitstechniken fordert. Der Prozess gliedert sich in fünf aufeinander aufbauende Phasen: 1) Informationen einholen und ordnen; 2) Informationsaustausch und Interessenreflexion; 3) Informationen analysieren und interpretieren; 4) Perspektivenwechsel und Vergewisserung; 5) produktive Interessensbekundung.[22]

Als Ausgangspunkt für eine politische Fragestellung benötigen Kinder *Sachinformationen*, die entweder der/die LehrerIn in Form von Anweisungen geben kann oder von den Kindern selbst erarbeitet werden können, etwa durch Befragung, Medienrecherche, Erkundungen, Analysen von Fallgeschichten oder Bildinterpretationen. Daran schließt ein *kommunikativer Prozess* in Form von SchülerInnengesprächen und eines LehrerInnen-SchülerInnen-Gesprächs, von philosophischen Gesprächen[23], Vorträgen sowie Diskussionen und Debatten an, in dem die gesammelten Informationen ausgetauscht und diskutiert werden. In der Phase „Informationen analysieren und interpretieren" folgt eine systematische *Analyse und Klärung des Sachverhalts* mit Hilfe von Fragekategorien. In der Phase „Perspektivenwechsel und Vergewisserung" können sich Kinder durch *Rollenspiele* ihrer eigenen Rolle bewusst werden. Sie hinterfragen nicht nur ihr eigenes Denken und Handeln kritisch, sondern auch das ihrer MitspielerInnen. Durch den Perspektivenwechsel gelingt es dem Kind, kritisch über sich selbst und den/die anderen zu reflektieren und die gesamte Situation besser zu verstehen. Unter „produktiver Interessensbekundung" wird schließlich „Projektlernen" subsumiert. SchülerInnen bearbeiten Themen projektorientiert unter Miteinbeziehung ihrer unmittelbaren Lebensumwelt.

Im Zusammenhang mit der Diskussion um Bildungsstandards wird in jüngster Zeit auch die Frage der inhaltlichen Dimension der unterschiedlichen Fächer diskutiert. Dabei spielen so genannte „Basiskonzepte" eine bedeutende Rolle, mit denen die einzelnen Fachwissenschaften in ihrer Komplexität reduziert sowie deren Inhalte systematisiert und strukturiert werden sollen. Auf diesem inhaltlich-fachlichen Kern können schließlich die Fachdidaktiken aufbauen. Mit anderen Worten: Das Konzept der „horizontalen didaktischen Reduktion"[24] wird hier gleichsam auf ein ganzes Fach angewandt. Allerdings konkurrieren in der Politikdidaktik unterschiedliche Vorstellungen und Begriffe miteinander, womit die Erstellung von Basiskonzepten erschwert wird. Laut Peter Massing könnte es aber dennoch hilfreich sein, ein „konzeptuelles Deutungswissen" zu erlangen, das sich auf „das Verstehen von Politik, Wirtschaft, Gesellschaft und Recht" bezieht: „Nur wenn bereits Grundschullehrerinnen und -lehrer über solche Basiskonzepte verfügen und mit ihnen geistig ‚hantieren' können, kann es ihnen gelingen, eine deutliche Trennung der Bereiche in Soziales und Politisches vorzunehmen [...]."[25]

Themenfelder der politischen Bildung in Volksschulen

Im Lehrplan der Volksschule zum Unterrichtsprinzip Politischer Bildung werden keine Themen explizit oder exemplarisch genannt. Dies schafft einerseits Freiraum, bedingt aber eine begründete Themenauswahl, da sich Politische Bildung nicht auf ein bestimmtes Unterrichtsfach beziehen und der dahinter liegenden Fachwissenschaft berufen sowie im Volksschulbereich auf keine längere Tradition zurückgreifen kann. Unter „epochalen Schlüsselproblemen" führt Wolfgang Klafki Themen wie Krieg und Frieden, Ökologie und soziale Ungleichheit an, die sich besonders für das politische Lernen in der Volksschule eignen.[26] Für die Auswahl der Themen sollte von der „Mikrowelt auf die Makrowelt" geschlossen und an den Erfahrungen, Bedürfnissen, Fragen und Interessen der Kinder angeknüpft werden. Die Themen müssen für das Kind subjektiv bedeutsam sein und sein konkretes Umfeld einbeziehen, einen großen Freiraum kindlicher Mitgestaltung zulassen, anschaulich dargestellt sein und den kognitiven Entwicklungsstand berücksichtigen. Eine Beschränkung der Themen scheint nicht sinnvoll, vielmehr sollten LehrerInnen „offen" für die Berücksichtigung aktueller Ereignisse und Entwicklungen sein.[27] Die in der Folge angeführten Themen und AutorInnen sind daher lediglich als eine Auswahl zu verstehen: Demokratie-Lernen, Konflikte, Gemeinschaften (Europa), Kinderrechte, Macht und Herrschaft, Außenseiter und Minderheiten, Konsum sowie Katastrophen und Umweltschutz.

Interessante Anregungen zur *Demokratie-Lernen* findet man etwa bei Helmut Schreier über „John Deweys Vision von Demokratie und Erziehung".[28] Schreier versteht unter Demokratie in der Schule nicht nur das Mitbestimmungsrecht von SchülerInnen oder das gemeinsame Aufstellen von Regeln, sondern Demokratie an einer Schule bedeutet vor allem, das gemeinsame Lernen und Zusammenleben zunehmend selbständig und eigenverantwortlich zu organisieren und dabei zunehmend Verantwortung für sich und auch für andere zu übernehmen. Jan von der Gathen[29] setzt sich mit der Schule als einen Lern- und Lebensraum auseinander, der den SchülerInnen direkte Entscheidungs- und Mitgestaltungsmöglichkeiten eröffnet. Uwe Böhm[30] beschreibt die Verwirklichung verschiedener Formen des Zusammenlebens in der Grundschule Pattonville. Im Mittelpunkt steht der Atelierunterricht – ein Begriff, der aus der Freinet-Pädagogik kommt. Freinet war der erste, der so genannte Ateliers in Schulräumen verlangt hat, d.h. Ateliers als Arbeitsräume zu bestimmten thematischen Schwerpunkten. Eva Blums „Der Klassenrat" (2006)[31] und Karlheinz Burks „Kinder beteiligen – Demokratie lernen?" (2003)[32] geben schließlich Anregungen, wie demokratische Strukturen in der Klassengemeinschaft gemeinsam erarbeitet und gelebt werden können.

Mit dem Demokratie-Lernen überschneidet sich das Thema *Konflikte*, zumal damit in der Praxis häufig gemeint ist, den Kindern demokratische Mitbestimmung näher zu bringen oder sie dazu zu befähigen, Konflikte untereinander mit geeigneten, d.h. demokratischen Mitteln zu lösen. Rund um das Thema „Konflikte" steht eine umfangreiche Literatur für LehrerInnen und SchülerInnen zur Verfügung, mit der es möglich ist, sich Konflikten zwischen Nationen, dem Generationenkonflikt und interkulturellen Konflikten im eigenen Land aus politischer Warte zu nähern. Hier sei nur auf „Wackelpeter und Trotzkopf" (2000) von Manfred Döpfner, Stephanie Schürmann und Gerd Lehmkuhl[33] oder auf den „Leitfaden Konfliktbewältigung und Gewaltprävention" (2007) von Achim Schröder und Angela Merkle[34] hingewiesen. Auch das Buch über „Konfrontative Pädagogik in der Schule" (2006) von Rainer Kilb, Jens Weidner und Reiner Gall[35] gibt zahlreiche Anregungen zur Unterrichtsgestaltung.

Anregungen und didaktische Umsetzungsmöglichkeiten zum Thema *Gemeinschaft (Europa)* findet man unter anderem bei Christa Franz und Franz Igerl[36] sowie bei Birgit Groß-Ernst und Marion Strelau.[37]

Zum Thema *Kinderrechte*, die in der UN-Kinderrechtskonvention festgelegt sind und die Grundlage für demokratisches Handeln in der Schule, aber auch für den Umgang zwischen den SchülerInnen und den Lehrkräften bilden, ist insbesondere auf den „Koffer voller Kinderrecht" vom deutschen Bundesministerium für Familie, Senioren, Frauen und Jugend hinzuweisen.[38] Dieser „Koffer" enthält 25 erprobte Medien und Materialien für Kinder im Alter von acht bis 12 Jahren und für die Umsetzung im Unterricht einen Leitfaden für pädagogische Fachkräfte mit dem Titel „Wie Kinder zu Recht kommen". Im Buch „Kids for Kids" (2005) lässt Mirella Roemer[39] Kinder zu Wort kommen, die aus ihrer Lebenswelt berichten – ein Buch von Kindern für Kinder, die sich über Kinderrechte Gedanken gemacht haben.

Ein weiteres Themenfeld, das im Volksschulunterricht nicht ausgespart bleiben sollte, ist *Macht und Herrschaft*, die grundlegende Elemente der Politik sind. Kinder erfahren zudem Macht in ihrem täglichen Lebensumfeld, ob im Elternhaus, Schule oder in diversen Institutionen. Im (Sach-)Unterricht geht es darum, Machtverhältnisse kritisch unter die Lupe zu nehmen. Auch müssen die Auswirkungen von Macht- und Herrschaftsverhältnissen auf die Betroffenen thematisiert werden. Dies kann durch die Bearbeitung von Kinderbüchern und historischen Themen gelingen, etwa am Beispiel „Nationalismus" durch die Befragung von Erwachsenen zum Thema Macht und Herrschaft sowie durch die Untersuchung von Machtstrukturen innerhalb und außerhalb der Schule. Mit der Einbeziehung von Macht und Herrschaft in die politische Bildung lässt sich im Übrigen die Brücke von der Lebenswelt der Kinder zur Politik schlagen. So lässt sich etwa das Thema „Krieg und Frieden" erst dann als politisches Thema unterrichten, wenn die Kinder ein Konzept von Staat besitzen, zumal Krieg somit nicht nur als personaler Konflikt, d.h. nicht nur als Streit, sondern als Ergebnis machtpolitischer Überlegungen kategorisiert wird.[40]

Ähnliche Zusammenhänge müssen auch beim Themenfeld *Außenseiter und Minderheiten* beachtet werden. Hier können Kinderbücher herangezogen werden, aber anlassbezogen auch konkrete Fälle in der Klasse oder Medienberichte einen Einstieg in die Thematik bieten. Im Kinderbuch „Irgendwie Anders" (1994) von Kathryn Cave und Chris Riddell[41] werden die Themen „Anderssein" und „Ausgrenzung" kindgemäß behandelt und eröffnet viele Möglichkeiten einer praktischen spielerischen Umsetzung in Form von Rollenspielen.

In unserer Konsum- und Leistungsgesellschaft bietet sich ferner das Thema *Konsum* für die politische Bildung an: Kinder wachsen von klein auf in unserer Konsumgesellschaft hinein. Wenn sie in die Volksschule kommen, haben sie bereits eine mehrjährige Konsumsozialisation hinter sich. Konsumverhalten wird von SchülerInnen aber kaum reflektiert, d.h. dass eine Beschäftigung damit im Unterricht als durchaus notwendig erscheint.[42] Beate Blaseio[43] beschreibt etwa ein Unweltkonzept, das Kinder dazu anregt, sich mit dem Zusammenspiel zwischen Konsumbedürfnissen und ökologischen Ansprüchen zu beschäftigen. Christine Feil[44] beleuchtet die Kommerzialisierung der Kindheit und zeigt Wege auf, wie das Konsumverhalten kritisch reflektiert werden kann.

Schließlich sei noch das Themenfeld *Katastrophe und Umweltschutz* erwähnt, das etwa Matthias Heymann und Katja Gorbahn am Beispiel der Überschwemmungen im Jahr 2002 näher beleuchten.[45] Das Spektrum weiterer Lernfelder reicht von Themen wie *Armut und soziale Ungleichheit* über *Arbeit und Arbeitslosigkeit* bis zur so genannten *Dritten Welt*.

Interviewstudie: Politische Bildung an Volksschulen

Im Rahmen eines Forschungsseminars mit Studierenden an der Pädagogischen Hochschule der Diözese Linz wurde die Lage der politischen Bildung an Volksschulen untersucht. Im Mittelpunkt des Interesses einer Interviewstudie mit neun LehrerInnen stand die Umsetzung des Unterrichtsprinzips „Politische Bildung" mit VolksschülerInnen. Dabei wurde folgenden Fragen nachgegangen: 1) Was verstehen LehrerInnen unter politischer Bildung in der Grundschule? 2) In welchen Unterrichtsfächern findet politische Bildung statt? 3) Welche Inhalte werden vermittelt bzw. welche Themen behandelt? 4) Welche Methoden werden dabei angewendet?

Bei der ersten Frage *nach dem Verständnis von politischer Bildung* zeigte sich bei den befragten LehrerInnen ein besonders heterogenes Bild. Ein Teil der LehrerInnen ging von eine emanzipatorischen Haltung aus, die sich Kinder in bestimmten Erfahrungs- und Handlungsfeldern, in denen demokratische Erfahrungen gesammelt und somit politisches Bewusstsein erzeugt werden kann, aneignen können. Sie beschränkten politisches Lernen in erster Linie auf den direkten Erfahrungsbereich der SchülerInnen, also auf die Klassengemeinschaft und das weitere Umfeld der SchülerInnen: „Unter Politischer Bildung in der Volksschule verstehe ich unter anderem Soziales Lernen, Stärkung der Dialogfähigkeit, Stärkung des Selbstwerts, denn Kinder sollen lernen zu planen und zu gestalten und vor allem auch Konflikte zu lösen." (L.A.) Eine andere Lehrperson meinte, „politische Bildung an der Volksschule […] nur in kleinen Stufen und minimalen Angeboten" unterrichten zu können. „Meiner Meinung nach sind Demokratie, Zusammenhalt und Gemeinschaft das Hauptziel an der Volksschule […]." (K.F.) Hier wird ein direkter Zusammenhang von Lernen in Lebenswelten und Politik unterstellt, der allerdings zu problematisieren ist. Wie auch die Antworten zu den anderen Fragen zeigen, wird eine Unterscheidung zwischen sozialem und politischem Lernen nicht gemacht, d.h. dass die bereits genannte „Parallelisierungsfalle" (Kerstin Pohl) zuschnappt und die Brücke von der Lebenswelt der SchülerInnen zur Politik nicht gefunden wird. Vielmehr wird von der – nach neueren Forschungen nur mehr partiell aufrechtzuerhaltenden – Kristallisationsthese[46] ausgegangen, die behauptet, dass früh erlernte demokratische Verhaltensweisen später auf das öffentliche Leben übertragen und dort auch angewendet werden.

Als eine weitere Basiskompetenz wird in einigen Interviews die Diskussions- und Entscheidungskompetenz genannt, aber auch die Vermittlung eines grundlegenden Wissens über die Rechte und Pflichten der Kinder wird genannt: „Demokratie und auch Elemente der Demokratie den Kindern näher zu bringen und Demokratie in den Unterricht einfließen zu lassen, sehe ich als eines der vordringlichsten Anliegen der politischen Bildung in der Volksschule, wie z.B. die freie Meinungsäußerung – Kinder können ihre Meinung sagen, hin und wieder für schnelle Beschlüsse kurz abstimmen. Auch was bedeutet ‚Mehrheitsbeschluss'. Ich denke, auch die Rechte und Grenzen sollen Kinder kennen lernen." (S.B.)

In einigen Interviews wird unter politischem Lernen in erster Linie das Kennenlernen regionaler/nationaler demokratischer Strukturen – eine vereinfachte Form der Staatsbürgerkunde – verstanden, d.h. Inhalte, die lehrplangemäß im dritten und vierten Lernjahr in der Volksschule thematisch im Fach Sachunterricht vorgesehen sind: „Unter politischer Bildung an der Grundschule verstehe ich, ab der dritten Klasse innerhalb vom Heimatkundeunterricht die Gemeinde und Struktur kennen zu lernen. Dass es da halt den Bürgermeister gibt und das ist der Chef von der Gemeinde und wie das nach unten geht. Zur politischen Bildung gehört für mich aber auch ab der ersten Schulstufe und auch in der Vorschule […] demokratische Strukturen kennen lernen, Abspielen [gemeint ist Abstimmen, Anm. d. V.] um ein Spiel im Turnunterricht, oder wenn man schnell ein Nebenspiel hat, für fünf Minuten, für welches Spiel entscheiden wir uns. Die Mehrheit siegt und die Erfahrung kann mitunter zu Enttäuschungen führen, aber Mitstimmen heißt, man könnte auch verlieren." (M.A.) Eine andere Lehrperson versteht unter Politischer Bildung etwa die Erklärung bzw. Begründung des „Nationalfeiertag[es], den man dann kurz bespricht. Warum es den überhaupt gibt, also dann etwas gebastelt oder etwas gemacht […]. Wie auch beim Staatsfeiertag. Im Prinzip sind solche Themen auch Themen im Jahreskreis wie andere Feiertagen auch." (H.U.)

Für einen Teil der befragten LehrerInnen ist es unabdingbar, aktuelle politische Geschehnisse als eine Reaktion vergangener Verhältnisse zu betrachten. Sie versuchen in ihrem Unterricht, den SchülerInnen die nötigen historischen Kenntnisse zu vermitteln, damit diese aktuelle politische Geschehnisse besser verstehen können: „Politische Bildung – schwierig. Auf alle Fälle kann man es in Bezug auf bestimmte Momente nehmen, zum Beispiel wenn eine Wahl ansteht, muss man sich garantiert mit den Kindern beschäftigen. Politische Bildung ist aber auch wichtig, wenn man geschichtliche Abläufe macht, damit man den Kindern den Hintergrund erklären kann. Für zeitgeschichtliche politische Bildung finde ich es, richtig auf Politik bezogen, da sind sie [die SchülerInnen, Anm. d. V.] zu klein. Man kann diese Themen aber sehr wohl in verschiedenen Bereichen in Sachunterricht – Zeit, Gemeinschaft – einbauen." (K.I.)

Die zweite Frage nach den *Unterrichtsfächern, in denen politische Bildung stattfindet*, führte zu einem Ergebnis, das nicht unbedingt den Grundsatzerlass zur Politischen Bildung entspricht: Politische Bildung in der Volksschule findet nämlich fast ausschließlich im Sachunterricht statt. Allerdings wurde politisches Lernen mit sozialen Kompetenzen, Fähigkeiten und Fertigkeiten gleichgesetzt, die im Rahmen des „Sozialen Lernens" in allen Unterrichtsfächern umgesetzt werden. Einige der Befragten waren zudem der Meinung, dass Politische Bildung bereits in der Familie beginnt, weiter über die Medien verläuft und in die Klasse einfließt. Auch der Morgenkreis, ein Ritus zu Beginn der Schultages, der diesen strukturiert und etwa aus Singen von Liedern oder dem Vortrag von Gedichten besteht, spielte in den Interviews eine tragende Rolle. Der Morgenkreis basiert auf sprachliche Kompetenzen, die dem Fach Deutsch zugeordnet werden, explizit den Bereich „Deutsch-Sprechen". Bei der Bearbeitung von Sachtexten werden zudem weitere sprachliche Kompetenzen benötigt. Somit zählt laut einem Interviewpartner auch „das Fach Deutsch zu jenen Fächern, in denen politische Bildung ‚gemacht' wird". (H.U.)

Ein Teil der befragten LehrerInnen, auch wenn politische Bildung letztlich doch stark auf den Sachunterricht beschränkt bleibt, war also durchaus der Meinung, dass politische Bildung in allen Unterrichtsfächern realisiert werden sollte, da sich politische Themen besonders gut für eine fächerübergreifende Bearbeitung eignen. Selbst in musisch-kreativen Unterrichtsfächern könne politische Bildung ihren Platz finden. Im Fach Musik lernen SchülerInnen zum Beispiel Lieder zu Themen wie Krieg und Frieden, in der Bildnerischen Erziehung werden Bilder und Plakate zu politischen Themen angefertigt.

LehrerInnen verbinden mit politischer Bildung zudem die Fähigkeit, „sich an Regeln bzw. Gesetze [zu] halten", die „man verstehen und vielleicht gemeinsam ausarbeiten" sollte. (N.E.). Damit betonen sie, „wie wichtig es für Kinder ist, frühzeitig, ja bereits in der Familie und dann in der Klassengemeinschaft sich an Regeln zu halten, die man auch mitbestimmt hat, aber auch Meinungsfreiheit, Rechte der Frauen, Rechte der Kinder zu respektieren – Regeln, Werte und Normen, die man in einer Gemeinschaft aufbaut, bereits in der Klasse. Das kann man nicht einem bestimmten Fach zuordnen, das passiert in allen Fächern! Da kommt der Lehrerin eine besonders sensible und verantwortungsvolle Rolle zu." (N.E.)

Ein großes Hauptaugenmerk legen LehrerInnen schließlich auf die Gesprächskultur in der Klasse. Die SchülerInnen sollen lernen, sich „die Meinung anderer […] an[zu]hören, sie [zu] kommentieren und sich dabei eine eigene Meinung [zu] bilden […]. Weiters sollten die Kinder argumentieren lernen und zu ihren Argumenten/Meinung stehen können, aber auch die Aufteilung von Aufgaben und mit Streitsituationen umgehen können. Dass die Kinder anderen helfen können bzw. Gewissenschulung." (M.A.)

Die Antworten zur dritten Frage nach den *Themen, die in politischer Bildung bearbeitet werden*, entsprechen zum Teil den Themenfeldern, die weiter oben exemplarisch angeführt wurden: Umwelterziehung, Krieg, Kinderrechte, Europa, die Staatengemeinschaft der Europäischen Union sowie fremde Länder und Kulturen. Hierbei beschränkten sich die LehrerInnen auf den Einsatz von Spielen wie Puzzles oder Länderspiele,[47] die meist anlassbezogen oder durch Impulse der Kinder eingesetzt wurden. Innerhalb der oben genannten Themen gibt es wiederum drei zentrale Themen: Armut und Wohlstand, Krieg und Frieden, soziales Lernen und politische Strukturen. So wird etwa „Politik im Sinne, wie wir sie kennen […], wenn auch nur oberflächlich angeschnitten, dennoch sehr häufig unterrichtet. Je nach Situation werden zum Beispiel im Zuge der Landtagswahlen die Parteien besprochen. Man versucht auch den Kindern die politischen Institutionen im nahen Umfeld näher zu bringen, durch Besuche beim Bürgermeister, die verschiedenen Feiertage wie der Nationalfeiertag werden erklärt, die Aufgabe der Gemeinde wird verdeutlicht etc. Dadurch haben die Kinder – und das ist sehr wichtig und bedeutsam – einen direkten Zugang zur Politik in ihrem nahen Umfeld." (N.U.)

Neben der Vermittlung von „Grundwissen", d.h. im vorliegenden Beispiel von „polity" bzw. von Institutionenkunde, wurde wiederum soziales mit politischem Lernen gleichgesetzt: „Allen voran steht das soziale Lernen, was für mich am Wichtigsten erscheint in der Schule. Man versucht den Kindern wichtige Aspekte des Zusammenlebens zu lernen, wie Hilfsbereitschaft, Höflichkeit, Regeln aller Art, das eigene ‚Ich' stärken, Konflikte lösen zu lernen und mit ihnen umzugehen, Respekt anderen gegenüber. Man könnte diese Liste ewig so weiterführen. Die Schule ist meistens die erste, aber wichtigste öffentliche Institution für Kinder, bei der sie mit Regeln des Zusammenlebens in Kontakt kommen." (F.B.)

Zur politischen Bildung gehören für die befragten LehrerInnen auch Diskussionen mit Kindern über Krieg, um nicht so zu tun, als ob uns weit entfernte Kriegsschauplätze nicht betreffen würden. Ferner zählt dazu das Sammeln von Geldspenden, um Kindern in Not zu helfen, oder der Einkauf gemeinsam mit SchülerInnen, um ein kritisches Konsumverhalten aufzubauen und vielleicht auch einmal das Alltägliche, das für uns normal Erscheinende, wirklich bewusst zu machen. Genauso wichtig ist es den befragten LehrerInnen, den Kindern den sorgsamen Umgang mit der Umwelt zu vermitteln. In besonderer Weise wird auch die Besprechung aktueller (politischer) Ereignisse mit Kindern betont: „Kinder sind neugierig und wollen alles wissen, was sie in den Nachrichten, im Radio, im Internet oder von Eltern und Geschwistern erfahren, gesehen und gehört haben. Viele Kinder beschäftigt das aktuelle Geschehen sehr, und da bieten sich die Schule und Aktionen wie ‚Zeitung in der Schule' gut an, um darüber zu reden." (S.E.) Nur eine der interviewten LehrerInnen gab explizit an, auch das Thema „Kinderrechte" im Unterricht zu bearbeiten. Dies überrascht, zumal doch gerade in der Volksschule das Kind und sein Lebensumfeld per se im Vordergrund stehen. Themen über Umwelt oder Ökologie wurden überraschenderweise nur einmal genannt, obwohl sie zu den bekannten und typischen Sachunterrichtsthemen gezählt werden können und Schulbücher Unterrichtsvorschläge für alle vier Schulstufen anbieten.

Die vierte Frage nach der *methodischen Umsetzung politischer Themen* führte schließlich zu folgendem Ergebnis: Politisches Lernen in der Grundschule weist wenige handlungsorientierte Methoden auf; vielmehr werden politische Themen stark „lehrerzentriert" bearbeitet, ergänzt jedoch durch das Aufsuchen spezifischer Lernorte, wozu etwa der Besuch beim Bürgermeister gehört. Aber auch der Einsatz verschiedener Medien als Informationsquellen, vor allem des Internets oder von Tageszeitungen, ist eine gängige Methode im Politikunterricht der LehrerInnen.

In den Interviews wurden verschiedene Möglichkeiten des Einstiegs in das Thema genannt. Besonders häufig wählen LehrerInnen ein Lied als Einstieg, aber auch aktuelle Anlässe werden auf Wunsch der Kinder aufgegriffen und bearbeitet. „Vorkommnisse aus der kindlichen Lebenswelt – Themen und Fragen, die sie alleine nicht beantworten können" (M.A.) fließen in den Unterricht ein, indem sie unter anderem in spielerischer Form bearbeitet werden. Damit wird dem Lehrplan der Volksschule entsprochen, der vorschreibt, „dass das Verdeutlichen sozialer Erscheinungen und Abläufe sowie von Gefühlen durch Darstellen und Bearbeiten in verschiedenen Spielformen zu berücksichtigen ist".[48]

Als ein zentrales Element der methodischen Gestaltung wurde auch immer wieder das „Gespräch" an sich erwähnt. Gemeint ist damit eine demokratische Gesprächskultur, aber auch Formen der Mitbestimmung und Mitgestaltung im Unterricht in gemeinsamen Diskussionen und Debatten. In einigen Interviews wurde auch die Bedeutung der Präsentation bearbeiteter Themen als ein Element der Freiarbeit bzw. des Projektunterrichts hervorgehoben.

Eine stringente methodische Gestaltung politischen Lernens, wie dies Dietmar von Reeken[49] fordert, konnte in der Interviewstudie mit den befragten LehrerInnen nur bedingt festgestellt werden. Politisches Lernen würde entdeckende und forschende Lernmethoden benötigen. Ein zentrales Element dabei bildet die Entwicklung von Fragen durch die Kinder. Vorraussetzung ist dafür eine schülerInnendominierte Gesprächskultur, in der auch dem „Schüler-Schüler-Gespräch" ausreichend Platz eingeräumt wird und Gedankenexperimente erwünscht sind. Vorerfahrungen, bereits vorhandenes Vorwissen und bereits gebildete Vorurteile bilden eine Ausgangsbasis. Daran schließt die Phase der Informationsbeschaffung, der Auswertung und – im Sinne des „selbstreflexiven Ich" – der Reflexion über die individuelle Ausgangsbasis an. Das recht unklare Verständnis von politischer Bildung und die eher unsystematischen methodischen Vorgangsweisen in der Praxis resultieren zum einen aus der Forschung zur politischen Bildung in der Volksschule, die noch immer als Baustelle bezeichnet werden kann.[50] Zum anderen scheint aber auch die Ausbildung der VolksschullehrerInnen bezüglich politischer Bildung reformbedürftig, nicht zuletzt wohl auch deswegen, weil noch immer – laut Lern- und Entwicklungspsychologie sowie der Hirnforschung jedoch völlig zu unrecht – von einer Überforderung der Kinder durch politische Themen ausgegangen wird.[51] LehrerInnen müssten laut Peter Massing in der Lage sein „zu diagnostizieren, über welche unsystematische Anhäufung politischer Informationen, die aus außerschulischen Quellen herrühren, die Kinder verfügen, welche falschen Faktenverbindungen existieren und welche ‚Misconceptions' dominieren".⁵² Ein politisches Thema kann zudem nur unterrichtet werden, wenn die LehrerInnen auch über ausreichendes Fachwissen verfügen. So lässt sich etwa geschlechtliche Diskriminierung nur im Kontext von Herrschaft unterrichten, was wiederum erhebliche politikwissenschaftliche und historische Kenntnisse des Lehrenden voraussetzt. Erst darauf aufbauend kann der Lernprozess adäquat organisiert werden. Folglich wäre es notwendig, bei der künftigen Ausbildung von VolksschullehrerInnen, die derzeit im Zusammenhang mit der Gründung der pädagogischen Fachhochschulen reformiert wird, auch eine engere Verbindung von pädagogischem und fundiertem fachlichen Wissen zu gewährleisten.

Anmerkungen

1 Wolf, Andrea: Zur Geschichte politischer Bildung in Österreichs Schulen, in: Dies. (Hg.): Der lange Anfang. 20 Jahre „Politische Bildung in den Schulen", Wien 1998, S. 45-48.
2 Lehrplan für Volksschulen unter: http://www.bmukk.gv.at/schulen/unterricht/lp/Volksschullehrplan3911.xml
3 Studien haben ergeben, dass GrundschülerInnen bereits Erfahrungen mit Politischem gemacht haben, etwa im Elternhaus oder durch Medien. Siehe dazu: Massing, Peter: Politische Bildung in der Grundschule. Überblick, Kritik, Perspektiven, in: Richter, Dagmar (Hg.): Politische Bildung von Anfang an. Demokratielernen in der Grundschule, Schwalbach/Ts. 2007, S. 26.
4 Detjen, Joachim: Erfahrungsorientierung, in: Kuhn, Hans-Werner/Massing, Peter (Hg.): Lexikon der politischen Bildung, Bd. 3. Methoden und Arbeitstechniken, Schwalbach/Ts. 2000, S. 32-34; Massing, Peter: Planspiel, in: Ebenda, S. 127-130.
5 Siehe dazu auch den Beitrag von Thomas Hellmuth über politische Bildung in der Unterstufe sowie die grundlegenden Ausführungen von Hellmuth über das „selbstreflexive Ich" in diesem Band.
6 Erlaß des Bundesministers für Unterricht und Kunst vom 11. April 1978, Zl. 33.464/6-19a/1978, zit. bei: Wolf, Zur Geschichte der politischen Bildung in Österreichs Schulen, S. 45-48.
7 Ohlmeier, Bernhard: Politische Sozialisation von Kindern im Grundschulalter, in: Richter (Hg.), Politische Bildung von Anfang an, S. 54-72; Reeken, Dietmar von: Politisches Lernen im Sachunterricht, Baltmannsweiler 2001, S. 28f und 50f.
8 Reeken, Dietmar von: Politische Bildung im Sachunterricht der Grundschule, in: Sander, Wolfgang (Hg.): Handbuch politische Bildung, 3., völlig überarbeitete Auflage, Schwalbach/Ts. 2005, S. 188.
9 Oerter, Rolf, in: Oerter, Rolf/Montada, Leo (Hrsg.): Entwicklungspsychologie, Weinheim 1998, S. 265f.
10 Schneider, Illona Katharina: Politische Bildung in der Grundschule, Baltmannsweiler 2007, S. 15.
11 Beinzger, Dagmar/Diehm, Isabell: Politische Bildung in Kindergarten und Vorschule, in: Richter (Hg.), Politische Bildung von Anfang an, S. 89f; Herdegen, Peter: Soziales und politisches Lernen in der Grundschule. Grundlagen – Ziele – Handlungsfelder. Ein Lern- und Arbeitsbuch, Donauwörth 1999.
12 Massing, Politische Bildung in der Grundschule, S. 21. Siehe dazu auch: Weißeno, Georg: Lebensweltorientierung – ein geeignetes Konzept für die politische Bildung in der Grundschule?, in: Kuhn, Hans-Werner (Hg.): Sozialwissenschaftlicher Sachunterricht. Konzepte – Forschungsfelder – Methoden. Ein Reader, Herbolzheim 2003, S. 94 (Schriften der Pädagogischen Hochschule Freiburg, 15)
13 Pohl, Kerstin: Demokratie-Lernen als Aufgabe des Politikunterrichts. Die Rezeption von Deweys Demokratiebegriff und die Parallelisierungsfalle, in: Kuhn (Hg.), Sozialwissenschaftlicher Fachunterricht, S. 177.
14 Massing, Politische Bildung in der Grundschule, S. 28f.
15 Reeken, Dietmar von: Politisches Lernen im Sachunterricht, Baltmannsweiler 2001, S. 50.
16 Michalik, Kerstin: Pluralismus als Botschaft und Ziel des Philosophierens mit Kindern, in: Richter, Dagmar: Gesellschaftliches und politisches Lernen im Sachunterricht, Heilbrunn 2004, S. 73f.

17 Uhl, Herbert: Orientierungswissen, in: Richter, Dagmar/Weißeno, Georg (Hg.): Lexikon der politischen Bildung, Bd. 1. Didaktik und Schule, Schwalbach/Ts. 1999, S. 168.
18 Massing, Politische Bildung in der Grundschule, S. 28.
19 Reeken, Politische Bildung im Sachunterricht, S. 187.
20 Siehe dazu den Beitrag von Cornelia Klepp über den „Master of Science" in diesem Band.
21 Schneider, Politische Bildung in der Grundschule, S. 8-14.
22 Die Phase des „Informationen einholen und ordnen" entspricht gemäß der Phaseneinteilung von Peter Massing und Kurt Lach der „Informationsphase", die anderen vier Phasen von Schneider sind der „Anwendungs-" und der „Problematisierungsphase" zuzuordnen. Siehe dazu die Aufsätze von Peter Massing und Kurt Lach unter: Teil III: Unterrichtsphasen, in: Breit, Gotthard/Frech, Siegfried/Eichner, Detlef/Lach, Kurt/Massing, Peter (Hg.): Methodentraining für den Politikunterricht II. Arbeitstechniken – Sozialformen – Unterrichtsphasen, Schwalbach/Ts. 2006, S. 205-238.
23 „Philosophische Gespräche mit Kindern zu führen bedeutet, sich gemeinsam mit ihnen auf den Weg zu begeben, gemeinsam mit ihnen die Bedeutung von Wörtern zu ergründen, Fragen zu stellen, Meinungen zu äußern und zu begründen, eigenes und fremdes Verhalten zu hinterfragen und Folgen des eigenen Verhaltens abzuwägen. Im Rahmen des Unterrichts steht dabei der wechselseitige Dialog unter den SchülerInnen im Vordergrund, das Bemühen einander zuzuhören und sich gegenseitig zu verstehen. In diesem Sinne zu ‚philosophieren' lässt sich nicht von heute auf morgen erlernen, sondern bedarf kontinuierlicher Übung für Lernende und Lehrende." (Gudrun Häring)
24 Die „horizontale didaktische Reduktion" formt eine komplexe wissenschaftliche Aussage in eine leichter verständliche Form, ohne aber die Gültigkeit der Aussage zu vermindern. Zur didaktischen Reduktion siehe u.a.: Gagel, Walter: Einführung in die Didaktik des politischen Unterrichts, 2. Auflage, Opladen 2000, S. 110-119.
25 Massing, Politische Bildung in der Grundschule, S. 32f. Zu den Basiskonzepten siehe auch: Richter, Dagmar: Welche politischen Kompetenzen sollen Grundschüler/innen erwerben?, in: Dies. (Hg.), Politische Bildung von Anfang an, S. 39-41.
26 Klafki, Wolfgang: Neue Studien zur Bildungstheorie und Didaktik. Zeitgemäße Allgemeinbildung und kritisch-konstruktive Didaktik, Weinheim 1994, S. 43f.
27 Reeken, Politisches Lernen im Sachunterricht, S. 49-56.
28 Schreier, Helmut: John Deweys Vision von Demokratie und Erziehung, in: Grundschule, S. 34 (2002) 1, S. 22-24.
29 Von der Gathen, Jan: Die partizipative Schule, in: Grundschule, 34 (2002), 1, S. 30-33.
30 Böhm, Uwe: Mitbestimmung im Schulalltag, in: Grundschule, 1 (2002), 1, S. 34.
31 Blum, Eva: Der Klassenrat, Mülheim 2006.
32 Burk, Karlheinz: Kinder beteiligen – Demokratie lernen?, Frankfurt a. M. 2003.
33 Döpfner, Manfred/Schürmann, Stephanie/Lehmkuhl, Gerd: Wackelpeter und Trotzkopf, Weinheim 2000.
34 Schröder, Achim/Merkle Angela: Leitfaden Konfliktbewältigung und Gewaltprävention. Pädagogische Konzepte für Schule und Jugendhilfe, Schwalbach/Ts. 2007.
35 Kilb, Rainer/Weidner, Jens/Gall, Reiner: Konfrontative Pädagogik in der Schule. Anti-Aggressivitäts- und Coolnesstraining, Weinheim 2006.
36 Franz, Christa/Igerl, Franz: Europa in der Grundschule, Neuried, 2001.
37 Groß-Ernst, Birgit/Strelau, Marion: Lernwerkstatt, Reise durch Europa, Kempen 2002.
38 Unter www.kiko.de findet man Bezugsadressen für den ‚Koffer voller Kinderrechte' in den einzelnen deutschen Bundesländern, wie z.B. in Bayern: Landratsamt Passau, Kreisjugendamt, Domplatz 11, D-94032 Passau.
39 Roemer, Mirella: Kids for Kids – Kinderrechte: Kinder schreiben für Kinder, damit Erwachsene verstehen, Vechter-Langförden 2005.
40 Richter, Dagmar: Was gibt's Neues zur Politischen Bildung im Sachunterricht? Ein Kommentar zu Gertrud Beck, in: http://www.widerstreit-sachunterricht.de, 6 (März 2006), S. 5. Siehe dazu auch Massing, Politische Bildung in der Grundschule, S. 30.
41 Cave, Kathryn/Ridell, Chris: Irgendwie Anders, Hamburg, 2005. Siehe dazu auch den Praxisbeitrag zur politischen Bildung in der Volksschule von Astrid Huber.
42 Reeken, Politische Lernen im Sachunterricht, S. 76-78.
43 Blaseio, Beate: Ressourcen schonen oder konsumieren?, in: Grundschule, 37 (2005), 2, S 51-53.

44 Feil, Christine: Kinder, Geld und Konsum, Weinheim 2003.
45 Heymann, Matthias/Gorbahn, Katja: Wenn die Natur verrückt spielt, in: Grundschule, 37 (2005), 2, S. 46-50.
46 Ackermann, Paul: Politische Sozialisation, in: Richter/Weißeno (Hg.), Lexikon politischer Bildung 1, S. 194-196; Massing, Politische Bildung in der Grundschule, S. 21.
47 Puzzle für Österreich, Larsen-Verlag; Deutschland-Puzzle, Bezugsquelle: Landeszentrale für politische Bildung Baden-Württemberg; EUropa-Puzzle; Online-Spiel unter: www.aktion-europa.diplo.de/aktion-europa
48 Lehrplan der Volksschule, Wien, 2000, Stand: 1.Februar 2000, S 226.
49 Reeken, Politisches Lernen im Sachunterricht, S. 101-117; Schneider, Politische Bildung in der Grundschule, S. 43-46.
50 Reeken, Politisches Bildung im Sachunterricht in der Grundschule, S. 189-191. Seit Mitte der 1990er-Jahre beschäftigt sich die Didaktik der Politischen Bildung allerdings vermehrt mit politischer Bildung in der Grundschule. Siehe dazu u.a.: George, Siegfried/Prote, Ingrid (Hg.): Handbuch zur politischen Bildung in der Grundschule, Schwalbach/Ts. 1996; Reeken, Dietmar von: Politisches Lernen im Sachunterricht. Didaktische Grundlegungen und unterrichtspraktische Hinweise, Baltmannsweiler 2001; Richter, Dagmar (Hg.): Politische Bildung von Anfang an. Demokratie-Lernen in der Grundschule, Schwalbach/Ts. 2007 (Politik und Bildung, 45).
51 Reeken, Politisches Bildung im Sachunterricht in der Grundschule, S. 188f.
52 Massing, Politische Bildung in der Grundschule, S. 30.

Thomas Hellmuth

Entscheidende politische Sozialisation
Politische Bildung in der Unterstufe

> „Man kann erst Tanzen lernen, wenn man gelernt hat zu gehen."
> *(Wolfgang Künne)[1]*

Politische Bildung ist in der österreichischen Hauptschule und der AHS-Unterstufe nicht als eigenständiger Unterrichtsgegenstand vorgesehen, als eines von mehreren Unterrichtsprinzipien[2] soll sie aber in den so genannten „Bildungsbereichen" immerhin als wichtiger Bestandteil des Unterrichts gelten. Bislang blieb politische Bildung in der Praxis aber nicht selten ein „Stiefkind", zumal unter anderem die Konkurrenz mit den anderen Unterrichtsprinzipien einem effizienten Unterricht nicht gerade förderlich war. Eine Lehrplanänderung, die ab dem Schuljahr 2008/09 in Kraft getreten ist, koppelt nun aber politische Bildung zumindest an das Fach „Geschichte und Sozialkunde", womit der Wahlrechtsreform von 2007, die das Wahlrecht für 16- und 17-Jährige vorsieht, und einer damit einhergehenden Demokratie-Initiative der Regierung entgegengekommen wurde.

Politische Sozialisation

Zumindest auf theoretischer Ebene gilt politische Bildung in der Hauptschule und AHS-Unterstufe aber auch weiterhin als Teil des gesamten Bildungsprozesses. Damit wird den Erkenntnissen der Entwicklungspsychologie entsprochen, die den beginnenden politischen Lernprozess im Alter zwischen zehn und 16 Jahren, insbesondere aber ab dem 14. Lebensjahr ansetzt. Dennoch sollte politische Bildung nicht erst in der vierten Klasse der Hauptschule und AHS-Unterstufe eine zentrale Rolle spielen. Vielmehr sind die SchülerInnen bereits in den ersten drei Klassen, auch wenn sie sich bis zum 13. Lebensjahr aufgrund anderer Entwicklungsfaktoren nur peripher für Politik interessieren, auf die politische Bildung im engeren Sinn vorzubereiten. Gerade die kognitive Entwicklung der Jugendlichen, die zur Entwicklung der politischen Urteilsfähigkeit stark beiträgt, d.h. die Ausbildung des formal-operationalen Denkens und damit in Verbindung die Fähigkeit des abstrakten Denkens, kann bereits früh trainiert werden.[3] Dadurch lernen die SchülerInnen, gesellschaftlichen bzw. politischen Situationen und Entwicklungen[4] nicht ohnmächtig gegenüberzustehen, sondern diese zu analysieren sowie zu bewerten und schließlich Entscheidungen zu treffen. Ob auch später Interesse für Politik besteht oder eine resignierende Abwendung von dieser erfolgt, hängt entscheidend von der Sozialisation der Zehn- bis Vierzehnjährigen und somit auch von der politischen Bildung in der Hauptschule und AHS-Unterstufe ab.

„Grundwissen" und „Orientierungswissen"

Pädagogische Konzepte, die eine behutsame Vorbereitung zur verstärkten politischen Bildung in der vierten Klasse der Hauptschule bzw. AHS-Unterstufe verfolgen, sollten zwischen „Orientierungswissen" und „Grundwissen" unterscheiden. Während letzteres den Kanon der fachlichen Wissensbestände umfasst, etwa die Institutionenkunde, die ideologischen Positionen der Parteien oder die Frage, wie Parlamentswahlen funktionieren, besitzt Orientierungswissen eine instrumentelle Funktion, d.h. es stellt SchülerInnen ein Instrumentarium zur Verfügung, um in realen gesellschaftlichen bzw. politischen Situationen als „Citoyens" handeln zu können, d.h. im Sinne der bereits in den Einführungsbeiträgen von Martin Heinrich und Thomas Hellmuth erläuterten Prinzipien der Autonomie, Kritikfähigkeit, Partizipation und Emanzipation. Dafür ist es zunächst notwendig, den SchülerInnen die Fähigkeit zu vermitteln, ihre Lernprozesse kognitiv zu strukturieren. „Ein politisches Orientierungswissen", schreibt Herbert Uhl, „ist kein eigenständiger Lerngegenstand, sondern funktional einbezogen in aktivierende, handlungs- und problemorientierte Lernwege [...]. Es ist so gesehen nicht vorgegeben und stellt kein inhaltlich geschlossenes Lehr-System dar, das es zu ‚lernen' gilt, sondern es entsteht durch Unterricht."[5]

Dieser Unterricht lässt sich in einem Dreierschritt bzw. drei Phasen organisieren: 1) Zunächst erfolgt die Konfrontation mit einem gesellschaftlichen bzw. politischen Problem, d.h. es erfolgt eine Analyse der Lage. 2) In einem zweiten Schritt wird das Problem untersucht, wobei hierfür Kategorien entwickelt werden. Mit Hilfe dieser Kategorien können die SchülerInnen Hypothesen bilden und diese auch überprüfen, womit das Problem erfasst und in der Folge analysiert werden kann. 3) Auf Basis der Problemanalyse erfolgen schließlich die Entwicklung von Verhaltens- und Handlungsalternativen sowie die Entscheidung für eine Lösung.[6]

Wolfgang Klafki, der 1959 den Begriff der „Kategorialen Bildung" geprägt hat, empfiehlt die Ausarbeitung zentraler Kategorien bzw. so genannter „Ankerbegriffe".[7] Bei deren Bildung ist es ratsam, immer auch die Möglichkeiten der didaktischen Umsetzung zu berücksichtigen und daher kein zu kompliziertes Kategoriensystem zu entwickeln. Bei zu wenigen Kategorien besteht allerdings wieder die Gefahr, wichtige Bereiche des jeweiligen Problems auszublenden.[8] In Anlehnung an Hermann Giesecke und Bernhard Sutor (der allerdings ein sehr differenziertes Kategoriensystem vorschlägt) sind folgende Kategorien zu empfehlen: Problemdefinition, Konflikt, Macht/Durchsetzung, Recht, Interessen, Ideologie, Solidarität, Mitbestimmung/Demokratie, Kompromiss, Menschenwürde, Geschichtlichkeit, Verantwortung und Wirksamkeit/Folgen.[9] Eine weitere Kategorie sollte im Sinne des „selbstreflexiven Ich" auch auf die Fähigkeit ausgerichtet sein, selbstständig neue Kategorien zu bilden und andere gegebenenfalls zu verwerfen. Sie beruht auf der selbstreflexiven Form der Objektivierung und berücksichtigt, dass die Erkenntnis der Welt nicht unabhängig vom Geist stattfindet. Daraus folgt, dass die Betrachtung der Welt und damit auch die kognitive Struktur bzw. die Lernkategorien in einem weiteren Schritt selbst zum Gegenstand einer Objektivierung werden müssen. Kognitive Strukturierung beruht somit auf keinem Status quo, sondern ist als dynamisch zu verstehen, zumal sich auch die Gesellschaft ständig weiterentwickelt und neue gesellschaftliche Probleme nicht immer mit alten Kategorien zu erfassen und zu bewältigen sind.

Für einen Unterricht, der politische Bildung im oben beschriebenen Sinn versteht, bieten sich mehrere Unterrichtsmethoden an. So lässt sich Orientierungswissen im Sinne des „Erfahrungslernens"[10] und der „Handlungsorientierung"[11] durch praktizierte und simulierte Demokratie, durch die Arbeit mit unterschiedlichen Text- und Bildmaterial sowie durch die Erkundung von Politik vermitteln. Als Voraussetzung dafür müssen die SchülerInnen aber über Grundwissen verfügen, worunter zunächst vor allem Arbeitstechniken zu verstehen sind. Das politische Lernen im engeren bzw. traditionellen Sinn (z.B. Institutionenkunde, Ablauf von Wahlen und Parteienkunde) sollte dagegen verstärkt in der vierten Klasse praktiziert werden, d.h. zu einem Zeitpunkt, an dem das Interesse für Politik bei den SchülerInnen laut Entwicklungspsychologie zunimmt. Viele Aspekte der „formalen Dimension" des Politischen, der „polity",[12] müssen nicht notgedrungen (nur) auf traditionelle Art und Weise durch Informationsinput, etwa durch LehrerInnenvortrag und/oder durch Informationsblätter, vermittelt werden. Zum Teil eignen sich SchülerInnen diese bereits beim handlungsorientierten Unterricht an, etwa wenn Politik erkundet wird und das Erlebte dann, um kognitiv verankert zu werden, notgedrungen auf eine abstrakte Ebene gehoben wird.

Erlernen von Arbeitstechniken

Das Erlernen von Arbeitstechniken gilt als Grundlage für die politische Bildung in der Hauptschule und der AHS-Unterstufe. Peter Massing unterscheidet dabei vier Fertigkeiten:[13] 1) Formale methodische Fertigkeiten wie das Sammeln und Ordnen von Informationen, die Auswertung von Statistiken, den Umgang mit Texten und Quellenmaterial und die Interpretation von Karikaturen. 2) Ästhetisch-produktive Fertigkeiten, unter die unter anderem die Herstellung von Videoarbeiten, die Anfertigung von Collagen und die Gestaltung von Wandzeitungen fallen. 3) Kommunikative Fertigkeiten, d.h. die Befähigung zur Diskussion und Debatte sowie zur Befragung von Experten oder Zeitzeugen, aber auch rhetorische Fähigkeiten. 4) Wissenschaftspropädeutische Techniken, worunter in der Hauptschule und der AHS-Unterstufe in erster Linie die Fähigkeit verstanden wird, Interviews zu führen. Von den genannten Arbeitstechniken, zu denen umfangreiche Literatur zur Verfügung steht[14] und auf die zum Teil im praktischen Teil dieses Buches Bezug genommen wird, soll im Folgenden die – insbesondere die kommunikativen Fertigkeiten betreffende – Argumentation als zentral hervorgehoben und näher erläutert werden.

Das Argumentationstraining beinhaltet zum einen die Entwicklung von Verhaltens- und Handlungsstrategien sowie rhetorischen Fähigkeiten, zum andern umfasst es auch die Analyse der emotionalen Wirkung von Schlagwörtern und Parolen sowie die Überprüfung politischer Argumenten auf ihre sachliche Angemessenheit. Zunächst ist es sinnvoll, den SchülerInnen „Trockenübungen" im Argumentieren zu ermöglichen. Dafür können ihnen verschiedene Argumentationsmodelle zur Verfügung gestellt werden (Grafik 1), nach denen sie zu vorgegebenen oder selbst gewählten Themen Argumente ausarbeiten. In einem weiteren Schritt werden etwa in Rollenspielen erlebte Argumentationsnöte simuliert und durch das Erproben von Argumentationstechniken beseitigt. Bereits bei den „Trockenübungen" oder nach den Rollenspielen bietet sich auch die Möglichkeit, eine kritisch-analytische Perspektive einzunehmen. Oftmals verwendete Argumente, Parolen und Schlagwörter

„Linie"

„Raute"

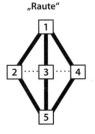

„Dialektik"

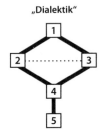

(1) Wir gingen von der grundsätzlichen Überlegung aus, dass …
(2) Als weiterer Gesichtspunkt wurde genannt …
(3) Daraus folgerten wir …
(4) Auch noch aus einem anderen Grund scheint mir das Ergebnis positiv …
(5) Deshalb sollten wir nach meiner Meinung den Plan verwirklichen …

(1) Es gibt sicher eine Menge unterschiedlicher Gesichtspunkte zu dieser Frage …
(2) Als besonders wichtig erscheint mir jedoch …
(3) Außerdem darf man nicht übersehen …
(4) Schließlich spricht auch noch dafür …
(5) Deshalb bin ich dafür, dass wir …

(1) Der Vorredner nannte eine Reihe von Argumenten …
(2) Unter anderem behauptete er …
(3) Dagegen muss man jedoch einwenden, dass …
(4) Vergleicht man diese Ansichten, dann wird deutlich, dass …
(5) Deshalb schlage ich vor, wir beschließen verbindlich …

„Vom Allgemeinen zum Besonderen"

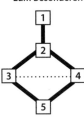

„Vergleich"

„Kompromiss"

(1) In der Regel sieht man die Sache so … …
(2) Aber unsere Erfahrung hat gezeigt, dass …
(3) Denn zum einen …
(4) Und zum anderen …
(5) Deshalb ist konsequenterweise …

(1) Die Partei X behauptet …
(2) Als scheinbare Begründung führen sie an …
(3) Die Partei Y vertritt gar die Auffassung …
(4) Und begründen wollen sie ihre Einstellung mit dem fadenscheinigen Hinweis …
(5) Keiner dieser Standpunkte lässt sich bei näherer Prüfung halten. Deshalb ist die einzig richtige Lösung …

(1) A behauptete…
(2) B widerprach mit dem Hinweis …
(3) Mir scheint, die beiden treffen sich in einem Punkt …
(4) Vergleicht man diese Ansichten, dann wird deutlich, dass …
(5) Deshalb schlage ich vor, wir beschließen verbindlich …

Grafik 1: Argumentationsmodelle[17]

werden dabei auf ihre Plausibilität oder Ideologiehaftigkeit hinterfragt, d.h. die SchülerInnen erlernen nicht nur die Technik des Argumentierens, sondern werden dazu befähigt, diese auch auf ihre Wirkung und Funktion hin zu analysieren.

Ein solches „Erfahrungslernen" entspricht zwar lernpsychologisch dem praktischen Lernvermögen von Heranwachsenden im Alter von 10 bis 14 Jahren. Die kritisch-analytische Perspektive erfordert allerdings, sich von der Erfahrungsebene auf eine abstrakte Ebene zu begeben. Ansonsten bleibt Erfahrungspädagogik letztlich Erlebnispädagogik, der nicht zu Unrecht Theoriefeindlichkeit vorgeworfen und daher erkenntnistheoretisch nur geringe Bedeutung beigemessen wird.[15] Abstraktion kann, gerade in der Hauptschule und AHS-Unterstufe, durch die „Elementarisierung" des Themas erreicht werden. Dafür werden „Elementaria" entwickelt, die gleichsam „das ‚ABC' gesellschaftlich-politischen Lernens" darstellen und es dem Lernenden ermöglichen, „die ‚Grammatik' einer Kultur zu entdecken".[16] Die „Elementaria" lassen sich mit den bereits erwähnten Kategorien vergleichen, die die Komplexität gesellschaftlicher bzw. politischer Probleme auf Kernbereiche reduzieren und somit Übersichtlichkeit schaffen.

Politik wird „lebendig": Simulation

Unterricht, der auf Handlungsorientierung basiert, hat zum Ziel, die SchülerInnen zur „aktive[n] Auseinandersetzung [...] mit der sie umgebenden gesellschaftlichen Wirklichkeit" zu bewegen, um „Erfahrungs- und Handlungsspielräume zu schaffen und dadurch die Trennung von Schule und Leben ein Stück weit aufzuheben".[18] Demnach bedeutet handlungsorientiertes Lernen, den Unterricht zu „beleben", d.h. die abstrakte „schulmeisterliche" Ebene zu verlassen und den Unterricht „schmackhaft" und spannend zu machen, indem Themen aufgegriffen werden, die die SchülerInnen persönlich betreffen. Für die politische Bildung bedeutet dies etwa, dass Demokratie und Politik im Unterricht simuliert wird.

Dies ist zum Beispiel durch Rollenspiele möglich, bei denen Probleme durch die Simulation der Realität thematisiert und bearbeitet werden. Damit einher geht die Förderung der so genannte „Streitkultur" im Sinne des „offenen Diskurses", der gewaltfreien Auseinandersetzung und der Konfliktfähigkeit sowie der Möglichkeit des Konsenses. Dabei wird auch die angeblich immer anzustrebenden Harmonie als Mythos entlarvt bzw. die Einsicht gefördert, dass Konsens nicht immer erzielt werden kann, sondern für bestimmte Probleme je nach (ideologischer) Perspektive unterschiedliche Lösungen existieren können und zudem soziale Hierarchien oftmals eine gleichberechtigte Interaktion verhindern.

Dennoch sollte das „kommunikative Handeln" im Sinne von Jürgen Habermas als kontrastive Folie über die gesellschaftliche Realität gelegt werden: Als gesellschaftliches Ideal gilt demnach eine herrschaftsfreie Gesprächssituation, die weder durch Traditionen und Weltanschauungen noch durch das Recht des Stärkeren beeinträchtigt ist, sondern in der unter gleichberechtigten, von jeglichem Handlungsdruck befreiten KommunikationspartnerInnen das vernünftigste Argument die Grundlage einer Entscheidung bildet. Dabei ist es notwendig, zwischen erfolgsorientiertem und verständigungsorientiertem Handeln zu unterscheiden. Erfolgsorientiertes Handeln ist zielgerichtet, strategisch und instrumentell, während verständigungsorientiertes Handeln dem „kommunikativen Handeln" entspricht, alle latenten strategischen Ziele ausschließt sowie Geltungsansprüche hinterfragt, kritisiert und gegebenenfalls argumentativ zurückweist.[19] Im Zusammenhang mit der Theorie des „kommunikativen Handelns" wird bei Rollenspielen auch ein Dilemma der politischen Bildung deutlich: Einerseits soll diese die Gleichberechtigung „mündiger" Bürger vermitteln, andererseits aber die SchülerInnen auch zum Handeln in der gesellschaftlichen Realität befähigen und darauf vorbereiten, dass die gesellschaftlichen Normen und die zur gleichen Zeit proklamierten Regeln erfolgsorientierten funktionalen Handelns in der Gesellschaft nicht deckungsgleich sind. Der Gegensatz von Ideal und Wirklichkeit sowie die Frage der Praxisrelevanz werden hier aufgeworfen, nicht zuletzt auch, weil die SchülerInnen selbst in ihrer unmittelbaren Lebenswelt oftmals das Gegenteil des „kommunikativen Handelns" erleben.

Um Rollenspiele sinnvoll einzusetzen, sind folgende Regeln zu beachten: Die vielschichtige und komplexe Wirklichkeit muss auf wesentliche Aspekte reduziert werden, um eine Überfrachtung zu vermeiden und das Problem „greifbar" zu machen. Außerdem sind Ausgangssituation und Rollenanweisungen auf Rollenkarten klar darzulegen. Zusätzlich erhalten die SchülerInnen Informationsmaterial zum Problem, um innerhalb ihrer Akteursrolle wirklichkeitsnah zu argumentieren. Neben den AkteurInnen werden BeobachterInnen eingesetzt, die bestimmte Richtlinien zur Beobachtung erhalten: Welche Argumente werden verwendet? Welche Beziehungen sind erkennbar? Mit welchen (Pseudo-)Argumenten kann „gepunktet" werden und warum? Welche gesprächsstrategisch wichtigen Schlüsselsituationen gibt es? Welche Besonderheiten sind beim nonverbalen Verhalten bzw. bei der Körpersprache der Beteiligten festzustellen? Dem Rollenspiel sollte eine Auswertungsphase folgen, bei der die Erfahrungen der AkteurInnen und BeobachterInnen diskutiert werden. Auf diese Weise ist es möglich, das Erlebte auf eine abstrakte bzw. theoretische Ebene zu holen, die erst eine kognitive Verarbeitung gewährleistet.[20] In dieser Phase des Rollenspiels kann auch der Widerspruch zwischen idealer Kommunikationssituation und Praxis problematisiert werden, indem die SchülerInnen die sozialen Positionen der AkteurInnen zu bestimmen versuchen sowie die Funktionalität bestimmter (Pseudo-)Argumente und bestimmter Verhaltens- und Handlungsweisen herausfiltern und hinterfragen.

Dabei kann auch deutlich werden, dass wir oftmals nicht einfach so handeln, wie wir gerne möchten, sondern Erwartungen entsprechen und daher bestimmte Rollen übernehmen müssen oder auch wollen. Die Verhaltensnormen der Gesellschaft, die George Herbert Mead als „generalized other" bzw. „verallgemeinertes Andere" bezeichnet, werden von uns meist unbewusst übernommen. „In der Form des verallgemeinerten Anderen", schreibt Mead, „beeinflusst der gesellschaftliche Prozeß das Verhalten der ihn abwickelnden Individuen, das heißt, die Gemeinschaft übt die Kontrolle über das Verhalten ihrer einzelnen Mitglieder aus."[21] In diesem Sinne unterscheidet Mead auch zwischen einem „Me" und einem „I", wobei er letzteres als „die Reaktion des Organismus auf die Haltung anderer", das „Me", versteht. Erving Goffman schließt an Meads so genannten „Symbolischen Interaktionismus" an[22] und definiert die Gesellschaft gleichsam als Bühne, auf denen die einzelnen Darsteller nach einer bestimmten Dramaturgie agieren. Der Darsteller ist zudem Mitglied einer sozialen Gruppe bzw. eines sozialen Milieus, das Goffman als Ensemble betrachtet, das bestimmte Stücke spielt und vor einem Publikum, das mit dem „generalized other" zu vergleichen ist, Erfolg haben will.[23]

Die Übernahme von Rollen, die von der eigenen Meinung abweichen, kann beim Rollenspiel die Möglichkeit eröffnen, andere Perspektiven einzunehmen und damit zu verstehen, warum jemand so und nicht anders handelt. „Verstehen" meint dabei nicht „Einfühlen" in dem Sinne, dass man sich in jemand anderen buchstäblich hineinversetzt. Dies ist nicht möglich, weil man – wie Thomas Hausmann betont – „selbstverständlich niemals *der* andere und auch nie wirklich in *seiner* Situation" sein kann. „Folglich sind die Gedanken und Gefühle, die man hat, auch niemals wirklich *seine*, sondern immer nur die eigenen."[24] „Verstehen" meint vielmehr, aufgrund einer Erfahrung, die etwa beim Rollenspiel gemacht wurde, etwas besser begreifen bzw. erklären zu können. Rollenspiele inkludieren daher auch die Möglichkeit der Mäeutik, d.h. aus sich selbst heraus ein Problembewusstsein zu entwickeln, etwa die Problematik von Vorurteilen zu erfassen. Dies geschieht durch kognitive Dissonanzen, die Lernenden zum eigenen Nichtwissen führen und die Neugierde nach neuem Wissen wecken. Bloßes Scheinwissen (doxa) kann somit, nach einem Rollenspiel vor allem in der Nachbearbeitungsphase, zu begründetem Wissen (episteme) weiterentwickelt werden.[25]

Als Grundlage simulierter Politik und Demokratie dient die Diskussion, in der die SchülerInnen lernen, einen Dialog zu führen und rational zu argumentieren. Die Spielregeln der Gesprächsführung sollten bereits im gewöhnlichen Klassengespräch immer wieder in Erinnerung gerufen werden: Jeder sollte ausreden dürfen, Dauerredner gebremst und die stillen SchülerInnen ermuntert werden. Zudem muss ein Diskussionsleiter für einen geordneten Ablauf der Diskussion sorgen und dem jeweiligen Redner das Wort erteilen. Im Klassengespräch übernimmt meist der/die LehrerIn diese Funktion, wobei er/sie diese aber auch auf eine/n SchülerIn übertragen kann.[26]

Die Diskussionsfähigkeit kann unter anderem durch Gruppenarbeit gefördert werden, die allerdings behutsam eingeführt werden muss. Oft sind Klassen vor allem vom traditionellen Frontalunterricht geprägt und daher nicht darauf vorbereitet, in Gruppen zu arbeiten. Die Ergebnisse sind daher in vielen Fällen dürftig, weshalb Herbert Gudjonus empfiehlt, den Übergang vom Frontalunterricht zur Kleingruppenarbeit in mehreren kleinen Schritten vorzubereiten: Zunächst sollten kleinere Phasen von PartnerInnenarbeiten in den Unterricht eingeschoben und in einem weiteren Schritt kurze, etwa zehnminütige Gruppenarbeiten eingeplant werden. Später können regelmäßige Gruppenarbeitsphasen die Unterrichtsstunde gliedern. Außerdem ist es sinnvoll, vor Gruppenarbeiten bestimmte arbeitsmethodische Fertigkeiten zu trainieren, etwa das Nachschlagen in einem Buch, das Notieren von Stichwörtern sowie die „Kunst" des Zuhörens und des Argumentierens.[27]

Eine besondere Form der Diskussion bietet die Pro-Contra-Debatte, die unterschiedliche Positionen zu einem Problem bzw. einer Fragestellung herausarbeitet und vor allem die rationale (politische) Urteilsbildung fördert. Sie setzt allerdings erhebliche Fähigkeiten im Ausdruck, der Argumentation und im raschen Erfassen und Kombinieren von Gedankengängen voraus, weshalb sie erst in der vierten Klasse der Hauptschule oder AHS-Unterstufe, nachdem die SchülerInnen etwa das Argumentieren intensiv trainiert haben, eingesetzt werden sollte. Einerseits können die SchülerInnen dabei ihre eigenen Positionen artikulieren und diese nach bestimmten Regeln zur Diskussion stellen. Andererseits ist es auch möglich, dass SchülerInnen in Rollen schlüpfen und somit Meinungen vertreten, die sie nicht unbedingt teilen (womit die Pro-Contra-Debatte auch mäeutische Funktion übernehmen kann).

Folgende Rollen sind vorgesehen: ein Moderater, zwei Anwälte (ein Pro- und ein Contra-Anwalt), zwei bis vier Sachverständige sowie ein Publikum. Peter Massing empfiehlt, bei der Pro-Contra-Debatte folgende Ablaufschritte einzuhalten: 1) Der/die ModeratorIn begrüßt die TeilnehmerInnen der Debatte und stellt das Thema vor. 2) Im Publikum erfolgt vor der Debatte eine Abstimmung über bestimmte Fragen. Danach werden die Pro- und Contra-Stimmen ausgezählt und an die Tafel geschrieben. 3) Die Anwälte halten ein Plädoyer bzw. ein kurzes Eingangsstatement, in denen sie ihre Positionen begründen. 4) Der/die ModeratorIn und die Anwälte befragen die Sachverständigen zu den einzelnen Positionen, die als Experten versuchen, nach objektiven (meist wissenschaftlichen) Kriterien zu urteilen. 5) Die Anwälte verdeutlichen nochmals ihre Position und berücksichtigen in ihren Begründungen die Aussagen der Sachverständigen. 6) Schließlich lässt der/die ModeratorIn neuerlich im Publikum abstimmen, wobei festgestellt werden muss, ob jemand im Publikum seine Meinung geändert hat. 7) In einem Auswertungsgespräch werden die Plausibilität und die Überzeugungskraft der Argumente evaluiert. Die Zuschauer, die ihre Meinung geändert haben, können dabei als Ausgangspunkt dienen, indem sich der/die ModeratorIn nach ihren Beweggründen erkundigt.[28] Das Auswertungsgespräch, vor allem die Analyse des zweiten Plädoyers der Anwälte, wird zudem offen legen, dass wir Informationen oftmals so filtern, dass sie unseren eigenen Vorstellungen entsprechen. Damit ist ein erster Schritt zur Bewusstmachung unserer selektiven Wahrnehmung getan, die wiederum von der individuellen kognitiven Struktur und somit von unserer Identität abhängt.[29]

Handlungsorientierte Textinterpretation

Texte stellen die wichtigste Informationsquelle in der politischen Bildung dar, auch wenn Kritiker damit oftmals veraltete Formen des Unterrichts, d.h. lehrerzentrierte und rezeptive Lehrformen, insbesondere das Auswendiglernen von Informationen, verbinden. Würden Texte auf diese Art und Weise verwendet, wäre tatsächlich eine kognitive Verankerung der Lerninhalte kaum möglich. Allerdings sollen und können Texte auch im Sinne eines handlungsorientierten Unterrichts verwendet werden. Richtig ausgewählt und eingesetzt regen sie SchülerInnenaktivitäten an, etwa wenn sie an SchülerInneninteressen anknüpfen und eine Weiterverarbeitung ermöglichen, unter anderem durch Um- oder Fortschreibung der Texte sowie durch artikulierte Vergleiche mit bereits gemachten Erfahrungen.

Grundlegend für eine handlungsorientierte Textinterpretation sind wieder Überlegungen zu maßgeblichen Kategorien, auf denen bestimmte Fragestellungen aufgebaut werden. Dabei spielen mehrere Aspekte eine Rolle: Der semantische Aspekt betrifft die Bedeutung einzelner Worte und Satzkonstruktionen des Textes, der syntaktische Aspekt den Aufbau und die Gliederung des Textes. Dessen Struktur wird erschlossen, indem auch der Inhalt in die Analyse einbezogen wird: Welche Hauptthesen lassen sich aus dem Text herausfiltern? Was sind Beispiele, was Nebengedanken? Darauf baut schließlich die Ideologiekritik auf, zumal aus dem Inhalt auch die Ziele und zum Teil die politische Herkunft des Autors bzw. der Autorin eruiert werden können.[30]

Die Erschließung des Textes erfolgt mit Hilfe eines Stufenmodells des Lesens, das ähnlich funktioniert wie der oben genannte Dreierschritt der Unterrichtsorganisation. Zunächst erfolgt die Textaufnahme, d.h. das Lesen des Textes, das in den meisten Fällen mit an Kategorien orientierten Leitfragen erleichtert wird. Die reflektierende Interpretation schließt daran an: Zunächst wird der Text analysiert, d.h. ein Sachverhalt mit Hilfe von Hypothesen und deren Prüfung objektiv erfasst. Danach setzen sich die SchülerInnen kritisch mit dem Sachverhalt auseinander bzw. erörtern den Text.[31] Hierbei werden die unterschiedlichen Hypothesen diskutiert und mit Erfahrungen verglichen, wobei „eine wechselseitige Steigerung im Gespräch durch den Austausch von unterschiedlichen Wissensbeständen" erfolgt, „eine extensive Auslegung und Erfahrung von Wirklichkeit".[32] Dabei wird versucht, aus dem Text auf allgemeine Aspekte zu schließen und nach Typischen zu suchen. Da politische Bildung darauf ausgerichtet ist, die SchülerInnen zur Mitgestaltung einer demokratischen Gesellschaft anzuregen, sollten die erarbeiteten Ergebnisse der Textinterpretation auch in mögliche Handlungsperspektiven umgewandelt werden.[33] Zum einen kann die Lehrperson nach den Reaktionen der SchülerInnen fragen, wenn sie mit ähnlichen Problemen und Situationen, die im Text thematisiert werden, konfrontiert wären. Zum anderen ist es auch möglich, etwa in Rollenspielen spezifische Verhaltens- und Handlungsalternativen, die für die Problemlösung als geeignet erscheinen, zu simulieren und auf diese Weise zu erproben.

Die reflektierende Textinterpretation macht den SchülerInnen bewusst, dass es „weder ‚falsche' noch ‚richtige', sondern allenfalls mehr oder minder angemessene Interpretationen geben kann […]."[34] Indem die verschiedenen Hypothesen im Unterricht diskutiert oder auch in Rollenspielen thematisiert werden, integrieren die SchülerInnen im Sinne eines „integrativen Verstehens" unterschiedliche Erklärungsansätze. Damit erlangen sie ein tieferes Verständnis des Textes und des darin thematisierten Problems. Handlungsorientierte Textinterpretation entspricht dem „hermeneutischen Zirkel", der laut Hans-Georg Gadamer das Textverständnis prägt.[35] „Wer einen Text verstehen will, vollzieht immer ein Entwerfen", schreibt Gadamer. „Er wirft sich einen Sinn des Ganzen voraus, sobald sich ein erster Sinn im Text zeigt. Ein solcher zeigt sich wiederum nur, wenn man den Text schon mit gewissen Erwartungen auf einen bestimmten Sinn hin liest. Im Ausarbeiten eines solchen Vorentwurfs, der freilich beständig von dem her revidiert wird, was sich bei weiterem Eindringen in den Sinn ergibt, besteht das Verstehen dessen, was dasteht."[36] Bei diesem Vorgang handelt es sich freilich nicht wirklich um einen „Zirkel", sondern um eine „Spirale", zumal ein Zirkel einen Kreis zeichnet und das Verstehen somit niemals an ein Ziel käme, also gar nicht möglich wäre. Zu berücksichtigen ist zudem, dass der „hermeneutische Zirkel" bzw. die „hermeneutische Spirale" auch die Gefahr der Beliebigkeit der Textinterpretation birgt. Denn auch nach der Korrektur des Vorverständnisses, mit dem an den Text herangegangen wird, kann die Interpretation des Textes durch die verschiedenen Interpreten völlig unterschiedlich sein.[37] Eine Grundregel der Textinterpretation ist es daher, das Verständnis an Anhaltspunkten im Text zu koppeln und nicht allein mit individuellen Erfahrungen und Assoziationen zu begründen. Das bedeutet freilich nicht, dass – wie Umberto Eco schreibt – die Leser eines Textes keine „überraschende[n] Sinnzusammenhänge ans Licht" bringen können, „an die man [der/die AutorIn, Anm. d. V.] beim Schreiben nicht gedacht hatte",[38] die aber unbewusst wohl intendiert waren.

Die Analyse eines Textes im oben beschriebenen Sinn ist für SchülerInnen, die im Lesen noch nicht oder nur gering trainiert sind, mit zahlreichen Problemen verbunden. Das beginnt bereits mit den Textsorten (Zeitungsberichte, Reportagen, Kommentare, Leserbriefe, Gesetzestexte, Liedtexte, Schulbuchtexte, fiktionale Texte etc.), die einen jeweils eigenen Zugriff auf die Wirklichkeit vornehmen, unterschiedliche Ziele verfolgen und daher auch verschiedene Betrachtungsweisen verlangen. Um einen Text angemessen zu interpretieren, müssen SchülerInnen zudem über ein gewisses Abstraktionsniveau sowie über Kontextwissen verfügen. Vor allem in der Hauptschule und der AHS-Unterstufe sind diese Voraussetzungen aber nur partiell gegeben. Daher sollte bei der Auswahl von Texten darauf geachtet werden, dass die Erfahrungswelt der SchülerInnen tangiert wird und somit die Anforderung zur Abstraktion auf einer niedrigen Ebene bleibt.[39] Außerdem scheint es notwendig, zur Unterscheidung und für die kritische Betrachtung der Textgattungen von Kommunikationsmodellen auszugehen. Dabei eignet sich insbesondere das bereits klassische Modell von Friedemann Schulz von Thun, das so genannte „Nachrichtenquadrat", das zwischen Sender und Empfänger sowie zwischen den vier Seiten einer Nachricht unterscheidet (siehe Grafik 2).[40] Von diesen vier Seiten sind bei der Textinterpretation vor allem die Selbstoffenbarung, der Sachinhalt und der Appell von Bedeutung. Die Beziehungsebene ist, ausgenommen bei Briefen, in erster Linie für die mündliche Kommunikation von Bedeutung. Die unterschiedlichen Seiten des Nachrichtenquadrats sind selbstverständlich nur idealtypisch voneinander zu trennen; in der Praxis besteht zwischen ihnen – wie Gerhard Zenaty in seinem Theoriebeitrag schreibt – ein enger Zusammenhang. Wenn wir Texte mit Bezug auf das Nachrichtenquadrat betrachten, werden aber deren unterschiedlichen Ziele deutlich: Was soll dem Empfänger in einem Text vermittelt werden? Welcher Seite der Nachricht ist ein Text zuzuordnen? Das Nachrichtenquadrat selbst kann mit Hilfe von Spielen kognitiv verankert[41] und in einem nächsten Schritt auf die Klassifizierung von Texte angewandt werden.

Grafik 2: Das Nachrichtenquadrat von Friedemann Schulz von Thun

Auf „Entdeckungsreise": Politik wird erkundet

„Teilnehmende an Bildungsreisen und Exkursionen", schreibt Paul Ciupke, „imitieren unbewusst den Habitus des Entdeckers, sie bewegen sich als Rechercheure im Kontext der Begegnung mit Personen, Institutionen und historischen Stätten."[42] Die „Entdeckungsreise", auch wenn sie bescheiden ist und nicht wie Alexander von Humboldts Reisen in den Dschungel führt, sondern etwa in das Parlament, in ein Gericht oder in eine Zeitungsredaktion, manchmal auch in ein Naturschutzgebiet, erfordert das Erschließen von Räumen und Orten. Dazu ist es notwendig, in einer Planungsphase sinnvolle Kategorien zu finden, die zur Ausarbeitung von Arbeitsaufgaben und/oder Beobachtungskriterien dienen können. Auf diese Weise lassen sich die vielfältigen Eindrücke und Erfahrungen strukturieren, für die spätere Analyse festhalten und letztlich kognitiv verarbeiten. Eine Exkursion sollte daher immer im Nachhinein besprochen werden, um die Erfahrungen, die mit Hilfe der Arbeitsaufgaben strukturiert wurden, mit dem Vor- und Alltagswissen der Lernenden zu vergleichen und somit neues Grund- und Orientierungswissen entstehen zu lassen.[43]

Ähnlich verhält es sich bei Interviews, die ebenfalls mit einer „Entdeckungsreise" verglichen werden können. Auch hier müssen zunächst Kategorien gefunden werden, um Hypothesen zu erstellen und daraus Fragen abzuleiten, die zu den erwünschten Informationen führen. Vor einem Interview sollten sich daher die SchülerInnen ihre Informationsbedürfnisse bewusst machen und Wissensdefizite beseitigen. Erst danach ist es sinnvoll, einen Fragenkatalog zu erstellen. Es empfiehlt sich dabei, nicht mehr als 15 Fragen auszuarbeiten, wobei diese in erster Linie als „offene Fragen" gestellt werden sollten. Im Gegensatz zu „geschlossenen Fragen", die vom Befragten lediglich eine Entscheidung bei vorgegebenen Antwortalternativen verlangen und für Fragebögen geeignet sind, lassen offene Fragen eigene Formulierungen zu. Beim Interview sollten sich die SchülerInnen nicht sklavisch an die Fragen orientieren, sondern diese als Leitfaden verstehen. Denn gegebenenfalls ist Flexibilität notwendig, zumal der Befragte auf Aspekte hinweisen kann, die durch eine zu enge Fragestellung nicht berücksichtigt wurden, aber durchaus den Kategorien entsprechen, die dem Fragekatalog zugrunde liegen.[44] Bei der Analyse von Interviews ist zu berücksichtigen, dass es unterschiedliche Deutungen von gesellschaftlichen bzw. politischen Problemen gibt und die Antworten subjektive Einschätzungen darstellen. Selbst bei Experteninterviews besteht die Gefahr von Einseitigkeit, zumal wissenschaftliche Ergebnisse oft in Konkurrenz zu anderen stehen und relativiert, modifiziert oder verworfen werden können. Zudem empfiehlt es sich, den Begriff des Experten nicht zu eng zu fassen, sondern jeden als „Experten" zu bezeichnen, der in einem Konflikt als Betroffener involviert ist.[45]

Moralische Bildung als moralisch-politische Urteilsbildung

„Moralische Bildung muss moralisch-politische Urteilsbildung sein", schreibt Sybille Reinhardt, „weil sie sonst unpolitisch und realitätsfern und womöglich moralisierend ist."[46] Demnach sollte politische Bildung kein diffuses Moralisieren bewirken, dass außerhalb eines demokratisch-politischen Werterahmens verankert ist, sondern vielmehr das Verhalten und Handeln der SchülerInnen innerhalb dieses Rahmens verankern und somit die Fähigkeit zum „offenen Diskurs" fördern, d.h. zur dialogischen Erörterung von rational begründbaren politischen Urteilen. So ist es etwa nicht Aufgabe der politischen Bildung, ein Gerichtsurteil empört abzulehnen, weil es der eigenen, etwa im religiösen Glauben verwurzelten Moralvorstellung widerspricht. Sie hat vielmehr die Urteilsfindung rational bzw. argumentativ nachvollziehbar zu machen und gegebenenfalls Debatten darüber anzuregen, ob die Rechtsbasis, auf der das Urteil beruht, noch zeitgemäß ist bzw. den gegebenen Verhältnissen angepasst werden muss. „Der Werte- und Demokratiekonsens", schreibt Peter Schulz-Hageleit für den Geschichtsunterricht, wobei seine Ausführungen auch auf die politische Bildung in anderen Fächern übertragbar sind, „gehört […] zu den vorfindlichen *Bedingungen* des Geschichtsunterrichts. Demokratie- und Wertekonsens ist gleichzeitig aber auch eine wesentliche *Zieldimension* des Unterrichts, durch die erstens die Auswahl der Inhalte, das ‚Was', und zweitens die Art und Weise der Inhaltsbearbeitung, das Wie, wesentlich beeinflusst werden."[47]

Schulz-Hageleit hat dafür eine didaktische Pyramide entworfen, die sich zwar auf den Geschichtsunterricht bezieht, sich aber auch für die politische Bildung abwandeln lässt (Grafik 3): So sind LehrerInnen von einem Demokratie- und Wertekonsens geprägt und tragen auch als „Citoyens" dazu bei, diesen zu bewahren und mitzugestalten. Sie müssen sich daher auch ihrer eigenen gesellschaftlich-politische Determiniertheit bewusst sein und ihre Unterrichtsmethoden und -materialien ständig daraufhin überprüfen, ob damit auch tatsächlich die Ziele politischer Bildung im Sinne des „selbstreflexiven Ich" erfüllt werden können. Den SchülerInnen sollen ebenfalls die Grundlagen dieses „selbstreflexiven Ich" sowie die demokratischen Regeln und Normen auf der inhaltlichen Ebene vermittelt werden, um wiederum andere Inhalte „objektiv" analysieren zu können. Im Sinne des Demokratie- und Wertekonsenses sind schließlich auch die Lehr- und Lernbedingungen zu gestalten, wobei hier unter anderem die praktizierte und simulierte Politik oder auch die Textanalyse nach rationalen bzw. argumentativen Kriterien angesprochen ist.

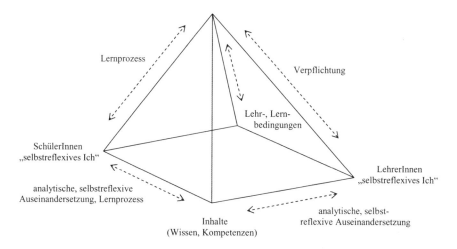

Grafik 3: *Didaktische Pyramide in Anlehnung an Peter Schulz-Hageleit*[48]

Verstanden als moralisch-politische Urteilsbildung, entspricht politische Bildung einem der allgemeinen Bildungsziele im Lehrplan der Hauptschule und AHS-Unterstufe, auch wenn dieses dem Forschungsstand in der politischen Bildung präziser angepasst sein könnte. Immerhin werden aber die „Würde jedes Menschen, seine Freiheit und Integrität, die Gleichheit aller Menschen, der Frauen und der Männer, sowie die Solidarität mit den Schwachen und am Rande Stehenden" als „wichtige Werte und Erziehungsziele der Schule" genannt.[49] In der Hauptschule und der AHS-Unterstufe sollen somit die Grundlagen, die in der Grundschule geschaffen wurden, erweitert und auch neue geschaffen werden, denn: „Man kann erst Tanzen lernen, wenn man gelernt hat zu gehen." (Wolfgang Künne)

Anmerkungen:

1 Künne, Wolfgang: Verstehen und Sinn. Eine sprachanalytische Betrachtung, in: Allgemeine Zeitschrift für Philosophie, 6 (1981), S. 2.

2 Seit dem Beginn des Schuljahres 1978/79 ist politische Bildung laut „Grundsatzerlass zur Politischen Bildung" in allen Schultypen und Unterrichtsgegenständen als Unterrichtsprinzip verankert. Siehe dazu: Wolf, Andrea: Zur Geschichte der politischen Bildung in Österreichs Schulen, in: Dies. (Hg.): Der lange Anfang – 20 Jahre "Politische Bildung in Schulen", Wien 1998, S. 44-48.

3 Fend, Helmut: Entwicklungspsychologie des Jugendalters, 3. Auflage, Opladen 2003, S. 113-128; Hoffmann-Lange, Ursula: Der fragwürdige Beitrag von Jugendstudien zur Analyse von Trends in der politischen Kultur, in: Merkens, Hans/Zinnecker, Jürgen (Hg.): Jahrbuch Jugendforschung 1, Opladen 2001, S. 190; Herdegen, Peter: Politikunterricht in der Sekundarstufe I allgemeinbildender Schulen, in: Sander, Wolfgang (Hg.): Handbuch Politische Bildung, 3., völlig überarbeitete Auflage, Schwalbach/Ts. 2005, S. 201-202 (Politik und Bildung, 32).

4 Die hier vorgenommene Trennung in „gesellschaftlich" und „politisch" basiert auf einem breiten Verständnis von Politik, zumal nicht nur Politik im engeren Sinn als politisch relevant verstanden wird, sondern auch Kultur und Soziales, das gemeinsam mit Politik unter dem Begriff „Gesellschaft" subsumiert werden kann.
5 Uhl, Herbert: Orientierungswissen, in: Richter, Dagmar/Weißeno, Georg (Hg.): Lexikon der politischen Bildung, Bd. 1. Didaktik und Schule, Schwalbach/Ts. 1999, S. 168.
6 Hilligen, Wolfgang: Zur Didaktik des politischen Unterrichts. Wissenschaftliche Voraussetzungen, didaktische Konzeptionen, unterrichtspraktische Vorschläge, 4. Auflage, Opladen 1985, S. 203; Deichmann, Carl: Arbeitsschritte/Lernschritte, in: Kuhn, Hans-Werner/Massing, Peter (Hg.): Lexikon der politischen Bildung, Bd. 3. Methoden und Arbeitstechniken, Schwalbach/Ts. 2000, S. 6; Hartmann, Klaus-Dieter: Politische Bildung als Entscheidungslernen, in: Claußen, Bernhard (Hg.): Politische Sozialisation in Theorie und Praxis. Beiträge zu einem demokratienotwendigen Lernfeld, München 1980, S. 157.
7 Klafki, Walter: Das pädagogische Problem des Elementaren und die Theorie der kategorialen Bildung, Weinheim 1959. Siehe dazu auch: Grammes, Tilmann: Exemplarisches Lernen, in: Sander (Hg.), Handbuch der politischen Bildung, S. 101-102.
8 Hilligen, Zur Didaktik des politischen Unterrichts, S. 105.
9 Giesecke, Hermann: Kleine Didaktik des politischen Unterrichts, Schwalbach/Ts. 1997, 31-36; Sutor, Bernhard: Politische Bildung als Praxis. Grundzüge eines didaktischen Konzepts, Schwalbach/Ts. 1992, S. 35.
10 Schulz-Hageleit, Peter: Erfahrungsunterricht, in: Geschichte in Wissenschaft und Unterricht, 3 (1997), S. 161-168.
11 Reinhardt, Sibylle: Handlungsorientierung, in: Sander (Hg.), Handbuch politische Bildung, S. 146-155; Gudjonus, Herbert: Didaktik zum Anfassen. Lehrer/in-Persönlichkeit und lebendiger Unterricht, 3., durchgesehene Auflage, Bad Heilbrunn/OBB. 2003, S. 103-122.
12 Folgende drei Dimensionen des Politischen werden unterschieden: 1) Die formale Dimension (polity), die Kenntnisse über die Verfassung, Organisationsformen, Institutionen, Verfahrensregeln etc. umfasst; 2) Die inhaltliche Dimension (policy), womit Problemlösungen, Ziele und Aufgaben der Politik, politische Programme und die Konkurrenz der Ideologien etc. gemeint sind; 3) Die prozessuale Dimension (politics), die politische Willensbildung, Formen der politischen Konfliktaustragung und Konsensbildung, Fragen der Mehrheitsbeschaffung, Durchsetzung von Inhalten etc. beinhaltet. Siehe dazu in diesem Band auch den Einführungsbeitrag von Thomas Hellmuth über das „selbstreflexive Ich".
13 Massing, Peter: Arbeitstechniken, in: Kuhn/Massing (Hg.), Lexikon der politischen Bildung 3, Schwalbach/Ts. 2000, S. 6.
14 Siehe dazu u.a.: Frech, Siegried/Kuhn, Hans-Werner/Massing, Peter (Hg.): Methodentraining für den Politikunterricht, Schwalbach/Ts. 2003; Breit, Gotthard/Frech, Siegfried/Eichner, Detlef/Lach, Kurt/Massing, Peter (Hg): Methodentraining für den Politikunterricht II. Arbeitstechniken – Sozialformen – Unterrichtsphase, Schwalbach/Ts. 2006.
15 Detjen, Joachim: Erfahrungsorientierung, in: Kuhn/Massing (Hg.), Lexikon der politischen Bildung 3, S. 33.
16 Grammes, Tilman: Elementarisierung, in: Richter/Weißeno (Hg.). Lexikon der politischen Bildung 1, S. 55. Zur Elementarisierung siehe auch: Duncker, Ludwig: Lernen als Kulturaneignung. Schultheoretische Grundlagen des Elementarunterrichts, Weinheim/Basel 1997.
17 Zöchbauer, Franz/Hagen, Helmut: Gespräch und Rede. Eine moderne Methode für die Praxis in 10 Lektionen, Wien 1974, Lektion 6.
18 Lenzen, Hans-Dieter (Hg.): Enzyklopädie Erziehungswissenschaft, Bd. 3, Stuttgart 1986, S. 601.
19 Habermas, Jürgen: Theorie des kommunikativen Handelns, Bd. 1. Handlungsrationalität und gesellschaftliche Rationalisierung, Frankfurt a. M. 1995 (suhrkamp taschenbuch wissenschaft, 1175), S. 410-411. Ein guter Versuch, die Theorie des kommunikativen Handelns zusammenzufassen, findet sich bei: Retter, Hein: Studienbuch Pädagogische Kommunikation, 2., durchgesehene Auflage, Bad Heilbrunn/OBB 2002, S. 46-74.
20 Kroll, Karin: Rollenspiel, in: Kuhn/Massing (Hg.), Lexikon der politischen Bildung 3, S. 156; Hufer, Klaus-Peter: Argumentationstraining gegen Stammtischparolen. Material und Anleitungen für Bildungsarbeit und Selbstlernen, 3. Auflage, Schwalbach/Ts. 2001, S. 34-35.

21 Mead, George Herbert: Geist, Identität und Gesellschaft, 10. Auflage, Frankfurt a. M. 1995, S. 198.
22 Meads Theorie wird deshalb „Symbolischer Interaktionismus" genannt, weil er zum einen den Zeichen der Sprache, die er als Symbole versteht, eine zentrale Bedeutung bei der Kommunikation beimisst, zum anderen weil die Gesellschaft sich durch den ständigen sozialen Austausch, durch Interaktion also, entwickelt und sich auch die Identität des Individuums sich in diesem Prozess der Interaktion herausbildet. Siehe dazu: Retter, Psychologische Kommunikation, S. 27-28.
23 Goffman, Erving: Wir alle spielen Theater. Die Selbstdarstellung im Alltag, 6. Auflage, München 1997.
24 Hausmann, Thomas: Erklären und Verstehen: Zur Theorie und Pragmatik der Geschichtswissenschaft, Frankfurt a. M. 1991, S. 179-180 (suhrkamp taschenbuch wissenschaft, 918).
25 Grammes, Tilman: Mäeutik, in: Kuhn/Massing (Hg.), Lexikon der politischen Bildung 3, S. 103-104.
26 Gudjonus, Didaktik zum Anfassen, S. 144.
27 Ebenda, S. 143-144.
28 Massing, Peter: Pro-Contra-Debatte, in: Mickel, Wolfgang W. (Hg.): Handbuch zur politischen Bildung. Grundlagen, Methoden, Aktionsformen, Bonn 1999, S. 403-407 (Politik und Bildung, 18); Ders.: Pro-Contra-Debatte, in: Kuhn/Massing (Hg.), Lexikon der politischen Bildung 3, S. 134-137.
29 Siehe dazu den Einführungsbeitrag von Thomas Hellmuth über das „selbstreflexive Ich" in diesem Band.
30 Kuhn, Hans-Werner: Mit Texten lernen: Textquellen und Textanalyse, in: Sander (Hg.), Handbuch der politischen Bildung, S. 515f.
31 Krause, Egon: Interpretieren. Begriff und Anwendung im Deutschunterricht, Frankfurt a. M. 1984, S. 12; Matzkowski, Bernd: Wie interpretiere ich? Grundlagen der Analyse und Interpretation einzelner Textsorten und Gattungen mit Analyseraster, Hollefeld 1997, S. 9 (Bange Lernhilfen); Weißeno, Georg: Textanalyse, in: Kuhn/Massing (Hg.), Lexikon der politischen Bildung 3, S. 191.
32 Weißeno, Textanalyse, S. 191.
33 Ebenda.
34 Kuhn, Mit Texten lernen, S. 513.
35 Gadamer, Hans-Georg: Vom Zirkel des Verstehens, in: Ders.: Kleine Schriften, Bd. IV. Variationen, Tübingen 1977, S. 54-61. Siehe dazu auch: Ders.: Wahrheit und Methode. Grundzüge einer philosophischen Hermeneutik, 4. Auflage, Tübingen 1995.
36 Gadamer, Vom Zirkel des Verstehens, S. 56-57.
37 Zur Kritik an Gadamer siehe: Hausmann, Erklären und Verstehen, S. 148-175.
38 Eco, Umberto: Nachschrift zum „Namen der Rose", 7. Auflage, München 1986, S. 12.
39 Weißeno, Textanalyse, S. 192.
40 Schulz von Thun, Friedemann: Miteinander reden, Bd. 1. Störungen und Klärungen. Allgemeine Psychologie der Kommunikation, Reinbek b. Hamburg 1992.
41 Hier bietet sich etwa die klassische Autoszene an: Frau und Mann sitzen in einem Auto, die Frau lenkt. Wie reagieren die beteiligten Personen? In einer anschließenden Diskussion können zum einen die unterschiedlichen Seiten einer Nachricht diskutiert, zum anderen auch die geschlechtlichen Rollenbilder problematisiert werden, die mit großer Wahrscheinlichkeit deutlich werden. Eine andere Möglichkeit ist, das Nachrichtenquadrat vorzustellen und im Anschluss daran den SchülerInnen Rollenspiele ausarbeiten zu lassen, in denen sie ein oder zwei Seiten der Nachricht hervorheben.
42 Ciupke, Paul: Reisend lernen: Studienreisen und Exkursion, in: Sander (Hg.), Handbuch politische Bildung, S. 586.
43 Weißeno, Georg: Exkursion, in: Kuhn/Massing (Hg.), Lexikon der politischen Bildung 3, S. 38f.
44 Detjen, Joachim: Forschend lernen: Recherche, Interview, Umfrage, Expertenbefragung, in: Sander (Hg.), Handbuch politische Bildung, S. 571; Stork, Christiane: Fragen über Fragen – Interviewen will gelernt sein, in: spuren suchen, 16. Jg. (2002), S. 48f.
45 Massing, Peter: Handlungsorientierter Politikunterricht. Ausgewählte Methoden, Schwalbach/Ts. 1998, S. 55 (Politische Bildung – Kleine Reihe, 21)
46 Reinhardt, Sibylle: Dilemmadiskussion, in: Kuhn/Massing (Hg.), Lexikon der politischen Bildung 3, S. 23. Siehe dazu auch: Sutor, Bernhard: Das Konzept der moralischen Entwicklung in der politischen Bildung – Fragen aus der Sicht der Fachdidaktik, in: Schmitt, Gisela (Hg.): Individuum und

Gesellschaft in der politischen Sozialisation, Tutzing 1980, S. 242-257; Ders.: Politikunterricht und moralische Erziehung. Zum Verhältnis von politischer Bildung und politischer Ethik, in: Aus Politik und Zeitgeschichte, 46 (1989), S. 3-14.

47 Schulz-Hageleit, Peter: Grundzüge geschichtlichen und geschichtsdidaktischen Denkens, in: Frankfurt a. M./Berlin/Bern/Bruxelles/New York/Oxford/Wien 2002, S. 81-82 (Hervorhebungen im Original). Zum Demokratie- und Wertekonsens siehe auch: Lach, Kurt/Massing, Peter: Problematisierungsphase – Urteilsbildung – Metakommunikation, in: Breit u.a. (Hg.), Methodentraining für den Politikunterricht II, S. 229f; Öhl, Friedrich: Wie Demokratie-Politische Bildung unterrichten?, in: Diendorfer, Gertraud/Steininger, Sigrid (Hg.): Demokratie-Bildung in Europa. Herausforderungen für Österreich. Bestandsaufnahme – Praxis – Perspektiven, Schwalbach/Ts. 2006, S. 100.

48 Ebenda, S. 82.

49 http://www.bmbwk.gv.at/medienpool/865/hs1.pdf (Lehrplan der Hauptschule, Allgemeines Bildungsziel) sowie http://www.bmbwk.gv.at/medienpool/11668/lp_ahs_neu_allg.pdf (Lehrplan der AHS-Unterstufe, Allgemeines Bildungsziel), abgerufen am 21. August 2006.

Reinhard Krammer

Weder politisch noch gebildet?
„Geschichte und Politische Bildung" in der Oberstufe der AHS

„Meine Generation hat den Rückfall der Menschheit in die Barbarei erlebt, in buchstäblichem, unbeschreiblichem und wahrem Sinn. Sie ist ein Zustand, in dem alle jene Formungen sich als misslungen erweisen, denen die Schule gilt. Sicherlich ist, solange die Gesellschaft die Barbarei aus sich heraus erzeugt, zum Widerstand dagegen die Schule nur minimal fähig. Ist aber Barbarei, der furchtbare Schatten über unserer Existenz, doch eben der Gegensatz zur Bildung, so hängt Wesentliches auch davon ab, dass die einzelnen Menschen entbarbarisiert werden."
(Theodor W. Adorno, Erziehung zur Mündigkeit)

„Gewiß, man wird uns die politischen Parteien aufgezählt haben, und man wird uns gesagt haben, wie die Männer hießen, deren Köpfe in der Pausenhalle hingen, dass sie Präsidenten waren. Man wird uns gesagt haben, wie viele Mitglieder im Nationalrat sitzen, wie viele im Bundesrat. Wer welche Kompetenzen hat, wann, wo Einspruch erheben darf, wie viele Minister es gibt, wer einen Landtag wählt. Aber was mag das genützt haben, wenn niemand sagte, wohin mit diesem Wissen, in welche Lade des Gehirns, und uns niemand zeigte, was man damit macht. Man hat uns bloß gelernt, es aufzusagen, auch im Schlaf."
(Franzobel, Zum Nußbaumer erzogen. Verästelungen meines Schülerlebens. Ein Verwuchs)

Bestandsaufnahme

Politische Bildung – so Peter Filzmaier auf „science.orf.at" – habe das Ziel, „die Entwicklung von politischen Einstellungen, Meinungen und Werten" und „das Interesse an gesellschaftlichen und politischen Fragestellungen" zu fördern.[1] Einige der Anmerkungen, die Leser dazu im Internet beisteuern, zeigen nicht nur drastisch die Folgen des Fehlens jedweder politischen Bildung dieser Kommentatoren, sondern lassen auch erahnen, welche Vorurteile und Missverständnisse der Etablierung der politischen Bildung in Österreich entgegenstanden und wohl immer noch entgegenstehen: „Eine echte Katastrophe, wenn Kindern und Jugendlichen bereits eine politische Ideologie eingetrichtert wird!" oder „Vor 65 Jahren hieß es Rassenkunde. War zwar ein komplett anderer Inhalt, aber die Funktion ist die gleiche: mache die Masse konform […]."

Eingeführt wurde die politische Bildung an Österreichs Schulen 1978 in Form eines Unterrichtsprinzips, gültig für alle Unterrichtsfächer, das von Anfang an wenig verbindlichen Charakter aufwies. 2001/02 wurde sie schließlich in der Oberstufe und 2008 in der Unterstufe der allgemein bildenden höheren Schulen und den Hauptschulen als Unterrichtsgegenstand implementiert. In den polytechnischen Schulen, den Berufsschulen und unter verschiedenen Bezeichnungen auch an den Höheren technischen Lehranstalten und den berufsbildenden mittleren und höheren Schulen hatte das Fach schon vorher Eingang gefunden. In der fünften und sechsten Klasse der AHS weiter unverändert als „Geschichte und Sozialkunde" geführt, wurde der Unterrichtsgegenstand Geschichte in der siebten und achten Klasse der allgemein bildenden höheren Schulen in „Geschichte und Politische Bildung" umbenannt und der Lehrplan entsprechend modifiziert.

Unbeschadet der Tatsache, dass man diese Maßnahme als Vertrauensbeweis für die GeschichtslehrerInnen begrüßen oder sie als Reduzierung der historischen Bildung durch Kürzung des für die Geschichte zur Verfügung stehenden Zeitbudgets bedauern kann: So selbstverständlich ist die Verehelichung der Geschichte mit der Politik nicht, blickt man etwa auf die Verhältnisse in vielen deutschen Bundesländern (wo Politik ein selbständiges Unterrichtsfach ist, das von PolitologInnen, JuristInnen oder GeographInnen unterrichtet wird, oder in einem größeren Fächerverbund aufgeht). Die Zusammenlegung des historischen mit dem politischen Lernen in einem Fach und die damit zum Ausdruck gebrachte Konzeption eines engen Naheverhältnisses der beiden Disziplinen ist das signifikanteste Element der curricularen Neuerung in der gymnasialen Oberstufe. Die mit dem neuen Unterrichtsfach verbundenen offenen Fragen, die auftretenden Probleme und darüber geführten Diskussionen hängen überwiegend mit dieser intimen Beziehung zusammen.

Als für den Unterricht in der Geschichte problematisch erweist sich vor allem anderen die damit indirekt vorgenommene Kürzung des Zeitbudgets für die Behandlung originär historischer Inhalte, wurde doch die politische Bildung ohne eine Ausweitung der Stundenzahl, die vorher exklusiv der Geschichte zur Verfügung gestanden hatte, in den Unterrichtsgegenstand integriert. Die Befürchtung vieler GeschichtslehrerInnen, die Geschichte werde weiter marginalisiert und auf eine Zubringerfunktion für andere, „wichtigere" Fächer reduziert, erhielt dadurch neue Nahrung. Die Politische Bildung wurde und wird so von vielen LehrerInnen, die den Gegenstand betreuen, weniger als Bereicherung, sondern vielmehr als Konkurrenzierung der Geschichte oder als Verdrängungsversuch empfunden.

Verstärkt werden solche Animositäten auch noch durch den Ausbildungsstand der LehrerInnen: Diejenigen, deren Studium schon länger zurückliegt, wurden auf eine Lehrtätigkeit in der Politischen Bildung naturgemäß gar nicht, jene, die zur Zeit ausgebildet werden, (noch) nicht in jeder Hinsicht zufrieden stellend vorbereitet. Dieser Mangel an Ausbildung schlägt nicht nur auf der Seite der den PädagogInnen zur Verfügung stehenden fachlichen Kenntnisse zu Buche, sondern betrifft vor allem die Didaktik und die angewendeten Methoden. Die Politische Bildung wird nicht selten – so lässt sich vermuten – mit gleichen oder ähnlichen methodischen Mitteln betrieben wie der Geschichtsunterricht. Etwaige dort auftretende Defizite[2] werden so in das neue Fach mitgenommen, die von der Politikdidaktik entwickelten Methoden[3] nur am Rande verwendet.

Dazu kommt die problematische Geschichte des Geschichteunterrichts selbst: Historisch betrachtet lag ihm nämlich lange Zeit nichts ferner als die politische Bildung, die Mündigkeit und die Autonomie seiner Edukanden. Nachdem die Kirche während des 19. Jahrhunderts ihren maßgeblichen Einfluss auf die österreichische Schule verloren hatte und ihrer Aufgabe nicht mehr nachkommen konnte, die – etwas kursorisch formuliert – Loyalität der Staatsbürger gegenüber göttlicher Herrschaft zu sichern und die weltliche Herrschaft zumindest zu stützen, rückte die von Staats wegen organisierte schulische Sozialisation in diese Position ein. Geschichte wurde zu dem Fach, in dem sich – so die damals ebenso verbreitete wie im Grunde problematische Annahme – die Liebe und Loyalität zum Herrscherhaus ebenso wirksam erzeugen lasse wie die Prophylaxe gegenüber revolutionären und „radikalen" Umtrieben. Die im letzten Jahrzehnt des 19. Jahrhunderts eingeführte „Bürgerkunde" wollte eben gerade nicht politische Bildung betreiben, sondern war im Wesentlichen darauf ausgerichtet, die Schüler von der Politik fernzuhalten.[4] Der christliche Ständestaat und erst recht das Dritte Reich instrumentalisierten die Geschichte und das historische Lernen in einem bisher nicht gekannten Ausmaß für ihre Zwecke. Politische Erziehung im Sinne einer Uniformierung des politischen Denkens war nun die vornehmste Aufgabe des historischen Lernens, die Methodik – von Didaktik im engeren Sinne kann gar nicht gesprochen werden – wurde an diesen Kriterien ausgerichtet.

Ziele des historischen und des politischen Lernens

Die Intentionen, die mit dem Geschichtslernen – historisch gesehen – verbunden waren, sind von überaus heterogenem Charakter. Heute ist eine relativ breite Übereinstimmung darüber zu verzeichnen, dass nicht ausschließlich die zu vermittelnden Inhalte, sondern die von den SchülerInnen zu erwerbenden Kompetenzen sowohl durch den Umgang mit der Vergangenheit/Geschichte als auch mit der Politik im Mittelpunkt zu stehen haben.[5]

Ein Politikunterricht, der an der Höherqualifizierung des politischen Bewusstseins ausgerichtet ist und letztlich rationales politisches Verhalten anstrebt, wird versuchen, das Interesse an der Politik zu wecken und die SchülerInnen zu befähigen, politische Sachverhalte, Phänomene und Konflikte selbständig zu analysieren und zu beurteilen. Eine aktive Teilnahme an der Politik ist ebenso das Ziel des politischen Lernens wie die Identifikation mit den Werten der Demokratie und ein Bekenntnis zu den Menschenrechten.[6] „Ziel Politischer Bildung ist die Schaffung eines kritischen Bewusstseins und die Befähigung zu selbständigem Urteil. Beides soll in politisches Engagement einmünden."[7] Beide, das historische wie das politische Lernen, sind letztlich auf bessere Orientierungsfähigkeit in Gegenwart und Zukunft ausgerichtet. Wenn diese Ausrichtung auf die Gegenwart nicht gegeben wäre, würde es schwer fallen, den Nutzen des Geschichtsunterrichts unter Beweis zu stellen.

Der Anspruch erfordert freilich didaktische Konsequenzen: Der kraft seiner Tradition im Unterricht dominierende historische Themenkatalog wird ebenso zur Disposition zu stellen sein wie manch liebgewonnenes, aber überkommenes Ritual. Althergebrachte methodische Instrumente werden ausscheiden müssen: Etwa jene, die sich ausschließlich auf die unterste kognitive Ebene, die des Wissens und Kennens, beziehen oder andere, die geeignet sind, die SchülerInnen in eine rein rezeptive, oft auch passive Haltung zu versetzen. Ohne den kognitiven Bereich gering zu schätzen: Das Wissen um historische Ereignisse, Personen und Sachverhalte rechtfertigt sich heute nicht länger aus sich selbst. Auswahlkriterium wird in Zukunft stärker sein, ob historische Inhalte – neben ihrer gesellschaftspolitischen Relevanz – Optionen für die Aneignung historischer Kompetenzen bieten, wie sie die Geschichtsdidaktik seit einiger Zeit ausformuliert (Grafik 1).[8]

Geschichtsdidaktik und Politikdidaktik: Paradigmen und Leitgedanken

Eine Nähe zwischen historischer und politischer Bildung ergibt sich zunächst aus der Annahme, dass politische Bildung – wenn ohne Berücksichtigung der historischen Dimension erteilt – zur Affirmation des Bestehenden neige und sich auf die Seite der normativen Kraft des Faktischen schlägt. Diese Vermutung ist schon vor geraumer Zeit ausgesprochen worden[10] und obwohl empirisch schwer zu belegen, ist diese Befürchtung nicht unplausibel. Wer das Gewordensein des Gegenwärtigen nicht kennt, wird dazu neigen, die Veränderbarkeit des Bestehenden zu wenig zu sehen.

Allen Versuchen und Vorschlägen, die Ziele des historischen Lernens zu definieren, ist heute eines gemeinsam: Sie nehmen Bezug auf bessere Orientierungsfähigkeit des Edukanden im Hier und Heute. Ob sich die Intentionen am „Geschichtsbewusstsein"[11] orientieren oder ob „reflektiertes und selbstreflexives Geschichtsbewusstsein"[12] das Ziel darstellt, ob es unterschiedlich titulierte Kompetenzen sind, die dafür als unumgänglich betrachtet werden: Immer dient die Fähigkeit zum kompetenten Umgang mit der Vergangenheit und der Geschichte auch und vor allem einer verbesserten Orientierungsfähigkeit in Gegenwart und Zukunft. Die Kompatibilität mit der politischen Bildung, die a priori und primär auf die Aneignung von Kompetenzen ausgerichtet ist, wird dadurch augenscheinlich.

Die Geschichtswissenschaft versteht sich seit den Siebzigerjahren als historische Sozialwissenschaft und zunehmend auch als Kulturwissenschaft. Der Geschichtsunterricht hat sich – freilich nicht überall und nicht immer mit der notwendigen Entschlossenheit – von der fraglosen Gültigkeit der – meistens am chronologischen Prinzip und der politischen Ereignisgeschichte ausgerichteten – Geschichtserzählung abgewandt. Die kritische Haltung zu den Konstruktionsprinzipien solcher Erzählungen fand zunehmend Eingang in den Unterricht wenn schon nicht aller, so doch der engagierten und didaktisch aufgeschlossenen LehrerInnen.

In der politischen Bildung herrscht seit dem Beutelsbacher Konsens[13] Klarheit darüber, wie und mit welchen Mitteln man die politische Bildung vor einer Instrumentalisierung bewahren kann und wie dem Vorwurf zu begegnen ist, sie mache

Historische Fragekompetenzen	Historische Methodenkompetenzen	Historische Orientierungskompetenzen	Historische Sachkompetenzen
K. historische Fragen zu stellen / K. historische Fragestellungen zu erschließen	De-Konstruktionskompetenz / Re-Konstruktionskompetenz	K. das Geschichtsbewusstsein zu reorganisieren (mentale Disposition) / K. zur Reflexion und Erweiterung des Welt- und Fremdverstehens (Alterität) / K. zur Reflexion und Erweiterung des Selbstverstehens (Identität) / K. zur Reflexion und Erweiterung der Handlungsdisposition (Praxis)	Strukturierungskompetenz / Begriffskompetenz

Grafik 1: Historische Kompetenzen[9]

Erläuterungen zu Grafik 1:
Die *Fragekompetenz* ermöglicht es jungen Menschen, aus der Vergangenheit Informationen in Form von Geschichte zu erhalten. Nur wer versteht, dass Geschichte immer die Antwort auf Fragen an die Vergangenheit ist, kennt den Unterschied zwischen Vergangenheit und Geschichte. Das Fragen verbindet die Zeitdimensionen „Gegenwart" und „Vergangenheit".

Methodische Kompetenzen werden benötigt, um einen kritischen und autonomen Umgang mit der Vergangenheit einerseits und den Erzeugnissen der Geschichtskultur andererseits zu ermöglichen. Der Qualitätsstandard des reflektierten und (selbst-)reflexiven Umgangs mit Geschichte ist fachimmanent begründet, die von den Schülern zu erlernenden zentralen Kompetenzen sind *fachspezifische*. Im Zentrum muss deshalb die Kompetenz stehen, die Basisoperationen des Re- und De-Konstruierens zu vollziehen.

De-Konstruktions-Kompetenz umfasst die analytische Fähigkeit, „fertige Geschichten" nach den ihnen innewohnenden Perspektiven, nach den die Darstellung beeinflussenden Rahmenbedingungen und Intentionen sowie nach den gewählten Erklärungs- und Sinnbildungsmodellen zu befragen. Es geht dabei um Aneignung eines kritischen Instrumentariums, das die Dekonstruktion historischer Narrationen ermöglicht: die im Spielfilm und historischen Roman ebenso wie in der Fernsehdokumentation oder im Schulbuch.

Re-Konstruktionskompetenz ermöglicht, selbst aus vorhandenen Quellen die Vergangenheit zu rekonstruieren (etwa in einem oral-history-Projekt). Eigenes Rekonstruieren kann die Schülerinnen in die Probleme des Historikers vermutlich besser einführen und eine kritische Grundhaltung zu den Ergebnissen der Geschichtsproduktion verlässlicher herstellen als eine ausführliche Einführung in die Quellenkritik. Insofern bedingen sich die Fähigkeit zur Re-Konstruktion und zur De-Konstruktion gegenseitig.

Die *Sachkompetenz*, die jeder Mensch braucht, um neue historische Informationen richtig einzuordnen und die neben festen Wissensbeständen auch die Methoden des rationellen Erwerbs notwendiger neuer Kenntnisse mit einschließt. Fachspezifische Methoden sind immer mit Sachwissen zusammen zu denken das situativ, exemplarisch und unter Kenntnis und mit Hilfe der fachspezifischen Methoden angeeignet und – wo immer möglich – auf Transferierbarkeit ausgelegt wird.

Die *Orientierungskompetenz*, die es möglich macht, historisches Wissen und die durch historisches Lernen erworbenen Kompetenzen zum besseren Verstehen von Gegenwartsphänomenen und aktuellen Problemen zu nutzen, sie also als Basis für die politische Bildung zu nutzen. Geschichtsbewusstsein ist notwendig an die Gegenwart angebunden, bezieht die Realität des Lebens ein und trägt ihren Teil dazu bei, dass die SchülerInnen die sie umgebende Welt besser verstehen lernen und bei Problemen stets deren historische Dimension mit bedenken.

sich der politisch parteilichen Einflussnahme schuldig. Haben die im Beutelsbacher Konsens festgehaltenen Grundsätze auch Relevanz für die historische Bildung? Das zentrale Kriterium des Konsenses, das „Überwältigungsverbot"[14], wird im historischen Unterricht (in modifizierter Form) zu übernehmen sein, wenn verhindert werden soll, dass historisches Lernen in den Dienst genommen wird, um ganz bestimmte, gesellschaftlich wie individuell erwünschte Resultate zu zeitigen. Wo Vergangenheit rekonstruiert wird, ist die Gegenwart im Spiel. Es sind immer gegenwärtige Fragen, die das Interesse an der Vergangenheit bestimmen. Von Geschichtserzählungen „überwältigt" zu werden, d.h. die oft lückenhafte und fragwürdige Rekonstruktion der Vergangenheit mit der Vergangenheit selbst gleichzusetzen, in dieser Situation befinden sich SchülerInnen im Geschichtsunterricht nicht selten.

Nun wird man – ganz zu Recht – einwenden, dass es nahezu unmöglich sei, bei jedem historischen Ereignis oder Sachverhalt die Palette der wissenschaftlichen Lehrmeinungen und die unterschiedlich akzentuierten Forschungsergebnisse zu überblicken und aufzuzeigen. Die Antwort kann nur lauten: Die Forschungspositionen der Geschichtswissenschaft in jedem Einzelfall zu überblicken, kann nicht das Ziel des Geschichtsunterrichts sein, es genügt – und das ist anspruchsvoll genug – die Kompetenz der SchülerInnen zu fördern, fertige Geschichtserzählungen (wenn auch oft nur ansatzweise) dekonstruieren zu können, also eine Kompetenz zu vermitteln, die als Option zur Verfügung steht und eine entsprechende Wachsamkeit gegenüber dem Konstruktionscharakter von Geschichte sicherstellt. Denn wenn SchülerInnen an Beispielen gelernt haben, die einer Erzählung zugrunde liegenden Intentionen und die damit verfolgten Orientierungsabsichten analytisch zu erfassen und die Konstruktionsweise der Erzählung dazu in Beziehung zu setzen, werden sie den Überwältigungsversuchen so mancher Geschichtsdarstellung (etwa von TV-Dokumentationen, Spielfilmen, Geschichtslehrbüchern, LehrerInnenvorträgen etc.) nicht ohnmächtig gegenüberstehen.

Der zweite, ebenfalls in Beutelsbach formulierte Grundsatz politischer Bildung, das „Kontroversitätsgebot", zeigt gleichsam eine Möglichkeit auf, wie die „Überwältigung" der SchülerInnen von vornherein zu vermeiden ist: durch die Berücksichtigung der maßgeblichen Standpunkte innerhalb der Gesellschaft in politischen Kontroversen auch im Unterricht.[15] Die Korrespondenz mit dem historischen Lernen drängt sich förmlich auf: Spätestens seit Beginn der Siebzigerjahre hat sich der Grundsatz der „Multiperspektivität" in der Geschichtsdidaktik – zeitverzögert auch im Geschichtsunterricht – durchgesetzt. Sowohl was die Auswahl der Quellen wie auch die erzählten Geschichten betrifft, hat der Geschichtsunterricht jene Vielfalt der Auffassungen, Standpunkte und Urteile, wie sie im gesellschaftlichen Diskurs aufscheinen, widerzuspiegeln. SchülerInnen, die Geschichte als das jeweils fraglos Richtige und Feststehende kennen gelernt haben, wird es – so darf angenommen werden – schwer fallen, die kontroversen politischen Positionen in der Gegenwart abzuwägen, kritisch zu überprüfen und selbst begründete Standpunkte dazu einzunehmen.

Der Bezug des dritten Beutelsbacher Grundsatzes, dass nämlich die SchülerInnen in den Stand versetzt werden sollten, die vorgefundene politische Lage im

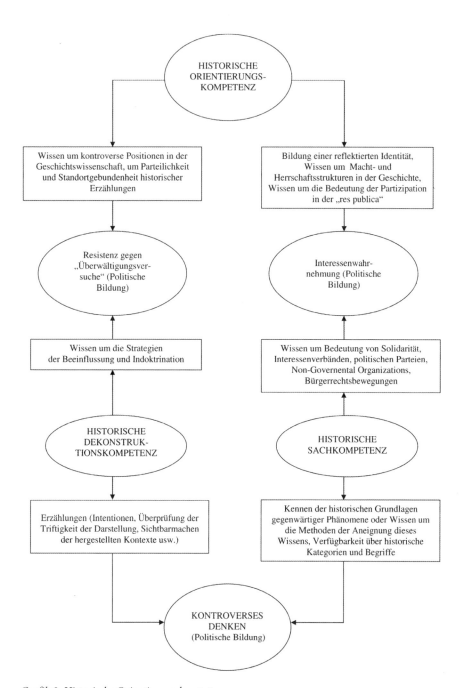

Grafik 2: Historische Orientierungskompetenz

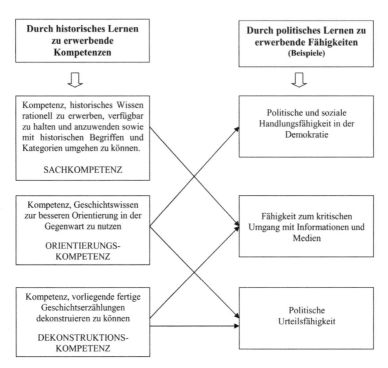

Grafik 3: Das Zusammenwirken wichtiger Kompetenzen, die durch historisches und politisches Lernen erworben werden.

Sinne ihrer Interessen zu beeinflussen,[16] ergibt sich auf indirektem Wege: Wenn Jugendliche die Durchsetzung des eigenen „Interesses" nicht mit einem „Catch as catch can" in der Demokratie verwechseln sollen, der keine Solidarität und kein Verantwortungsbewusstsein gegenüber Minderheiten und sozial Schwachen (um Beispiele zu nennen) kennt, dann wird eine Kompetenz unverzichtbar sein, die durch historisches Lernen erworben wird: die Orientierungskompetenz, die SchülerInnen am Beispiel von Geschehnissen aus der Vergangenheit ahnen lässt, welche Wirkmächtigkeit etwa solidarisches/unsolidarisches Verhalten entfaltet hat und welche Strategien zur Lösung eines Konfliktes erfolgreich und welches Verhalten konfliktverschärfend gewesen ist. Die realistisch erscheinende Harmonisierung der Intentionen der politischen Bildung mit denen des Unterrichts in der Geschichte – so die hier vertretene Hypothese – sollte zu einer weiteren Profilierung des historischen Lernens führen und nicht zu einem Verlust an Identität und fachlicher Integrität.

Historische und politische Bildung –
Synergie und Differenz

„Geschichte und Politische Bildung setzt sich mit politischen Fragestellungen der Gegenwart auseinander, die zur Entscheidung anstehen, auf die Einfluss genommen werden kann und die Konsequenzen für die Zukunft haben. Themen der Politischen Bildung haben meist eine historische Dimension, daher soll der Geschichtsunterricht insbesondere in der 7. und 8. Klasse zum Verständnis der Gegenwart beitragen."[17]

Der Lehrplan macht die Logik der Verknüpfung zwischen Geschichtsunterricht und politischer Bildung deutlich: Die Vergangenheit in ihrer rekonstruierten Form – also die Geschichte – zu kennen, stellt eine wesentliche Voraussetzung dar für das Verständnis sowohl des Gewordenseins als auch der Veränderbarkeit des Bestehenden und trägt dadurch bei zu einer besseren Orientierung in der Gegenwart. Aktuelle politische Konflikte zu verstehen und zu ihrer Lösung beitragen zu können, setzt die Kenntnis der historischen Dimension in der Regel voraus.

Die Beschäftigung mit der jüngeren Vergangenheit und Geschichte ist aber per se noch keine politische Bildung. Eine Auffassung, die Kenntnisse der (Zeit-)Geschichte mit politischer Bildung gleichsetzt, ist zwar unter Geschichtslehrern verbreitet, sie geht aber an der Tatsache vorbei, dass Geschichte explizit politische Fragen wie die nach Alternativen zu gegenwärtigen Zuständen und Fragen der Gestaltung zukünftiger Verhältnisse nicht oder kaum beantworten wird können. Geschichtslernen und politisches Lernen überschneiden sich zwar, aber sie überschneiden sich nur teilweise. Geschichte kann politische Bildung nicht ersetzen, aber sie kann sie sinnvoll ergänzen.[18] So wie die Politikwissenschaft spezifische wissenschaftliche Methoden und Fragestellungen entwickelt hat, verfügt die Didaktik der politischen Bildung über signifikante Zielvorstellungen für politisches Lernen, die sich von jenen des historischen Lernens unterscheiden.

Das Ziel politischer Bildung, eigene begründete Standpunkte zu Fragen und Problemen der Gegenwart zu entwickeln und ein kritisches Nachdenken über mögliche Konfliktlösungsstrategien zu ermöglichen, wird durch den zeitlich früher einsetzenden Geschichtsunterricht insofern befördert, als er es SchülerInnen ermöglicht, aus eigener Kraft und mit eigenen Mitteln begründete Positionen und Haltungen zu historischen Problemen, Konflikten und Sachverhalten zu entwickeln. Von dieser prinzipiell kritischen Haltung zu allen Formen rekonstruierter Vergangenheit kann der Transfer erwartet werden: Es ist schwer denkbar, dass Jugendliche, die über reflektiertes Geschichtsbewusstsein verfügen, gegenüber politischer Information Reflexionsfähigkeit vermissen lassen. Jugendliche pflegen Urteile über die in der Geschichte Handelnden nach bestimmten Kategorien zu fällen, und dieselben Kategorien sind es zumeist, die ihre Position gegenüber Ideologien, politischen Bewegungen und Parteien in der Geschichte bestimmen.[19]

Zunächst spielt wohl die vermutete Relevanz für das eigene Leben die wichtigste Rolle: Ist das, was ich aus der Vergangenheit zur Kenntnis nehme, für mich auch wichtig? Hat das historische Geschehen, so wie es abgelaufen ist, Auswirkungen auf mein Leben? Geschichte wird anfangs aufgrund (abstrakter) moralischer Werte beurteilt:[20] Ist das Ergebnis eines historischen Ereignisses nach meinen Wertmaßstäben schlecht oder gut? Ideologische Dispositionen, d.h. die Frage, ob eine historische Entscheidung meinem Weltbild entspricht, prägen die Rezeption ebenso wie (seltener) die Sympathie oder die Antipathie gegenüber historischen Persönlichkeiten, deren Handlungen entsprechend positiv oder negativ konnotiert werden.

Jede neue Information über Vergangenes wird vom Individuum zunächst nach diesen Kriterien erfasst und in einen spezifischen und individuellen historischen Kontext eingeordnet. Aufgabe des Geschichts- wie des Politikunterrichtes ist es, die vorhandenen Kategorien der Beurteilung ins Bewusstsein zu heben und sie vorsichtig zu erweitern, also zusätzliche und besser reflektierte Urteilskategorien zu schaffen. Solche Kategorien sind häufig mit Emotionen verbunden, die zwar nicht ausgeblendet, aber bewusst und der Reflexion zugänglich gemacht werden können. Von (reflektiertem) Geschichts- bzw. Politikbewusstsein wird dann zu sprechen sein, wenn die Urteile Rationalität aufweisen, wenn sie begründet sind und sich im Dialog erörtern lassen. Es werden auch nicht bestimmte oder „richtige" Urteile anzustreben sein, sondern unterschiedliche, aber begründete Urteile.

Dass es vordringliches Ziel politischer Bildung sei, die SchülerInnen zur Urteilsbildung zu befähigen, darüber herrscht Konsens. Keine Übereinstimmung gibt es hingegen, wenn es um die „Art" der Urteilsbildung geht, insbesondere bei der Beantwortung der Frage, ob sie nämlich moralischer oder politischer Dimension sei.[21] Die Geschichtswissenschaft kann Vergangenes nicht auf der Basis von moralischen Urteilen, die in der Gegenwart verhaftet sind, beurteilen. SchülerInnen, die vorschnell eigene Moralvorstellungen ihren Urteilen zugrunde legen, werden durch historisches Lernen angehalten, Fähigkeit zur Empathie zu entwickeln und die Untauglichkeit der gegenwärtigen und/oder kulturspezifischen Moralkodizes als Maßstab für die Beurteilung historisch Handelnder zu verwenden. Oberflächliches Moralisieren sollte innerhalb der politischen Bildung ausgeschlossen sein. Erlerntes historisch gedachtes Einfühlen und Verstehen ist auch für die Urteile im Politikbereich unerlässlich und wird durch das Geschichtslernen befördert. Moralische Werte spielen dabei aber stets eine Rolle. Wenn sich der politische Unterricht an den Grundsatz hält, Werte nicht in indoktrinierender Weise zu vermitteln, sondern SchülerInnen zu befähigen, sich diese in reflexiven Prozessen anzueignen und zu verwenden, so stellt das kein ernsthaftes Problem dar.[22]

Dass die Geschichtsdidaktik ein reflektiertes und selbstreflexives Geschichtsbewusstsein als Ziel so sehr in den Mittelpunkt stellt, mag auch mit ihrer – oben erwähnten – eigenen Vergangenheit zu tun haben. Die Verpflichtung auf vorformulierte politische Grundhaltungen – ob diese nun wie im Falle Österreichs als Bekenntnis zum Herrscherhaus, zur Vielvölkermonarchie, zum christlichen Ständestaat oder zum Dritten Reich daherzukommen pflegte – begleitete die Geschichte des Geschichtsunterrichts.[23] Stets war historische Unterweisung solch (wechselnden) sozialpolitischen Ordnungsvorstellungen nachgeordnet, ja sie verdankt ihre Institutionalisierung und relative Unangefochtenheit über nahezu zwei Jahrhunderte vor allem der Tatsache, dass die jeweils politisch Herrschenden sie als probates Instrument zur Umsetzung ihrer im Voraus definierten Ziele zu benutzen trachteten. Insofern war Geschichtsunterricht lange Zeit von seinem Selbstverständnis her und in seiner Funktion zur Anpassung der Jugend an die bestehenden Verhältnisse „politische Bildung" oder besser: politische Erziehung.[24]

Dem möglichen Einwand, dass auch der demokratische Rechtsstaat der Gegenwart Geschichte als Instrument zur Durchsetzung der erwünschten politischen Grundhaltung seiner Staatsbürger benutzt, sollte offensiv zu begegnen sein: Das Bekenntnis zu den Grundsätzen einer demokratischen Gesellschaftsordnung ist das offen auszusprechende Ziel jeder Bildung, so der geschichtlichen und auch der politischen. Diese Intention beruht auf einem gesellschaftlichen Konsens, eröffnet dem Individuum „innerhalb des Verfassungsbogens" ein breites Spektrum von Positionen[25] und schließt jede darüber hinausreichende Verpflichtung auf eine bestimmte (politische) Haltung dezidiert aus. War lange Zeit „Herrschaftslegitimation" die eigentliche Intention der schulischen Sozialisation, so heißt heute das Ziel „Mündigkeit" im Sinne des „selbstreflexiven Ich".[26] „Demokratische politische Bildung wechselt nicht einfach die Etiketten für die Indoktrination aus, sie ist vielmehr ein Gegenmodell zur Indoktrination, weil sie von der Leitidee der Mündigkeit der Lernenden ausgeht."[27]

Demokratische Bildung setzt – wie oben angesprochen – sowohl im politischen wie im historischen Unterricht voraus, dass mit den Informationen und Analysen nicht auch die Urteile, Haltungen und Ansichten der Lehrenden verbindlich mitgeliefert werden. In der Praxis des Geschichtsunterrichts erweist sich das alles andere als einfach: Bei der Thematisierung von nationalsozialistischer Herrschaft im Geschichtsunterricht ebenso wie bei der Behandlung der Teilhabe der ÖsterreicherInnen an den Verbrechen des Dritten Reiches, bei der Vermittlung der Geschichte der Sowjetunion ebenso wie bei der Analyse der chinesischen Kulturrevolution – jede/r LehrerIn hat dazu eine mehr oder weniger differenzierte und individuelle Meinung. Es ist aber nichts erreicht, wenn SchülerInnen das „Richtige" (oder das „Falsche") „glauben", gedient ist einer demokratisch verfassten Gesellschaft nur mit der Urteilsfähigkeit und der (politischen) Mündigkeit der jungen Generationen. Die Vorstellung von politischer und historischer Bildung als Mittel der gesellschaftlichen Krisenintervention geht aus verschiedenen Gründen fehl: Zum einen ist ein aufschiebender Faktor der Wirksamkeit politischer Bildung in die Überlegungen einzubeziehen, andererseits kann sie nur *ein* Faktor politischer Sozialisation Jugendlicher – und nicht immer der ausschlaggebende – sein.

Die Geschichtsdidaktik hat versucht, die spezifischen Strukturen und Intentionen der historischen Bildung zu benennen.[28] Jene Kategorien historischen Denkens, die Synergien mit den Kategorien der politischen Bildung aufweisen oder aufzuweisen versprechen, werden in Zukunft stärker Berücksichtigung finden oder finden müssen. Die wichtigsten Kategorien, die sich für historisches und politisches Lernen gleichermaßen konstitutiv darstellen, sind etwa:

a) *Gegenwartsbezug:*[29] Geschichte ist die Antwort auf die Fragen, die die Gegenwart an die Vergangenheit stellt. Der Begriff des „Gegenwartsbezuges" wird allerdings im Sinne Klaus Bergmanns präziser zu verwenden sein.[30] Einerseits ist er zu verstehen als Gesichtspunkt bei der Suche nach den Ursachen des Gegenwärtigen (historische Entwicklungen als Ursache gegenwärtiger oder zukünftiger Probleme), andererseits als Vergleich historischer Sachverhalte, Wertvorstellungen und Problemlösungsverfahren mit solchen der Gegenwart (zeitliche Alteritäten, Gebundenheit des menschlichen Verhaltens an den Erkenntnisstand, „Fortschritt", Beharren, Rückschritt). Kompetenzen im Umgang mit der Geschichte bilden dabei jeweils die Matrix für ein tieferes Verständnis gegenwärtiger Probleme und Konflikte.

b) *Identität (Identifikation)*: Die Kenntnis und die Orientierungsfähigkeit in der Geschichte schaffe oder verstärke individuelle und kollektive Identität: Diese Annahme mit Tradition ist heute in einem Unterricht, der reflektiertes Geschichtsbewusstsein direkt oder indirekt zum Ziel hat, so nicht unproblematisch.[31] Historisch-politische Bildung heißt auch: Bewusstmachen archaischer Formen von individueller Selbst-Verortung, wie sie durch dumpfe Antipathien, unüberlegte Zustimmung, chauvinistische Wir-Konzepte und Definition der „Anderen" zum Ausdruck gebracht wird. Geschichtliche und politische Erfahrungen sollten solche unreflektierten Loyalitäten und Distanzierungen erst bewusst und kommunizierbar machen; Identitäten werden ins Bewusstsein gehoben und der Überprüfbarkeit zugänglich gemacht. Wenn es um Identität geht, dann geht es darum, „das eigene Selbst durch die Orientierung mit Hilfe der Vergangenheit tiefer zu verstehen, indem das Gewordensein und die kulturelle Geprägtheit von Mensch und Welt einbezogen werden".[32]

c) *Gewordenheit des Gegenwärtigen*: Kinder und Jugendliche neigen dazu, die Gegenwart als absolut, das Bestehende als das einzig Mögliche und Denkbare zu sehen. Das Sichtbarmachen des Gewordenseins des Bestehenden verweist darauf, dass heutige Institutionen, Mentalitäten, Zustände und Verhaltensweisen in Entwicklungsprozesse unterschiedlichster Dauer und Geschwindigkeit eingebettet sind. Das Bestehende kann so als Resultat des Wollens unterschiedlich legitimierter Machtträger begriffen werden. Die Verflüssigung des Selbstverständlichen ist durch die Erfahrung der zeitlichen Dimension des Wandels möglich.

d) *Veränderbarkeit des Bestehenden:* Ein Resultat historischer Erkenntnis ist die Einsicht in die prinzipielle Veränderbarkeit des Bestehenden durch menschliches Tun. Diese Einsicht stellt die Grundvoraussetzung dar für die Bereitschaft zur politischen Partizipation.

Die Beschäftigung mit der (Zeit-)Geschichte kann heute kein Selbstzweck sein, sie erzeugt historisches und politisches Urteilsvermögen und ein Geschichtsbewusstsein, das – je nach Qualität der erworbenen Kompetenzen – als mehr oder weniger reflektiert anzusehen ist.[33]

Politische Bildung ohne Politik?

Eine Auffassung von politischer Bildung, die „notwendige demokratische Handlungskompetenz" der Schüler als Resultat einfordert, legitimiert didaktisch-methodisches Agieren dann, wenn es diesem gelingt, „Interesse an Politik und politischer Beteiligung" zu wecken. Das ist aber jener Punkt, dessen Realisierung an den österreichischen Schulen mit gutem Grund in Zweifel gezogen werden muss. „(Fast) jeder von uns identifiziert sich mit der Verfassung und ihren Baugesetzen, wenn aber beispielsweise Schülerinnen diese auswendig lernen müssen, sind sie weder politisch noch gebildet – und werden bestenfalls zu Fachidioten."[34] Ein Blick in die vorliegenden Lehrbücher zeigt die Nähe zu den althergebrachten Prinzipien einer Staatsbürgerkunde, die sich wesentlich als Institutionenkunde begreift. Diese Sinngebung der politischen „Erziehung", die die Zeit der beginnenden Demokratisierung vor etwa hundert Jahren kennzeichnete, könnte etwas überspitzt so charakterisiert werden: Die Entscheidungen der Wähler sollten durch entsprechende pädagogische Maßnahmen berechenbar bleiben, die grundlegende Ordnung durch die demokratisch legitimierte Partizipation nicht angetastet werden. Da die Bereitschaft zur politischen Aktivität höchstens sekundäres Anliegen solcher „staatsbürgerlicher" Erziehung ist, steht auch das Wecken von Interesse an Politik und an der Beteiligung an politischen Prozessen nicht im Zentrum ihrer Intention. Institutionenkunde und Rechtslehre, die Säulen affirmativ ausgerichteter staatsbürgerlicher Erziehung, sind nun einmal nicht gerade die Teilgebiete politischer Bildung, für die die Jugendlichen nachhaltiges Interesse entwickeln werden und die sie zur Teilnahme am politischen Leben bewegen können.[35] Nichts desto weniger sind es genau diese Themen, die das tragende Gerüst der politischen Bildung darstellen, orientiert man sich an den Lehrbüchern. Geht diese inhaltliche Schwerpunktverlagerung einer mit einer Fokussierung auf reproduzierbare Kenntnisse der politischen „Fakten" unter Vernachlässigung der verschiedenen Perspektiven, so stellt sich die politische Bildung selbst in Frage. Diese Entpolitisierung der politischen Bildung wird noch verstärkt durch eine Tendenz, jedes soziale und kulturelle Lernen mit politischer Bildung gleichzusetzen, auch dann, wenn gar keine Bezüge zu den gesellschaftlichen Vorgängen hergestellt werden. „Alltäglicher Politikunterricht scheint also häufig aus einer eigenartigen Gemengelage von lebensweltlichen Themen einerseits und abstrakter Institutionenkunde andererseits zu bestehen."[36]

Im Gegensatz dazu sollte sich Bildung mit der Intention verbinden, „Mündigkeit umfassend vor den irrationalen Ausformungen von Herrschaft zu bewahren und sie diesen gegenüber geltend zu machen. Sie zielt darauf, dass Menschen sich nicht blind in die vorhandenen Existenzverhältnisse einfügen, sondern an deren vernünftiger Einrichtung und vernunftmäßiger Umgestaltung sich beteiligen können."[37] Ein Unterricht in politischer Bildung gerät zu solchen Grundsätzen nachhaltig in Gegensatz, wenn er mit explizit erzieherischer Absicht erteilt wird, also konkret definierte Verhaltensweisen und Einstellungen der SchülerInnen die Grundlage für die didaktisch-methodischen Maßnahmen darstellen. Geben LehrerInnen als überzeugte Tierschützer und/oder Kernkraftgegner, als Kämpfer gegen jede Benachteiligung auf Grund des Geschlechts und/oder Sympathisanten von Greenpeace unseren SchülerInnen und auch StudentInnen wirklich die Chance, ihre Standpunkte frei und ohne ungebührliche Lenkung einzunehmen? Es genügt hier schon ein selbstreflexiver Gestus, um das Problem wahrzunehmen. Mündigkeit der SchülerInnen zu errrichen, wird dann ein schwieriges Unterfangen, wenn LehrerInnen überwiegend belehrend und unter Vermeidung der aneignenden Unterrichtsformen agieren und zudem ein politisch-pädagogisches Autoritätsgefälle aufrecht erhalten wird. Unterricht entspricht wohl immer noch zu häufig einer landläufigen Anschauung von Lernen, die vor allem die Quantität des zu Erlernenden im Auge hat: Je mehr an Wissen sich Schülerinnen genötigt sehen anzueignen, desto besser wird die Qualität des Unterrichts eingeschätzt. Fragen nach dem Ablaufdatum des akkumulierten Wissens, nach der Motivation, davon Gebrauch zu machen, werden gleich gar nicht gestellt.

Lernen wird allzu oft noch als ein Vorgang gesehen, der dadurch gekennzeichnet ist, dass ein Wissender sein Wissen den Unwissenden mitteilt. Das Privileg ist: Der Lehrende kann vermöge seiner Überlegenheit alle Lernprozesse beliebig steuern und beeinflussen. Fragen nach den mittransportierten Werturteilen kommen ebenso wenig ins Blickfeld wie jene der SchülerInnen als lernende Subjekte, die letztlich darüber entscheiden, welche Lernangebote angenommen werden und welche nicht.[38] Auch wenn einzuräumen ist, dass politische Bildung nicht gänzlich ohne die Elemente der Belehrung und der Instruktion auskommen und sie auch keine völlige Enthaltsamkeit bei der Vermittlung von Werten und Überzeugungen üben wird, tendenziöse Auswahl der Themen und absolut gesetzte Maßstäbe sollten dennoch mit ihren Prinzipien unvereinbar sein.

Die Qualifikation der Lehrenden

Die Lehrerinnen des Unterrichtsfaches Geschichte und politische Bildung sollten die Fähigkeit aufweisen, mit ihrem ausreichend zur Verfügung stehenden Fachwissen konstruktiv und kritisch umzugehen. Sie sollten zudem jene Kompetenzen erworben haben, die ihnen eine didaktisch und methodisch überlegte Planung und Steuerung der von ihnen verantworteten Lehr- und Lernprozesse ermöglichen. Dazu gehört unter anderem ausreichende soziale und kommunikative Kompetenz.

Realistisch betrachtet, hat ein Qualitätszuwachs der Lehre im politischen Unterricht eine längere Vorlaufzeit. Die meisten LehrerInnen des Unterrichtsfaches Geschichte haben ihr Studium schon vor längerer Zeit abgeschlossen, ohne mit der Didaktik der politischen Bildung in intensiven Kontakt getreten zu sein. Der Weg der verstärkten LehrerInnenfortbildung ist so einfach nicht zu beschreiben, einige Probleme sind offensichtlich: So wird die Weiterbildung insgesamt – es sei denn, sie wird verpflichtend vorgeschrieben – nur eine Minderheit der LehrerInnen erreichen können. Die qualifizierte personelle Ausstattung der Lehre in solchen Veranstaltungen ist zudem nicht einfach zu bewerkstelligen: In Österreich gibt es nur wenige Geschichtsdidaktiker, ganz zu schweigen vom fast völligen Fehlen der Politikdidaktik und ihrer Exponenten. So wurde ein eigener Lehrstuhl für Politikdidaktik erst 2008 in Wien eingerichtet. Eine flächendeckende Fortbildung ist daher schwer realisierbar. Der Universitätslehrgang „Politische Bildung", eine Kooperation der Donauuniversität Krems und der Universität Klagenfurt, leistet hier nicht hoch genug einzuschätzende Pionierarbeit. LehrerInnen können auch den – unter anderem von PolitikerInnen frequentierten – Universitätslehrgang zur Politischen Bildung im Weiterbildungszentrum Schloss Hofen, der von der Universität Salzburg eingerichtet wurde, besuchen.

Politische Bildung ist in den Studienplänen der Universitäten zwar durchwegs implementiert und wird in der geplanten, weil durch die Angleichung der europäischen Studiengänge notwendig gewordenen Studienplanreform (etwa die Umstellung der Lehramtsstudien auf das Baccalaureats- und Mastersystem) in absehbarer Zeit wohl noch besser curricular verankert werden. Zu einer merkbar höheren Qualifikation der LehrerInnen in der politischen Bildung wird aber noch einiges notwendig sein, was derzeit im universitären Bereich noch schwer erreichbar scheint: Aufwertung der Fachdidaktiken (Dienstposten, Lehrstühle), Intensivierung der Kooperation der Institutionen, die die GeschichtslehrerInnen ausbilden mit den Instituten/Fachbereichen für Politische Wissenschaften und Einrichtung von didaktischen Zentren für Geschichte/Politik (wobei die Ausweitung des auf die „Pisa-Fächer" fixierten Blickes auf andere, nicht weniger wichtige Unterrichtsfächer die Voraussetzung ist).

Die Anforderungen an eine/n LehrerIn der politischen Bildung wird auch in Zukunft keine geringe sein: Politisch, sozial und kulturell interessiert, informiert und engagiert sollte er/sie sein und im Besitz eines denkbar weiten Politikbegriffs, der keine Einengung auf „staatsbürgerkundliche" Aspekte verträgt. Die Jugendlichen auf die Schablone „Wähler" zu reduzieren oder gar vorformulierte politische Haltungen, Einstellungen und Handlungsdispositionen herstellen oder befördern zu wollen, sollte ihm/ihr ebenso fern liegen wie die Beschränkung des Gesichtskreises auf lokale und regionale Politik. Vor allem aber sollte er/sie die Quadratur des Kreises bewältigen: die globale Perspektive des Politischen zu wahren, ohne dabei die Ebene der möglichen politischen Partizipation vor Ort außer Acht zu lassen. Die vordringlichst zu lösenden Probleme sind heute von globaler Dimension, die Felder politischer Partizipation zumeist aber auf die engere Lebenswelt des Individuums eingeschränkt: ein Problem, mit dem politische Bildung prinzipiell umzugehen lernen muss.[39]

Anmerkungen

1 http://science.orf.at/science/filzmaier/73825, 15. September 2006.
2 Dazu zählen etwa die dominierenden LehrerInnenvorträge verbunden mit zu großer Passivität der SchülerInnen, die Fokussierung auf überprüfbares Wissen, der Mangel an SchülerInnenartikulation und Diskurs etc.
3 Frech, Siegried/Kuhn, Hans-Werner/Massing, Peter (Hg.): Methodentraining für den Politikunterricht, Bd. I, Schwalbach/Ts. 2003; Breit, Gotthard/Frech, Siegfried/Eichner, Detlef/Lach, Kurt/Massing, Peter (Hg): Methodentraining für den Politikunterricht, Bd. II. Arbeitstechniken und Sozialformen, Schwalbach/Ts. 2006.
4 Wolf, Andrea: Zur Geschichte der politischen Bildung an Österreichs Schulen, in: Dies. (Hg.): Der lange Anfang. 20 Jahre Politische Bildung in den Schulen, Wien 1998. S. 13-16.
5 Vgl. etwa: Schreiber, Waltraud: Förderung der historischen Kompetenzen der Schüler als Operationalisierung des Qualitätsstandards „Entwicklung und Förderung des reflektierten und (selbst-) reflexiven Umgangs mit Geschichte", in: Zeitschrift für Geschichtsdidaktik, Jahresband 2003. In leicht zugänglichen „grundlegenden Empfehlungen" einer Arbeitsgruppe zur Reform der LehrerInnenbildung in Rheinland-Pfalz werden Kompetenzen genannt und eingefordert, über die, nach Ansicht der renommierten Autoren, die GeschichtslehrerInnen selbst heute verfügen sollten, bevor

daran zu denken ist, sie den SchülerInnen zu übermitteln. Folgende Kompetenzen werden genannt: Methodenkompetenz, Interpretationskompetenz, Forschungskompetenz, Darstellungskompetenz, Gattungskompetenz, Curriculare Kompetenz, Planungskompetenz, Diagnosekompetenz, geschichtsdidaktische Kompetenz. (http_ www.mmwfk.rlp.de/Lehrerbildung/Reform_der_Lehrerbildung/CS_Geschichte.pdf)

6 Massing, Peter/Weißeno, Georg: Politik als Kern der politischen Bildung. Wege zur Überwindung unpolitischen Politikunterrichts, Opladen 1995, S. 75.
7 Drechsler, Hanno (Hg.): Gesellschaft und Staat. Lexikon der Politik, 5. Auflage, Baden-Baden 1979.
8 Schreiber, Waltraud/Körber, Andreas/Borries, Bodo von/Krammer, Reinhard/Leutner-Ramme, Sibylla/Mebus, Sylvia/Schöner, Alexand/Ziegler, Béatrice: Historisches Denken. Ein Kompetenz-Strukturmodell, Neuried 2006 (Kompetenzen, 1).
9 Ebenda.
10 In einem Podiumsgespräch anlässlich der Arbeitstagung der Bundeszentrale für Politische Bildung zum Thema „Der Beitrag der Geschichte zur Politischen Bildung" im September 1972 in Nürnberg wurde auf ein entsprechendes Pressezitat (Aus Politik und Zeitgeschichte, 33 [1972], S. 4) ausführlich Bezug genommen. Historischer Unterricht im Lernfeld Politik. Schriftenreihe der Bundeszentrale für Politische Bildung, 96 (1973).
11 Jeismann, Karl-Ernst: „Geschichtsbewusstsein" als zentrale Kategorie des Geschichtsunterrichts, in: Niemetz, Gerold (Hg.): Aktuelle Probleme der Geschichtsdidaktik, Stuttgart 1991, S. 44-78.
12 Schreiber, Waltraud: Reflektiertes und (selbst-)reflexives Geschichtsbewusstsein durch Geschichtsunterricht fördern – ein vielschichtiges Forschungsfeld der Geschichtsdidaktik, in: Zeitschrift für Geschichtsdidaktik, Jahresband 2002, S. 18-43.
13 Genau genommen handelt es sich dabei um das Protokoll der Tagung deutscher Politikwissenschaftler 1976 in Beutelsbach, das die Grundsätze zusammenfasste, die für den Politikunterricht bindend sein sollen, um ihn davor zu bewahren, Ort (partei-)politischer Agitation zu werden.
14 Das Überwältigungsverbot untersagt die Anwendung jener methodischer Mittel, die geeignet sind die SchülerInnen insofern zu manipulieren, als sie dadurch nicht gewahr werden, dass sie zu einem von der Lehrperson gewünschten Urteil, einer Haltung oder Einstellung gelangen, die sie übernehmen, ohne zu einer selbstbegründeten Position gelangt zu sein.
15 Die Frage, was unter diesen maßgeblichen Standpunkten zu verstehen sei, ist indes nicht so einfach zu beantworten. Wo endet die kontroverse Meinung und wo beginnt das Vorurteil? Ist letzteres als legitime Meinung zu akzeptieren oder zu bekämpfen? Auf Grund dieser Undeutlichkeiten wurden auch immer wieder Vorschläge gemacht, die Grundsätze von Beutelsbach zu erweitern, etwa um sich klarer gegen rechtsradikale Konzepte abzugrenzen. Ein breiter Konsens darüber ist bisher nicht in Sicht. Siehe dazu: Sander, Wolfgang: Politische Bildung nach dem Beutelsbacher Konsens, in: Schiele, Siegfried/Schneider, Herbert (Hg.): Reicht der Beutelsbacher Konsens?, Schwalbach/Ts. 1996. S. 29-38.
16 Zu den Kontroversen über den Begriff des „Interesses" im Beutelsbacher Konsens vgl. Schiele, Siegfried: Der Beutelsbacher Konsens kommt in die Jahre, in: Schiele/Schneider (Hg.), Reicht der Beutelsbacher Konsens, S. 1-13.
17 Lehrplan Geschichte und Sozialkunde/Politische Bildung der AHS-Oberstufe, http://www.bmbwk.gv.at/schulen/unterricht/lp/abs/ahs_lehrplaene_oberstufe.xml, 25. Oktober 2006.
18 Sutor, Bernhard: Historisches Lernen als Dimension politischer Bildung, in: Sander, Wolfgang (Hg.): Handbuch der politischen Bildung, Schwalbach/Ts. 1997, S. 323-337.
19 Massing, Peter/Weißeno, Georg (Hg.): Politische Urteilsbildung. Zentrale Aufgabe für den Politikunterricht, Schwalbach/Ts. 1997.
20 Schreiner, Günter: Zum Verhältnis von moralischer Erziehung und politischer Bildung, in: Breit, Gotthard/Massing, Peter (Hg.): Grundfragen und Praxisprobleme der politischen Bildung, Bonn 1992, S. 473-499.
21 Die Abbildung der seit längerer Zeit geführten Diskussion bei: Reinhardt, Sibylle: Moral- und Werteerziehung, in: Sander, Wolfgang (Hg.): Handbuch der politischen Bildung, Schwalbach/Ts. 1997, S. 338-348.
22 Ebenda, S. 347. Siehe dazu in diesem Band auch den Beitrag von Thomas Hellmuth über politische Bildung in der Unterstufe, Unterkapitel „Moralische Bildung als moralisch-politische Urteilsbildung".

23 Für Deutschland: Rohlfes, Joachim: Deutscher Geschichtsunterricht im 19. Jahrhundert. Staatlich-politische Vorgaben, geschichtswissenschaftliche Maßstäbe, pädagogische Impulse, in: Geschichte in Wissenschaft und Unterricht, 7/8 (2004), S. 382- 400; Kuss, Horst: Geschichtsunterricht zwischen Kaiserreich und Republik. Historisches Lernen und politischer Umbruch 1918/19, in: Geschichte in Wissenschaft und Unterricht, 7/8 (2004), S. 422–441. Für Österreich: Krammer, Reinhard: Intentionen und Prozesse im Geschichtsunterricht. Der Einfluss externer Faktoren auf die Praxis an den deutschsprachigen Mittelschulen Österreichs 1849–1914, Ungedr. Habilitationsschrift, Salzburg 2003.
24 Der berühmte Erlass Wilhelms II. ist dafür ein eindrucksvoller Beleg: „Sie (die Schule) muß bestrebt sein, schon der Jugend die Überzeugung zu verschaffen, dass die Lehren der Sozialdemokratie nicht nur den göttlichen Geboten und der christlichen Sittenlehre widersprechen, sondern in Wirklichkeit unausführbar und in ihren Konsequenzen dem Einzelnen und dem Ganzen gleich verderblich sind."
25 Dass von dieser Toleranz jene politischen Auffassungen ausgeschlossen sein müssen, die eben diese Wahlfreiheit und Liberalität bekämpfen, ist ein ebenso deutlich zu nennender Grundsatz.
26 Siehe dazu die Beiträge von Thomas Hellmuth und Martin Heinrich in diesem Band.
27 Sander, Wolfgang: Politische Bildung in der Demokratie – Herausforderungen im europäischen Kontext, in: Diendorfer, Gertraud/Steininger, Sigrid (Hg.): Demokratie-Bildung in Europa. Herausforderungen für Österreich, Schwalbach/Ts. 2006, S. 24.
28 Mayer, Ulrich/Pandel, Hans-Jürgen: Kategorien der Geschichtsdidaktik und Praxis der Unterrichtsanalyse, Stuttgart 1976.
29 Bergmann, Klaus: Der Gegenwartsbezug im Geschichtsunterricht, Schwalbach/Ts. 2002.
30 Bermann, Klaus:, Geschichte als Steinbruch? Anmerkungen zum Gegenwartsbezug im Geschichtsunterricht, in: Zeitschrift für Geschichtsdidaktik, Jahresband 2002.
31 Niethammer, Lutz: Kollektive Identität: heimliche Quellen einer unheimlichen Konjunktur, Reinbek b. Hamburg 2000; Borries, Bodo von: Die Bildung von Identitäten – was Erinnern und Vergessen nutzen und schaden können, in: Ders.: Lebendiges Geschichtslernen. Bausteine zu Theorie und Pragmatik, Empirie und Normfrage, Schwalbach/Ts. 2004, S. 259-257.
32 Schreiber u.a., Historisches Denken, S. 26.
33 Schreiber, Förderung der historischen Kompetenz, S. 10-27; Dies., Reflektiertes und (selbst-)reflexives Geschichtsbewusstsein, S. 18-43; Hasberg, Wolfgang/Körber, Andreas: Geschichtsbewusstsein dynamisch, in: Körber, Andreas (Hg.): Geschichte – Leben – Lernen. Bodo von Borries zum 60. Geburtstag, Schwalbach/Ts. 2003.
34 Filzmaier, Peter: Politische Bildung und Demokratie in Österreich: Trends, Problembereiche und Perspektiven, in: Diendorfer/Steininger (Hg.): Demokratie-Bildung in Europa, S. 47.
35 Massing, Peter: Institutionenkundliches Lernen, in: Sander (Hg.), Handbuch der politischen Bildung, S. 287-300. Hier auch Hinweise zur Gestaltung einer kritischen und „politischen" Institutionenkunde.
36 Massing, Institutionenkundliches Lernen, S. 288.
37 Claussen, Bernhard: Politische Bildung. Lernen für die ökologische Demokratie, Darmstadt 1997, S. 48 (Kursiv im Original).
38 Arnold, Rolf: Lebendiges Lernen – Auf dem Weg zu einer neuen Lernkultur, in: Neuland, Michele (Hg.): Schüler wollen lernen. Lebendiges Lernen mit der Neuland-Moderation, Eichenzell 1995.
39 Siehe dazu: Forum Politische Bildung (Hg.): Informationen zur Politischen Bildung, 23 (2005), zum Thema „Globales Lernen – Politische Bildung. Beiträge zu einer nachhaltigen Entwicklung".

Edith Killingseder/Barbara Mayerhofer

Politische Bildung im „Geographie und Wirtschaftskunde"-Unterricht

Zur Bedeutung des Unterrichtsprinzips „Politische Bildung" im „Geographie und Wirtschaftskunde"-Unterricht

Das Fach Geographie und Wirtschaftskunde war seit jeher mit einem politischen Bildungsinhalt besetzt,[1] wenngleich erst mit dem Erlass von 1978 der eigentliche „politische" Inhalt für den „Geographie und Wirtschaftskunde"-Unterricht zur Beschreibung gelangte. Heinz Fassmann[2] verweist diesbezüglich auf das vergleichsweise zur BRD „verspätete Projekt". Das Prinzip der politischen Bildung spiegelt sich auch in den Bildungs- und Lehraufgaben des Faches, wobei die Einsicht in Wirkungszusammenhänge von Raum, Wirtschaft und Gesellschaft bzw. von Natur- und Humanfaktoren und der ihnen zugrunde liegenden Machtsysteme im Vordergrund steht.[3] Die Bedeutung der Wahrnehmungsebene wie auch die Bewertung von Umwelt(en) soll dabei ganz besonders einbezogen werden.[4]

Christian Vielhaber und Helmut Wohlschlägl[5] sprechen in diesem Zusammenhang von einem „emanzipatorischen Anspruch" der Geographiedidaktik. Ein sinnhafter Lernprozess setzt eine kritische Bewusstseinsbildung voraus, um sich Verhalten und Handeln im Raum zu erklären. Hierin spielt die Fähigkeit des Erkennens des Einflusses von gesellschaftlichen Normen und Mustern auf diese Handlungen eine große Rolle. Für Wilhelm Malcik[6] ist politische Bildung ein elementarer „Beitrag zur weltbildformenden Urteils- und Kritikfähigkeit und zu einer weltoffenen, einsichtigen Haltung künftiger Schulabsolventen".

Die obgenannten Feststellungen und Bemerkungen zum Ansinnen einer politischen Bildung im Unterrichtsfach „Geographie und Wirtschaftskunde" zielen alle darauf ab, die Selbstbestimmungs-, Mitbestimmungs- und Solidaritätsfähigkeit bei den Lernenden weiterzuentwickeln oder überhaupt erst wachzurufen.[7]

Raumorientiertes Handeln und die pädagogische Komponente

Auf welcher Grundlage lässt sich nun für einen Geographen, für den die Mensch-Raum-Beziehung im Mittelpunkt seines Interesses steht, ein so verstandenes didaktisches Verfahren aufbauen? Hierzu bildet das geographische Paradigma des räumlichen Wahrnehmens und Verhaltens von John Gold[8] eine gute Basis. Gold zeigt in seinem Modell (siehe Grafik 1), dass das Individuum gleichzeitig Teil der „objective and behavioral environments" ist. Die mentalen Aspekte, persönliche

Variablen, kulturelle und Gruppenfaktoren und die damit verbundenen kognitiven Prozesse haben alle Einfluss auf die Information, die das Individuum aufnimmt und darauf, wie es diese Informationen weiterverarbeitet.

Damit ist ersichtlich, dass sich die Geographie mit kognitiven Prozessen beschäftigt, die sich aus persönlichen Variablen (individueller Ich-Faktor) und Gruppenvariablen (kollektiver Ich-Faktor) herleiten und zur Bildung von räumlichen Schemata, Vorstellungsbildern oder Stereotypenbildungen (Klischees, Feind- und Fremdbildern) führen. So gesehen ergibt sich eine Differenz zwischen dem Innenbild und dem Außenbild in Bezug auf einen wahrgenommenen Sachverhalt oder Gegenstand. Diese „Bilder im Kopf", wie man sie auch nennt, bilden die Basis für Handlungen, wobei auch zwischen Kognition und Handeln nochmals Entscheidungsfilter wie beispielsweise Einstellungen und Wertvorstellungen eingebaut sind. Letztlich bestimmen ein komplexes System und eine Vielzahl von Faktoren und Feedbackprozessen unser Verhalten im Raum.

Diese Erkenntnis ist zum Beispiel gut einsetzbar, um Ursache und Auswirkungen von Konflikthandlungen im Raum und auf den Raum zu analysieren und zu bewerten. Dabei könnte es die Aufgabe politischer Bildung sein, auf die Landschaft übertragene Vorstellungsbilder von diversen Gruppen zu entschlüsseln oder Sozialisationsformen herauszufiltern und aufzudecken. Auf der einen Seite „erscheint" uns demnach Raum; wir entdecken Phänomene, die wir zunächst einmal feststellen und beschreiben können. Auf der anderen Seite haben wir es mit „Bildern" von Räumen zu tun, die eine Innensicht freigeben und das interpretative Moment symbolisieren. Dieses Bewusstsein bedeutet, dass wir über die Relativität der eigenen Deutungen Bescheid wissen und nachdenken können – dieses würde dann das so genannte „reflexive Ich" ausmachen. Das geographische und

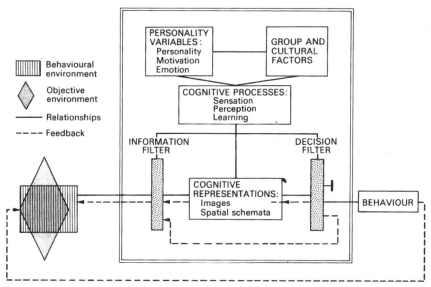

Grafik 1: Paradigm of individual spatial cognition and behaviour[9]

wirtschaftskundliche Lernen bestünde dann auch darin, mögliche Raumbilder zu analysieren und zu bewerten.

Unter anderem auf Basis dieser wahrnehmungsgeographischen Sichtweise wird verständlich, warum Christian Vielhaber im Zusammenhang mit politischer Bildung die Wichtigkeit der „Wahrnehmung des eigenen ‚Ichs'" betont, denn erst auf Basis der „Auseinandersetzung mit ihrer persönlichen, sozialen und politischen Umwelt lernen Schülerinnen sich selbst, ihre Grenzen, ihre Vorstellungen, ihre Bewusstseinsstrukturen, ihre Dispositionen [...], die Ergebnisse ihrer Sozialisation kennen".[10]

Worin liegt nun der Beitrag einer Politischen Bildung im „Geographie und Wirtschaftskunde"-Unterricht im Sinne einer Entwicklung eines „(selbst)reflexiven Ichs", das seine Denk- und Handlungsschritte hinterfragt? Ein solches „Ich" hätte die Möglichkeit, Fehlentwicklungen unserer Gesellschaft wahrzunehmen, zu hinterfragen und neue Ideen zu deren Beseitigung zu entwickeln. Dieses „Ich" mag erkennen, dass es im Kollektiv einer offenen Gesellschaft, ausgestattet mit pluralistischen Werten, konfrontiert ist mit unterschiedlichen Vorstellungen, die sich oftmals gegenseitig ausgrenzen, behindern und widersprechen. Wird versucht, die Gesellschaft als lernendes System zu verstehen und zu gestalten, kommt der Schule und dabei auch insbesondere dem „Geographie und Wirtschaftskunde"-Unterricht die Aufgabe zu, diesen permanenten gesellschaftlichen Lernprozess immer wieder anzustoßen. Solch ein Lernen muss, um mit Jürg Minsch[11] zu sprechen, eine ganzheitliche Wahrnehmung von Problemlagen und Entwicklungschancen implizieren. Bezüglich nachhaltiger Entwicklung kann ein derartiger Lernprozess zu konstruktivem Umgang mit schlechten Prognosen, wie es sie etwa im Zusammenhang mit dem Klimawandel gibt, führen. Resultat könnte eine freiwillige Selbsteinschränkung in der Ressourcennutzung sein. Aufgabe der Lehrenden ist es, die SchülerInnen solche Prozesse im Raum erschließen zu lassen und sich mit unterschiedlichsten Aspekten diskursiv und kritisch auseinanderzusetzen. „Kritisch" meint hier, Rückkoppelungsprozesse, die aus subjektiven Vorstellungsbildern bestehen und sich im räumlichen Verhalten niederschlagen, auf ihre Urteilsfindung hin zu untersuchen und den demokratischen, sozialen, partizipatorischen und emanzipatorischen Anteil herauszufiltern bzw. erst zu finden.

Für den Unterricht bedeutet dies das Erfordernis einer Didaktik, die auf den Grundsätzen des Konstruktivismus basiert, auf der Annahme also, dass „die" Wirklichkeit ein Konstrukt unseres Kopfes ist. Wirklichkeit ist demnach, was wir wahrnehmen und immer wieder neu erleben (rekonstruieren). Aufgabe des Unterrichts muss es daher sein, möglichst viele Perspektiven zu erschließen und kritisch zu analysieren, sodass das Konstrukt im Kopf auf Basis umfangreicher Wahrnehmung entsteht.

In der Geographie-Didaktik hat das Modell der „Didaktischen Rekonstruktion"[12] Einzug gefunden. Dieses Modell lässt sich als Beziehungsgefüge von drei Teilaufgaben, quasi in einem fachdidaktischen Triplett darstellen. Die drei Komponenten sind die didaktische Strukturierung, die fachliche Klärung und das Erfassen von Lernerperspektiven.

Die fachliche Klärung besteht aus einer kritischen Untersuchung des Gegenstandes unter dem Gesichtspunkt seiner Vermittlung. Somit überschreitet diese

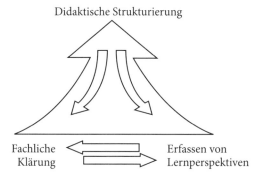

Grafik 2: Modell der „didaktischen Rekonstruktion" als Beziehungsgefüge eines fachdidaktischen Aufgabentripletts[13]

die traditionelle Sachanalyse, da ja auch die wissenschaftlichen Ansichten und Fachtheorien auf persönlichen Konstrukten von Wissenschaftern basieren. Die empirische Erhebung von Lernerperspektiven kann in Diskussionen, problemzentrierten Interviews, Zeichnungen, Fragebögen usw. erfolgen. Die didaktische Strukturierung ist der Planungsprozess von Unterricht, für den die fachliche Klärung aus Sicht des Wissenschafters und die Erhebung der Lernervorstellungen als gleichwertige Quellen dienen. Die Ergebnisse fördern sich gegenseitig bzw. bedingen einander (rekursives und iteratives Vorgehen).[14] Hiermit soll also verdeutlicht werden, dass im Idealfall einer didaktischen Strukturierung eine Trennung der Analyseebenen schon im Vorfeld passiert – in eine Sachverhaltsebene und in eine Beurteilungsebene.

Gerhard Hard[15] verweist in diesem Zusammenhang auf das Problem der Popularisierung von Quellentexten im Allgemeinen und von Geographiebüchern im Speziellen. Wenngleich dieses Modell bisher primär in naturwissenschaftlicher fachdidaktischer Forschung angewendet wurde, erscheint es unseres Erachtens gerade in der Betrachtung von politischen Texten von großer Bedeutsamkeit, weil hier die Analyse von Lernperspektiven einen wesentlichen Beitrag zum Verständnis leistet und die Qualität von Unterricht durch eine „zweifache Reflexion" verbessert wird. Einerseits ermöglicht das „reflexive Ich" den Lehrenden, die Sachebene zu objektivieren, andererseits finden die individuellen Wertungen der Schüler eine Berücksichtigung. Diese Art der Didaktik bedient sich geographisch relevanter Schlüsselprobleme wie zum Beispiel dem „Ökologie-Ökonomie"-Problem, dem „Nord-Süd-Konflikt" oder den „sozialen und wirtschaftlichen Disparitäten".[16]

Um diesem Anspruch gerecht zu werden, sind drei Fähigkeiten bzw. Kompetenzen von Lehrenden gefordert: 1) *Sachkompetenz*, d.h. die Auseinandersetzung mit dem Themeninhalt in multiperspektivischer Form, wie sie etwa auch ein Anliegen der „Neuen Kulturgeographie" ist, der es um eine generelle De-Zentrierung des Blicks geht, um so unterschiedliche Blickwinkel der empirischen Welt sichtbar machen zu können.[17] 2) *Methodenkompetenz*, d.h. Lehrende sollten über ein Methodenrepertoire verfügen, das Lernen der hier diskutierten Art fördert. Methoden wie zum Beispiel Rollenspiel, Gruppenpuzzle oder Szenariotechnik bieten ausgezeichnete Möglichkeiten, Innensichten und Außensichten zu erproben, nämlich durch das Hineinschlüpfen in eine Rolle und durch das Aneignen von Wissen zu Expertenmeinungen. Die Szenariotechnik erlaubt es in besonderem Maße, ökologische Belastungstrends einhergehend mit sozialen und ökonomischen Problemen zu konstruieren sowie zu reflektieren. 3) *Sozialkompetenz*, d.h. das Argumentieren eigener Positionen und die Selbstreflexion, die zur Analyse eigener oder fremder Interessen erforderlich ist. Diese soziale Kompetenz ist ein wichtiger Angelpunkt für die Frage nach den Ursachen unterschiedlicher Wahrnehmung von Umwelt. Welche Bewertungsschemata von Raum und Umwelt lassen sich ausmachen? Inwiefern sind diese auf das Sozialisierungsprinzip zurückzuführen?[18] Diese Fragestellungen beinhalten eine immer wieder stattfindende Reflexion insbesondere von Bedingungen, nach denen sich Gesellschaft konstituiert und Politik sich vollzieht.

In diesen Fragestellungen geht es darum, die Prinzipien zu verstehen, nach denen die politischen Auseinandersetzungen zum Beispiel um räumlich gebundene Ressourcen ablaufen. Dabei sind die Handlungen eines Mächtigen keineswegs allein das Produkt seiner eigenen freien Entscheidung, sondern bewegen sich im Spannungsfeld vorgegebener Rahmenbedingungen.[19] Die Schüler können am Ende erkennen, dass die Grundlage des Handelns solcher Akteure immer eine subjektive Realität darstellt, eben eine „subjektive Konstruktion", und dass es eine „objektive Konfliktwirklichkeit"[20] nicht gibt. Eine handlungstheoretisch konzeptionierte Untersuchung versucht zu analysieren, welche Mechanismen hinter diesen Konstruktionen stecken. In einem handlungsorientierten Unterricht kann nun das Lernen mit Handeln gekoppelt werden, um Lernende auch für zukünftiges Handeln vorzubereiten.

Den Lernenden sollen Situationsfelder angeboten werden, in denen sie ihr fachliches Wissen erproben können, bzw. sollen konkrete Handlungschancen geboten werden. Nicht automatisch sind wichtige politische Themen pädagogisch gut geeignet. Wenn „erfahren" seine Ursprungsbedeutung behalten soll, dann soll und muss der/die SchülerIn im täglichen Leben vom Thema betroffen bzw. berührt sein. Diese Betroffenheit muss bzw. soll nicht zwangsläufig eine Emotionalität in Form von Mitleidsgefühlen auslösen, aber es kann Lernende bewegen, sich überhaupt mit dem Thema beschäftigen zu wollen. Oftmals gibt aber die Ebene des Erkennens von Problemfeldern und des Beurteilens von Sachverhalten wenig Anlass, sich handlungsaktiv damit zu befassen, da der lebensweltliche Bezug schlecht hergestellt werden kann. Bei den Themen der Entwicklungszusammenarbeit ist dies zum Beispiel der Fall.

Ein Weg, die Lebenswelt der SchülerInnen zu berühren, könnte die gedankliche Antizipation von politischem Handeln von Seiten der SchülerInnen sein. Die politische Realisierung könnte auch der Erwachsenenwelt überlassen werden, die eigene politische Partizipation ist allerdings mit der Herabsetzung des Wahlalters für OberstufenschülerInnen aktueller denn je.

Die unterrichtspraktische Bedeutung/Konsequenzen für die Unterrichtspraxis

Für das Anstoßen politisch bildender Lernprozesse auf Basis der obigen theoretischen Überlegungen sind drei Aspekte besonders wichtig, die in der Folge erläutert und teilweise mit etwas genauer ausgeführten Beispielen illustriert werden: Rahmenbedingungen des Lernens, thematische Zugänge und methodische Zugänge.

Rahmenbedingungen des Lernens: Aufgabe eines jeden Unterrichts und aufgrund seiner thematischen Schwerpunkte auch insbesondere des „Geographie und Wirtschaftskunde"-Unterrichts darf nicht sein, Lernende zu angepassten, vielleicht sogar gewissermaßen ideologisch assimilierten Wesen zu machen, sondern die Lernenden zu kritischen, diskursfähigen und diskurswilligen Mitgliedern der Gesellschaft werden zu lassen. Um dies zu erreichen, ist es notwendig, Unterricht entsprechend zu gestalten. Dazu ist neben der Ausstattung von SchülerInnen mit möglichst wertneutralem Wissen[21] auch ständig der Diskurs über die mit dem Wissen in Zusammenhang stehenden Werte und Interessen zu führen und über eigene Haltungen auf Basis neu erworbener Information immer wieder nachzudenken. Dies bedarf nicht nur eines Lernklimas, das von gegenseitiger Akzeptanz und Toleranz geprägt ist, sondern auch eine entsprechende Einstellung und Haltung der Lehrenden, die überdies ja durch entsprechende Moderation des Lernprozesses genau dieses Lernklima ermöglichen.

Thematische Zugänge: Zu geographischen und wirtschaftskundlichen Themenbereichen, die politische Bildung implizieren[22], gehört jener der „Europäischen Union", dabei aber nicht nur die „polity"-Aspekte[23] wie die „neutrale" Institutionenkunde und die auf Verträge reduzierte Entstehungsgeschichte, auf die das Thema im schulischen Alltag unter anderem aufgrund der einfachen Vermittelbarkeit und Abprüfbarkeit häufig beschränkt bleibt, sondern vielmehr auch die „policies" and „politics", die in der EU vertreten bzw. gemacht werden. Hierzu gehören zum Beispiel die Förderpolitik, die bereits erfolgten Erweiterungen, mögliche künftige Erweiterungen (z.B. Türkei) und damit verbundene Machtinteressen.

Die Themenbereiche „Globales Lernen" und „internationale wirtschaftliche Verflechtungen" sind ohne Überlegungen zu den Machtverhältnissen undenkbar. Einen sehr spannenden Zugang dazu bietet das neue Schulbuch „Lebenswelten"[24], mit dem sich die Lernenden die geographisch-wirtschaftskundliche(n) Welt(en) durch Auseinandersetzungen mit unterschiedlichen Lebenswelten multiperspektivisch erschließen können. Mit Themen wie „Warum in deinem Handy ein Stück Kongo steckt?" und „Puma, Nike, Kangaroo… – und was trägst du?" initiieren die AutorInnen Lernprozesse, die ihren Ausgangspunkt bei den subjektiven Lebenswelten der SchülerInnen haben.

Umgang mit Fremden in der „Heimat", Arbeit(slosigkeit), Raumordnungsfragen, regionale Konflikte, globale Vernetzungen und Konflikte, Ökologie/Ökonomie (z.B. Klimawandel), Nord-Süd-Konflikt und soziale und wirtschaftliche Disparitäten sind weitere Themen, die schon an sich politische Auseinandersetzung fordern.

Methodische Zugänge: Durch das Angebot verschiedener „Mental maps" leiten die AutorInnen des bereits erwähnten Werkes „Lebenswelten" ein Nachdenken über subjektive Weltbilder an. Ähnliches macht Anke Uhlenwinkel[25] durch ein Domino, bei dem nicht eindeutig etwa Wien an Österreich angelegt wird, weil es dessen Hauptstadt ist, sondern ein/e SpielerIn legt zum Beispiel „städtisch" zu Ägypten, weil es in ihrer persönlichen Wahrnehmung dort viele Städte gibt. „Ländlich" wäre aber auch richtig, wenn ein Mitspieler dies meint und entsprechend begründet.

Das Konzept der „Spurensuche"[26] stellt die eigene Wahrnehmung der Lernenden in den Mittelpunkt. Erfahrungsbereich ist die unmittelbare Lebenswelt, Ziel das (Er-)Finden neuer Deutungen von Spuren. Das Lesen von Spuren ist die Rekonstruktion von Prozessen im Raum. So können zum Beispiel mehrheitlich türkische Namen an den Türglocken eines Wohnblocks und eine große Dichte von Kebab-Ständen Zeichen sein. Mögliche Spur wäre eine große Dichte von Bewohnern türkischer Herkunft in einem Stadtteil.

Auch Projektunterricht bietet die Offenheit, die für politisch bildenden „Geographie und Wirtschaftskunde"-Unterricht notwendig ist. Je nach Konzeptionierung lässt er SchülerInnenselbstbestimmung in großem Ausmaß zu und die Themen sind gesellschaftlich praxisrelevant[27] und damit per se Ausgangspunkt politischer Bildung. Ausführlich beschriebene Best Practice-Beispiele gibt es zu den Themen „Rettet die Kenyongasse"[28] und „Die anderen Österreicher"[29]. Thematisch geht es beim ersten Beispiel, das in der Sekundarstufe I durchgeführt wurde, um die Verkehrsbelastung in der engen Gasse vor der eigenen Schule und beim zweiten um Ausländer in Österreich (Sekundarstufe II).

Unterrichtsmodule

Die nachfolgend beschriebenen Unterrichtsmodule passen ideal in den Lehrplan der achten Klasse der AHS: „Lokal – regional – global: Vernetzungen – Wahrnehmungen – Konflikte". Es lassen sich aber auch viele andere Anknüpfungspunkte finden, die hier nicht näher erläutert werden. Alle Überlegungen mögen als Bausteine verstanden werden, die das (selbst-)reflexive Moment zur Grundlage haben, das in einem Geographie- und Wirtschaftskunde-Unterricht mit dem Prinzip Politische Bildung bedeutsam ist. Wie die einzelnen Module eingesetzt und verbunden werden, sei der Phantasie der Lehrenden überlassen.

Die nachfolgenden Module behandeln die Themenkreise: „Kampf um das Öl – zwischen Profit, Menschenrechten und Naturschutz am Beispiel Nigeria". Eine „Weltkonferenz" soll vorbereitet werden.

Modul A

Der erste Baustein bietet eine Anknüpfung an den Lebensraum der SchülerInnen im Sinne des Lebensweltkonzeptes. Mögliche Leitfragen dazu könnten sein: Gibt es Beispiele in deiner Umgebung, wo aus wirtschaftlichem Interesse Natur und Lebensräume beeinträchtigt werden? Welche Argumente werden angeführt, welche zählen deiner Meinung nach? Die Antworten darauf können sein: „Ja, bei uns in der Stadt steht der Grünlandgürtel des Öfteren in Diskussion. Dabei werden die Flächen von Firmen für eine Standorterweiterung beansprucht. Die Stadtverwaltung hat Sorge, dass die Firmen abwandern, wenn man da nicht entgegenkommt, aber für mich zählt die Einmaligkeit der Natur und auch das touristische Potenzial dahinter." Die Problemlage und die Argumente sollen in Mind Maps dargestellt und ausgehängt werden.

Modul B

Ein Teil der Klasse legt selbst fest, wie sie Materialien über die „Bedeutung der Erdölindustrie in Nigeria" erhält (z. B. über Zeitungstexte, Werbeprospekte, Journale oder Internet[30]), entwickeln aufgrund der verschiedenen Interessenslagen ein Rollenspiel (Manager eines Ölkonzerns, Weltbank-Vertreter, Politiker, Arbeiter, Angehöriger einer Minderheit etc.) und vollzieht damit einen Perspektivenwechsel. Die SchülerInnen konstruieren „Biografien". Sie spielen nicht einfach ein vorgesetztes Rollenspiel, sondern kommen im Zuge von Eigeninitiative und Recherche zur Sachinformation. Sie machen sich ein Bild von den Verhältnissen und geben dabei eine Bewertung ab, d.h. sie wählen zum Beispiel selbst eine Person (Rolle) und verteidigen diesen Standpunkt mit Argumentationskärtchen im anschließenden Rollenspiel „Weltkonferenz". Die Rollen können auch von dem/der LehrerIn bestimmt werden, was den Vorteil hätte, dass Lernende auch in Rollen schlüpfen, die sie sonst nicht einnehmen würden und durch den „verordneten" Rollenwechsel stärker gezwungen sind, multiperspektivisch zu denken. Für das Rollenspiel trainieren zwei SchülerInnen eine Rolle, die sie dann bei der „Weltkonferenz" vertreten.

Je nach Erfahrung, die bereits mit Rollenspielen gemacht wurden, könnten die SchülerInnen völlig selbständig Rollen erfinden, oder man gibt Rollenkärtchen aus, die so aussehen könnten:

Manager eines Konzerns: „Unser Unternehmen ist in über 45 Ländern vertreten. Pro Tag nutzen rund 25 Millionen Tankstellenkunden weltweit das Service. Wir tragen nachhaltig zur Energiesicherung bei, auf der unser Wohlstand im Westen aufbaut. Jüngst setzen wir sogar auf die Erforschung und Entwicklung von Kraftstoffen aus Biomasse."

Weltbank-Vertreter: „Wir setzen uns für Wiederaufbau und Entwicklung in Entwicklungsländern ein und vergeben Kredite für bestimmte Programme – v. a. für die Förderung der Privatwirtschaft. So garantiert eine internationale Konzernstruktur die Teilnahme am Weltmarkt und trägt so zur Stützung wichtiger Importe bei. Das ist ein Weg, durch Kredite das Land auf eigene Beine zu stellen."

Politiker in Nigeria: „Die Wirtschaftslage Nigerias hat sich in den letzten Jahren deutlich verbessert – eben durch unser Öl- und Gasvorkommen. Die durch die Rohstoffförderung erzielten Einnahmen kommen Großprojekten wie Straßenbau, Energieversorgung und Telekommunikation zugute. Nur durch das Angebot eines guten Investitionsstandortes können wir die Entschuldung des Staatshaushaltes einleiten und den Ausbau von Währungsreserven vorantreiben. Die USA und China sind unsere wichtigsten Handelspartner und helfen, unser Land nach modernen Maßstäben aufzubauen."

Arbeiter in der Ölfirma: „Ich gehöre der Kampagne der Demokratie- und Arbeiterrechte in Nigeria an. Wir haben auch schon gegen die steigenden Ölpreise und die korrupte Elite gestreikt, die uns für illegal erklärt. Die Regierung tut alles, um internationale Konzerne zufrieden zu stellen, aber 70 % unserer Bevölkerung müssen gleichzeitig von einem US-Dollar pro Tag leben. Die hohen Benzinpreise ruinieren uns sozial."

Greenpeace-Vertreter: „Im Niger-Delta fördern die Ölmultis ihr Öl und verbrennen das dabei entstehende Gas. Dieses Methangas gilt als Hauptverursacher des Treibhauseffektes und ist ca. 460-mal gefährlicher für die globale Erwärmung als CO. Unzählige Flussläufe, Wälder und fruchtbares Ackerland und fischreiche Gewässer sind eben dadurch und durch unkontrollierten Austritt von Öl schwer geschädigt oder bereits total zerstört. Lecke Ölpipelines verseuchen teilweise auch das Grundwasser."

Ogoni-Stamm-Vertreter: „12 Millionen Menschen verschiedener Stämme leben im Niger-Delta. Wir sind ca. 500.000 und leben seit 500 Jahren hier. Unsere sozioökonomischen und soziokulturellen Lebensgrundlagen im Niger-Delta sind durch die Erdölförderung zerstört. Die Ölmultis arbeiten mit der Regierung zusammen und diese schicken uns das Militär, wenn wir „aufmüpfig" sind. Viele von uns haben schon ihr Leben verloren. Unsere Anbauflächen haben sich verringert, die Lebensmittelpreise und Saatgut werden immer teurer. Wir fühlen uns in unseren Grundrechten betrogen."

Vertreter der FIA (Federation Internationale de l'Automobile): „Ich bin gegen einen höheren Benzinpreis als Beitrag gegen den Klimawandel, da die soziale Komponente dabei völlig übersehen wird! Wen trifft es denn am meisten? Doch nicht die Reichen! Auch das Ausweichen auf die Biospriterzeugung lehne ich aus ökologischen und sozialen Gründen ab. Großkonzerne würden sich mit der Unterstützung des „reichen Norden" verstärkt um die agrarischen Nutzungsflächen in den Entwicklungsländern bemühen, sodass erneut Landnutzungskonflikte entstünden und die Umwelt durch neue Massenabholzung gefährdet wäre."

Modul C

Der zweite Teil der Klasse versetzt sich in die Rolle einer „Beratungsfirma zum Schutze der Umwelt" und erarbeitet in einer Gruppenarbeit einen Maßnahmen-Katalog zur Verbesserung der Situation im Land. Soziale Kompetenz vorausgesetzt, wird die Gruppengröße von den SchülerInnen selbstständig festgelegt, die Lehrperson tritt dabei nur in beratender Funktion auf bzw. wenn Hilfe erbeten wird. Informationen zum Thema besorgen sich die Lernenden selbst und verschriftlichen diese mitsamt Angabe der Quellen. Im Vordergrund steht das gemeinsame Ziel, bei der „Weltkonferenz" ein Vorschlagspapier einzubringen. Das Papier könnte folgende Vorschläge enthalten:
1) Die EU nimmt eine Vorreiterrolle in Hinblick auf die Erforschung und Förderung von erneuerbarer Energie ein.
2) Europa überlegt sich langfristig einen Ausstieg aus dem Erdölgeschäft mit diktatorischen Regierungen.
3) Es sollen „erdölfreie" Produkte propagiert werden durch eine Kennzeichnungspflicht.
4) Den armen afrikanischen Ländern wird geholfen beim Abbau der Außenabhängigkeit durch billige Erdölexporte.
5) Die wirtschaftliche Stabilität solcher Länder soll gefördert werden durch einen Schuldenerlass von den Gläubigerländern und durch „Hilfe zur Selbsthilfe".

In der anschließenden „Konferenz" stellt jeder Diskutierende seinen Standpunkt klar heraus bzw. geht auf den Maßnahmenkatalog der Beratungsfirma ein. Ein/e SchülerIn begibt sich in die Rolle des Moderators bzw. der Moderatorin. Die Diskussion endet idealerweise mit einem Ergebnis, das alle TeilnehmerInnen annehmen können. Anschließend wird jeder gebeten, über die Diskussion ein Tagebuch anzulegen, um über den Verlauf zu reflektieren. Darin sollten auch Überlegungen enthalten sein, warum bestimmte Argumentationen und Verhaltensweisen besonders wirksam waren und umgekehrt.

Weitere Bausteine können ebenfalls in diversen Kleingruppen ausgearbeitet werden: Eine Gruppe beschäftigt sich mit dem „Bild, das wir von AfrikanerInnen haben" (Fremdbild) und „Was wir glauben, von AfrikanerInnen lernen zu können" (Innenschau). Dazu kann eine kleine anonyme Umfrage in der Schule durchgeführt und ausgewertet werden. Eine weitere Gruppe beschäftigt sich mit den Interessen, die sich im Raum niederschlagen, d.h. sie machen Bildauswertungen (Bilder und Diagramme aus den Medien, Karten, Satellitenbilder) und filtern die Phänomene heraus bzw. geben die Indikatoren bekannt, die die Zerstörung des Sozialgefüges und der Umwelt aufzeigen. Die gewonnenen Erkenntnisse sollten auch schriftlich dokumentiert werden. Als methodisch ideal für die Darstellung der Faktoren, die in wechselseitiger, vernetzter Beziehung zueinander stehen, scheint die Erstellung einer Concept Map[31].

Anmerkungen

1 Hilligen, Wolfgang: Zur Didaktik des politischen Unterrichts, Opladen 1985, S. 35.
2 Fassmann, Heinz: Wie politisch ist die Geographie? – Zum Verhältnis GW und PB, in: GW-Unterricht, 101 (2006), S. 1-9.
3 AHS-Oberstufen-Lehrplan für Geographie und Wirtschaftskunde, http://www.bmukk.gv.at/medienpool/11858/lp_neu_ahs_06.pdf, eingesehen: 6. Dezember 2007.
4 Siehe dazu auch: Sitte, Christian: Wie „politisch" ist die Geographie und Wirtschaftskunde? (Teil 1) Eine Analyse im Zusammenhang mit den neuen Oberstufen-Lehrplänen, in: GW-Unterricht, 93 (2004), S. 40-48, und Ders.: Wie „politisch" ist die Geographie und Wirtschaftskunde? (Teil 2) Eine Analyse im Zusammenhang mit den neuen Oberstufen-Lehrplänen, in: GW-Unterricht, 94 (2004), S. 32-40.
5 Vielhaber, Christian/Wohlschlägl, Helmut: Ziellose Orientierung? – Ein Bericht zum Stand der Fachdidaktik des Schulfaches „Geographie und Wirtschaftskunde" in Österreich, in: Husa, Karl/Vielhaber, Christian/Wohlschlägl, Helmut (Hg.): Beiträge zur Didaktik der Geographie. Festschrift Ernest Troger zum 60. Geburtstag, Bd. 2, Wien 1986, S. 150.
6 Malcik, Wilhelm: Wirtschaftskunde im Rahmen der Schulgeographie. Chancen und Probleme einer österreichischen Entwicklung aus schulrealer Sicht, in: Husa/Vielhaber/Wohlschlägl (Hg.), Beiträge zur Didaktik der Geographie 2, S. 163.
7 Klafki, Wolfgang: Neue Studien zur Bildungstheorie und Didaktik. Zeitgemäße Allgemeinbildung und kritisch-konstruktive Didaktik, Weinheim/Basel 1994.
8 Gold, John: An Introduction to Behavioral Geography, Oxford 1980, S 57. Originalzitat: „paradigm of individual spatial cognition and behaviour". Perzeptionsgeographie oder Wahrnehmungsgeographie bezeichnet im psychologischen Verständnis den Prozess der Sinneswahrnehmung. Für den Geographen ist aber weniger der Prozess selbst von vorrangigem Interesse, sondern vielmehr das Ergebnis – dieses wird im Deutschen mit „Vorstellung" übersetzt. Die englische Bezeichnung „perceptional geography" wird auch als Teil der „behavioral geography", der Verhaltensgeographie, gesehen.
9 Ebenda, S. 42.
10 Vielhaber, Christian: Politische Bildung in der Schulgeographie, in: Sitte, Wolfgang/Wohlschlägl, Helmut (Hg.): Beiträge zur Didaktik des „Geographie und Wirtschaftskunde"-Unterrichts, Wien 2001, S. 336, Hervorhebung im Original (Materialien zur Geographie und Wirtschaftskunde, 16).
11 Minsch, Jürg: Gedanken zu einer politischen Kultur der Nachhaltigkeit, in: Forum politische Bildung (Hg.): Globales Lernen – Politische Bildung. Beiträge zu einer nachhaltigen Entwicklung, Innsbruck/Wien, S. 35-41 (Informationen zur Politischen Bildung, 23).
12. Lethmate, Jürgen: „Didaktische Rekonstruktion" als Forschungsrahmen der Geographie-Didaktik, in: Geographische Rundschau, 59 (2007), S. 55 f.
13 Hößle, Corinna: Didaktische Rekonstruktion. Wie kann ein Thema sinnvoll und fruchtbar unterrichtet werden? http://www.uni-oldenburg.de/biodidaktik/BioNew/AG/Forschung/Projekte/DidaktischRekonstruktion.html, eingesehen: 29. November 2007
14 Lethmate, Didaktische Reduktion, S. 57.
15 Hard, Gerhard: Studium in einer diffusen Disziplin, in: Ders. (Hg.): Dimensionen Geographischen Denkens. Aufsätze zur Theorie der Geographie, Bd. 2, 2. Auflage, Göttingen 2003 (1. Auflage: 1982), S. 173-230.
16 Klafki, Neue Studien; Schmidt-Wulffen, Wulf-Dieter: Geographieunterricht 2000. Was lernen? – Was (wie) Unterrichten?, in: Vielhaber, Christian/Wohlschlägl, Helmut (Hg.): Fachdidaktik gegen den Strom. Nichtkonformistische Denkansätze zur Neuorientierung einer Geographie- (und Wirtschaftskunde-)Didaktik, Wien 1991, S. 79-105 (Materialien zur Didaktik der Geographie- und Wirtschaftskunde, 8); Vielhaber, Christian: Wo die österreichische Fachdidaktik Geographie und Wirtschaftskunde auf drei Punkte gebracht wurde. Die erste österreichische Fachdidaktiker Tagung am Haimingerberg, in: GW-Unterricht, 57 (1995), S. 1-11.
17 Gebhart, Hans: Neue Kulturgeographie? Perspektiven, Potentiale und Probleme, in: Geographische Rundschau, 59 (2007), S. 13.
18 Rauchfuß, Dieter: Geographie als politische Bildung – Ende der Fachdidaktik Geographie? Anmerkungen insbesondere zu „Geographie als politische Bildung", in: Geographische Rundschau, 33/1 (1981), S. 27-33.

19 Reuber, Paul: Möglichkeiten und Grenzen einer handlungsorientierten politischen Geographie, in: Ders./Wolkersdorfer, Günter (Hg.): Politische Geographie. Handlungsorientierte Ansätze und Critical Geopolitics, Heidelberg 2001, S. 80.
20 Ebenda, S. 89.
21 Siehe den Begriff des „Sachurteils" im Beitrag von Hellmuth über das „selbstreflexive Ich" in diesem Band.
22 Je nach Auslegung kann man jedes geographisch-wirtschaftskundliche Thema auch als politisches auffassen, da kein Inhalt wertneutral ist und folglich alles unter Berücksichtigung der im Theorieteil ausgeführten Überlegungen zu bearbeiten wäre. Siehe dazu u.a. auch: Dobler, Karin: Kritische Politische Bildung – Auch ein Thema für den GW-Unterricht?, in: GW-Unterricht, 46 (1992), S. 17-23; Schramke, Wolfgang: Erdkunde als politische Bildung heute – Orientierungshilfe bei der Suche nach der „Moral des eigenen Lebens", in: Schmidt-Wulffen, Wulf D./Schramke, Wolfgang (Hg.): Zukunftsfähiger Erdkundeunterricht. Trittsteine für Unterricht und Ausbildung, Gotha/Stuttgart 1999, S. 87; Vielhaber, Christian: Politische Bildung als gesellschaftliches Postulat: Ein paradigmatischer Maßstab für eine kritische Fachdidaktik der „Geographie und Wirtschaftskunde"?, in: Vielhaber, Christian (Hg.): Politische Bildung im Geographie- (und Wirtschaftskunde-)Unterricht. Beiträge zu einem unbewältigten Problem der Schulgeographie, Wien 1989, S. 23-55 (Materialien zur Geographie und Wirtschaftskunde, 3).
23 Kuhn, Hans-Werner: Dimensionen des Politischen, in: Richter, Dagmar/Weißeno, Georg (Hg.): Lexikon der politischen Bildung, Bd. 1. Didaktik und Schule, Schwalbach/Ts. 1999, S. 53-54.
24 Forcher-Mayr, Matthias/Hafner, Verena/Mahlknecht, Sabine/Narbeshuber, Maria/Pranger, Ingrid Th./Zlöbl, Sonja: Lebenswelten, Bd. 1 u. 2, Wien 2006 u. 2007.
25 Uhlenwinkel, Anke: „Wieso? Weshalb? Warum? Wer nicht fragt, bleibt dumm". Domino als Frage-Antwortspiel, in: Praxis Geographie, 11 (2002), S. 17.
26 Deninger, Doris: Spurensuche: Auf der Spur nach neuen Perspektiven in der Geographie- und Wirtschaftskundedidaktik, in: Vielhaber, Christian (Hg.): Geographiedidaktik kreuz und quer. Vom Vermittlungsinteresse bis zum Methodenstreit. Von der Spurensuche bis zum Raumverzicht, Wien 1999, S. 107-184 (Materialien zur Didaktik der Geographie und Wirtschaftskunde, 15).
27 Gudjons, Herbert: Handlungsorientiert lehren und lernen: Schüleraktivierung – Selbsttätigkeit – Projektarbeit, Bad Heilbrunn 1997.
28 Fridrich, Christian: Projektunterricht und das Fach Geographie und Wirtschaftskunde. Theoretische Grundlagen und Anregungen für die Projektarbeit in der Sekundarstufe, Wien 1996 (Materialien zur Didaktik der Geographie und Wirtschaftskunde, 12).
29 Hintermann, Christiane/Pichler, Herbert: Projekt; Die anderen Österreicher. Zur Auseinandersetzung mit Einstellungen, Meinungen und Vorurteilen zur „Ausländer"-Problematik im GW-Unterricht (S II), in: GW-Unterricht, 68 (1997), S. 26-48.
30 Zum Beispiel auf den folgenden Seiten: DGAP (2005): Nigeria, http://www.weltpolitik.net/Regionen/Afrika/Nigeria/, eingesehen: 27. November 2007; IRIN (2006): Nigeria: Fishing turns dangerous, IRIN News Service, http://www.irinnews.org/report.aspx?reportid=62532, eingesehen: 27. November 2007; UNDP (2006): Niger Delta Human Development Report, http://web.ng.undp.org/reports/nigeria_hdr_report.pdf, eingesehen: 27. November 2007
31 Bei einer Concept Map werden Begriffe und ihre Beziehungen zueinander dargestellt. Zudem werden die Beziehungen zwischen den Begriffen benannt. Ein Zentralbegriff, wie bei Mind Maps üblich, muss nicht existieren.

Albert Hamann

Ästhetische Erziehung und politische Bildung

Schule ist ein integrativer Teil unseres gesellschaftlichen Lebens. Lässt es sich über die institutionellen Ausprägungsformen noch streiten, so ist ein Aspekt unverrückbar: Die Teilhabe an der gesellschaftlichen und individuellen Lebenskontrolle setzt immer ein bestimmtes Ausmaß von Welt- und Selbsterkenntnis voraus. Erst durch das Erlernen von Fertigkeiten, Kenntnissen, Werthaltungen etc. kann sich das Individuum in die vorgefundenen gesellschaftlichen Strukturen eingliedern. Zugleich sind diese Lernprozesse immer von den historischen Voraussetzungen abhängig. Das bedeutet, dass die Individualentwicklung gesellschaftlich überformt ist und nie unabhängig von den konkreten historischen Bedingungen stattfinden kann. Die Art und Weise sowie das Ausmaß der Aneignung des menschlich-historischen Erfahrungsschatzes sind in starkem Maße von sozialen und selektiven Momenten abhängig. Völlig unzureichend wäre es, lediglich die objektiven Verhältnisse als ursächlich für die subjektive Entwicklung zu betrachten. Eine deterministische Auffassung übersieht, dass die Subjekte ihrerseits den gesellschaftlichen Lebensprozess gestalten. „Objektive Bestimmtheit – Leben unter Bedingungen – und subjektive Bestimmung – Möglichkeit ihrer Veränderung – sind notwendige, miteinander zusammenhängende Grundzüge menschlich-gesellschaftlicher Lebenstätigkeit."[1]

Gesellschaftliche Veränderung setzt ein mündiges, seine Interessen wahrnehmendes Individuum voraus. Demzufolge sind gerade in der Demokratie politisch und sozial verantwortliches Handeln und politische Urteilsfähigkeit Kompetenzen, die es im Bildungsprozess zu erwerben gilt. Politische Bildung setzt hier an. Sie will Bezüge zu gesellschaftlichen Vorgängen herstellen und das Individuum in die Lage versetzen, „eigene begründete Standpunkte zu Fragen und Problemen der Gegenwart zu entwickeln und ein kritisches Nachdenken über mögliche Konfliktlösungsstrategien zu ermöglichen".[2] Die Auseinandersetzung mit Kunst, Medien sowie alltagsästhetischen Phänomenen kann in diesem Zusammenhang einen durchaus wertvollen Beitrag leisten. Der Unterrichtsgegenstand Bildnerische Erziehung, der im weitesten Sinne auf die Bilderwelt Bezug nimmt, sollte sich diesen Anforderungen nicht entziehen.

Bedeutung der Bilderwelt

Bilder bringen in sinnlich wahrnehmbarer Form Erscheinungen und Prozesse des menschlichen Lebens zum Ausdruck und wirken in besonderer Art auf das Denken und Fühlen des Menschen. Das Bild, gleichsam zwischen der vollen

Sinnlichkeit und dem gedanklichen Operieren angesiedelt, eröffnet der menschlichen Welt- und Selbsterkenntnis andere Möglichkeiten als die Sprache. Die gesellschaftliche Funktion ikonischer Symbole begründet sich in der Differenz zum sprachlich-diskursiven Symbol. Für den Psychologen Klaus Holzkamp ist das Bild ein „sinnlicher Begriff". Das von ihm beschriebene, von den Anfängen der Bilderwelt stammende Beispiel der Höhlenmalerei verdeutlicht dies: „In der Bildlichkeit des ikonischen Symbols verbinden sich, anders als beim bloßen Verweisungs- und Repräsentanzcharakter des sprachlich-diskursiven Symbols, sinnliche Anwesenheit des Büffels und symbolische Verweisung auf ihn: der Büffel ist Präsenz und Repräsentanz [...]. Das Bild des Büffels, mag es immer Bestandstück magischer Praktiken und magischer Teilhabe gewesen sein, ist praktisch ein sinnlicher Begriff des Büffels; hier tritt das Allgemeine des Büffel-Seins, das ‚Wesen' des Büffels, im Besonderen dieses präsenten Bildes sinnlich wahrnehmbar zutage. Das Bild ist verallgemeinertes Wissen über ‚Büffel' in der Form der Sinnlichkeit."[3]

Man konnte sich nun vom Büffel ein „Bild machen", war über ihn „im Bilde", konnte ihn auf eine neue Art beherrschen. Selbst die Angst vor dem Tier war von nun an eine gestaltete Angst, denn die Darstellung seiner wesentlichen Merkmale vermittelte Distanz und Übersicht. Eine Wirkung, die durch die bildnerische Gestaltung und die Rezeption hervorgerufen wurde: „Nicht nur beeinflusst der wirklich gesehene Büffel das bildliche Symbol des Büffels, ebenso beeinflusst umgekehrt das angeeignete Büffel-Bild die Wahrnehmung des wirklichen Büffels. Der nach der Aneignung des sinnlichen Begriffs des Büffels wahrgenommene Büffel ist nicht mehr der gleiche wie für die vorgängige ‚rohe' Wahrnehmung, er ist jetzt ein durch die Verwertung sinnlich eingebundenen gesellschaftlichen Wissens in seiner Beziehung zum Menschen ‚begriffener' Büffel, wobei auch die eigene Befindlichkeit gegenüber dem Büffel in der Distanz des Begreifens fassbar wird."[4]

Seit jeher ist der Mensch bei der visuellen Wahrnehmung seiner Umwelt aktiv. Sehen ist demnach kein passives Abbilden, sondern ein Prozess, bei dem mehrere Gehirnregionen aktiv sind. „Die Ergebnisse der Gehirnforschung lassen keinen Zweifel daran, dass die Einheit der Wahrnehmung das Ergebnis aktiver Prozesse im Gehirn ist."[5] In gewisser Weise wird – systemtheoretischen Ansätzen zu Folge – Wirklichkeit konstruiert, wobei die innere Struktur, die so genannte „Interne Repräsentation", die Wahrnehmung ordnet. „Die innere Struktur wird nicht einfach über die wahrgenommene Außenwelt geschoben, vielmehr findet hier ein intensiver Austauschprozess statt, aufgrund dessen sich Wirklichkeit im Inneren des Hirns generiert."[6] Bei diesem Prozess kommt dem Handeln besondere Bedeutung zu. Die moderne Hirnforschung spricht vom „Wahrnehmungs-Handlungs-Zyklus", der auf der Wechselwirkung des hinteren, sensorischen und des vorderen, motorischen Hirns beruht. Dies ist – wie der Gehirnforscher Ingo Rentschler ausführt – für die Fähigkeit des Menschen, die Sinnesdaten mit Inhalten des Gedächtnisses und der Vorstellungskraft zu verbinden und in neue sprachliche Formen zu bringen, von entscheidender Bedeutung.[7]

Sprachliche Symbolik nützt dem Verstehen von Bildern, umgekehrt dient ikonische Symbolik dem Erfassen von Sprache und Text. So wie die Bilder Worte bzw.

Texte brauchen, so benötigen Worte und Texte auch Bilder. Das setzt aber eine Kontextualisierung des Bildes ebenso voraus wie aktiv handelnden Umgang.[8]

Mit dem Eintritt in das Computerzeitalter und den sich auftuenden virtuellen Wirklichkeiten rücken Bilder immer stärker ins Zentrum unserer Wahrnehmung. Inwiefern ein Bild Abbild einer realen Gegebenheit bzw. ein im Rechner entstandenes virtuelles ist, kann oft nicht mehr festgestellt werden. „Wenn sich nicht mehr entscheiden lässt, ob das Bild ein eigenes Genre repräsentiert oder Abbild einer lebensweltlichen Realität ist, so wird das Bild letztlich zur einzig greifbaren Realität."[9]

Visuelle Kompetenz und Bildkompetenz

Angesichts der – sich mit der Ausbreitung der neuen Informationstechnologien tagtäglich vermehrenden – Bilderflut scheint es mehr als notwendig zu sein, im schulischen Lernen eine aktive und auch kritische Auseinandersetzung mit Bildern im rezeptiven wie im produktiven Sinne zu ermöglichen. In Analogie zur Didaktik der politischen Bildung, in deren Zentrum die Entwicklung eines „selbstreflexiven Ich" steht, das über (immer wieder zu hinterfragende) Denk-, Verhaltens und Handlungsressourcen verfügt, muss die Didaktik der bildnerischen Erziehung den Fokus auf Kompetenzerweiterung im Bereich der visuellen Kultur richten.

Kunstdidaktiker wie Bering unterscheiden die „visuelle Kompetenz" von der „Bildkompetenz". Meint erstere „die rezeptive, d.h. die erlebnishafte, analysierende und deutende Auseinandersetzung mit visuellen Gestaltungen unter Einbeziehung der räumlichen und haptischen Erfahrung", so bezieht der Begriff „Bildkompetenz" auch den produktiv-gestalterischen Aspekt mit ein.[10] Bei der Kompetenzerweiterung im Bereich der visuellen Kultur geht es nicht nur um technisches Know-how, d.h. Kenntnisse und Fertigkeiten in Bezug auf die Handhabung und Bedienung von Werkmitteln, Geräten, Programmen sowie der benötigten sprachlichen Termini, Begriffe und Zeichen, sondern auch um Reflexivität. Diese darf nicht – wie Kunibert Bering es ausdrückt – „auf ein Konzept von Rationalität beschränkt bleiben, welches sich primär nur als kognitive Leistung versteht".[11] Ästhetische Erkenntnis umfasst mehr, betrifft Wahrnehmung, Gefühl, Verstand, Intuition und Handeln in komplexer Weise.

Und so wie das „selbstreflexive Ich" seine Abhängigkeit von Sozialisationsprozessen, von vorgegebenen Normen und Werten sowie von den Erwartungen des gesellschaftlichen Umfeldes erkennen soll,[12] so soll es im Speziellen auch seine Abhängigkeit von Bildzeichen und Symbolen und den zur Entschlüsselung benötigten kulturellen Codes erfassen. Da ikonische Symbole der Selbsterkenntnis des Menschen und seiner Beziehung zur gesellschaftlichen und natürlichen Umwelt dienen, ist es nicht gleichgültig, ob das Dekodieren, man könnte auch sagen „Lesen" des Ästhetischen mit politischen und sozialen Einsichten verknüpft wird oder nicht.

Kulturelle Codes und Wahrnehmung

„Ein Kunstwerk im Sinne eines symbolischen [...] Gutes", schreibt Pierre Bourdieu, „existiert als Kunstwerk überhaupt nur für denjenigen, der die Mittel besitzt, es sich anzueignen, d.h. es zu entschlüsseln."[13] Laut Bourdieu enthält jede Betrachtung von Bildern eine bewusste oder unbewusste Dekodierung. Nur für den Fall, dass der zur Dekodierung benötigte kulturelle Schlüssel zum einen dem Rezipienten vollständig verfügbar, zum anderen aber auch mit dem intendierten Code des Werkes in Übereinstimmung wäre, könne ein unmittelbares und adäquates Verstehen erreicht werden. Sind diese Voraussetzungen nicht erfüllt, tritt meist Missverstehen auf. Wird ein Werk nicht als mit einem bestimmten Code verschlüsselt begriffen, „wendet man unbewusst auf Erzeugnisse einer fremden Tradition denjenigen Code an, der für die alltägliche Wahrnehmung, für die Entschlüsselung der vertrauten Gegenstände gilt".[14] Es gebe – so Bourdieu weiter – keine Wahrnehmung, die nicht einen unbewussten Code einschließen würde.

Selbstreflexivität meint demzufolge auch die Bereitschaft zum aktiven Wandel der Wahrnehmung. Dies erfordert einen langen und komplizierten Prozess der Verinnerlichung, da es einen „Typus von Kunstverständnis (ein Produkt der Verinnerlichung eines sozialen Codes, der den Verhaltensmustern und dem Gedächtnis so tief eingestanzt ist, dass er auf unbewusster Ebene funktioniert) zu entwurzeln gilt, um ihn durch einen anderen, neuen Code zu ersetzen".[15]

Wenn es laut Thomas Hellmuth Aufgabe politischer Bildung ist, die kognitive Struktur im Bezug auf demokratisches politisches Denken und Handeln durch neue Ressourcen zu erweitern und den Lernenden zu befähigen, die Ressourcen auch zu hinterfragen,[16] so muss eine kunstpädagogische Spezifizierung diese Zielsetzungen um den Begriff der Wahrnehmung zentrieren.

Dass Wahrnehmungsstrukturen bedingt durch das soziale Umfeld unterschiedlich ausgeprägt sind und den Aneignungsprozess vorausbestimmen, sollte für die kunstpädagogische Didaktik – nicht nur von der Warte der politischen Bildung aus betrachtet – eine fundamentale Selbstverständlichkeit sein. Wahrnehmung trägt maßgeblich zur Ausbildung von Identität und deren Wandel bei. Aus diesem Grund sollte man in der Unterrichtsplanung „die interne Repräsentation, das Bild der Welt, das ‚im Kopf' des Schülers existiert, stärker berücksichtigen, sei es zu Fragen der Kunst, sei es zu kulturellen Vernetzungen und den damit verbundenen Wertvorstellungen [...]. Die Bildung von Perzepten [Wahrnehmungserlebnissen, Anm. d. V.] aus Wahrnehmungen, Assoziationen, Erinnerungen, Vorstellungen, kulturell bedingten Faktoren etc. und die Reflexion über ihre grundlegende Bedeutung sollten wesentliche Zielvorstellungen des Kunstunterrichts abgeben."[17]

Wenn dabei auch der Fokus auf der visuellen Kompetenz und Bildkompetenz liegt, so sollte der fächerübergreifende, gleichsam die kulturelle Kompetenz umfassende größere Zusammenhang nicht übersehen werden. Kulturelle Kompetenz bezieht immer auch Kritikfähigkeit und Reflexivität der Bedeutungen, Werte und Ideen einer Gruppe oder Klasse mit ein. „Eine Kultur enthält die ‚Landkarten der Bedeutung', welche Dinge für ihre Mitglieder verstehbar machen. Diese Landkarten der Bedeutung trägt man nicht einfach im Kopf mit sich herum: sie sind in den

Formen der gesellschaftlichen Organisation und Beziehungen objektiviert, durch die das Individuum zu einem gesellschaftlichen Individuum wird. Kultur ist die Art, wie die sozialen Beziehungen einer Gruppe strukturiert und geformt sind; aber sie ist auch die Art, wie diese Formen erfahren, verstanden und interpretiert werden."[18]

Wenn SchülerInnen befähigt werden, sich kritisch mit der eigenen Kultur auseinanderzusetzen, dann können sie ein Verständnis für andere Lebensweisen erlangen, Differenzen erkennen und diese auch respektieren. Ein solches Verständnis wäre ein wertvoller Baustein zur Erlangung interkultureller Kompetenz.

Bildnerische Erziehung und politische Bildung

Historisch betrachtet hatte Erziehung durch und mit Kunst lange Zeit einen die gesellschaftlichen Zustände bejahenden Charakter. Erst mit der Entwicklung des Konzeptes der Visuellen Kommunikation Anfang der 70er-Jahre des 20. Jahrhunderts wurde das kritische Hinterfragen eingeleitet. Die Protagonisten dieser Neuerungsbewegung verurteilten die von den realen Lebensbedingungen losgelösten und verabsolutierten ästhetischen Wertvorstellungen und unterstellten alle Zielsetzungen der emanzipatorischen Aufklärung.[19] Die Massenmedien rückten ins Blickfeld der Fachdidaktik, Unterrichtssequenzen zur Analyse von Werbeplakaten, Comics und Produkten der Alltagsästhetik veränderten den tradierten – auf formalen bzw. musischen Konzepten basierenden – Kunstunterricht. Doch wurde von den Theoretikern der Visuellen Kommunikation die Auseinandersetzung mit Kunst, der man ideologische Herrschaftsfunktion zusprach, mehr oder weniger verpönt.

Dieses Ungleichgewicht ist längst korrigiert, Medienanalyse und -interpretation haben im gegenwärtigen Unterrichtsgeschehen genauso ihren Stellenwert[20] wie Phänomene historischer und zeitgenössischer Kunst. Diese zum Teil sehr divergenten Bilderwelten widerspiegeln den sozialen Auftrag unterschiedlicher Klassen und Schichten, offenbaren gesellschaftliche Veränderungsprozesse ebenso wie politische Propaganda und können so zur Ausbildung politischer Urteilsfähigkeit beitragen. Kunstunterricht heute greift die Vielschichtigkeit visueller Kommunikationsformen auf, so auch die infolge der Digitalisierung entstandenen neuen Medien.

Da in modernen Demokratien dem/der Einzelnen Politik im Wesentlichen als „medienvermittelt" begegnet, ist es notwendig, sich selbstständig und gezielt über Massenmedien und/oder neue Medien Informationen zu beschaffen und diese kritisch zu verarbeiten.[21] Im Sinne der politischen Bildung muss Medienkompetenz über die Userqualifikation hinausragen, um „in der Welt der symbolischen Formen die Verklärungs- wie Aufklärungspotentiale aufzudecken".[22] Ein unkonventioneller, kompetenter und zugleich kritischer Umgang mit neuen Medien kann darüber hinaus kreative Anlagen junger Menschen fördern und allgemein Lehr- und Lernprozesse in Schulen und anderen Bildungseinrichtungen unterstützen helfen. „Gerade die künstlerischen Ausdrucksmöglichkeiten von Kindern und

Jugendlichen aus allen sozialen Schichten können mit Hilfe des Computers und anderer digitaler Werkzeuge erweitert werden – vor allem dann, wenn neue mit traditionellen Techniken und Praktiken kombiniert werden (‚Crossover')."[23]

Da künstlerische Arbeiten dazu beitragen, die Wechselwirkungen zwischen kollektiven Anschauungen und persönlichen Statements bewusst zu machen, ist neben der Analyse alltagskultureller Medien auch die Auseinandersetzung mit Kunst für die politische Bildung relevant. Fragestellungen richten sich dabei sowohl auf die Bedeutungen, die in künstlerischen Arbeiten Form annehmen, auf deren Verbindung mit den Funktionen, die Kunst innerhalb der Gesamtkonstruktion kultureller und gesellschaftlicher Werte erfüllt, auf die gesellschaftlichen Übereinkünfte, Normen und Traditionen, innerhalb derer künstlerische Prozesse ablaufen, als auch auf die Rolle, die das Geschlecht des/der Kunstschaffenden spielt.[24] Gerade die Analyse des Geschlechterverhältnisses kann dazu beitragen, dass Herrschaftsformen evident werden.

Weiters kann unter anderem danach gefragt werden, ob ein Werk Ausdruck gesellschaftlicher Veränderungsprozesse oder Mittel politischer Propaganda ist, welche Faktoren die künstlerische Produktion beeinflussen, in welcher Weise subjektive Normvorstellungen von gesellschaftlichen Leitbildern überformt sind, welche Utopien in der Kunst ihren Niederschlag finden oder welchen sozialen und ökologischen Herausforderungen sich Kunst heute zu stellen hat.

Neben gezielten Fragestellungen bedarf die Rezeption der Kunst aber auch der Bereitschaft, sich auf Neues, Ungewohntes einzulassen. Gilt es doch oft, neben dem visuell Wahrnehmbaren eines Werkes das Hintergründige, die jeweilige Symbolik zu entschlüsseln. „Die ästhetische Bildung beginnt dabei", wie es Roger M. Buergel, Kurator der documenta 12, formuliert, „vielleicht weniger mit dem Aneignen von faktischem Wissen als mit dem Einbringen der eigenen emotionalen und intellektuellen Ressourcen [...]. Denn die Bedeutung eines Kunstwerks ist nicht gegeben, sie muss immer wieder hergestellt werden in einem potenziell unabschließbaren Prozess, der vielleicht mehr mit Bereitschaft als mit Kennerschaft zu tun hat."[25]

Im Fach Bildnerische Erziehung findet – wie schon erwähnt – eine thematische Auseinandersetzung sowohl auf visueller und sprachlich-analytischer Ebene als auch auf ästhetisch-praktischer statt. Dabei können von den SchülerInnen die unterschiedlichsten Materialien und Medien verwendet werden, um in Anlehnung an Gestaltungsprinzipien und künstlerische Konzepte eigene Ideen zu kreieren. Methodische Vielschichtigkeit verlangt dabei nach handlungsorientierten offenen Phasen ebenso wie nach gebundenen Unterrichtsformen.

Soll Kunstunterricht den Zielsetzungen der politischen Bildung gerecht werden, so können zusammenfassend vier Aspekte festgehalten werden. Es geht um: 1) die Auseinandersetzung mit der eigenen Wahrnehmung und der Möglichkeit, diese zu modifizieren; 2) die Erweiterung der visuellen Kompetenz und Bildkompetenz im handelnden Vollzug; 3) die Kontextualisierung und Dekodierung von Bildern aller Art; 4) die Fähigkeit zum kritischen Umgang mit Informationen und Medien.

Lehrplanbezug und Grundsatzerlass

In wesentlichen Punkten kommen die in den Lehrplänen verankerten Zielsetzungen des Faches Bildnerische Erziehung diesen Aspekten entgegen. So finden sich in den wortidenten Lehrplänen für die Hauptschule bzw. AHS-Unterstufe folgende Angaben: „Der Unterrichtsgegenstand Bildnerische Erziehung stellt sich die Aufgabe, grundlegende Erfahrungen in visueller Kommunikation und Gestaltung zu vermitteln und Zugänge zu den Bereichen bildende Kunst, visuelle Medien, Umweltgestaltung und Alltagsästhetik zu erschließen. Komplexe Lernsituationen, in denen sich Anschauung und Reflexion mit der eigenen bildnerischen Tätigkeit verbinden, sollen mit den für ästhetische Gestaltungsprozesse charakteristischen offenen Problemstellungen die Voraussetzungen für ein Lernen mit allen Sinnen und die Vernetzung sinnlicher und kognitiver Erkenntnisse schaffen. Auf dieser Grundlage sollen Wahrnehmungs-, Kommunikations- und Erlebnisfähigkeit gesteigert und Vorstellungskraft, Fantasie, individueller Ausdruck und Gestaltungsvermögen entwickelt werden [...]. Die Ergänzung und Relativierung der subjektiven Erfahrungen durch grundlegendes Sachwissen zielt auf Erweiterung der Wahrnehmungs-, Erkenntnis- und Handlungsqualitäten im visuellen Bereich."[26]

Explizit gefordert wird weiters auch das Nutzbarmachen des reflektorischen und kritischen Potenzials von Kunst sowie der kreative und verantwortungsbewusste Umgang mit den neuen Medien und das persönliche Engagement in Fragen der Umweltgestaltung. Dabei sollen altersspezifische Einblicke in historische, ethische und ökonomische Bedingungsfelder künstlerischer Prozesse ebenso ermöglicht werden wie das Erkennen von Zusammenhängen von Kunst und kultureller Identität.

Auch der Oberstufenlehrplan fordert, das „kulturelle Umfeld in größere gesellschaftliche Zusammenhänge" zu stellen. Der Bildungs- und Lehraufgabe zufolge erschließt Bildnerische Erziehung „Zugänge zu allen ästhetisch begründeten Phänomenen unserer visuellen und haptischen Lebenswelt. Die Inhalte beziehen sich auf die Sachbereiche bildende und angewandte Kunst, visuelle Medien und Umweltgestaltung wie Grafik, Malerei, Plastik, Architektur, Design, Fotografie, Film und Video, digitale Medien, Computerkunst, Informationsdesign sowie alltagsästhetische Erscheinungen und Objekte." Darüber hinaus gilt es, „Kunst als Nahtstelle und Vermittlerin von unterschiedlichen Lebens- und Erfahrungswelten, wie die der Wahrnehmung, der Fantasie, der Kultur, Religion sowie die der Politik, der Wirtschaft und der Technik" zu erschließen und „Grundlagen für Werthaltungen und Wertschätzung" zu schaffen. Kommunikationsfähigkeit und Medienkompetenz sollen über differenzierte Kenntnisse und Fertigkeiten erschlossen werden.[27]

Neben den Lehrplänen geben auch diverse Grundsatzerlässe Richtlinien für die Unterrichtsplanung vor. Im Zusammenhang mit der vorliegenden Thematik sei auf den seit 1978 existierenden Grundsatzerlass zur Politischen Bildung verwiesen: „Politische Bildung ist eine Voraussetzung sowohl für die persönliche Entfaltung des einzelnen wie für die Weiterentwicklung des gesellschaftlichen Ganzen. Sie ist in einer Zeit, die durch zunehmende Kompliziertheit in allen Lebensbereichen gekennzeichnet ist, ein aktiver Beitrag zur Gestaltung der Gesellschaft und zur Verwirklichung der Demokratie. Wesentliche Anliegen der Politischen Bildung sind die Erziehung zu einem demokratisch fundierten Österreichbewusstsein [wobei freilich eine patriotische bzw. nationale Orientierung der politischen Bildung durchaus problematisch gesehen werden muss, Anm. d. V.], zu einem gesamteuropäischen Denken und zu einer Weltoffenheit, die vom Verständnis für die existenziellen Probleme der Menschheit getragen ist."[28]

Inhaltliche Zugänge

Neben den Sachbereichen bieten auch gesellschaftlich relevante und medial präsente Themengebiete konkrete Unterrichtsanlässe. Fanden in den 80er-Jahren des 20. Jahrhunderts – unter Einfluss einer starken Friedensbewegung – Themen wie „Wettrüsten" oder „Hunger und Krieg" ihren Niederschlag, so sind es heute, angesichts der aufkeimenden Proteste einer sich zugunsten einer ungebremsten Ökonomie verändernden Welt, jene Themenkomplexe, die sich um die „Globalisierung" zentrieren.

Globalisierung, verstanden als Vernetzung von Weltwirtschaft, Weltpolitik und Weltkultur, hat die Möglichkeiten zum politischen Handeln verändert und erfordert über den Zaun des nationalstaatlichen Horizonts hinausragende Sichtweisen. Globale Gefährdungen – atomare Bedrohung, Hunger und Armut, ökologische Gefahren, Terror, Kriege und Bürgerkriege – benötigen eine ganzheitliche, „planetarische" Sichtweise auf die Politik.[29] Es sind Perspektiven, wie sie in zahlreichen Werken zeitgenössischer Kunstschaffender geboten werden. „In der Kunst und ihrer Vermittlung spiegelt sich der globale Prozess kultureller Übersetzung, der wiederum die Chance einer allumfassenden öffentlichen Debatte bietet. Ein Publikum zu bilden bedeutet, nicht nur Lernprozesse anzustoßen, sondern für eine Öffentlichkeit tatsächlich zu sorgen."[30]

Nicht immer sind es nur die großen Themen, die bei SchülerInnen wertvolle Lernprozesse hervorrufen. Schule ist ja nicht nur ein Lernort, Schule ist – wie Hartmut von Hentig es formuliert – auch Lebensort.[31] Räumliche Gegebenheiten, formelle aber auch informelle Strukturen prägen den Schulalltag und damit das Zusammenleben. Schulkultur umfasst das Alltägliche ebenso wie das durch Veranstaltungen, Aufführungen und Feiern bewirkte Außergewöhnliche. Die in diesem Zusammenhang von der Bildnerischen Erziehung abgedeckte Bandbreite reicht von Schuldekorationen, Gestaltung von Einladungen, Plakaten, Requisiten und Bühnenbildern bis hin zur Organisation von Ausstellungen und Festen. In diesem Kontext vollzogene, meist projektorientierte Aktivitäten, die von der ersten Ideenskizze zur konzeptuellen Planung bis zur Konkretisierung reichen, müssen, um den Ansprüchen einer zeitgemäßen politischen Bildung gerecht zu werden, dem Bedürfnis Jugendlicher nach Selbstinszenierung und Partizipation Rechnung tragen.

Um junge Menschen in sozialen Zusammenhängen entscheidungsfähig zu machen, darf sich Unterricht nicht darauf beschränken, Medien zu interpretieren bzw. Informationen, Stellungnahmen etc. zusammenzustellen. Die Jugendlichen sollen selbst in reale oder simulierte Entscheidungssituationen gestellt oder zumindest mit ihnen konfrontiert werden.[32] In diesem Kontext hat das „selbstreflexive Ich" die Möglichkeit zu lernen, die subjektiven Bedürfnisse zu artikulieren und zu hinterfragen. Zugleich soll es aber auch die Chance haben, deren Abhängigkeit von Normvorstellungen, ökonomischer Verfügungsgewalt und unterschiedlichen gesellschaftlichen Interessen zu erkennen.

Anmerkungen

1. Braun, Karl-Heinz: Der wissenschaftliche Humanismus und die menschliche Ontogenese als Gegenstand der Psychologie, Marburg 1983, S. 36.
2. Siehe dazu den Beitrag von Reinhard Krammer im vorliegenden Band.
3. Holzkamp, Klaus: Kunst und Arbeit – ein Essay zur „therapeutischen Funktion" künstlerischer Gestaltung, in: Ders.: Gesellschaftlichkeit des Individuums, Köln 1978, S. 22.
4. Ebenda, S. 25.
5. Rentschler, Ingo: In Bildern denken, mit Bildern lernen, in: Ästhetische Bildung, BÖKWE Fachblatt, März 2007, S. 32.
6. Bering, Kunibert/Heimann Ulrich/Littke Joachim/Niehoff Rolf/Rooch, Alarich: Kunstdidaktik, Oberhausen 2006, S. 61.
7. Rentschler, In Bildern denken, S. 36.
8. Glas, Alexander: Vom Bild zum Text, vom Text zum Bild, in: Kunst + Unterricht, 309/310 (2007), S. 5.
9. Bering u.a., Kunstdidaktik, S. 244.
10. Ebenda, S. 9.
11. Ebenda, S. 248.
12. Vgl. den Beitrag von Thomas Hellmuth über das „selbstreflexive Ich" im vorliegenden Band.
13. Bourdieu, Pierre: Elemente zu einer soziologischen Theorie der Kunstwahrnehmung, in: Ders.: Zur Soziologie der symbolischen Formen, 6. Auflage, Frankfurt a. M. 1997, S. 169.
14. Ebenda, S. 161.
15. Ebenda, S. 178.
16. Vgl. den Beitrag von Hellmuth über das „selbstreflexive Ich" im vorliegenden Band.
17. Bering u.a., Kunstdidaktik, S. 73.
18. Clarke, John/Hall, Stuart/Jefferson, Tony/Roberts, Brian: Subkulturen, Kulturen und Klasse, in: Dies.: Jugendkultur als Widerstand, Frankfurt 1981, S. 41.
19. Als zentrale Schrift gilt: Ehmer, Hermann K. (Hg.): Visuelle Kommunikation, Köln 1971.
20. Siehe in diesem Band den Beitrag von Ewald Hiebl über Medien und politische Bildung, von Thomas Hellmuth über „Krieg und Frieden", von Christian Angerer über Erich Hackls Erzählung „Sidonie" sowie den theoretischen Beitrag von Gerhard Zenaty.
21. www.lehrplaene.org/berlin/be_pb_gesamt, eingesehen: 1. Juni 2007.
22. Bering u.a., Kunstdidaktik, S. 248.
23. Ergebnisse des Bund-Länder-Kommission-Programms „Kulturelle Bildung im Medienzeitalter", http://www.arcultmedia.de/web/cartfiles/26/de/InfoKubimAbschlussbericht.pdf, eingesehen: 11. Juni 2007.
24. Halbertsma, Marlite: Feminismus und Genderforschung, in: Bering, Cornelia/Bering, Kunibert (Hg.): Konzeptionen der Kunstdidaktik, Oberhausen 1999, S. 140.
25. Homepage der documenta 12: http://documenta.de/geschichte0.html?&L=0, eingesehen: 11. Juni 2007.
26. http://www.bmukk.gv.at/medienpool/778/ahs4.pdf, eingesehen: 12. Juni 2007.
27. Lehrplan Bildnerische Erziehung Oberstufe, http://www.eduhi.at/dl/be_lp_neu_ahs.pdf, eingesehen: 12. Juni 2007.
28. Grundsatzerlass Politische Bildung, Bundesministerium für Unterricht und Kunst, 11. April 1978; Wiederverlautbarung mit GZ 33.466/103-V/4a/94, http://www.eduhi.at/dl/Grundsatzerlass_Politische_Bildung_deutsch.doc, eingesehen: 12. Juni 2007.

29 Vgl. „Politische Bildung neu denken". Internationale Konferenz 16.-18. November 2006, Universität Klagenfurt, http://www.uni-klu.ac.at/frieden/html/politische_bildung_neu_denken_.html, eingesehen: 01. Juni 2007.
30 Buergel, Roger M.: Leitmotive zur documenta 12, http://documenta.de/leitmotive.html?&L=0, eingesehen: 1. Juni 2007.
31 Hentig, Hartmut von: Die Schule neu denken, München/Wien 1993.
32 Vgl. http://www.lehrplaene.org/berlin/be_pb_gesamt?keyword=Textelement%3AZiele, eingesehen am 11. Juni 2007.

Politische Bildung in der Praxis

Astrid Huber

„Anders sein und doch (gem)einsam?"
Politisches Lernen in der Volksschule

Das Rostocker Modell

Das in der Folge vorgestellte Projekt „Anders sein und doch (gem)einsam" wurde nach dem Rostocker Modell geplant – nach einem Unterrichtsmodell, das im Rahmen eines internationalen Forschungsprojektes der Universität Rostock entwickelten wurde. Es eignet sich für den fächerübergreifenden Unterricht, besonders aber auch für Projekte zum Unterrichtsprinzip „Politische Bildung", weil es in besonderer Weise eine interdisziplinäre Auseinandersetzung erfordert. Dem Modell liegen drei zentrale Annahmen zu Grunde: 1) Lernen ist ein langfristiger Prozess; 2) Lernen ist auf die intrinsisch motivierte Eigenaktivität der SchülerInnen angewiesen; 3) Nachhaltiges Lernen stützt sich auf Konzeptwissen.[1]

Im politischen Lernen versteht man unter einem *langfristigen Lernprozess* die aktive Beteiligung des Kindes an seiner sozialen und natürlichen Umwelt. Eigenes Verhalten, Bilder, Meinungen und (Vor-)Urteile werden permanent in der Auseinandersetzung mit den MitschülerInnen, aber auch mit dem/der LehrerIn reflektiert, konstruiert oder rekonstruiert. Das Rostocker Modell eignet sich dafür besonders, zumal „die Kinder von Anfang an aktiv in eine für sie durchschaubare und abrechenbare Organisation der Lernprozesse" einbezogen werden. Der Unterricht knüpft somit an ihrer Entwicklung, ihren Interessen, ihrem Wissen und ihrem Können an und macht den SchülerInnen – gemäß *intrinsisch motivierter Eigenaktivität* – den Sinn der Auseinandersetzung mit der Thematik bewusst.[2] Damit wird *nachhaltiges Lernen und Konzeptwissen* garantiert: Kinder bringen verschiedene Alltagskonzepte in die Schule mit, die durch wissenschaftsorientierte Konzepte erweitert werden, „die ihnen anfänglich naturgemäß noch erfahrungsfern sind, die ihnen aber im Verlauf des Lernprozesses umfassendere, situationsübergreifende Handlungsorientierungen ermöglichen".[3]

In der didaktischen Konzeption des Modells werden folgende inhaltliche Schwerpunkte angeführt:[4] Die Bedeutung des Lerninhalts soll mit dem Kindern diskutiert, ein generatives Thema ermittelt und gemeinsame Lernziele formuliert werden. Ferner sind konkrete Lernkriterien zu erarbeiten sowie Selbsttätigkeit und Instruktion miteinander zu verbinden. Die Beziehung zwischen SchülerInnen und LehrerInnen soll kommunikativ gestaltet sein, die Selbstreflexion über das eigene Lernen soll stimuliert und die Selbstachtung eines jeden Kindes gestärkt werden. Schließlich wird der Lernprozess von den SchülerInnen selbst bewertet und werden auch Rückmeldungen an die Lehrperson gegeben.

In Tabelle 1 sind einige Unterrichtsideen anhand des Rostocker Modells aufbereitet. In der didaktischen Planung werden exemplarisch die Themen „Interessen erkennen und darstellen" und „Wir bestimmen unsere Klassenregeln" für die erste und zweite Schulstufe, „Wir wählen unsere Klassensprecher" und „Kinder haben Rechte" für die dritte und vierte Schulstufe der Volksschule vorgestellt.

Tabelle 1: Unterrichtsideen im Überblick[5]

	Erfahrungsbereich – Situation	Mögliche generative Themen	Exemplarisches Leitthema	Kenntnisse	Lernziele – Fähigkeiten
1 und 2	Kinder kommen in eine neue Lebenswelt und lernen andere Kinder und eine neue Gemeinschaft kennen	• Interessen • Arbeitsteilung • Verantwortung • Solidarität	Generatives Thema: Interessen „Interessen erkennen und darstellen"	Jeder Mensch hat bestimmte Interessen. Die Interessen der Menschen sind unterschiedlich. Unterschiedliche Interessen beeinflussen das Handeln.	Sich seiner eigenen Interessen bewusst werden und diese formulieren können. Unterschiedliche Interessen erkennen, benennen, abwägen, bewerten können
1 und 2	Kinder erleben, dass sie zu anderen Kindern unterschiedliche Beziehungen haben; sie erleben Streit und Versöhnung, Macher und Mitmacher	• Interessen • Konflikt • Konsens • Dissens • Kompromiss • Regeln • Toleranz • Gewalt	Generatives Thema: Regeln „Wir bestimmen unsere Klassenregeln"	Gemeinschaftsleben ist auf Arbeitsteilung, gegenseitige Hilfe und Verantwortungsübernahme angewiesen. Jeder Mensch trägt Mitverantwortung für das Gemeinschaftsleben und kann Einfluss darauf nehmen.	Seine Meinung sagen, mit unterschiedlichen Meinungen umgehen. Konfliktlösungsstrategien: - dialogische Gesprächsführung - Konsensfindung - Kompromissaushandlung Mehrheitsbeschlüsse herbeiführen und akzeptieren
3 und 4	Kinder haben viele Interessen; sie wollen viele Freunde haben; sie interessieren sich aber auch, was die Erwachsenen machen und welche Freiheiten diese ihnen zugestehen	• Macht • Herrschaft • Wählen • Mehrheitsprinzip • Mitbestimmung • Demokratie • Gesetze und Regeln	Generatives Thema: Demokratie „Wir wählen unseren Klassensprecher"	In jeder Gemeinschaft gibt es Macht und Herrschaftsstrukturen. In einer demokratisch organisierten Gesellschaft erfolgt Machtübertragung durch Wahlen und Entscheidungen nach dem Mehrheitsprinzip. Jede Gemeinschaft unterliegt bestimmten Regeln.	Interessenvertreter wählen, Verantwortung übernehmen, eine Wahl vorbereiten, Mehrheitsbeschlüsse herbeiführen und akzeptieren
3 und 4	Kinder leben in einer Kinderwelt, die von Erwachsenen der Alltagswelt stark durchdrungen ist und beeinflusst wird	• Demokratie • Mitbestimmung • Information • Interesse • Kampf • Rechte • Menschenwürde	Generatives Thema: Andere Länder – andere Sitten „Kinder haben Rechte"	Jeder Mensch hat Rechte und Pflichten. Allgemeine Menschenrechte. Rechte der Kinder	Politische Informationen gezielt einholen und nutzen, Interessen zum Ausdruck bringen, Diskussionen führen; Befragungen durchführen, Plakat gestalten

Das Projekt „Anders sein und doch (gem)einsam?"

Unterschiede zu thematisieren, verursacht bei LehrerInnen nicht selten Unsicherheiten. Daher werden gerne Gemeinsamkeiten und Verbindendes im Unterricht betont. Eine solche „farbenblinde Ausrichtung", wie Petra Wagner diesen Unterricht bezeichnet, akzeptiert allerdings die dominierenden kulturellen Sichtweisen unhinterfragt als selbstverständlich; Kinder werden nicht befähigt, mit familiären Unterschieden und vielfältige Lebensverhältnissen umzugehen.[6] Ähnlich verhält es sich auch mit dem so genannten „touristischen Lernen", das sich – etwa durch die Zubereitung von Gerichten aus unterschiedlichen Ländern – lediglich auf eine kurzfristige und oberflächliche Begegnung mit „anderen Kulturen" beschränkt bzw. nichts anderes als Klischeebilder bestärkt. Interkulturelles Lernen sollte tiefer gehen, indem es die Identität der Kinder stärkt, die Erfahrung von Vielfalt ermöglicht, kritisches Denken über Vorurteile und Diskriminierung anregt und auch – im Sinne politischer Handlungskompetenz – Kinder befähigt, sich gegen Benachteiligung und Diskriminierung zu wehren. Kritisches Nachdenken und Handeln sind letztlich als „politisch" im eigentlichen Sinn zu bezeichnen.[7]

Der folgende Unterrichtsvorschlag zum Thema „Anders sein und doch (gem)einsam" realisiert diesen Ansatz vorurteilsbewusster Bildung und Erziehung. Er wurde bereits mit SchülerInnen einer zweiten Schulstufe an der Praxisschule der katholischen Pädagogischen Hochschule in Linz durchgeführt. Die heterogene Klassengemeinschaft hatte das Lehrerinnenteam – bestehend aus einer Volksschullehrerin, einer Sonderpädagogin und einer Sprachheillehrerin – zu vielen sozialen Aktivitäten veranlasst, die weitgehend dem „sozialen Lernen" zugeordnet werden konnten. Ziel war es, ein günstiges Lernklima für alle Kinder, unabhängig ihrer körperlichen und geistigen Entwicklung sowie sozialer und kultureller Herkunft, zu erreichen. Fakt war aber, dass Vorurteile, deren Entstehung außerhalb der Schule vermutet werden kann, die „sozialen Übungen" massiv behinderten. Das Team entschloss sich in der Folge, sich mit den Kindern im „politischen Lernen"[8] verstärkt mit Vorurteilen, Stigmatisierung und Diskriminierung auseinander zu setzen. Dabei sollten in verschieden Übungsformen Vorurteile sichtbar gemacht, reflektiert und neue „Bilder" voneinander entworfen werden. Im Zentrum des Projektes stand das Bilderbuch „Irgendwie Anders" von Kathryn Cave und Chris Riddell, das durch zwei weitere Übungsformen ergänzt wurde.

Inhalt des Bilderbuches „Irgendwie Anders"

„Irgendwie Anders", ein kleines blaues Wesen mit großem Kopf und einer kleinen runden Knopfnase, lebt auf einem hohen Berg und besitzt keine Freunde. Niemand will sich mit ihm anfreunden, weil er irgendwie anders ist. Als er von einem kleinen roten „Etwas" aufgesucht wird, der wie er ein Außenseiter ist, reagiert „Irgendwie Anders" auch zuerst abweisend.

> Schließlich entwickelt sich aber zwischen den beiden eine enge Freundschaft, weil sie eines gemeinsam haben: sie wurden aufgrund ihres Anderssein ausgegrenzt.
> Das Bilderbuch „Irgendwie Anders" ist ein Appell an die Toleranz für Verschiedenheit und regt die LeserInnen zur Reflexion über die eigene Voreingenommenheit an.

Als Unterrichtseinstieg kann das Spiel *Den Anderen erfinden* dienen, wobei hier ein „Kennenlern-Spiel" für Kinder der zweiten Schulstufe adaptiert wird: Ein Kind „erfindet" ein anderes der Klasse mit Hilfe eines kurzen Steckbriefs, d.h. es schreibt dem anderen Kind Merkmale zu, die nicht unbedingt zutreffen müssen. Auf dem Steckbrief finden sich folgende Sätze, die vom/von der „ErfinderIn" zu Ende gedacht werden sollen: „Du isst am liebsten …", „Dein Lieblingsspielzeug ist …", „Du wohnst in einem …"; „Du hast … Geschwister", „Besonders traurig bist du, wenn …", „Am meisten freust du dich über …". Im Sesselkreis kann dann das Kind die Erfindung bestätigen oder widerlegen und richtig stellen. Bei dieser Übungsform werden die Bilder, die von dem anderen existieren, sichtbar gemacht.

In der Folge wird ein Selbstportrait, *Das bin ICH*, angefertigt. Auf einem Plakat kann das Kind sich und seine Familie bzw. Bezugspersonen, sein Lebensumfeld, sein Lieblingsspielzeug, Freizeitbeschäftigungen etc. mit Texten, Fotos und selbst gemalten Bildern darstellen und der Klasse vorstellen. Dabei wird das Besondere, das für das Kind Typische und Einzigartige thematisiert, zugleich aber auch die Einbettung in ein bestimmtes kulturelles Umfeld deutlich.[10]

Möglich ist in diesem Zusammenhang auch ein *Projekt zur Familiengeschichte*: Die SchülerInnen erhalten die Aufgabe, ihre Eltern und Großeltern nach den Geburtsort und die Lebensverhältnisse dort zu fragen, ferner um die Gründe eventueller Übersiedlungen. In der nächsten Unterrichtsstunde erzählen sie davon. Dafür sollte nicht nur eine Österreichkarte, sondern eine Europa- oder Weltkarte zur Verfügung gestellt werden, damit auch Kindern von MigrantInnen ihren Herkunftsort zeigen können. In einem nächsten Schritt werden die Geschichten und Erinnerungen festgehalten. Die SchülerInnen können dabei ihre eigene Geschichte oder auch die Geschichte der Großeltern oder Eltern aufschreiben und in Zeichnungen darstellen. Die Arbeiten werden in einer Mappe gesammelt oder auch im Klassenraum ausgestellt. Durch dieses Projekt lässt sich Einsicht in die Beziehung zwischen Familienbiographie und aktueller Lebenssituation gewinnen sowie in die Bedingtheit der eigenen Existenz vom sozialen Milieu, aus dem man stammt. Zudem können die SchülerInnen durch den Vergleich der Geschichten die unterschiedlichen Ursachen für Migration erfahren. Auch der Einheimische kann im Übrigen durch dieses Spiel zum Fremden werden, weil Mobilität auch im kleineren Raum erfolgt.[11]

Durch die Bearbeitung des Bilderbuchs „Irgendwie Anders" findet dann in einem *Rollenspiel*, das später auch vor Publikum aufgeführt werden kann, die eigentliche Auseinandersetzung mit der Thematik der Ausgrenzung statt. Die didaktische Methode der „Fallanalyse aus der Innenperspektive"[12] wird dabei auf ein fiktives Ereignis übertragen. Bei dieser Form der Analyse nehmen die SchülerInnen die Stelle einer am Fallbeispiel beteiligten Person ein und versuchen dessen Sichtweisen, Gedanken und Gefühle nachzuvollziehen. Durch die Übernahme der Rolle des „Irgendwie Anders" erleben die Kinder demnach „hautnah" das Gefühl der Ausgrenzung. Anschließend beschreiben sie ihre Empfindungen und Gefühle in dieser Rolle und vergleichen sie mit Gefühlen in ähnlich erlebten oder bei anderen beobachteten Situationen. Zudem sollte darüber diskutiert werden, warum „Irgendwie Anders" möglicherweise anders ist, wobei – Bezug nehmend auf das Selbstportrait „Das bin ICH" – die Bedeutung unterschiedlicher Kulturen für bestimmtes Verhalten und Handeln zur Sprache kommen kann. An einem anderen Ort wäre „Irgendwie Anders" vielleicht gar nicht anders.

Um die „soziale Perspektivenübernahme", wie die Fallanalyse aus der Innenperspektive auch bezeichnet wird,[13] zu erleichtern, bietet sich die „Lebensweltanalyse" an, die auch – im Sinne politischen Lernens – die vielfältigen Einbindungen von Personen in gesellschaftliche Teilsysteme aufzeigt. Dazu werden Kategorien und Unterkategorien entworfen,[14] mit denen etwa im Bezug auf den Kinderbuchtext relevante Details herausgefiltert werden können, die ansonsten verborgen blieben: 1) *Kategorie „Zeit/Geschichte"*: Welche für das Handeln des Protagonisten bedeutsame Erlebnisse in der Vergangenheit sind festzustellen? Welche wichtigen Erlebnisse in der Gegenwart werden aufgezeigt? Welche Ereignisse in der Vergangenheit und Gegenwart, an denen der Protagonist nicht unmittelbar beteiligt war, besitzen für diesen möglicherweise Relevanz? Wie verwertet der Protagonist die vergangenen und gegenwärtigen Erlebnisse? 2) *Kategorie „Identität"*: Welche Gefühle leiten den Protagonisten? Über welches Wissen und welche Fähigkeiten verfügt er? Welche Überzeugungen und Interessen hat er? Wie könnte sein Selbstverständnis beschrieben werden? Welche Handlungsstrategien entwickelt er? 3) *Kategorie „Gesellschaftliche Teilsysteme"*: Welche Lebensbereiche sind für den Protagonisten bedeutend? Wie funktionieren diese Lebensbereiche, d.h. wird etwa Gleichberechtigung praktiziert und die Menschenwürde anerkannt? Kann den Bedingungen in den Lebensbereichen zugestimmt werden? Welche Anforderungen müssen bewältigt werden, um in den Lebensbereichen existieren zu können? Welche Möglichkeiten werden aufgezeigt, wie die Lebensbereiche gestaltet werden können? 4) *Kategorie „Sozialer Kontakt"*: Welche für den Protagonisten wichtigen Interaktionen werden aufgezeigt? Welche Themen sind Gegenstand von Interaktionen? Welche Positionen nehmen die Beteiligten der Interaktion ein, wie verhalten sie sich und wie handeln sie? Welche Erwartungen und Ziele haben die Beteiligten?

Durch die „soziale Perspektivenübernahme" werden Konflikte sichtbar und eventuell mit ähnlichen Situationen in der Klasse oder im sozialen Umfeld der SchülerInnen vergleichbar. Dazu ist es notwendig, dass die Konflikte sprachlich verbalisiert, aufgearbeitet und reflektiert werden. In einem weiteren Schritt werden gemeinsame Lösungswege entwickelt, etwa durch das Aufstellen von Regeln für ähnliche Situationen. Zudem sollten konkrete Aktionen überlegt werden, um gegen Diskriminierung vorzugehen. So können die SchülerInnen etwa Flugblätter oder eine Zeitung gestalten und diese in der Schule verteilen. Möglich ist auch, einen Leserbrief aus konkretem Anlass – etwa bei rassistischen Übergriffen oder auch bei problematischem Handeln offizieller Stellen – zu verfassen.

Voraussetzung dafür ist freilich eine klare Vorstellung von Gerechtigkeit,[15] die dem demokratischen Wertekonsens politischer Bildung[16] entspricht. Hierzu vermag das Philosophieren mit Kindern hilfreich sein, das – trotz mancher Vorbehalte von Lehrenden – nicht nur möglich, sondern von grundlegender Bedeutung für die politische Bildung ist. Muss doch politische Bildungsarbeit „stets um den Erhalt der Diskursfähigkeit und der Diskurswilligkeit bemüht sein", zumal Kinder „nicht auf einen stabilen äußeren Bezugsrahmen zurückgreifen, sondern diesen selbst hervorbringen" sollen.[17] Bezogen auf den Begriff der „Gerechtigkeit" lässt sich, in Anlehnung an Markus Tiedemann,[18] folgendes Gedankenexperiment durchführen: Die Lehrperson gibt sich als Zauberer/Zauberin aus und – eventuell sogar verkleidet mit Zaubermantel, Zauberhut und Zauberstab – „verzaubert" die Kinder in andere Menschen. Der Zufall wird darüber entscheiden, ob jemand Mann oder Frau, Inländer oder Ausländer, alt oder jung, arm oder reich, gesund oder krank, klug oder dumm sein wird. Allerdings dürfen die Kinder zuvor noch über die Gesetze entscheiden, die das zukünftige Leben regeln sollen. Dazu werden Arbeitsgruppen gebildet, die sich mit den Themen Zuwanderung, Arbeit, Schule, Polizei etc. beschäftigen. Im Anschluss daran werden die Ergebnisse vorgestellt und darüber diskutiert.

Tabelle 2: Planung von Lerneinheiten zum Thema „Anders sein und doch (gem)einsam?" für die erste und zweite Klasse nach dem Rostocker Modell

Lernmodul: „Anders sein und doch (gem)einsam"?		
Generatives Thema: Toleranz und Empathie		
Wissen und Verstehen	Selbstverständnis (Wie sehe ich mich?) Fremdbild (Wie werde ich von den anderen gesehen?) Eigene Sichtweise (Wie sehe ich die anderen?) Verhalten und Handeln (Wie gehe ich mit „anderen" um? Wie gehen diese mit mir um?)	Hauptbegriffe • Toleranz • Interesse • Solidarität • Menschenwürde • Ich/Identität (Stärkung)
Fähigkeiten	Die Kinder entwickeln die Fähigkeit, • ihr eigenes Tun kritisch zu hinterfragen • über sich und andere Menschen nachzudenken • sich selbstreflexiv mit einer konkreten Situation auseinanderzusetzen • mehrperspektivisch zu denken • sich in andere einfühlen zu können • Vorurteile abzubauen • gegen Diskriminierung aufzutreten	
Anbahnende Einstellungen	Die Kinder entwickeln das Bedürfnis • zu wissen, wie Kinder in anderen Ländern/Kulturen leben • nach Solidarität • nach Anerkennung und angenommen zu werden, unabhängig von ihrer Herkunft, ihrer emotionalen und sozialen Entwicklung • gegen Ungerechtigkeit einzutreten	

Lern-phase	Lerntätigkeiten Inhalte	Lernfördernde Tätigkeiten der Lehrperson
Einstieg und Erkundung	• „Den anderen erfinden" • „Das bin ICH" – Selbstportrait • Projekt „Familiengeschichte" • Philosophieren über „Gerechtigkeit" (Gruppenarbeit, Diskussion)	Verteilung von Arbeitsmaterialien (Leitfragen, Papier, Stifte etc.)
Anwendung	• Die Lehrperson liest im Sesselkreis das Bilderbuch „Irgendwie anders" vor und zeigt den Kindern die Bilder (Overhead-Projektor/Beamer) • Rollenspiel „Irgendwie Anders" • Lebensweltanalyse mit Hilfe von Kategorien • Die Kinder verbalisieren ähnlich erlebte Situationen • Zuwendung erfahren und Empathie erleben • Eigene Bedürfnisse erkennen, Bedürfnisse anderer wahrnehmen, Respekt und Wertschätzung gegenüber anderen	Kinder werden ermuntert, sich an den Gesprächen zu beteiligen. Unterstützung der Kinder bei der Formulierung ihrer Beobachtungen Kernaussagen werden auf einem Plakat festgehalten. Requisiten für das Rollenspiel werden zur Verfügung gestellt.
Zusammenfassung	Rollenspiel/Theaterstück wird vor der Schulgemeinschaft (MitschülerInnen anderer Klassen und Eltern) aufgeführt. „Ich"- und „Du"-Bilder („Den anderen erfinden"/„Selbstportrait") werden im Plenum diskutiert und für eine Plakatwand in oder vor der Klasse gestaltet. Es werden mit den Kindern Regeln ausdiskutiert, wie in ähnlichen Situationen miteinander umgegangen werden kann. Eventuell konkrete Aktionen (Flugblätter, Schülerzeitung, Leserbriefe etc.)	Feedback Die SchülerInnen geben einander Feedback über die gegenseitigen Sichtweisen. Vorschläge der Kinder werden festgehalten. In den Kreisgesprächen und Reflexionsrunden wird auf die Einhaltung der Gesprächsregeln geachtet.
Reflexion	Folgende Fragen werden mit den Kindern diskutiert: • Was habe ich gelernt? • Was ist mir bewusst geworden? • Was ist mir noch nicht ganz klar? • Was möchte ich darüber hinaus noch wissen?	Fragen zum Lernprozess (eventuell auch Detailfragen) Auf die Einhaltung der Gesprächsregeln wird geachtet.

Material und Literatur: Cave, Kathryn/Riddell, Chris: Irgendwie Anders, Hamburg 2006; Zeichenpapier A4 für die „Ich"- und „Du"-Bilder; Bühnenbilder und Requisiten; Videokamera, CD-Recorder; Giesen, Birgit: Literaturprojekt „Irgendwie Anders". 2. und 3. Klasse Grundschule und Sonderschule, Kempen 2005.

Anmerkungen

1 Schneider, Ilona Katharina: Politische Bildung in der Grundschule, Hohengehren 2007, S. 33. Zum Konzeptwissen siehe auch die Beiträge von Reinhard Krammer und von Cornelia Klepp („Master of Science") in diesem Band.
2 Ebenda, S. 33-36.
3 Ebenda, S. 36.
4 Ebenda, S. 37.
5 Ebenda, S. 47.

6 Wagner, Petra: Vielfalt respektieren, Ausgrenzung widerstehen – Politisches Lernen in der Einwanderungsgesellschaft, in: Richter, Dagmar (Hg.): Politische Bildung von Anfang an. Demokratie-Lernen in der Grundschule, Schwalbach/Ts. 2007, S. 265 (Politik und Bildung).
7 Ebenda, S. 268, 270; Derman-Sparks, Louise: Anti-Bias-Curriculum. Tools for Empowering Young Children, Washington, D.C. 1989.
8 „Soziales Lernen", das der zwischenmenschlichen Interaktion zugerechnet werden kann, ist nicht mit „politischem Lernen" gleichzusetzen. Dieses ist vielmehr auf einer abstrakteren Ebene als das soziale Lernen angesiedelt, indem es ökonomische und gesellschaftliche Kontexte verstärkt mitberücksichtigt. Zwischen- oder innerstaatliche Konflikte lassen sich etwa nicht durch Konfliktbewältigung im Sozialraum Klasse, sondern nur im Zusammenhang mit machtpolitischen Verhältnissen erklären. Die Ursachen eines Streites zwischen SchülerInnen zu kennen, bedeutet noch nicht, einen politischen Konflikt erklären zu können. Siehe dazu u.a.: Massing, Peter: Politische Bildung in der Grundschule. Überblick, Kritik, Perspektiven, in: Richter (Hg.), Politische Bildung von Anfang an, S. 21; Weißeno, Georg: Lebensweltorientierung – ein geeignetes Konzept für die politische Bildung in der Grundschule?, in: Kuhn, Hans-Werner (Hg.): Sozialwissenschaftlicher Sachunterricht. Konzepte – Forschungsfelder – Methoden. Ein Reader, Herbolzheim 2003, S. 94.
9 Giesen, Birgit: Literaturprojekt „Irgendwie Anders". 2. und 3. Klasse Grundschule und Sonderschule, Kempen 2005.
10 Siehe dazu auch: Wagner, Vielfalt respektieren, S. 269.
11 Die Idee zu diesem Projekt stammt z.T. aus: Ethnopädagogik in der Praxis: Erziehung zum multikulturellen Zusammenleben. Unterrichtsbeispiele der AG, in: Unger-Heitsch, Helga (Hg.): Das Fremde verstehen. Ethnopädagogik als konkrete Hilfe in Schule und Gesellschaft. Grundlagen und Beispiele, Münster/Hamburg/London 2003, S. 181f (Interethnische Beziehungen & Kulturwandel).
12 Neben der Fallanalyse aus der Innenperspektive ist auch jene aus der Außenperspektive möglich, bei der die SchülerInnen ein Fallbeispiel als unbeteiligte Dritte analysieren. Dazu werden Leitfragen entworfen, die das Vorgehen strukturieren: Worum geht es? Wer ist beteiligt? In welcher Lage befinden sich die Beteiligten? Warum befinden sie sich in dieser Lage? Welche Ziele verfolgen sie und welche Mittel werden dazu eingesetzt? Welchen Verlauf nimmt das Ereignis? Zur Fallanalyse siehe genauer: Eichner, Detlef: Fallanalyse im Sachunterricht als Möglichkeit des Demokratie-Lernens, in: Richter (Hg.), Politische Bildung von Anfang an, S. 335-350.
13 Breit, Gotthard: Mit den Augen des anderen sehen – Eine neue Methode zur Fallanalyse, Schwalbach/Ts. 1991.
14 Zu den folgenden Kategorien siehe: Eichner, Fallanalyse, S. 342f.
15 Ebenda, S. 271.
16 Siehe dazu die Wertepyramide nach Peter Schulz-Hageleit im theoretisch-methodischen Beitrag von Thomas Hellmuth über politische Bildung in der Unterstufe.
17 Tiedemann, Markus: Schulung der Urteilskraft – Mit Kindern über Freiheit, Gerechtigkeit und Verantwortung philosophieren, in: Richter (Hg.), Politische Bildung von Anfang an, S. 322, 324f.
18 Ebenda, S. 330f.

Thomas Hellmuth

Krieg und Frieden

Interdisziplinärer Geschichts- und Deutschunterricht
in der Unterstufe

Nach 1945 hat sich der Inhalt der so genannten „Friedenserziehung" permanent gewandelt:[1] Wurde zunächst angestrebt, einen friedlichen und friedliebenden Menschen zu schaffen, der den Krieg als unzweckmäßig und moralisch verwerflich betrachtet, setzte in den 1970er-Jahren die „Kritische Friedenserziehung" ein, die im Gefolge der 68er-Revolution dem Kapitalismus kritisch gegenüberstand und sich somit explizit als politische verstand. Angestrebt wurde nicht nur die temporäre Abwesenheit von Krieg, sondern eine Überwindung des Krieges als „strukturelle Gewalt" (Johan Galtung) schlechthin.[2] Ohne Zweifel ist es ein Verdienst der „Kritischen Friedenserziehung", bei der Frage nach den Ursachen für Kriege auf die Zusammenhänge unterschiedlichster ökonomischer und gesellschaftlicher Faktoren hingewiesen zu haben. Allerdings konnte sie, wie Wolfgang Sander schreibt, „für die Friedenserziehung wesentliche Fragen überhaupt nicht klären [...]. Indem sie jede Gewalt als Produkt gesellschaftlicher Verhältnisse ansah, war sie anthropologisch naiv, und indem sie als ‚Frieden' letztlich nur einen Zustand völliger Gewaltlosigkeit und vollendeter Gerechtigkeit gelten ließ, verlegte sie das Ziel der Friedenserziehung in eine unendliche ferne Zukunft und verlor dabei die konkreten Handlungsprobleme, Alternativen und Dilemmata [...] weitgehend aus dem Blick."[3]

Dazu gehört auch die Überlegung, ob Krieg bzw. militärischer Einsatz immer verhindert oder pauschal abgelehnt werden kann. Denn bereits mit dem Kampf gegen die nationalsozialistische Herrschaft haben Gewalt und Krieg ihren eindeutigen unmoralischen Status verloren:[4] Hätten die Alliierten denn von einem Angriff auf das Deutsche Reich absehen sollen? Gibt es nicht auch humanitär begründbare militärische Interventionen, etwa bei Bürgerkriegen, um das Leben vieler Menschen zu retten?[5] Tatsächlich handelt es sich hier um die Frage der jeweiligen Perspektive, aus der ein Problem betrachtet wird: Angesichts des Leides, das Krieg verursacht, ist dieser selbstverständlich abzulehnen und zu verurteilen.

Es scheint daher notwendig, die Friedenserziehung als Teil der politischen Bildung zu definieren: Nicht eine Einstellung soll gepflegt, sondern in erster Linie die Urteilsbildung in der diskursiven Auseinandersetzung mit den anderen ermöglicht werden. Friedenserziehung bedarf also der Förderung der politischen Urteilskompetenz, unter der die Fähigkeiten, die Fertigkeiten und die Bereitschaft verstanden werden, Probleme und Kontroversen aus Politik, Wirtschaft und Gesellschaft zu analysieren sowie die Standpunkte und das daraus resultierende Verhalten und Handeln der Beteiligten nach rationalen, d.h. „objektiven" Kriterien zu beurteilen.[6]

Zugleich mit der Urteilskompetenz wird auch die politikbezogene Methodenkompetenz gefördert, zumal Urteile ohne die Kenntnis adäquater Methoden zur Informationsbeschaffung und zur Urteilsbildung, etwa der Argumentationstechnik, unmöglich sind.

Friedenserziehung und Medienanalyse

Die Methodenkompetenz bezieht sich im vorliegenden Unterrichtsbeispiel zur Friedenserziehung auf die Fähigkeit, Texte und Bilder zu analysieren sowie – damit in enger Verbindung stehend – Probleme rational, d.h. argumentativ nachvollziehen zu können. Dabei wird der großen Bedeutung der Medien in der Gesellschaft Rechnung getragen, die es notwendig macht, die Medienanalyse nicht als gesondertes Unterrichtsthema zu behandeln, sondern bei den unterschiedlichsten Themen ständig mitzudenken.[7]

Folgende zwei Schritte sind bei der Medienanalyse zu beachten: Zunächst erfolgt die Text- bzw. Bildaufnahme, d.h. das Lesen des Textes bzw. Betrachten des Bildes. In den meisten Fällen wird dieser Schritte mit Leitfragen erleichtert. Der nächste Schritt umfasst die reflektierende Interpretation: Der Text bzw. das Bild wird zunächst analysiert, d.h. es werden Hypothesen zu einem Sachverhalt gebildet und diese anhand von Text- bzw. Bildmerkmalen überprüft. Danach diskutieren die SchülerInnen die unterschiedlichen Hypothesen und vergleichen diese gegebenenfalls mit ihren Erfahrungen. Dabei werden unterschiedliche Wissensbestände und unterschiedliche Perspektiven deutlich. Die SchülerInnen integrieren auf diese Weise unterschiedliche Erklärungsansätze und erweitern im Idealfall ihre „kognitive Struktur".[8] Explizit sei darauf hingewiesen, dass trotz unterschiedlicher Hypothesen keineswegs eine beliebige Interpretation erfolgen kann, zumal die Beweisführung an Anhaltspunkten im Text oder Bild gekoppelt sein muss und nicht allein mit individuellen Erfahrungen und Assoziationen begründet werden darf.

Eine solche Textanalyse stößt freilich in der vierten Klasse der Hauptschule oder AHS-Unterstufe auf Schwierigkeiten, zumal die SchülerInnen kaum trainiert sind, Texte- und Bilder zu interpretieren. Daher scheint es sinnvoll, zum einen verständliche Kommunikationsmodelle für die Interpretation zu verwenden, zum anderen, die Erfahrungswelt der SchülerInnen zu berücksichtigen.

Zur Hypothesenbildung eignet sich insbesondere das bereits klassische Kommunikationsmodell von Friedemann Schulz von Thun, das so genannte „Nachrichtenquadrat", das zwischen Sender und Empfänger sowie zwischen den vier Seiten einer Nachricht unterscheidet (Grafik, S. 91).[9] Von diesen vier Seiten sind bei der Text- und Bildinterpretation vor allem die Selbstoffenbarung, der Sachinhalt und der Appell von Bedeutung. Die Beziehungsebene kommt, ausgenommen bei Briefen, in erster Linie bei der mündlichen Kommunikation zum Tragen.

Folgende Fragen können – bezugnehmend auf das „Nachrichtenquadrat" – für die Hypothesenbildung hilfreich sein: 1) Worum geht es im Text bzw. im Bild? (Inhaltsebene); 2) Was soll der Text bzw. das Bild bewirken? (Appellebene); 3) Was beabsichtigt der Sender vermutlich? (Selbstoffenbarung)

Bei der Auswahl von Texten und Bildern sollte schließlich darauf geachtet werden, dass die Erfahrungswelt der SchülerInnen berührt wird. Zu beachten ist allerdings, dass es sich bei den Lebenswelten der SchülerInnen und der Politik um zwei unterschiedliche gesellschaftliche Systeme handelt, zumal Politik über den privaten Bereich hinausgeht: Die „Parallelisierungsfalle", die das „demokratische Handeln" in der Schule mit jener in der Politik gleichsetzt, muss vermieden und eine Brücke von der Lebenswelt zur Politik geschlagen werden.[10] Sinnvoll ist hier die Frage an die SchülerInnen, ob die in einem Text oder auf einem Bild dargestellte Situation an eigene Erlebnisse erinnert und welche Gefühle bei der Rezeption ausgelöst werden. Erst daran anschließend kann die Medienanalyse erfolgen.

Panzer und Familie – ein Paradoxon?

Das folgende Unterrichtsbeispiel für die achte Schulstufe bzw. die vierte Klasse der Hauptschule bzw. AHS-Unterstufe,[11] ein interdisziplinäres Projekt aus den Fächern Geschichte und Deutsch, trainiert die Urteils- und Methodenkompetenz am Beispiel der österreichischen Neutralität und Sicherheitspolitik sowie von Antikriegsgedichten. Im Zentrum steht dabei ein Foto, das auf der Titelseite einer Regionalzeitung den „Tag der offenen Tür" einer österreichischen Kaserne bewirbt: Ein Panzer im Hintergrund des Bildes wird von einem Vater mit zwei Kindern bewundert. Im Vordergrund steht eine Mutter, die ihre Tochter im Arm hält und lächelt. Für viele Betrachter erscheint diese Szenerie vermutlich paradox, zumal die Darstellung von glücklicher Familie und modernem Kriegsgerät, das eher mit Leid und Tod als mit Glück konnotiert wird, einen seltsamen Kontrast erzeugt. Dieser Kontrast ist allerdings das Resultat nur einer Perspektive, aus der dieses Bild betrachtet und interpretiert werden kann: die des berechtigten Misstrauens gegenüber jeglicher Form der Gewalt, d.h. die des Pazifismus. Ebenso lässt sich aber eine zweite Perspektive einnehmen, die ihre Begründung in der österreichischen Neutralität und der so genannten „Umfassenden Landesverteidigung" sucht. Aus dieser Perspektive erscheint das Foto plötzlich in einem anderen Zusammenhang, der dem Betrachter nicht Tod und Leid, sondern Sicherheit vermitteln soll.

Eine Didaktik politischer Bildung hat diese Perspektivenvielfalt zu berücksichtigen und muss daher die SchülerInnen im Sinne des „selbstreflexiven Ich" befähigen, das Problem aus unterschiedlichen Perspektiven zu betrachten, sich schließlich für eine oder auch für mehrere Perspektiven zu entscheiden und diese Entscheidung auch argumentieren zu können.[12] Zunächst scheint es daher notwendig, gleichsam mehrere Pakete von Grund- und Orientierungswissen[13] zu schnüren, um das Foto letztlich angemessen analysieren zu können. Mit Grundwissen wird etwa im vorliegenden Fall die Kenntnis des Bundesverfassungsgesetzes (BV-G, Art. 9a) verstanden, das die Umfassende Landesverteidigung vorschreibt. Orientierungswissen bezieht sich dagegen auf Kompetenzen und befähigt die SchülerInnen, etwa Methoden zur Analyse von Texten und Bildern anzuwenden oder Grundwissen wie etwa das Verfassungsgesetz zur Umfassenden Landesverteidigung mit anderen Unterrichtsmaterialien in Bezug zu setzen.

Abb. 1: Zeitungswerbung für den „Tag der offenen Tür in der Kaserne Wels" (Wels ganz nah. Die Zeitung für Wels und Umgebung, 21. September 2007)

- An welche Erlebnisse erinnert dich das Bild? Welche Gefühle löst das Bild bei dir aus? Welche Bildelemente sind für diese Reaktionen verantwortlich?
- Welcher Inhalt wird mit dem Foto vermittelt? Welche Meinung vertritt der Fotograf/die Zeitung? Was will der Fotograf/die Zeitung mit diesem Bild erreichen?
- Aus welchen Perspektiven kann die beiliegende Abbildung betrachtet werden? Berücksichtige bei deiner Antwort die beiliegenden Texte (Borchert, Jandl, Brecht sowie Auszug aus dem Verfassungsgesetz zur Umfassenden Landesverteidigung).

Das notwendige Grund- und Orientierungswissen wird im Unterrichtsbeispiel sowohl in Geschichte als auch Deutsch vermittelt: Im Geschichtsunterricht setzen sich die SchülerInnen mit dem Prinzip der Umfassenden Landesverteidigung auseinander und bringen diese mit der Neutralität in Verbindung. Bekanntlich verpflichtete sich Österreich im Moskauer Memorandum vom 15. April 1955 zur immerwährenden Neutralität. Ein Monat später, am 15. Mai 1955, erfolgte die

Unterzeichnung des Staatsvertrages. Da der Westen auf die Freiwilligkeit des Bekenntnisses zur Neutralität bestand, wurde diese nicht im Staatsvertrag, sondern am 26. Oktober 1955, dem heutigen Nationalfeiertag,[14] in der Verfassung verankert.[15] Dieses Faktenwissen kann den SchülerInnen mit Hilfe des Schulbuches, durch einen LehrerInnenvortrag oder mit entsprechenden Arbeitsblätter vermittelt werde.

Im Neutralitätsgesetz verpflichtet sich Österreich unter anderem, sich selbst „mit allen zu Gebote stehenden Mitteln" zu verteidigen. In diesem Kontext ist letztlich auch das 1975 beschlossene Gesetz zur Umfassenden Landesverteidigung zu sehen, das neben der militärischen auch die geistige, die zivile und die wirtschaftliche Landesverteidigung umfasst. Letztere soll im Krisenfall die Versorgung der Bevölkerung mit Lebensmitteln und Medikamenten gewährleisten, die zivile Landesverteidigung umfasst alle zivilen Hilfsorganisationen wie Feuerwehr, Bergrettung oder Rotes Kreuz. Die geistige Landesverteidigung soll schließlich die Verteidigungsbereitschaft und das Staatsbewusstsein fördern, wobei sich hier im Zusammenhang mit dem Problem politischer Indoktrination[16] durchaus die Frage stellt, ob eine solche gesetzliche Regelung noch als zeitgemäß zu betrachten ist und nicht der Vermittlung von Urteilskompetenz zuwiderläuft.

Im Zentrum der Diskussion wird jedoch die Rolle stehen, die das Militär im Rahmen der Umfassenden Landesverteidigung einzunehmen hat. Nur durch dieses Grundwissen lässt sich die oben erwähnte zweite Perspektive argumentieren. Dazu wird den SchülerInnen ein Auszug aus dem Verfassungsgesetz (M 1) zur Verfügung gestellt, den sie in Gruppenarbeit – mit Hilfe von Leitfragen – diskutieren. Im Anschluss daran werden die Ergebnisse der Gruppenarbeit im Klassenplenum präsentiert und besprochen.

M 1: Umfassende Landesverteidigung (B-VG, Art. 9)

Art. 9a (1) [...] Ihre Aufgabe ist es, die Unabhängigkeit nach außen sowie die Unverletzlichkeit und Einheit des Bundesgebietes zu bewahren, insbesondere zur Aufrechterhaltung und Verteidigung der immerwährenden Neutralität. Hierbei sind auch die verfassungsmäßigen Einrichtungen und ihre Handlungsfähigkeit sowie die demokratischen Freiheiten der Einwohner vor gewaltsamen Angriffen von außen zu schützen und zu verteidigen.
(2) Zur umfassenden Landesverteidigung gehören die militärische, die geistige, die zivile und die wirtschaftliche Landesverteidigung.

Militärische Landesverteidigung – Zweck des Bundesheeres
Laut § 2 des Wehrgesetzes ist das Bundesheer bestimmt:
zur militärischen Landesverteidigung,
[...] zum Schutz der verfassungsmäßigen Einrichtungen und ihrer Handlungsfähigkeit sowie der demokratischen Freiheiten der Einwohner und zur Aufrechterhaltung der Ordnung und Sicherheit im Inneren überhaupt, zur Hilfeleistung bei Elementarereignissen und Unglücksfällen außergewöhn-

lichen Umfangs sowie zur Hilfeleistung im Ausland auf Ersuchen internationaler Organisationen oder der Liga der Rotkreuz-Gesellschaften.

Aus: http://www.noezsv.at/wasist/ulv.htm, 27. September 2007

- Beschreibe das Bundesverfassungsgesetz zur Umfassenden Landesverteidigung mit eigenen Worten: Welche Zweck hat dieses Gesetz?
- Was ist mit der militärischen, geistigen, zivilen und wirtschaftlichen Landesverteidigung gemeint? Welche Rolle spielt vor allem die militärische Landesverteidigung?

Der Deutschunterricht thematisiert dagegen die pazifistische Perspektive, indem Antikriegsgedichte von Bertolt Brecht und Ernst Jandl sowie ein Ausschnitt aus Wolfgang Borcherts „Das ist unser Manifest" analysiert werden. Bei Borchert ist der Krieg verloren, die „Heere der Toten" stehen aber noch immer, „voller Stimmen", welche die Kriegstreiber anklagen und die Nachkommen zum Frieden mahnen. Armut, die in der Metapher der „Mageren Milch" ihren Ausdruck findet, prägt die unmittelbare Nachkriegszeit. Daher wenden sich die Menschen vor Wut und Verzweiflung gegen den Militarismus: Nie mehr werden sie sich befehligen lassen und in einen Krieg ziehen, nie mehr Kriegslieder, den „blutigen Singsang", anstimmen. Borchert bezieht sich dabei auf den „Marsch der Gebirgsjäger" und das „Panzerlied". In beiden Liedern wird der Heldentod beschworen: „Und läßt uns im Stich / Einst das treulose Glück", heißt es im „Panzerlied", „Und kehren wir nicht mehr / Zur Heimat zurück, / Trifft uns die Todeskugel, / Ruft uns das Schicksal ab, / Ja Schicksal ab, / Dann wird uns der Panzer / Ein ehernes Grab." Und im Marsch der Gebirgsjäger grüßt der Soldat seinen Schatz von „einer steilen Felsenhöh, ja Höh! / Wo rau der Bergwind weht, / Ein kleines Blümlein steht, / Das kleine Edel, Edelweiß". In solch schöner Natur lässt sich dann, wenn der Soldat das „deutsche Vaterland [...] vor des Feindes Hand" schützt, auch leichter sterben: „Und sollte ich nicht kehren mehr zurück, / so weine nicht, ja weine nicht, mein Schatz. / Ein steiler Felsen ist mein stilles Grab, / Das man zur letzten Ruhe mir gab."[17]

Im Gedicht „falamaleikum" behandelt Ernst Jandl ebenfalls den Tod, der mit dem Krieg untrennbar verbunden ist. Dabei überzeichnet er diesen aber mit den Mitteln der konkreten Poesie und zieht dabei den Bogen von einem allgemeinen „falnamaleitum" zum individuellen Schicksal: „wennabereinmalderkrieglanggenugausist / sindallewiederda / oderfehlteiner?" Durch das laute Lesen des Gedichts entschlüsseln die SchülerInnen dessen Inhalt; die zunächst als wirr und unzusammenhängend erscheinenden Buchstabenfolgen formen sich allmählich zu verständlichen Worten und Sätzen. Aus dem Chaos der Buchstaben, die auch als Symbol des Krieges interpretiert werden können, kristallisieren sich dessen Folgen heraus: der Verlust von Menschen, von Vätern, Müttern, Geschwistern und Freunden. So wie die Sprache der konkreten Poesie besitzt nun auch das Leben nur noch Fragmentcharakter; die Zusammenhänge sind verloren gegangen. Zugleich ironisiert Jandl den Krieg und verdeutlicht dadurch, abseits von Pathos, dessen Absurdität.

Bertolt Brecht kehrt schließlich die schrecklichen Folgen des Krieges in ihr Gegenteil, indem er sie in Forderungen umformuliert, die erfüllt werden müssen, um eine bessere Welt zu schaffen. Ausgesprochen werden diese Forderungen von Kindern, die im Krieg wohl das größte Leid zu tragen haben und – gleichsam als Symbol für einen Neuanfang – auf eine friedlichere Welt hoffen lassen. Durch die Umkehrung der Gräuel des Krieges in positive Formulierungen – etwa dass die „Nacht […] für den Schlaf" bestimmt sein soll, das „Leben […] keine Straf sein" soll und die „Mütter […] nicht weinen" sollen – lässt sich die katastrophale Auswirkung des Krieges auf die Lebenswelten der Menschen noch eindrucksvoller erfassen, zumal letztlich nichts anderes als eigentlich Selbstverständliches gefordert und damit die Katastrophe, die mit dem Fehlen dieser Normalität verbunden ist, umso stärker bewusst gemacht wird.

M 2: Antikriegstexte

Wolfgang Borchert: Das ist unser Manifest (Ausschnitt)

Helm ab Helm ab: – Wir haben verloren!
Die Kompanien sind auseinandergelaufen. Die Kompanien, Bataillone, Armeen. Die großen Armeen. Nur die Heere der Toten, die stehn noch. Stehn wie unübersehbare Wälder: dunkel, lila, voll Stimmen. Die Kanonen aber liegen wie erfrorene Urtiere mit steifem Gebein. Lila vor Stahl und überrumpelter Wut. Und die Helme, die rosten. Nehmt die verrosteten Helme ab: Wir haben verloren.
In unsern Kochgeschirren holen magere Kinder jetzt Milch. Magere Milch. Die Kinder sind lila vor Frost. Und die Milch ist lila vor Armut. Wir werden nie mehr antreten auf einen Pfiff hin und Jawohl sagen auf ein Gebrüll. Die Kanonen und die Feldwebel brüllen nicht mehr. Wir werden weinen, scheißen und singen, wann wir wollen. Aber das Lied von den brausenden Panzern und das Lied von dem Edelweiß werden wir niemals mehr singen.*
Denn die Panzer und die Feldwebel brausen nicht mehr und das Edelweiß, das ist verrottet unter dem blutigen Singsang. Und kein General sagt mehr Du zu uns vor der Schlacht. Vor der furchtbaren Schlacht. […]

* Anspielung auf zwei Kriegslieder, das „Panzerlied" und den „Marsch der Gebirgsjäger", in denen der Krieg verharmlost und der Heldentod beschworen wird.

Borchert, Wolfgang: Das Gesamtwerk, hg. von Michael Töteberg, erweiterte Neuausgabe, Reinbek b. Hamburg 2007

Ernst Jandl: falamaleikum

falamaleikum
falamaleitum
falnamaleitum
fallnamalsooovielleutum
wennabereinmalderkrieglanggenugausist
sindallewiederda.
oderfehlteiner?

Jandl, Ernst/Spohn, Jürgen: Falamaleikum. Gedichte und Bilder, Darmstadt 1983 (Sammlung Luchterhand, 488)

Bertolt Brecht: Bitten der Kinder

Die Häuser sollen nicht brennen.
Bomber sollt man nicht kennen.
Die Nacht soll für den Schlaf sein.
Leben soll keine Straf sein.
Die Mütter sollen nicht weinen.
Keiner sollt töten einen.
Alle sollen was bauen.
Dann kann man allen trauen.
Die Jungen sollen's erreichen.
Die Alten desgleichen.

Brecht, Bertolt: Bitten der Kinder, in: Ders.: Große kommentierte Berliner und Frankfurter Ausgabe, Bd. 12. Gedichte 2, Berlin/Weimar/Frankfurt a. M. 1988, S. 302f.

- Warum stehen bei Borchert die „Heere der Toten" noch? Warum sind diese Heere „dunkel, lila, voller Stimmen"?
- Warum sind die Kinder in Borcherts „Manifest" „mager"? Welche Bedeutung hat die „magere Milch"?
- Wie sieht laut Borchert die Zukunft der Menschen aus?
- Welche Folgen des Krieges thematisiert Jandl in seinem Gedicht?
- Wie soll laut Brecht die Welt in Zukunft gestaltet sein? Wie sollen die Menschen miteinander umgehen?
- Wie beurteilen die Autoren den Krieg?
- Was wollen Sie mit ihren Texten erreichen?

Das vorgestellte fächerübergreifende Unterrichtsprojekt fördert die politische Urteils- und Methodenkompetenz, d.h. zum einen die Fähigkeit, Urteile nachzuvollziehen und zu überprüfen, zum anderen selbst Urteile auf rationaler Basis zu fällen und eventuell auch eine Präferenz für ein Urteil zu entwickeln. Dabei sollte den SchülerInnen bewusst werden, dass sowohl ihre eigenen als auch die Entscheidungen der anderen immer auch von den jeweiligen Lebenswelten, in denen der Einzelne eingebunden ist, unter anderem von bestimmten, in unterschiedlichen sozialen Milieus vorhandenen Werten und Normen („kollektives Ich"), abhängig ist. Im Sinne des „selbstreflexiven Ich" reflektieren die SchülerInnen über diese Abhängigkeit, wägen dabei unterschiedliche Argumentationsmuster gegeneinander ab, entscheiden sich für ein politisches Urteil, das auch dem eigenen Sozialisationsprozess widersprechen kann, und erweitern damit im Idealfall ihre „kognitive Struktur".[18]

Anmerkungen:

1 Einen Überblick über den Wandel in der Bundesrepublik Deutschland, der sich zum Teil auch auf Österreich übertragen lässt, bietet: Heck, Gerhard/Schurig, Manfred: Friedenspädagogik. Theorien, Ansätze und bildungspolitische Vorgaben einer Erziehung zum Frieden, Darmstadt 1991. Ein guter Überblick seit den 1960er-Jahren findet sich auch bei: Sander, Wolfgang: Friedenserziehung, in: Ders. (Hg.): Handbuch politische Bildung, 3., völlig überarbeitete Auflage, Schwalbach/Ts. 2005, S. 443-450 (Politik und Bildung, 32).
2 Galtung, Johan: Strukturelle Gewalt. Beiträge zur Friedens- und Konfliktforschung, Reinbek b. Hamburg 1982 (rororo aktuell).
3 Sander, Friedenspädagogik, S. 446.
4 Ebenda, S. 449; Dettmar-Sander, Christiane/Sander Wolfgang: Krieg und Frieden, Terror und politische Gewalt, in: Richter, Dagmar (Hg.): Politische Bildung von Anfang an. Demokratie-Lernen in der Grundschule, Schwalbach/Ts. 2007 S. 187f. (Politik und Bildung, 45).
5 Nicht selten dient dieses Argument freilich auch als Vorwand, um macht- und wirtschaftspolitische Interessen zu kaschieren.
6 Neben der Urteilskompetenz und Methodenkompetenz soll politische Bildung auch Handlungskompetenz vermitteln. Darunter wird die Fähigkeit, Fertigkeit und Bereitschaft verstanden, eigene Positionen in politischen Fragen zu formulieren und zu artikulieren, für die Bedürfnisse und Einstellungen anderer Verständnis aufzubringen und an der Lösung von wirtschaftlichen und gesellschaftlichen Problemen mitzuarbeiten. Detjen, Joachim/Kuhn, Hans-Werner/Massing, Peter/Richter, Dagmar/Sander, Wolfgang/Weißeno, Georg: Anforderungen an Nationale Bildungsstandards für den Fachunterricht in der Politischen Bildung an Schulen. Ein Entwurf, 2. Auflage, Schwalbach/Ts. 2004, S. 13-18; Krammer, Reinhard (unter Mitarbeit von Christoph Kühberger und Elfriede Windischbauer und den Kommissionsmitgliedern Anita Achleitner u.a.): Die durch politische Bildung zu erwerbenden Kompetenzen. Ein Kompetenz-Strukturmodell, Manuskript, Salzburg 2007 (Ergebnis des Arbeitskreises „Kompetenzen Politischer Bildung" des österreichischen Bundesministeriums für Unterricht, Kunst und Kultur). Siehe dazu auch den Beitrag von Cornelia Klepp über „(Politische) Bildung und Qualität" in diesem Band.
7 Besand, Anja: Medienerziehung, in: Sander (Hg.), Handbuch politische Bildung, S. 422f.
8 Weißeno, Georg: Textanalyse, in: Kuhn, Hans-Werner/Massing, Peter (Hg.): Lexikon der politischen Bildung, Bd. 3. Methoden und Arbeitstechniken, Schwalbach/Ts. 2000, S. 191. Zur „kognitiven Struktur" siehe: Gagel, Walter: Einführung in die Didaktik des politischen Unterrichts, 2. Auflage, Opladen 2000, S. 224; Seiler, Bernhard (Hg.): Kognitive Strukturiertheit. Theorien, Analysen, Befunde, Stuttgart 1973.

9 Schulz von Thun, Friedemann: Miteinander reden, Bd. 1. Störungen und Klärungen. Allgemeine Psychologie der Kommunikation, Reinbek b. Hamburg 1992.
10 Massing, Peter: Politische Bildung in der Grundschule. Überblick, Kritik, Perspektiven, in: Richter, Dagmar (Hg.): Politische Bildung von Anfang an. Demokratielernen in der Grundschule, Schwalbach/Ts. 2007, S. 30; Dettmar-Sander/Sander, Krieg und Frieden, S. 190. Siehe dazu auch den theoretisch-methodischen Beitrag von Astrid Huber über „Politisches Lernen – Schon im Volksschulalter?" in diesem Band.
11 Der folgende Unterrichtsvorschlag ist auch durchaus für die Oberstufe geeignet, wobei freilich differenziertere Ergebnisse als in der Unterstufe zu erwarten sind.
12 Siehe dazu den Grundlagenbeitrag von Thomas Hellmuth über „Das selbstreflexive Ich" in diesem Band.
13 Uhl, Herbert: Orientierungswissen, in: Richter, Dagmar/Weißeno, Georg (Hg.): Lexikon der politischen Bildung, Bd. 1. Didaktik und Schule, Schwalbach/Ts. 1999, S. 167f. Siehe dazu auch den theoretisch-methodischen Beitrag von Thomas Hellmuth über „Politische Bildung in der Sekundarstufe I" in diesem Band.
14 Es sei darauf verwiesen, dass der Zusammenhang zwischen Neutralitätsgesetz und Nationalfeiertag manchen LehrerInnen der Hautpschule und der AHS-Unterstufe nicht bekannt ist und daher noch immer der Mythos des „letzten alliierten Soldaten", der am 26. Oktober 1955 Österreich verlassen habe, gelehrt wird. Damit wird indirekt auch die Befreiung Österreichs durch die Alliierten in Frage gestellt und eng mit der problematischen Auffassung verbunden, Österreich sei bis 1955 lediglich besetzt und nicht befreit gewesen, zunächst von den Nationalsozialisten und schließlich von den Truppen der alliierten Mächte.
15 Hanisch, Ernst: Der lange Schatten des Staates. Österreichische Gesellschaftsgeschichte im 20. Jahrhundert, Wien 1994, S. 451-455 (Österreichische Geschichte 1890-1990).
16 Zum Problem der Indoktrination in der Politischen Bildung siehe u.a. den Beitrag von Reinhard Krammer in diesem Band.
17 Zu den Kriegsliedern siehe: Frommann, Eberhard: Die Lieder des NS-Zeit. Untersuchungen zur nationalsozialistischen Liedpropaganda von den Anfängen bis zum Zweiten Weltkrieg, Köln 1999 (PapyRossa-Hochschulschriften, 26).
18 Zum „selbstreflexiven Ich" siehe die Grundlagenbeiträge von Thomas Hellmuth, Martin Heinrich und Gerhard Zenaty.

Christian Angerer

Erich Hackls Erzählung „Abschied von Sidonie"

Politische Bildung im Deutschunterricht der Unterstufe

Ein moderner Klassiker der Schullektüre

Erich Hackls 1989 erschienene Erzählung „Abschied von Sidonie"[1] ist zu einem modernen Klassiker der Schullektüre geworden.[2] Sie stieß in ein kollektives Gedächtnistabu und rief einer breiteren deutschsprachigen Öffentlichkeit den Jahrzehnte lang ignorierten nationalsozialistischen Völkermord an Roma und Sinti in Erinnerung. Indem Hackl einen tatsächlichen Fall schildert und die Auslieferung des Roma-Mädchens Sidonie aus der Mitte der Gesellschaft an den Vernichtungsapparat literarisch eindrucksvoll dokumentiert, wird die Erinnerung unabweisbar. Die Opfer bekommen ein Gesicht, das Gesicht Sidonies, und die Helfer einen Namen, den Namen der Familie Breirather, bei der Sidonie als Pflegekind in Letten bei Steyr aufwächst. Greifbar werden auch die Mittäter, die, beflissen in Rechtschaffenheit, an ihrem unscheinbaren Platz im System jeweils das Ihre tun, um Sidonie gegen den verzweifelten Willen der Pflegeeltern wegzuschaffen. Der Blick auf den einzelnen Menschen im großen Massensterben, auf das Mädchen Sidonie, auf diejenigen, die sie aufnehmen, auf jene, die sie ausliefern, bringt uns die Geschichte nahe, und zugleich erweitert sich die wirklichkeitsgesättigte Fallstudie zum Modell dafür, wie eine totalitäre Gesellschaft auf ihren unteren Ebenen dank vieler Rollenträger funktioniert. Da Hackl im regionalen Rahmen die historischen Kontexte einblendet, das Elend der Arbeitslosen im Gefolge der Weltwirtschaftskrise, den Austrofaschismus, den österreichischen Bürgerkrieg 1934, den „Anschluss" Österreichs an das Deutsche Reich, den Repressions- und Vernichtungsapparat im Nationalsozialismus, den Widerstand, die Befreiung und die Gedächtnis-Unkultur der Nachkriegsjahrzehnte, bietet sich die Erzählung als fächerübergreifende literarische Einführung in den historischen Themenbereich „Nationalsozialismus" in der Unterstufe an. Dies umso mehr, als sie literarischen Anspruch mit guter Lesbarkeit verbindet.

Deutschunterricht und politische Bildung

Auf diese Vorzüge von Erich Hackls Erzählung „Abschied von Sidonie" stützt sich der vorliegende Versuch, politische Bildung im Deutschunterricht der achten Jahrgangsstufe (vierte Klasse der Hauptschule oder der allgemein bildenden höheren Schule) zu betreiben. In der Beschäftigung mit dem literarischen Text sollen Inhalte und Methoden der politischen Bildung entwickelt werden. Von Texten auszugehen, ist für den Deutschunterricht zentral, aber auch für die politische Bildung ein wichtiger Zugang, um politische Inhalte in den Unterricht hereinzuholen.[3] Hackls Erzählung, in der literarische und politische Intentionen miteinander verschmelzen, liefert, wie oben dargestellt, eine Reihe von Themen, die für eine Erziehung zu Demokratie und Menschenrechten relevant sind. Zwar stellt der Deutschunterricht die Textästhetik, die Erklärung der Form, in den Mittelpunkt, während die politische Bildung mittels Texten (und anderen Quellen) Aussagen über die politische Wirklichkeit treffen will, doch besitzen die beiden Disziplinen methodische Gemeinsamkeiten. Beide fassen Texte als Entwürfe von Wirklichkeit auf, deren Konstruktionscharakter es in der Interpretationsarbeit zu entschlüsseln gilt, wobei die Sichtweisen und Werthaltungen der Interpretierenden einfließen.[4] Der Deutschunterricht trägt mit seinem Wissen um Form und Stil zum Textverständnis und zur Analyse der Darstellungsweisen politischer Themen im Text bei. Wenn er darüber hinaus zur schriftlichen und mündlichen Erprobung von sprachlichen Verfahren anregt, kann er die Lernenden auch bei der für die politische Bildung wesentlichen Erkundung von Handlungsperspektiven, die aus dem Text abzuleiten sind, unterstützen.[5] Hackls Text bietet die Chance, dass sich Deutschdidaktik und Politikdidaktik in partnerschaftlicher Zusammenarbeit Ziele setzen und Wege dorthin suchen.

Kommunikationsmodell als methodischer Rahmen

Um literatur- und politikdidaktische Fragestellungen für die Arbeit am konkreten Text miteinander verbinden zu können, um Analysekriterien und Erkenntnisperspektiven für beide Fachbereiche zu gewinnen, ist ein Denkmodell von Nutzen, das Literatur und Politik in einen gemeinsamen Bezugsrahmen stellt. Aus der theoretischen Vogelperspektive betrachtet, erscheint das Feld der Kommunikation als ein solcher Rahmen. Sowohl für die Literatur als auch für die Politik ist der Prozess der Kommunikation essentiell, damit Erfahrungen ausgetauscht, Konflikte artikuliert und Übereinkommen erzielt werden können.[6] Zur Beschreibung von Kommunikation eignet sich für unseren Zweck Friedemann Schulz von Thuns bekanntes Modell der sprachlichen Kommunikation sehr gut (Grafik, S. 91). Es bietet zur komplexen Wirkungsweise sprachlicher Äußerungen ein überschaubares, praktikables Analyseschema, das SchülerInnen der achten Schulstufe zuzutrauen ist.[7]

Schulz von Thun zerlegt die Äußerung, die „Nachricht", in vier Komponenten, die das Nachrichtenquadrat bilden: Jede Nachricht enthält eine Information über einen Sachverhalt – das ist der Sachaspekt; sie gibt etwas über den „Sender" und seine Befindlichkeit preis – der Selbstoffenbarungsaspekt; sie teilt etwas darüber mit, wie der „Sender" und die „Empfänger" zueinander stehen – der Beziehungsaspekt; und sie möchte den „Empfänger" zu einem Verhalten veranlassen – das ist der Appellaspekt.[8]

Wenn wir also literarische Texte und sprachliche Äußerungen aus der Politik als solche „Nachrichten" betrachten, können wir durch die Lupe der vier Aspekte ihren Informationsgehalt, ihre Intentionen, ihre Beziehungsimplikationen und ihren Appellcharakter definieren und damit ihre Rolle im Kommunikationsprozess untersuchen.

Das bedeutet, umgelegt auf die Beschäftigung mit Hackls „Abschied von Sidonie", dass die Erzählung die „Nachricht" ist, mit der die Kommunikation zwischen dem Autor als „Sender" und uns als „Empfängern" beginnt. Die Nachricht ist also in diesem Fall eine sehr große Einheit (die freilich nach Bedarf wie in einem Zoom in viele kleinere Einheiten zerlegt werden kann) und zudem ein literarischer Text – das macht die Analyse komplexer, aber das Modell nicht weniger brauchbar.

Ziele und methodische Schritte im Überblick

Ein literarischer Text – diese Erkenntnis aus der Literaturwissenschaft lässt sich auch auf Sachtexte übertragen[9] – trägt bereits ein Konzept in sich, wie er von seinen Adressaten verstanden werden will. Der Autor stellt sich einen idealen Leser als Empfänger vor, der das Textverständnis ergänzt, und schreibt ihn seinem Text als „impliziten Leser" ein.[10]

Im ersten Schritt der Arbeit am Text wird daher das Nachrichtenquadrat dazu genützt, das implizite Konzept der Kommunikation zwischen Autor und LeserIn, das in Hackls Erzählung enthalten ist, nach den vier Aspekten zu beleuchten: Welche Inhalte übermittelt uns die Erzählung? Welche Position nimmt der Autor dazu ein? In welche Beziehung setzen sich Autor und Text zu uns? Was möchte die Erzählung bei uns bewirken? Bei der Untersuchung dieser Aspekte spielen die Interpretationsverfahren für literarische Texte (Analyse von Themen, Aufbau, Figuren, Stil) eine wichtige Rolle. Der erste Schritt ist daher literaturdidaktisch ausgerichtet und strebt die Beschreibung des literarischen Kommunikationsentwurfes an, den uns der Text nach der Intention des Autors offeriert: Worüber, auf welche Weise und mit welcher Wirkung möchte sich die Erzählung „Abschied von Sidonie" mit uns verständigen?

Im zweiten Schritt beantworten die LeserInnen das analysierte Kommunikationsangebot des Textes. Der Dialog zwischen Text und LeserInnen hat zwar schon mit der Lektüre begonnen und wurde durch die Interpretationsarbeit verstärkt, doch nun wird er durch Bezüge auf das gegenwärtige Umfeld der LeserInnen erweitert. Sie formulieren weiterführende Fragen zum politischen Gehalt der Ergebnisse, die in der vorangegangenen Textanalyse zu den vier Aspekten des Nachrichtenquadrates zustande kamen, und diskutieren unterschiedliche Ansichten dazu. Methodisch sollte in dieser Phase ein breites Spektrum argumentierender und kreativer Verfahren genützt werden, um Multiperspektivität und Kontroversität zu wahren. Im Tasten nach eigenständigen Positionen zu politischen Fragen sollen sich die Lernenden, entsprechend dem zentralen Ziel einer demokratischen politischen Bildung, als mündige Entscheidungsträger erfahren können[11], gleichzeitig aber Einsichten in die Abhängigkeit der persönlichen Entscheidungsfreiheit von sozialen und psychologischen Faktoren gewinnen. Damit erfolgt der Schritt von der literarischen Dimension der Auseinandersetzung mit dem Text in die Themenbereiche und Methoden der politischen Bildung.

Im Folgenden wird für beide Arbeitsphasen skizziert, welche Inhalte und didaktischen Verfahren bei einem am Kommunikationsmodell orientierten literatur- und politikdidaktischen Zugang zu Hackls Erzählung „Abschied von Sidonie" in den Unterricht einfließen könnten.

Erste Phase: Kommunikationsanalyse des Textes – Unterrichtsverfahren, Inhalte, Materialien

Damit der methodische Rahmen auch für die SchülerInnen transparent wird, empfiehlt es sich, zu Beginn das Kommunikationsmodell Schulz von Thuns mit Hilfe einfacher Beispiele vorzustellen. Der zweiphasige Ablauf der Unterrichtssequenz wird erklärt.

Die erste Arbeitsphase besteht in der Analyse des Textes nach den vier Aspekten des Modells. Als Analysehilfe bekommen die SchülerInnen vor der Lektüre der Erzählung Leitfragen an die Hand (z.B.: Worüber will uns der Text informieren? Welche Haltung nimmt der Autor zu den Geschehnissen ein, von denen er erzählt? Fühlst du dich als LeserIn des Textes vom Autor ernst genommen/belehrt/eingeschüchtert? Was will der Autor bei uns LeserInnen mit seiner Erzählung erreichen?). In Kleingruppen während und nach der Lektüre können sich die SchülerInnen dazu austauschen. Zum Selbstoffenbarungs- und Beziehungsaspekt des Textes ist wohl mehr an Hilfestellung durch Zusatzfragen, Hinweise auf Textstellen oder kurze Materialien aus der Sekundärliteratur nötig. Bei der gemeinsamen Sammlung und Besprechung der Ergebnisse kommt dem/der LehrerIn die Aufgabe zu, die Beobachtungen thematisch zu ordnen, auf den Begriff zu bringen, inhaltlich zu ergänzen, zu erklären und mit Beispielen zu belegen.

Das Ergebnis einer literarischen Analyse der Kommunikationsstruktur von Hackls Erzählung könnte, großteils in Stichworten gehalten, etwa so aussehen:

Sache: Worüber will uns der Text informieren?
Vernichtungspolitik gegen Roma und Sinti im Nationalsozialismus,[12] dargestellt am tatsächlichen Fall der Sidonie Adlersburg; die Geschichte der Familie Breirather, die Sidonie bei sich aufgenommen hat;[13] Formen des Rassismus bei Figuren der Erzählung; Verhaltensweisen im Austrofaschismus und im Nationalsozialismus am Beispiel von Figuren der Erzählung; der unterschiedliche Umgang mit Handlungsspielräumen – im Spektrum von vorauseilendem Gehorsam bis Widerstand – und Faktoren, die dabei Einfluss ausüben (Sozialisation, Werte, Ideologien, Übernehmen/Abschieben von Verantwortung in hierarchischen Strukturen); das Verschweigen und Verdrängen der nationalsozialistischen Vergangenheit in Österreich in den Jahrzehnten nach dem Krieg;[14] das mit fortwährender Diskriminierung verbundene Schweigen über den Völkermord an Roma und Sinti.[15]

Selbstoffenbarung: Welche Haltung nimmt der Autor zu den Geschehnissen ein, von denen er erzählt?

Der Autor erzählt zwar sachlich in der Rolle des „Chronisten" und spart erklärende Kommentare aus,[16] macht aber in der Beschreibung der äußeren Vorgänge seine emotionale Beteiligung, seine Sympathie für die Familie Breirather und sein Mitleid[17] für Sidonie durchgängig spürbar (z.B. durch die respektvolle, ihr Innenleben schützende Aufmerksamkeit, die er seinen ProtagonistInnen widmet, oder durch die Kontrastierung mit anderen Figuren und Verhaltensweisen in der szenischen Darstellung der Ereignisse). An einer Stelle der Erzählung, beim erzwungenen Abschied Josefas von Sidonie, äußert er offen seine Empörung.[18]

Hackl steht den erzählten Ereignissen nicht „neutral" gegenüber, sondern nimmt einen ethischen Standpunkt ein. Ihn interessiert an den Menschen, die er beschreibt, wie man ein „richtiges Leben" führt, das eine bessere Welt möglich macht.[19]

Beziehung: Wie sprechen uns Autor und Erzählung an?

In „Abschied von Sidonie" wendet Erich Hackl häufig das szenische Erzählen in der Tradition des amerikanischen New Journalism (z.B. Tom Wolfe) an, bei dem eine Handlung quasi Szene für Szene, aus personaler Erzählperspektive, in Form von Dialogen und mit vielen Details des sozialen Milieus wiedergegeben wird,[20] um dem/der LeserIn die erzählten Ereignisse plastisch zu vergegenwärtigen. (Die SchülerInnen könnten am Beispiel einer Passage mit Hilfe von Leitfragen das szenische Erzählen untersuchen.)

Dies ist die stilistische Entsprechung zu Hackls Überzeugung, dass Erzählen notwendig ist, weil es Vertrauen zu anderen Menschen und Weitergabe von Erfahrung bedeutet: „Wer erzählt, glaubt trotz allem an die Fähigkeit des Menschen, anderen zu vertrauen. Erzählen sei Widerstand – gegen das Vergessen, das Verschütten von Erfahrung, die reale oder vorgebliche Zerstörung von Vertrauen, durch das sich Erfahrung mitteilt."[21] Indem Hackl die Geschichte von Sidonie erzählt, geht er mit uns LeserInnen ein Vertrauensverhältnis ein. Erzählend bekräftigt er, dass es einen Sinn hat, uns von diesen Erfahrungen zu berichten.

Das Vertrauen auf die Kraft der Erzählung bestimmt aber nicht nur das Verhältnis des Autors zu den LeserInnen seiner Texte, sondern vor allem auch die Methode der Recherchen für seine Bücher. Hackl geht auf die Beteiligten zu, macht sie ausfindig, befragt sie, lässt sich ihre Geschichte erzählen, ehe er seine Texte schreibt. Zur Materialgrundlage für „Abschied von Sidonie" gehören zahlreiche Gespräche, die zum Teil auch im Materialienband dokumentiert sind. So ist es z.B. möglich nachzuvollziehen, wie Hackl Erzählungen Josefa Breirathers[22] in seinen literarischen Text verarbeitet hat.

Die Erfahrungsweitergabe folgt der Intention, mit der Erzählung bei den LeserInnen Wissen und Erkenntnis zu fördern. Daraus resultiert ein didaktischer Zug des Textes, der vor allem in den informierenden reportageähnlichen Passagen und in der verallgemeinernden Nacherzählung der Geschichte als Parabel im Schlussteil zum Tragen kommt.

Appell: Was will der Autor bei uns LeserInnen mit seiner Erzählung erreichen?
Erich Hackl stellt mit „Abschied von Sidonie" auch den Anspruch, in die Realität einzugreifen:[23] Er schreibt gegen das Schweigen über Sidonie an[24] und unterstützt mit seiner Erzählung die Jahrzehnte langen vergeblichen Bemühungen der Familie Breirather, Sidonie in das öffentliche Gedenken aufzunehmen. Es gibt nun in Sierning eine Gedenktafel am Heim der Sozialistischen Jugend und die Benennung eines Kindergartens nach Sidonie (Materialien M 4 und M 5).

Der Text ist eine Beispielgeschichte sowohl für Rassismus als auch für den Mut zum Widerstand dagegen und fordert die LeserInnen auf, über die eigene Positionierung nachzudenken. Durch die Beschreibung der Beteiligung vieler einzelner Entscheidungsträger bei der Verschickung Sidonies legt uns Hackl nahe, Handlungsspielräume, die auch unter totalitären Verhältnissen bestehen, wahrzunehmen und vom Stereotyp, an Zwänge ausgeliefert zu sein, abzurücken. Die kurze Kontrastgeschichte am Schluss der Erzählung, die sich ebenfalls auf einen tatsächlichen Fall bezieht, weist darauf hin, dass es möglich war, anders zu handeln. Die Erzählung von Sidonie will als „eine Einführung in die Kunst, sich gegen die Ohnmacht zu empören"[25], gelesen werden.

Zweite Phase: Arbeit zu den politischen Gehalten des Textes – Unterrichtsverfahren, Inhalte, Materialien

In der zweiten Arbeitsphase beschäftigen sich die SchülerInnen mit der gegenwärtigen Bedeutung der politischen Kontexte der Erzählung. Die Ergebnisse zu den vier Aspekten des Kommunikationsmodells bilden den Ausgangspunkt für aktuelle politische Bezüge und Problemstellungen, die sich aus der Erzählung ableiten lassen. Die Basisfrage für ein Klassengespräch darüber könnte z.B. lauten: Welche Bedeutung hat dieses Thema oder Problem für mich, für mein Umfeld, für die Gesellschaft, in der wir leben? Wiederum obliegt es dem/der LehrerIn, die geäußerten Fragen und Ideen unter möglichst prägnanten Oberbegriffen, entsprechend den vier Aspekten des Kommunikationsmodells, zu bündeln. Für die – nachfolgend exemplarisch vorgeschlagenen – Aufgabenstellungen, die sich daraus ergeben könnten, eignet sich wohl die flexible Arbeit in Kleingruppen am besten, wobei jede Gruppe nach dem Baukastenprinzip einzelne Aufgaben aus den unterschiedlich gewichteten Bereichen übernehmen kann.

Sache: Unter welchen Bedingungen leben Roma und Sinti heute, z.B. in Österreich? Welche Parallelen gibt es zwischen Sidonie und aktuellen Fällen?
Ein zentrales Thema, mit dem uns Hackls Erzählung konfrontiert, ist der Rassismus gegen Roma und Sinti. Vom historischen Fall Sidonie ausgehend wäre nach der Situation von Roma und Sinti im heutigen Österreich zu fragen. SchülerInnen machen sich auf zur Recherche, vielleicht auch zur Forschung im sozialen Feld. Sie sollen die zur Verfügung stehenden kompakten Informationsquellen zu Geschichte und Gegenwart der Roma und Sinti nützen.[26] Kontakte zu österreichischen Roma und Sinti-Vereinen lassen sich über das Internet herstellen.[27] Per

E-Mail oder, falls sich der Verein in der Nähe befindet, im persönlichen Interview können die SchülerInnen die Lebensbedingungen österreichischer Roma und Sinti erkunden. Sie können sich mit Sprache und Kultur dieser Minderheit beschäftigen und ZeitzeugInnen, KünstlerInnen und AutorInnen[28] an die Schule einladen. Der übergeordnete Gesichtspunkt für diese Aktivitäten ist die Untersuchung der gesellschaftlichen Situation der Roma und Sinti im Österreich und Europa der Gegenwart (Rassismus, Diskriminierung, Volksgruppenrechte, Bildungsmöglichkeiten, politische Vertretung, Vereinswesen).

Zu spannen ist der Bogen von der Vergangenheit zur Gegenwart auch über eine Parallelgeschichte zu Sidonie, die Karl-Markus Gauß in der Zeitung „Der Standard" veröffentlichte (siehe Anhang).[29] Der Autor erzählt vom serbischen Roma-Mädchen Nadica, das 2001 mit der Abschiebung von Österreich nach Serbien bedroht wurde, bis es selber wegwollte. Er schildert das Verhalten der beteiligten Institutionen und Personen. Anhand von Leitfragen wäre ein Vergleich zwischen dem Fall Sidonie und dem Fall Nadica anzustellen sowie die kritische Schreibhaltung des Autors zu untersuchen, aktuelle Informationen zum Kontext (Aufenthaltsrecht, Abschiebung) wären zu ergänzen.

Selbstoffenbarung: Auf Grundlage welcher Werte und Ideologien will ich Partei ergreifen?
Erich Hackl positioniert sich zu der Geschichte, die er erzählt. Er fühlt sich den Werten der Aufklärung und linken Ideologien verbunden, er ergreift in diesem Sinne Partei für Figuren seiner Erzählung. Eine mögliche Frage, die sich daraus für die politische Bildung ergibt, wäre: Auf welche Werte und Ideologien kann/will ich mich berufen, wenn ich Stellung beziehe?

In Interviews hat Hackl den ideologischen Hintergrund für seine politische Perspektive erläutert (M 1 und M 2).[30] SchülerInnen arbeiten die Positionen, die Hackl vertritt, heraus. Dazu gehören sowohl die Klärung der angesprochenen ideengeschichtlichen Bezüge – Ideale der Aufklärung, der Französischen Revolution, linke Ideologien (Sozialdemokratie, Kommunismus, Anarchismus)[31] – mit Hilfe von Lexika aus Bibliothek und Internet[32] als auch die inhaltliche Auseinandersetzung mit zentralen Merkmalen des Gesellschaftsentwurfes, den Hackl skizziert, wie Gleichberechtigung, Demokratie, Bekämpfen von Unrecht, Solidarität.[33] Die Arbeit auf der allgemeinen politologischen Ebene sollte dann wieder eine Rückbindung erfahren zur Erzählung, damit abstrakte Begriffe anschaulich werden. So ließe sich nun z.B. auf der Basis des erworbenen politischen Wissens in Schreibaufgaben die – von der Erzählung großteils ausgesparte – Innenwelt der Hauptfiguren erschließen, ihre Einstellungen, ihre Überzeugungen, ihr Gesellschaftsbild. Als Schreibanlässe für einen inneren Monolog, Brief, Dialog etc. kommen vor allem Situationen in Betracht, in denen Hans und Josefa Breirather Entscheidungen zu treffen haben.

Hackl erzählt zwar aus einer linken Perspektive, aber es gibt in der Erzählung auch Figuren, die sich an die Seite der Breirathers stellen, ohne dass sie dem linken Lager zuzuordnen sind, etwa Frau Hinteregger, die Sidonie firmen lässt, oder der Gefängnisseelsorger Arthofer, der sich nach seiner Haft im KZ Dachau bei

Hans Breirather dafür entschuldigt, das Paar aus katholischem Fanatismus einst zur kirchlichen Heirat gezwungen zu haben. Diese Figuren bieten einen Anlass, über andere Bezugssysteme für politische Positionierung zu sprechen. So könnten an dieser Stelle z.B. die Elemente des Christentums, die eine Ablehnung von Rassismus und Nationalsozialismus begründen, erörtert werden. In der Diskussion soll deutlich werden, dass andere Werthaltungen und Ansichten immer zu respektieren sind, solange sie sich im Konsens von Demokratie und Menschenrechten bewegen.

Die Menschenrechte stellen die breiteste, allgemeingültige Antithese gegen Rassismus und Diktatur dar.[34] Von den Menschenrechten aus sollte noch einmal ein Blick zurück auf Sidonie geworfen werden: Welche Bestimmungen der Allgemeinen Erklärung der Menschenrechte 1948[35] wären auf Sidonie zu beziehen? Und welche auf Nadica?

M 1: Sequenz aus Krista Fleischmanns Fernsehfilm „Geschichten, die das Leben schreibt. Erich Hackl: Dichter und Journalist" (1991)

Fleischmann: „Sie haben Ihre Ideale angesprochen. Was sind Ihre Ideale?"
Hackl: „[…] Es sind letzten Endes die Ideale, die die Französische Revolution schon auf ihre Fahnen geschrieben hat. […] Wo ich mich am wohlsten fühle und was ich ersehne für mich selbst […], sind Beziehungen zwischen Menschen, die nicht durch das Konkurrenzprinzip geregelt werden, wo es nicht heißt, ich schau, dass ich tüchtiger bin als der andere, dass ich den anderen möglichst dumm halte, weil das meinem eigenen Profit zugute kommt. Aber das sind an sich die Verhältnisse, die immer mehr unser Leben prägen, und das ist etwas, wogegen ich wohl schon ein bisschen anschreibe. Aber ich denke nicht, dass ich anschreibe in Form eines Pamphlets, sondern indem ich Menschen oder Situationen zu meinen Stoffen wähle, wo ich das, was ich möchte, eigentlich drinnen habe."

M 2: Sequenz aus dem Radio-Feature „Vom Schreiben. Ein Portrait des Schriftstellers Erich Hackl in fünf Kapiteln" von Alexandra Frech (2005)

Hackl: „[…] Eigentlich würde mich das Schreiben langweilen, würde mich nicht interessieren, aber es ist Politik. Mich interessieren vor allem, muss ich sagen, immer linke gesellschaftliche Bewegungen, Strömungen, Menschen, nur linke, […] links von der Sozialdemokratie eigentlich bis – weiter geht's nicht mehr – bis zum Anarchismus […]. Aber sozusagen das ist das Feld, das mich immer interessiert hat, mich interessiert eben immer eine Haltung, die schon mit meinen Sehnsüchten zu tun hat einfach. Für mich gibt's einen Grundwiderspruch, und der ist schon ein bisschen der zwischen Kapital und

Arbeit, und für mich gibt's eine bestimmte Lebenshaltung und bestimmte Lebenswerte, und die laufen auf Gleichheit zu, soziale Gleichheit vor allem, und auf das Wahrnehmen und das Bekämpfen von Unrecht, und wenn's das nicht gibt in den Fällen, die an mich herangetragen werden oder auf die ich stoße zufällig, dann interessiert's mich wirklich nicht."

Kommentar Alexandra Frech: „Konsequent Partei ergreifen und Stellung beziehen, sei es nun in seinen Büchern, seinen Artikeln oder Hörspielen, dafür steht Erich Hackl seit Jahren."

Beziehung: Wie bekomme ich Erfahrungen anderer medial vermittelt?

Hackls Rolle ist die des Vermittlers von Erfahrungen anderer Menschen. Was ihm Beteiligte in Gesprächen erzählt haben und was ihn bewegt, gibt er an seine LeserInnen weiter. Er vertraut auf die Möglichkeit der Erfahrungsweitergabe über Generationen und zwischen Kulturen durch die Kraft der Erzählung.

Für die politische Bildung wird damit das weite Feld der Medienpädagogik betreten. Damit wir uns im dichten Mediennetz zurechtfinden, benötigen wir die Kompetenz, die verschiedenen Formen von Medien, ihre Produktion, ihre Machart, die mit ihnen verbundenen Intentionen und Wirkungen zu verstehen. Im Zusammenhang mit Hackls Erzählung ergibt sich die Möglichkeit, zumindest ausgewählte Fragen der Medienpädagogik anzuschneiden: Was gehört zu den Grundlagen der Medienwelt? Welchen medialen Erzählungen kann und will ich vertrauen? Inwiefern unterscheidet sich Hackls Konzept der literarischen Erfahrungsweitergabe von anderen, stärker konsumorientierten medialen Formen?

Die SchülerInnen könnten nach der Konsultation von Lexika und entsprechenden Internetseiten[36] mit Unterstützung des/der LehrerIn Kurzreferate über Grundbegriffe des Medienbereiches gestalten (z.B. Medien, Massenmedien, Medienfreiheit, Nachricht versus Meinung, Medienkonsum, Medienkompetenz, österreichische Medienlandschaft). In einer daran anschließenden Diskussion wäre zu erörtern, wie sehr unser Alltag durch medial vermittelte virtuelle Welten und Bilder geprägt ist, deren Herkunft wir oft nicht kennen.

Vor diesem Hintergrund wird dann die besondere, dem Medienkonsum entgegenstehende Qualität von Erich Hackls Erfahrungsvermittlung im Medium der Literatur sichtbar. Als Folie dazu eignet sich etwa ein kurzer Einführungstext zur Mediengesellschaft auf der Website der deutschen Bundeszentrale für politische Bildung (M 3). Von diesem Text ausgehend lassen sich Merkmale erkennen, die Hackls Erzählung auszeichnen, wenn man sie als Kontrastbeispiel medialer Vermittlung betrachtet: einfühlsame und zurückhaltende Erzählung statt Sensation, genaue Rekonstruktion der Umstände statt rasch erzielter Effekt, authentische Nähe zum Ereignis, Offenlegung der Quellen, Sichtbarmachen der eigenen Haltung und, nicht zuletzt, das die Erzählung tragende Zutrauen, dass diese Geschichte an die selbständige Wert- und Urteilsbildung der LeserInnen appelliert.

Als ergänzender Unterrichtsbaustein zum Medienaspekt bietet sich eine entsprechende Untersuchung der filmischen Verfahren in Karin Brandauers Fernsehspiel Sidonie (1991) an, zu dem Erich Hackl das Drehbuch schrieb.[37]

M 3: Informations- und Mediengesellschaft

Es ist eine alte Journalistenweisheit: Die Nachricht „Hund beißt Mann" ist keine Meldung wert, „Mann beißt Hund" hingegen schon. Die Realität im Informationsgeschäft ist die 24-stündige Jagd nach Sensation und Spektakel. Auch die Politik kommt nicht ohne Animation aus: „Politainment" bedeutet, politische Inhalte gekonnt zu inszenieren. Der Kampf um Aufmerksamkeit charakterisiert die Mediengesellschaft ebenso wie die Beschleunigung und schnelle Verfügbarkeit aller Neuigkeiten und Wissensbestände: Weltweit operierende TV-Stationen vernetzen die Weltgesellschaft zum globalen Dorf. Doch je stärker das mediale Rauschen anschwillt, desto wertvoller werden geprüfte Fakten, exklusive Nachrichten und Orientierung.

http://www.bpb.de/themen/7F2SDJ.0.0.Informations_und_Mediengesellschaft.htm, eingesehen im Dezember 2007.

Appell: Was lerne ich aus der Erzählung über meine Handlungsmöglichkeiten?
Die beiden auf der Appellebene der Erzählung angesprochenen Aspekte, Sidonies zu gedenken und Handlungsspielräume der Beteiligten wahrzunehmen, sind eng miteinander verbunden. Denn die Form des Gedenkens entscheidet über die Bedeutung, die den Handlungsspielräumen der Beteiligten zugemessen wird: Wie konkret werden die Verantwortlichen in den Gedenktexten benannt? Unter diesem Blickwinkel vergleichen die SchülerInnen die Texte auf den beiden Gedenktafeln (M 4 und M 5). Auf der Gedenktafel der Sozialistischen Jugend wird die Verantwortung der vielen Beteiligten durch die Formulierung „Opfer der faschistischen Machthaber und ihrer willfährigen Untertanen" angedeutet, während auf der Tafel vor dem „Sidonie Adlersburg"-Kindergarten die Familie Breirather genannt wird, aber Sidonies Deportation und Ermordung als zwangsläufiges Ergebnis des NS-Systems erscheint.

Die Beobachtungen zu den Gedenkformen leiten über zur Diskussion über Handlungsspielräume unter verschiedenen gesellschaftlichen und politischen Bedingungen. Die Kleingruppen erhalten die Aufgabe, sich zu einer Reihe von Figuren der Erzählung (Hans und Josefa Breirather, Fürsorgerinnen, Schuldirektor, Bürgermeister) zu überlegen, welche politischen und persönlichen Faktoren ihr Handeln jeweils beeinflusst haben: Wie ist das Verhalten der Personen begründbar? Unter welchen Voraussetzungen hätten sie sich in Bezug auf Sidonie auch anders verhalten können? (Opposition gegen Austrofaschismus und Nationalsozialismus, Solidarität mit Außenseitern, Mitleid, Karrierestreben durch Anpassung, Angst vor Repression, Vorurteile gegen Roma etc.) Je ein/e VertreterIn aus den Kleingruppen diskutieren in weiterer Folge über diese Gesichtspunkte, die anderen SchülerInnen nehmen, wenn sie etwas beizutragen haben, nach der Fishbowl-Methode (freier Stuhl in der Gesprächsrunde) am Gespräch teil.

In einer abschließenden offenen Plenardiskussion kann der Transfer auf die Lebenswelt der SchülerInnen versucht werden. Wie unterscheiden sich die gesellschaftlichen und politischen Bedingungen in Österreich bzw. Europa heute von denen zur Zeit Sidonies? Wo in meinem gesellschaftlichen Umfeld muss ich mich entscheiden, ob und wie ich mich für andere einsetze? Was ermutigt mich, was hindert mich, es zu tun? Was bedeutet Zivilcourage?

M 4: Text der Gedenktafel am Heim der Sozialistischen Jugend in Sierning (1988)

IM GEDENKEN
AN DAS ZIGEUNERMÄDCHEN
SIDONIE ADLERSBURG 1933-1943
AUFGEWACHSEN IN LETTEN
GESTORBEN IN AUSCHWITZ
OPFER DER FASCHISTISCHEN
MACHTHABER UND IHRER
WILLFÄHRIGEN UNTERTANEN
DAS GEDÄCHTNIS
IST DIE WAFFE DER VÖLKER
EDUARDO GALEANO

M 5: Text der Gedenktafel vor dem Kindergarten (2000)

Dieser Kindergarten der Marktgemeinde Sierning entstand im Gedenken an das Roma-Mädchen Sidonie Adlersburg.

Sidonie verbrachte ihre ersten zehn Lebensjahre in Letten bei der Familie Josefa und Hans Breirather, die sich liebevoll ihrer angenommen hatten. 1943 wurde Sidonie im Konzentrationslager Auschwitz ermordet.

Mit ihr ehren wir alle Opfer des nationalsozialistischen Rassenwahns.

Anhang – Karl-Markus Gauß: Ein Mädchen namens Nadica. Eine österreichische Weihnachtsgeschichte[38]

Dies ist die Geschichte des serbischen Romamädchens Nadica, und wie es für den österreichischen Weihnachtsfrieden sorgte, indem es krank wurde und sich in seine Abschiebung fügte. Damit die Zwölfjährige endlich in jene Zigeunerslums unweit von Belgrad expediert werden konnte, denen sie einst mit Zeichen von schwerer Misshandlung entronnen war, haben viele Ämter und in diesen Ämtern viele Menschen zusammenarbeiten müssen. Wird nämlich in einem Rechtsstaat eine unmündige Ausländerin, der ärztlich eine schwere Erkrankung attestiert wurde, dorthin verfrachtet, wo sie nicht mehr zu Hause ist, dann geht das nicht einfach so, dass sie der nächste Polizist sich schnappt und in den Zug setzt. Nein, damit alles seine Ordnung habe, wenn Unrecht exekutiert wird, gibt es Gesetze, deren Vollzug bald verschleppt, bald beschleunigt werden kann.

Auch Nadica wurde, solange sie etwas zu fordern gehabt hätte, von der Obrigkeit vergessen; erst als diese bemerkte, dass ihr das Kind womöglich teuer fallen könnte, wurde es amtlich wieder entdeckt, und von da an arbeiteten die Institutionen, denen es ein patriotisches Anliegen war, Nadica noch im Advent aus Österreich hinauszuschaffen, höchst effizient. Nein, das ist nicht richtig gesagt: Bei allem, was von Amts wegen geschieht, sind es keine anonymen Apparate, die selbsttätig entscheiden, sondern Menschen, die es tun, wenn auch nicht immer begeistert oder aus freien Stücken.

Nadica wurde in Österreich geboren, hat aber die meiste Zeit ihres Lebens in Serbien als Straßenkind oder bei ihrem Vater gelebt. Weil der sie allzu oft malträtierte, setzte sie alles daran, zu ihrer österreichischen Mutter zu gelangen; deren zahlreiche Kinder freilich auf verschiedene Heime verteilt sind. Als Nadica im Winter vor einem Jahr in Salzburg eintraf, kam sie zum ersten Mal in ihrem Leben in eine Schule. Dort wunderte sie sich anfangs, dass man hier nicht einfach aufstehen und durchs Haus gehen durfte, dann aber zeigte sie große Begabung, lernte rasch lesen und schreiben, überholte manchen, der schon fünf Jahre zur Schule ging, und brachte wirbelndes Leben in die Klasse.

Als sie schon bald nicht mehr bei ihrer Mutter bleiben konnte, wurde sie einer Wohngemeinschaft zugewiesen, in der Kinder aus desolaten Verhältnissen für kurze Frist aufgenommen werden, bis sich ein besserer Platz für sie gefunden hat. Aber für Nadica wurde kein besserer Platz gefunden, weil gar keiner gesucht wurde. Warum sollte sich, da doch alle mit Arbeit überlastet sind, jemand im Jugendamt die Mühe machen, für dieses Kind einen besseren Platz zu suchen? Wo doch ungewiss war, ob es nicht, von der österreichischen Mutter verstoßen, ohnehin sein Aufenthaltsrecht in Österreich verlieren und der liebenden Obsorge ihres Vaters in Serbien zurückgegeben werde?

So blieb sie über Monate in einem Haus, in dem sonst niemand lange bleibt, sah unzählige Kinder kommen und gehen und wurde darüber von wachsender Unruhe ergriffen.

Was sich zutrug, hat sich in Österreich zugetragen, es ist also von der Verwüstung zu berichten, die ein paar Jahre mit „Sparmaßnahmen" und einer betriebswirtschaftlich konzipierten „Modernisierung" des Sozialwesens angerichtet haben. Frohgemut behaupten jene, die diese Verwüstung propagieren, dass die soziale Hängematte eingerollt werden musste und über soziale Angelegenheiten endlich nicht mehr humanistische Träumer, sondern sachliche Verwalter zu befinden haben.

Der Druck zu sparen, an Geld und Zeit, an Aufmerksamkeit und Selbstreflexion, ist darüber so groß geworden, dass die Sozialeinrichtungen in ihrem Kern getroffen sind. Viele ihrer Mitarbeiter, die den Ingenieuren der Effizienz nicht parieren wollen, sind am Resignieren; andere fühlen sich nach und nach weniger für das zuständig, was ihren Beruf eigentlich ausmacht, für das Soziale, sondern für das andere, das ihnen seit einigen Jahren abverlangt wird, für das fortwährende Überprüfen von Ansprüchen, Leistungen, Klienten, Kollegen.

Schon zu Zeiten der großen Koalition waren in den Sozialeinrichtungen, von der Bewährungshilfe bis zu den Behindertenheimen, die so genannten „Evaluierer" tätig geworden. Damit wenigstens ihr eigener Arbeitsplatz außer Frage stehe, haben sie fortwährend Leistungen, auf die man verzichten, Kollegen, die man notfalls entlassen könnte, aufzuspüren.

Die Mechanisierung der sozialen Tätigkeiten, die sie und ihre technokratischen Auftraggeber in der Verwaltung als strukturellen Fortschritt preisen, hat den privaten und staatlichen Dienstgebern Geld erspart und viele, die in sozialen Berufen tätig sind, demoralisiert.

Dies ist eine österreichische Geschichte, weil sie von demoralisierten, überforderten, enttäuschten, resignierten Österreichern handelt, die Besseres leisten wollten, als ihnen zu leisten gestattet wird. Ein Sozialarbeiter im Jugendamt hat eben viel zu viele Krisenkinder im Auge zu behalten und über sich einen Aufpasser, der scharf im Auge behält, ob da nicht jemand seine Arbeitszeit, die dem Magistrat gehört, für sinnlos Fälle vergeudet.

Und die betreuten Wohngemeinschaften? Es werden die Kinder, die dort hingebracht werden, immer schwieriger, und es werden die dienstlichen Vorschriften, nach denen zu arbeiten ist und vermeintlicher Erfolg definiert wird, immer starrer. Ist es da nicht verständlich, dass man sich Gedanken, Gefühle, Engagement bei jemand ersparen zu dürfen glaubt, der womöglich gar nicht mehr lange unter den Österreichern leben darf? Es ist verständlich, und es ist untragbar.

Die soziale Verrohung ist von oben verfügt, aber sie schlägt durch bis in alle Verzweigungen und Verästelungen dessen, was einst das soziale System Österreichs war.

Nadica jedenfalls hat die Gleichgültigkeit nicht ertragen. Sie drehte durch und wurde in die Nervenklinik gebracht. Die Lehrerinnen aber mochten nicht hinnehmen, dass eine Schülerin einfach abhanden kommt. Und darum wurden sie lästig, wandten sich an Hilfsorganisationen – und beschleunigten ungewollt, was sie zu verhindern suchten: dass Nadica, die ihre Schülerin war, ein österreichisches Krankenhaus nur verlassen wird, um nach Serbien geschickt zu werden.

„Der Fall ist gelaufen", mit dieser bürokratischen Auskunft verbat sich, zunehmend gereizt ob des hartnäckigen Interesses an seiner Patientin, der verantwortliche Arzt jede Einmischung. Aber Nadica, die angeblich an einer Psychose litt, von der in der Schule niemand etwas gemerkt hatte, war ja tatsächlich zum aussichtslosen Fall geworden. Sie mochte das Bett nicht mehr verlassen und verlangte, zu ihrem Vater, dem sie einst so weit wie möglich davongelaufen war, zurückgebracht zu werden. Am Ende musste sie gar nicht abgeschoben werden: sie wünschte jetzt, Österreich verlassen zu dürfen.

Vom Krankenhaus wurde sie direkt zum Flughafen gebracht. Als Abschiedsgeschenk hatte sie von den Lehrerinnen möglichst viel Geld in kleinen D-Mark-Scheinen erbeten. Die Hälfte davon wollte sie dem jähzornigen Vater gleich bei der Begrüßung geben, um ihn friedlich zu stimmen, die andere nach und nach. Als Nadica am Flughafen ankam, war sie außer sich. Das Geld war ihr am Abend zuvor im Spital abgenommen und, damit es ihr nicht gestohlen werde, in einen Tresor gesperrt worden. Weil aber in unseren Krankenhäusern gespart werden muss, hatte sich der gestresste Pfleger beim Schichtwechsel erspart, davon auch seinen Kollegen Kunde zu geben. Und da man den Irren in der Psychiatrie nicht zuhören und ihnen schon gar nichts glauben muss, mochte Nadica betteln, weinen, zetern: Ihr Geld erhielt sie nicht.

Am Ende hat sie es doch bekommen, eine Lehrerin ließ es mit dem Taxi aus der Klinik holen; aber anstatt sich mit ihren Schulfreunden, die zum Flughafen gekommen waren, noch einmal in Ruhe unterhalten zu können, musste sie bis zur letzten Minute bangen, ob das Taxi auch rechtzeitig zurück sein werde. So hat man ihr auch noch den Abschied verpatzt; nicht aus Bösartigkeit, nur aus jener Gleichgültigkeit, zu der Menschen abstumpfen, die demoralisiert sind.

Dann kam der große Moment. Nadica durfte zum ersten Mal in ihrem Leben mit dem Flugzeug fliegen. Kälter kann ihr dort, wo sie hingebracht wurde, auch nicht sein. Jetzt ist sie endlich weg. Und in Österreich kann Weihnachten beginnen.

Anmerkungen

1 Hackl, Erich: Abschied von Sidonie. Erzählung, Zürich 1989.
2 Davon zeugen die fachdidaktischen Handreichungen, z.B.: Fischer, Rosemarie/Krapp, Günter: Erich Hackl: *Abschied von Sidonie*. Unterrichtsvorschläge, Materialien: Deutsch, Rot a. d. Rot 1998 (mit einem Schülerarbeitsheft); Domanski, Herbert: Erich Hackl: *Abschied von Sidonie*, Stuttgart 1999 (Klett Analysehilfen); Baumhauer, Ursula (Hg.): Abschied von Sidonie von Erich Hackl. Materialien zu einem Buch und seiner Geschichte, Zürich 2000.
3 Weißeno, Georg: Aus Quellen lernen: Arbeit mit Texten, Grafiken, Karikaturen, Fotos und Film, in: Sander, Wolfgang (Hg.): Handbuch politische Bildung, 2.Auflage, Schwalbach/Ts. 1999, S. S.432.
4 Ebenda, S.433-435.
5 Ebenda, S.439-444.
6 Kroll, Karin: Kommunikation, in: Kuhn, Hans-Werner/Massing, Peter (Hg.): Lexikon der politischen Bildung, Bd. 3. Methoden und Arbeitstechniken, Schwalbach/Ts. 2000, S. 89-90.
7 Vgl. dazu in diesem Band den Beitrag von Thomas Hellmuth über „Entscheidende politische Sozialisation. Politische Bildung in der Unterstufe".
8 Schulz von Thun, Friedemann: Miteinander reden: Störungen und Klärungen. Psychologie der zwischenmenschlichen Kommunikation. Reinbek b. Hamburg 1981, S. 11-43.
9 Brunner, Horst/Moritz, Rainer (Hg.): Literaturwissenschaftliches Lexikon. Grundbegriffe der Germanistik, 2., überarbeitete und erweiterte Auflage, Berlin 2006, S. 216-219.
10 Iser, Wolfgang: Der Akt des Lesens. Theorie ästhetischer Wirkung, 3. Auflage, München 1990, S. 50-67 (UTB, 636).
11 Sander, Wolfgang: Theorie der politischen Bildung: Geschichte – didaktische Konzeptionen – aktuelle Tendenzen und Probleme, in: Ders. (Hg.), Handbuch politische Bildung, S. 9-10.
12 Knappe Überblicksdarstellungen zu Geschichte und Gegenwart der österreichischen Roma und Sinti bieten: Thurner, Erika: Roma und Sinti. Der geleugnete und vergessene Holocaust, in: Baumhauer (Hg.), Abschied von Sidonie, S. 289-313; Info-Blatt der Service-Stelle für Politische Bildung, 4 (Dezember 2004) auf http://www.politik-lernen.at/_data/pdf/ib_roma.pdf, eingesehen im Dezember 2007; Baumgartner, Gerhard/Freund, Florian: Roma-Politik in Österreich/Roma-Policies in Austria, Wien 2005. Zum Völkermord an den Roma und Sinti siehe: Benz, Wolfgang: Ausgrenzung – Vertreibung – Völkermord. Genozid im 20.Jahrhundert, München 2006, S. 95-107.
13 Zu dieser und zu weiteren textanalytischen Aufgaben (Aufbau, Figuren, Erzählverfahren, Kontexte) finden sich vielfältige Arbeitsaufträge, Informationen und Materialien in den in Anm. 2 genannten literaturdidaktischen Handreichungen, auf die im Folgenden nicht mehr extra verwiesen wird.

Zu Hackls Frauenfiguren und insbesondere auch zu Josefa Breirather siehe: Klüger, Ruth: Hackls Frauen, in: Die Rampe, 3 (2005): Porträt Erich Hackl, S. 125-128.

14 Siehe dazu z.B.: Pelinka, Anton/Weinzierl, Erika (Hg.): Das große Tabu. Österreichs Umgang mit seiner Vergangenheit, 2. Auflage, Wien 1997, und Uhl, Heidemarie: Gedächtnisorte für die Opfer des NS-Regimes – Orte des Gedenkens, Orte der Reflexion über das Erinnern, in: Historische Sozialkunde. Geschichte – Fachdidaktik – Politische Bildung, 4 (2003): Lernorte – Gedächtnisorte – Gedenkstätten, S. 4-8, auch als Download abrufbar auf: www.erinnern.at/e_bibliothek/gedenkstatten, eingesehen im Dezember 2007.

15 Siehe Anm. 12.

16 Gauß, Karl-Markus: Über Geduld und Ungeduld, Erzählen und Erklären, Stil und Moral. Anmerkungen zu Erich Hackl, in: Baumhauer (Hg.), Abschied von Sidonie, S. 267-276.

17 Zum Aspekt des Mitleids siehe: Kaiser, Konstantin: Sich gegen die Ohnmacht empören. Erich Hackls *Abschied von Sidonie* heute, in: Baumhauer (Hg.), Abschied von Sidonie, S. 278-279.

18 Hackl, Abschied von Sidonie, S. 100-101.

19 Schreiben als Frage nach dem richtigen Leben. Erich Hackl im Interview mit Georg Pichler, in: Die Rampe, 3 (2005), S. 9-13.

20 Hackl, Erich: „Kunst handelt von Knöpfen". Über Kramer hinaus und zu ihm zurück: Zur Aktualität eines zu Tode entdeckten österreichischen Lyrikers, in: Zwischenwelt. Jahrbuch der Theodor Kramer Gesellschaft, 1 (1990): „Über Kramer hinaus und zu ihm zurück", S. 24.

21 Hackl, Erich: Geschichte erzählen? Anmerkungen zur Arbeit des Chronisten, in: Literatur und Kritik, 30/292-292 (1995), S. 32.

22 „Was das für ein Herzweh ist. Auch heute noch." Protokoll eines Gesprächs mit Josefa Breirather in ihrer Wohnung in Letten, am 12. August 1987, in: Baumhauer (Hg.), Abschied von Sidonie, S. 207-228.

23 Schulze, Frank: Grenzgänger zwischen Literatur und Geschichte – die Poetik Erich Hackls, in: Die Rampe, 3 (2005), S. 120-121.

24 Hackl, Erich: Sehend gemacht. Eine Bilanz, in: Baumhauer (Hg.), Abschied von Sidonie, S. 9.

25 Kaiser, Sich gegen die Ohnmacht empören, S. 288.

26 Siehe Anm.12. Im Internet bietet die „ROMBASE" der Karl Franzens Universität Graz eine Fülle von Informationen, Materialien und Lernspielen zu Roma und Sinti, die gut zu angeleitetem oder selbständigem Lernen verwendbar sind: http://romani.uni-graz.at/rombase/index.html, eingesehen im Dezember 2007. Ein empfehlenswerter Film auf DVD: Ketani heißt miteinander. Sintiwirklichkeiten statt Zigeunerklischees. Ein Film von Ludwig Laher (Verein Katani Linz 2006).

27 So zum „Kulturverein österreichischer Roma" auf http://www.kv-roma.at, eingesehen im Dezember 2007, und zum „Romano-Centro" in Wien auf http://www.romano-centro.org, eingesehen im Dezember 2007, zum „Verein Roma" in Oberwart auf http://www.verein-roma.at, eingesehen im Dezember 2007, zum „Roma Service" in Mischendorf auf http://www.raom-service.at, eingesehen im Dezember 2007, und zum „Verein Ketani" in Linz auf http://www.sinti-roma.at, eingesehen im Dezember 2007.

28 Es bietet sich z.B. eine Lesung aus folgendem Buch an: Laher, Ludwig (Hg.): Uns hat es nicht geben sollen. Rosa Winter, Gitta und Nicole Martl. Drei Generationen Sinti-Frauen erzählen, Grünbach 2004.

29 Karl-Markus Gauß: Ein Mädchen namens Nadica. Eine österreichische Weihnachtsgeschichte, in: Der Standard, 24./25./26. Dezember 2001, S. 23.

30 So in einer Sequenz aus Krista Fleischmanns Film „Geschichten, die das Leben schreibt. Erich Hackl: Dichter und Journalist" (1991) und in Alexandra Frechs Radio-Feature „Vom Schreiben. Ein Portrait des Schriftstellers Erich Hackl in fünf Kapiteln" (2005).

31 Siehe auch Puntscher Riekmann, Sonja: Ideologien und Weltanschauungen (mit Unterrichtsmaterialien von Stefan Breit), in: Dachs, Herbert/Fassmann, Heinz (Hg.): Politische Bildung. Grundlagen – Zugänge – Materialien, Wien 2003, S.25-36.

32 z.B. Online-Lexika auf der Website der deutschen Bundeszentrale für politische Bildung: http://www.bpb.de/wissen, eingesehen im Dezember 2007.

33 Informationen zu diesen Begriffen bietet z.B. das Glossar des österreichischen Servers für politische Bildung auf http://www.politische-bildung.schule.at, eingesehen im Dezember 2007.

34 Siehe auch: Bauböck, Rainer: Alle Rechte für alle. Die Geschichte der Menschenrechte (mit Unterrichtsmaterialien von Christa Donnermair), in: Dachs/Fassmann (Hg.), Politische Bildung, S. 37-50.

35 Online zu finden z.B. auf http://www.politik-lernen.at/_datra/pdf/AEMR.pdf, eingesehen im Dezember 2007.
36 Hier bietet sich z.B. das Online-Lexikon der deutschen Bundeszentrale für politische Bildung an: http://www.bpb.de/wissen, eingesehen im Dezember 2007. Informationen und weiterführende Hilfen findet man auch auf der Medien-Website des österreichischen Unterrichtsministeriums: http://www.mediamanual.at, eingesehen im Dezember 2007.
37 Das Drehbuch ist abgedruckt in: Baumhauer (Hg.): Abschied von Sidonie, S. 44-109. Zur Analyse von Brandauers Film siehe z.B.: Rußegger, Arno: „Original" contra „Machwerk"? Bemerkungen zum Thema Literaturverfilmung am Beispiel von Erich Hackls *Abschied von Sidonie* bzw. Karin Brandauers *Sidonie*, in: Medienimpulse – Beiträge zur Medienpädagogik, 17 (September 1996), S. 29-37, auch als Download abrufbar auf: http://www.mediamanual.at/medimanual/themen/pdf/lehrplanbezug/17russeg.pdf, eingesehen im Dezember 2007.
38 Erschienen in: Der Standard, 24./25./26. Dezember 2001.

Thomas Hellmuth

„Revolution" – Vom Modewort zum analytischen Begriff

Geschichte und politische Bildung in der Oberstufe

Geschichtsunterricht als chronologische Darstellung historischer Ereignisse birgt die Gefahr, sich in Details zu verstricken, die auswendig gelernt und später wieder vergessen werden. Effizienter scheint dagegen ein Unterricht, der bewusst Schwerpunkte setzt, somit exemplarisch vorgeht, Strukturen offen legt und mit Fallstudien arbeitet – ein Unterricht, der im Folgenden kurz als „themenzentrierter Geschichtsunterricht" bezeichnet werden soll. Das Argument, dass die damit verbundene Abstraktion die intellektuelle Aufnahmefähigkeit der meisten SchülerInnen überfordere, kann leicht entkräftet werden. Ist doch die Frage der historischen Perspektive(n) auch eine Frage der schulischen Sozialisation.[1] Bereits der Lehrplan der AHS-Unterstufe und Hauptschule[2] sieht einen themenzentrierten Unterricht vor. Hier soll bereits trainiert werden, was in der AHS-Oberstufe schließlich als Grundvoraussetzung dient.

Für eine politische Bildung, die das „selbstreflexive Ich" zum Ziel hat, bietet der themenzentrierte Geschichtsunterricht zum einen die Möglichkeit, vernetztes Denken zu lehren, zum anderen aber auch, auf die vielfältigen Perspektiven, aus der ein gesellschaftliches Phänomen betrachtet werden kann, und auf deren Ursachen aufmerksam zu machen. Geschichte als gewaltiger, unumstößlicher „Monolith" zerfällt somit in mehrere Einzelteile und wird vom Betrachter selbst zu neuen historischen „Bauwerken" zusammengesetzt. Die Aufgabe des Geschichtsunterrichts (und auch der Geschichtswissenschaft) ist nicht mehr die nationale Identitätsstiftung bzw. die ideologische Integration des Einzelnen, sondern gerade das Gegenteil davon, d.h. deren kritische Betrachtung bzw. die Entwicklung des so genannten „reflektierten" und „selbstreflexiven" Geschichtsbewusstseins.[3] „Geschichtsdidaktik […] wird folgerichtig die Bedeutung einer unreflektierten und potentiell ideologieträchtigen Vermittlung fertiger Urteile der Forschung[4] zugunsten historischer Denkprozesse und Erkenntnisverfahren relativieren", schreibt Hartmut Voit. „Sie muss die historische Methode samt ihren epochenspezifischen Akzentuierungen in ihr Wissenschaftskonzept integrieren, um die Lernenden zu befähigen, diese ‚Konstitutionsleistung des Forschers' in elementarer Weise zu erbringen."[5] Damit hat Geschichtsdidaktik auch die Aufgabe, den/die SchülerIn zu befähigen, für eine Perspektive eine Präferenz zu entwickeln und diese argumentativ begründen zu können oder auch die Akzeptanz zu fördern, dass es nicht immer eine eindeutige historische „Wahrheit" geben kann.

Die Auseinandersetzung mit dem Thema „Revolution" kann als anschauliches Beispiel für die Vorteile des themenzentrierten Unterrichts dienen. Mehrere Fragen stellen sich bei der didaktischen Aufarbeitung des Stoffes: Wie kann „Revolution" definiert werden und wie kommt eine Definition bzw. wie kommen die Instrumentarien zur Analyse der Vergangenheit zustande? Entsprechen die Beispiele für Revolutionen der gängigen Definition von „Revolution"? Eignen sich Definitionen, um die „historische Realität", wie sie uns durch die Quellen entgegentritt und die freilich nur einen kleinen Teil der tatsächlichen Begebenheiten beleuchtet, auch adäquat zu erfassen? Alle diese Fragen machen deutlich, dass bei der Betrachtung der Vergangenheit zwischen Sachurteil und Bewertung unterschieden werden muss: „Gerade die rationale Auseinandersetzung mit Urteilen über vergangene Sachverhalte sowie Werthaltungen auf unserer Zeitebene [aber auch in der Vergangenheit, Anm. d. V.] muss daher ein integraler Bestandteil moderner gesellschaftswissenschaftlicher Forschung [und damit auch des Geschichtsunterrichts, Anm. d. V.] sein."[6] Ähnliches meint Aleida Assmann, wenn sie zwischen „Geschichte-als-Wissenschaft" und „Geschichte-als-Gedächtnis" unterscheidet. Erstere bedeutet ein kritisch-distanziertes Herangehen an einen historischen Gegenstand, indem intersubjektiv überprüfbare Verfahren und Regeln angewandt werden. „Geschichte-als-Gedächtnis" entzieht sich dagegen einer rationalen Überprüfbarkeit und dient der Identitätsarbeit, schafft Rechtfertigungen für bestimmtes Verhalten und Handeln sowie das Gefühl der Sicherheit in einer bestimmten Sozietät. „Geschichte-als-Gedächtnis" ist somit Analysegegenstand der „Geschichte-als-Wissenschaft".[7]

„Revolution" – Zur Definition eines Begriffs

„Revolution" ist ein Modewort geworden: Es gibt sie in allen gesellschaftlichen Bereichen, etwa in der Modeindustrie, bei Essgewohnheiten oder in der Musikbranche. Der Begriff der „Revolution" unterliegt ohne Zweifel einem inflationären Gebrauch, nicht zuletzt wohl deswegen, weil er im landläufigen Gebrauch allein mit Veränderung und Neuem konnotiert wird. In der moderne Sozialwissenschaft wird unter „Revolution" allerdings ein komplexes gesellschaftliches Phänomen verstanden: Seit der Spätantike wurde das Wort zunächst im Sinne von „Zurückwälzung" verwendet und bezeichnete daher eine Kreisbewegung, d.h. die Rückkehr zu einem gesellschaftlichen Zustand, der von den Revoltierenden als rechtmäßig angesehen wurde. Erst mit der englischen „Glory Revolution" (1688) wurde mit dem Begriff der „Revolution" auch ein zukunftsträchtiger Wandel verbunden, zumal mit der „Bill of Rights" erstmals ein Verfassungsmodell entworfen worden war, das zudem der europäischen Aufklärung als vorbildlich galt.[8] Der moderne Revolutionsbegriff[9] beruht schließlich auf folgenden Merkmalen bzw. „Kategorien", die im Sinne Max Webers „synthetisch als Idealtypen gebildet werden und dann als Vergleichsgrößen an die Wirklichkeit herangetragen werden":[10]

1) Das Angriffsziel der Aufständischen ist eine in bestimmter Form verfasste Gesellschaft, etwa die feudale oder die bürgerliche Gesellschaft.
2) Diese Gesellschaft wird völlig umgewälzt, indem sich die politische Legitimationsideologie und die politische Organisationsform wandeln. Die Abschaffung

des Ancien régime infolge der Französischen Revolution und die damit verbundene Errichtung einer konstitutionellen Monarchie und später einer Republik bedeutete etwa einen solchen grundlegenden Wandel.
3) Es bedarf einer ideologischen Grundlegung des Aufstandes, die auf „Freiheit", wie immer dieser letztlich auch definiert wird, ausgerichtet ist, und somit auch einer Vorstellung, wie die Zukunft gestaltet werden soll. So hatte etwa die Aufklärung bereits das Modell einer neuen Gesellschaft formuliert, das mit der Französischen Revolution verwirklicht werden sollte.
4) Der gesellschaftliche Umbruch erfolgt „von unten", d.h. dass sich das „Volk" den Herrschenden widersetzt.
5) Der gesellschaftliche Wandel muss relativ rasch vollzogen werden.

Der Begriff der „Revolution" ist von jenem der „Reform" zu unterscheiden, zumal diese „von oben" erfolgt, d.h. von einer Regierung initiiert wird und auch nur Teilbereiche der Gesellschaft verändert. Und auch die Begriffe „Rebellion" und „Bürgerkrieg" dürfen nicht mit „Revolution" gleichgesetzt werden. Sie können zwar Bestandteile einer Revolution sein, allerdings müssen sie nicht unbedingt einen gesellschaftlichen Wandel zeitigen. Meist besitzen etwa Rebellionen kein zielgerichtetes Programm, sondern entstehen aus Empörung über – zumindest subjektiv empfundene – Ungerechtigkeiten, etwa bei erhöhten Brot- oder Bierpreisen.[11]

Die „Amerikanische Revolution"

Um zu überprüfen, ob die Definition von „Revolution" als Analyseinstrumentarium geeignet ist, soll im Unterricht die „Amerikanische Revolution" auf den Prüfstand geschickt werden.[12] Am Ende des Siebenjährigen Krieges, der sich als „French and Indian War" auch in die Geschichte Nordamerikas eingeschrieben hat, versuchte die britische Regierung ihre Staatsschulden zu sanieren, indem sie ihre nordamerikanischen Kolonien zu besteuern beabsichtigte. Vor allem jene Kolonialisten, die wirtschaftlich erfolgreich waren, aber dem Mutterland bislang keine Steuern entrichtet hatten, wehrten sich heftig gegen das vom britischen Parlament erlassene Zuckergesetz (1764) sowie gegen das Stempel- oder Gebührengesetz (1765). Da im Parlament kein gewählter Vertreter der Kolonien saß, wurde die Parole „No taxation without representation!" geprägt. Es folgte 1765/66 die „Stempelkrise", die sich im Boykott britischer Waren ausdrückte und letztlich zur Rücknahme des Stempelgesetzes führte. Dennoch schrieb der „Declaratory Act" (1766) die uneingeschränkten Herrschaftsansprüche des englischen Mutterlandes fort: „Die [...] Kolonien in Amerika waren und sind rechtmäßig der Krone und dem Parlament von Großbritannien untergeordnet und von ihnen abhängig."[13] So wurden in der Folge auch neue Steuergesetze beschlossen: Die Townshend-Zölle (1767) stellten die Einfuhr von Blei, Farben, Papier, Glas und Tee unter Besteuerung, wurden aber nach neuerlichen Warenboykotten wieder zurückgenommen. Lediglich die Teesteuer blieb bestehen, die schließlich 1773 zur „Boston Tea Party" führte. Das britische Parlament reagierte 1774 mit den „Coercive Acts", die von den Kolonisten bald als „Intolerable Acts" bezeichnet wurden, weil sie die Selbständigkeit der Kolonien stark beschnitten. Im Oktober 1774 berieten sich daher Delegierte aus zwölf Kolonien über ihr weiteres Vorgehen; lediglich Georgia entsandte keine Delegierten. Der „Erste Kontinentalkongress", wie diese Delegiertenkonferenz genannt wurde, verurteilte die „Coercive Acts" und rief zu einem neuerlichen Importstopp britischer Waren auf.

Die kompromisslose Haltung des britischen Parlaments und der Krone, die weiterhin die britische Oberhoheit über die Kolonien beanspruchten, führte schließlich zu bewaffneten Auseinandersetzungen, die in den amerikanischen Unabhängigkeitskrieg (1775-1783) münden sollten. Die ideologische Grundlegung des Krieges fand sich auf Seiten der Kolonialisten in Thomas Paines Flugschrift „Common Sense" (1776), in der England als korrupte Monarchie dargestellt und die Erklärung der Unabhängigkeit gefordert wurde. Tatsächlich erfolgte am 4. Juli 1776, dem Nationalfeiertag der USA, die Proklamation der Unabhängigkeit, die ganz im Sinne der Aufklärung formuliert wurde: „Folgende Wahrheiten bedürfen für uns keines Beweises: Daß alle Menschen gleich geschaffen sind; daß sie von ihrem Schöpfer mit gewissen unveräußerlichen Rechten ausgestattet sind, daß dazu Leben, Freiheit und das Streben nach Glück gehören; daß zur Sicherung dieser Rechte Regierungen unter den Menschen eingesetzt sind, die ihre rechtmäßige Autorität aus der Zustimmung der Regierten herleiten […]."[14] Die bewaffneten Auseinandersetzungen dauerten jedoch noch bis 1781, als das britische Heer in Yorktown (Virgina) eine vernichtende Niederlage erlitt. Mit dem Friedensvertrag von Paris (1783) akzeptierte Großbritannien schließlich die Unabhängigkeit der Vereinigten Staaten, die sich 1787 eine republikanische Verfassung gaben.

Die Beharrlichkeit Großbritanniens, aber auch die Flugschrift „Common Sense" und die Unabhängigkeitserklärung haben den – von der Geschichtswissenschaft längst widerlegten – Mythos genährt, die Kolonien seien durch Großbritannien ausgebeutet und unterdrückt worden. Daher habe der Unabhängigkeitskrieg letztlich zur Befreiung aus der „Versklavung" geführt. Gefördert wurde bzw. wird diese Vorstellung des Freiheitskampfes durch eine patriotische, auf Konsensideologie beruhenden Geschichtsschreibung, die bereits bei den ersten Siedlern einen nicht näher definierbaren, gleichsam mythischen Freiheitsdrang verortet.[15] Bei genauerer Betrachtung löst sich allerdings diese Konsensideologie auf und es zeigt sich ein differenziertes Bild der Ereignisse, die als „Amerikanische Revolution" umschrieben werden.

So sah sich das wirtschaftlich erfolgreiche Bürgertum der kolonialen Gesellschaft durch einen modernen Staatsbildungsprozess beeinträchtigt, der auch die Kolonien einschließen sollte: „Die Hauptursache der Revolution bestand […] im Zusammentreffen zweier sich gegenseitig ausschließender Entwicklungen: der zunehmenden wirtschaftlichen und politischen Eigenständigkeit der Kolonialgesellschaften mit der nach 1763 einsetzenden imperialistischen Kolonialpolitik. Die neue Kolonialpolitik orientierte sich weniger am alten merkantilistischen Prinzip der Förderung und Lenkung des Kolonialhandels zum kommerziellen Nutzen des Mutterlandes als an den neuen imperialen Grundsätzen der Sicherung von Territorien und administrativer Kontrolle der Kolonialbevölkerung."[16] Aus dieser

Perspektive betrachtet, sollte der Unabhängigkeitskrieg letztlich alte wirtschaftliche und gesellschaftliche Verhältnisse wiederherstellen. Und tatsächlich sicherte die Unabhängigkeit vor allem den (männlichen) wirtschaftlichen Eliten ihren Wohlstand und ihre Einflussmöglichkeiten. Zum einen war dies möglich, weil die meisten kolonialen Verfassungen bereits um die Mitte des 18. Jahrhunderts republikanischen bzw. partizipatorischen Konzepten entsprochen hatten, an die nach dem Unabhängigkeitskrieg angeknüpft werden konnte. Zum anderen blieb die amerikanische Demokratie aber eine „partielle Demokratie", zumal das Wahlrecht sowohl Frauen als auch Indianer, Sklaven und Besitzlose ausschloss.[17] Afroamerikaner wurde erst 1868 zu Bürgern der USA erklärt, und 1870 verbot ein Verfassungszusatz, das Wahlrecht auf Grund der „Rasse" und Hautfarbe einzuschränken. Dennoch waren Afroamerikaner in vielen Staaten auch weiterhin Restriktionen ausgesetzt; Frauen wurde das Wahlrecht überhaupt erst 1920 zuerkannt.[18]

Während folglich im sozialen Bereich und in der politischen Kultur nach dem Unabhängigkeitskrieg kaum Veränderungen festzustellen sind, zeigt sich auf der verfassungsrechtlichen Ebene ein deutlicher Einschnitt: Mit den Grundrechtserklärungen der einzelnen Staaten und schließlich mit der US-amerikanischen Verfassung wurde ein moderner Verfassungsstaat nach dem Prinzip der „legitimen Herrschaft" (Max Weber) errichtet, in dem „nicht der Person, kraft deren Eigenrecht, sondern der gesatzten Regel"[19] gehorcht wird, die wiederum aus dem Willen des „Volkes" resultiert. Die Existenz der nun unabhängigen Staaten wurde also durchaus neu legitimiert. „Das ‚Revolutionäre' der Amerikanischen Revolution", schreibt daher Hermann Wellenreuther, „liegt in ihren grund- und verfassungsrechtlichen Errungenschaften".[20] Ob damit allerdings die gesamte Amerikanische Revolution als „Revolution" im sozialhistorischen Sinn zu werten ist, bleibt eher fraglich, zumal ja keineswegs eine vollständige Umgestaltung der Gesellschaft erfolgte.

Das Thema im Unterricht

Im folgenden Unterrichtsvorschlag, der mindestens drei Unterrichtseinheiten umfasst, soll das Thema „Revolution" in erster Linie mit Texten erschlossen werden. Dabei kann, ähnlich wie im Beitrag über politische Bildung in der Unterstufe ausgeführt, auch in der Oberstufe nach einem Stufenmodell des Lesens vorgegangen werden.[21] Zunächst wird der Textinhalt mit Hilfe von Leitfragen erfasst, anschließend erfolgt – im vorliegenden Fall in Gruppenarbeit – eine Interpretation der Texte. Die Ergebnisse der Gruppenarbeit werden schließlich unter den SchülerInnen verglichen und diskutiert, womit eine breitere Auslegung der Wirklichkeit stattfinden kann, zumal auf diesem Weg unterschiedliche Wissensbestände und oft unberücksichtigte Perspektiven deutlich werden. Das Stufenmodell des Lesens trägt zur Entwicklung der Interpretations- und geschichtskulturellen Kompetenz, aber auch zur Gattungskompetenz der SchülerInnen bei. Interpretationskompetenz meint die Fähigkeit zur analysierenden, an Kategorien orientierten Interpretation sowie zur kritisierenden Interpretation, d.h. zur Aufdeckung verborgener Annahmen und Interessen. Zu beachten ist, dass Interpretationen „keine endgültige Gewissheit" liefern, „sondern nur plausible und nichtplausible" Aussagen treffen. Daher kann „im Unterricht eine Interpretationsleistung nicht richtig oder falsch sein".[22] Geschichtskulturelle Kompetenz, die auch als Dekonstruktionskompetenz[23] bezeichnet wird, umfasst ferner die Fähigkeit, den gesellschaftlichen Umgang mit Geschichte als rekonstruierte oder auch konstruierte Vergangenheit zu erkennen. Gattungskompetenz bedeutet schließlich, zwischen unterschiedlichen Textformen – insbesondere zwischen historischer Quelle und wissenschaftlicher Abhandlung – unterscheiden zu können.

Gruppenarbeit erweist sich für politische Bildung als besonders geeignet, zumal damit nicht allein Wissensinhalte erarbeitet, sondern auch Selbständigkeit und soziale Kompetenz trainiert werden. Die Anzahl der Gruppenmitglieder sollte mindestens drei und maximal fünf SchülerInnen betragen, die Organisation der Gruppe – SchriftführerIn, DiskussionsleiterIn, ein oder mehrere PräsentatorInnen, eventuell auch ein/e SchreitschlichterIn – liegt im Verantwortungsbereich der Gruppenmitglieder selbst (wobei die Regeln der Gruppenarbeit selbstverständlich zuvor besprochen und eventuell auch erprobt werden sollten). Der/die LehrerIn soll so wenig wie möglich in die Arbeit der Gruppe eingreifen, sondern lediglich beobachten und nur in Ausnahmefällen den SchülerInnen beratend zur Seite stehen. Nur auf diese Weise kann Gruppenarbeit letztlich zur selbständigen Informationsgewinnung und (politischen) Urteilsbildung beitragen.[24]

Zusätzlich relevant für den Erfolg der Gruppenarbeit sind selbstverständlich die Arbeitsaufgaben, die „offen" (z.B. „Welche Gründe gab es für den amerikanischen Unabhängigkeitskrieg?") oder „geschlossen" (z.B. „Filtere aus den Texten wirtschaftliche Merkmale, die zum amerikanischen Unabhängigkeitskrieg führten") formuliert werden können. Geschlossene Arbeitsaufgaben engen die SchülerInnen in ihren Antworten eher ein, offene lassen einen kreativeren Umgang mit dem Thema zu, provozieren aber auch unpräzise und fachlich falsche Antworten.[25] Dennoch scheinen offene Arbeitsaufgaben meist geeigneter, „die Stufe der Rezeption und Reproduktion [zu] überschreiten und kognitiv anspruchsvollere Operationen [zu] ermöglichen",[26] d.h. das Ziel politischer Bildung, die Urteilsbildung der SchülerInnen zu fördern, zu erreichen.

Die Aufbereitung des Themas erfolgt in vier Phasen:[27] 1) In der Einstiegsphase werden zunächst das Thema präsentiert und die SchülerInnen motiviert, sich damit intensiver auseinanderzusetzen. 2) Es folgt die Informationsphase, in der zunächst – im Sinn der „Sachaussage" laut Karl-Ernst Jeismann[28] – die „reine" Faktenlage geklärt wird. Zudem werden den Fakten unterschiedliche Interpretationen gegenübergestellt, d.h. dass dabei das „Überwältigungsverbot"[29] zu berücksichtigen ist und somit bei Kontroversen den SchülerInnen nicht nur eine Fachmeinung präsentiert werden darf. Folglich sollen die SchülerInnen in dieser Phase „Sach-" und „Methodenkompetenz"[30] bzw. „politisches Grundwissen"[31] erlangen. 3) Es folgt die Anwendungsphase, in der das bisher erworbene Wissen mit Hilfe von Texten überprüft wird. 4) Schließlich sollen die SchülerInnen in der Problematisierungsphase zur eigenen Urteilsbildung angeregt werden, indem sie mehrere

Texte, in denen historische Gegebenheiten aus unterschiedlichen Perspektiven betrachtet werden, analysieren und gegeneinander abwägen. Im Verständnis des „reflektierten Geschichtsbewusstseins" wird in den letzten beiden Phasen „Orientierungskompetenz" vermittelt, „die es möglich macht, historisches Wissen und die durch historisches Lernen erworbenen Kompetenzen zum besseren Verstehen von Gegenwartsphänomenen und aktuellen Problemen zu nutzen".[32]

Die *Einstiegsphase* lässt sich vielfältig gestalten: Moderne Popsongs, in denen von Revolution gesungen wird, können den Beginn der Unterrichtssequenzen bilden, etwa der Song „Talkin' About A Revolution" von Tracy Chapman. Der Text handelt von Arbeitslosigkeit und weist auf die damit verbundene Gefahr eines Aufstandes hin: „Poor People gonna rise up/And get their share/Poor People gonna rise up/And take what's theirs". Die Frage, ob damit auch eine Revolution nach der obigen Definition beschrieben wird, bleibt zunächst noch unbeantwortet. Erst in der späteren Anwendungsphase sollen die SchülerInnen versuchen, die Definition auf den Songtext – und auf ein Gedicht von Bert Brecht – anzuwenden. Zunächst wird lediglich nach anderen Songs gefragt, die über Revolution handeln. Im Anschluss daran ist auch ein Brainstorming zum Begriff möglich, um das Ausgangswissen der SchülerInnen zu eruieren und am Ende der folgenden Informationsphase mit der wissenschaftlichen Definition von „Revolution" zu vergleichen. Auf diese Weise wird SchülerInnen bewusst, dass subjektive Vorstellungen von Begriffen oft nur zum Teil mit den wissenschaftlichen Definitionen korrelieren. In diesem Fall können Kommunikationsprobleme vorprogrammiert sein.

In der *Informationsphase* erstellen die SchülerInnen eine Definition des Begriffes „Revolution", anschließend präsentiert die Lehrperson die Fakten der „Amerikanischen Revolution", und auch die unterschiedlichen wissenschaftlichen (und damit im Zusammenhang auch zum Teil ideologischen) Perspektiven auf die Entstehungszusammenhänge werden deutlich gemacht. Dazu kann zunächst das Schulbuch herangezogen werden, in dem der Weg zum Unabhängigkeitskrieg und dessen wichtigsten Eckpunkte beschrieben werden. Allerdings neigen AutorInnen von Schulbüchern dazu, in narrativer Weise auch eine Deutung der Fakten vorzunehmen und dabei nur eine wissenschaftliche Perspektive zu präsentieren. Anhand der „Amerikanischen Revolution" lässt sich diese Problematik aber recht anschaulich aufarbeiten, zumal mehrere Schultexte verglichen werden können. Damit wird letztlich auf unterschiedliche Perspektiven hingewiesen und ein Weg zu jener „Geschichtskultur" beschritten, die Jörn Rüsen seit den beginnenden 1990er-Jahren einfordert: eine kritische Reflexion über die Verfahrensweisen, die zur Erkundung der Vergangenheit eingesetzt werden.[33] Die SchülerInnen erwerben auf diese Weise Dekonstruktions- bzw. Interpretationskompetenz im Sinne einer analysierenden und kritisierenden Interpretation.

Ein besonderer Reiz liegt für SchülerInnen der Oberstufe eventuell darin, Schulbuchtexte aus der Sekundarstufe I zu analysieren, zumal sie damit über ihre eigene Lernvergangenheit bzw. „Geschichtskultur" reflektieren können. Die beiliegenden Texte, die in Gruppen bearbeitet und im Anschluss daran im Klassenplenum diskutiert werden können, stammen aus österreichischen Schulbüchern und weichen in ihrer Darstellung der Ursachen des Unabhängigkeitskrieges leicht voneinander ab: Material 1 (M 1) entlarvt die – in der Geschichtswissenschaft längst widerlegte – Ausbeutung der amerikanischen Kolonien durch das englische Mutterland als Mythos und betont die Furcht vor allem der Kaufleute, in ihrer wirtschaftlichen Handlungsfreiheit eingeschränkt zu werden. Zudem werden die Kolonialisten als selbstbewusste Bürger dargestellt, die sich aufgrund ihrer wirtschaftlichen Bedeutung den staatlichen Eingriffen zu widersetzen wissen. M 2 betont wiederum die hohen Kriegskosten, die der Siebenjährige Krieg verursacht hatte und durch Steuern kompensiert werden sollten. Deutlich kommt wieder das Selbstbewusstsein der Kolonialisten zur Sprache, zumal diese von der Pflicht des Mutterlandes ausgehen, sie als Staatsbürger zu beschützen. Bei M 2 ist eine gewisse Parteinahme für die amerikanischen Kolonien, die nicht im Parlament vertreten waren, festzustellen. M 1 scheint dagegen eher auf der Seite des englischen Mutterlandes zu stehen: Zwar wird auf den Slogan „No taxation without representation!" Bezug genommen. Ein größeres Gewicht legen die Autoren aber auf den modernen Staatsbildungsprozess, der sich unter anderem in der staatlichen Integration der Kolonien mit Hilfe von Steuern spiegelt. Implizit wird damit unterstellt, dass es sich dabei um einen selbstverständlichen Vorgang gehandelt hätte. M 3 führt schließlich nur die Einhebung von Steuern durch England an, die bei den Kolonialisten auf erheblichen Widerstand stieß. Damit wird nicht nur eine zu undifferenzierte Erklärung für den Unabhängigkeitskrieg geboten, implizit schwingt wohl auch der Gedanke der vom Mutterland unterdrückten Kolonialisten mit.

Texte aus Schulbüchern der Hauptschule und AHS-Unterstufe:

M 1: „Die englischen Kolonien wurden im Laufe der Zeit immer eigenständiger. Im 18. Jahrhundert versuchte England schließlich, die Kolonien wieder unter seine Herrschaft zu bringen. Sie sollten aber weder ausgebeutet noch unterdrückt werden. Es wurden zwar Steuern eingeführt, diese waren aber nicht besonders hoch. Dennoch stieß England damit auf heftigen Widerstand, vor allem bei den reichen Kaufleuten. Denn diese befürchteten, ihre wirtschaftliche Freiheit zu verlieren. Außerdem empfanden sie Steuern als ungerecht, weil sie nicht im englischen Parlament vertreten waren. Die Kolonien widersetzten sich, indem sie kaum noch englische Waren importierten. Da sie ein wichtiger Markt geworden waren, nahm England manche seiner Steuerforderungen wieder zurück. Die Lostrennung von England wurde schließlich mit der ‚Boston Tea Party' eingeleitet."

(Böckle, Roland/Hellmuth, Thomas/Hiebl, Ewald/Kuschnigg, Wolfgang/Tolar-Hellmuth, Karin/Tuschel, Manfred: Faszination Geschichte 2, Wien 2003, S. 47)

M 2: „Nach dem Sieg der Briten über die Franzosen sollten die Kolonien einen Teil der Kriegskosten bezahlen. So wurden in Großbritannien neue Steuern beschlossen. Die Siedler gingen aber davon aus, dass es die Pflicht des Mutterlandes war, sie als britische Staatsbürger vor den Franzosen zu schützen. Außerdem vertraten die Kolonien die Meinung, dass das Parlament ohne Mitbestimmung der Kolonien keine neuen Steuern beschließen dürfe. Der Streit darüber führte in den Kolonien zu Unruhen, die von britischen Soldaten gewaltsam unterdrückt wurden. 1773 verhängten die Briten einen Teezoll; aus Protest besetzten daraufhin als Indianer verkleidete Amerikaner drei britische Teeschiffe und warfen die Ladung ins Meer (‚Boston Tea Party')."

(Hammerschmied, Helmut/Öller, Petra/Pramper, Wolfgang: Geschichte Live 3, Linz 2001, S. 59.)

M 3: „Da die Engländer von den Franzosen auf einem schmalen Raum an der Atlantikküste zusammengedrängt wurden, kam es immer wieder zu Zusammenstößen zwischen englischen und französischen Siedlern. Letztendlich gingen aber die Engländer als Sieger hervor. Frankreich musste Kanada und das Mississippigebiet an England abtreten. [...] In der Folge verschlechterten sich die Beziehungen der englischen Kolonien zum Mutterland immer mehr. Ein Grund dafür war, dass das englische Parlament Steuern und Zölle von den Kolonien einheben wollte. Diese Bestimmungen stießen auf heftigen Widerstand von Seiten der Kolonisten. Der Teezoll jedoch blieb bestehen, mit dem die Engländer machtvoll demonstrieren wollten, dass die Kolonien dem Mutterland untertan waren. Um die Bedeutung des Teezolls zu verstehen, muss man wissen, dass in den Jahren 1768-1772 die Kolonien fast zwei Millionen Pfund Tee importiert und verzollt hatten."

(Lemberger, Michael: Durch die Vergangenheit zur Gegenwart 3, Linz 2001, S. 61.)

- Wie begründen die vorliegenden drei Schulbuchtexte den Unabhängigkeitskrieg der englischen Kolonialisten in Amerika? Welche Unterschiede sind festzustellen? Wie werden die Kolonialisten, wie wird das englische Mutterland dargestellt?

Für den zweiten Teil der Informationsphase, der Definition des Begriffs „Revolution", erhalten die SchülerInnen wissenschaftliche Texte von Hannah Arendt, Peter Wende sowie Karl Marx und Friedrich Engels. Mit Hilfe dieser Texte erarbeiten sie wiederum in Gruppen die Merkmale der Revolution bzw. „Kategorien", die „unabdingbar [sind], um politische Sachverhalte zu analysieren und beurteilen zu können"[34]: Der Text von Arendt weist etwa auf den „Pathos des Neubeginns" und die „Freiheitsvorstellungen" hin, die mit dem Begriff der „Revolution" verbunden sind.[35] Damit sind auch die ideologische Grundlegung einer Revolution und die neue politische Legitimationsideologie sowie die neue politische Organisationsform angesprochen, die einer Revolution folgen. Der Textauszug aus der „Deutschen Ideologie" von Marx und Engels betont neben diesen Aspekten der

Revolution („ihr Interesse als das gemeinschaftliche Interesse aller Mitglieder der Gesellschaft darzustellen") zudem den Widerstand des „Volkes", der einer Revolution laut Definition zu Grunde liegen muss, d.h. den Umsturz „von unten", zumal die „revolutionierende Klasse [...] nicht als Klasse, sondern als Vertreterin der ganzen Gesellschaft" auftritt, „sie erscheint als die ganze Masse der Gesellschaft gegenüber der einzigen, herrschenden Klasse".[36] Der Text von Peter Wende unterscheidet schließlich die Revolution von der Rebellion, dem Bürgerkrieg und der Reform, indem ebenfalls die Gewalt „von unten" als konstituierender Faktor von Revolutionen betont wird. Die Ergebnisse der Gruppenarbeiten werden schließlich im Klassenplenum diskutiert und mit Hilfe der Lehrperson zusammengefasst, wobei das Ergebnis in weiten Teilen der obigen Definition entsprechen wird. Als Abschluss der Informationsphase können noch einmal die Ergebnisse des Brainstormings in Erinnerung gerufen und mit der Definition verglichen werden.

M 4: Die Publizistin und politische Theoretikerin Hannah Arendt über die Revolution (1963):

„Nur wo dieser Pathos des Neubeginns vorherrscht und mit Freiheitsvorstellungen verknüpft ist, haben wir das Recht, von Revolution zu sprechen. Woraus folgt, daß Revolutionen prinzipiell etwas anderes sind als erfolgreiche Aufstände [...]. Alle diese politischen Phänomene haben mit der Revolution die Gewalttätigkeit gemein [...]. Aber die Kategorie der Gewalt wie die Kategorie des bloßen Wechsels oder Umsturzes ist für eine Beschreibung des Phänomens der Revolution ganz unzulänglich; nur wo durch Wechsel ein Neuanfang sichtbar wird, nur wo Gewalt gebraucht wird, um eine neue Staatsform zu konstituieren, einen neuen politischen Körper zu gründen, nur wo der Befreiungskampf gegen den Unterdrücker die Begründung der Freiheit wenigstens mitintendiert, können wir von einer Revolution im eigentlichen Sinn sprechen."

Arendt, Hannah: Über die Revolution, 4. Auflage, München 2000, S. 41f.

M 5: Karl Marx und Friedrich Engels über die Träger der Revolution (1845/46):

„Jede neue Klasse [...], die sich an die Stelle einer vor ihr herrschenden Klasse setzt, ist genötigt, schon um ihren Zweck durchzuführen, ihr Interesse als das gemeinschaftliche Interesse aller Mitglieder der Gesellschaft darzustellen, d.h. ideel ausgedrückt: ihren Gedanken die Form der Allgemeinheit zu geben, sie als die einzig vernünftigen, allgemein gültigen darzustellen. Die revolutionierende Klasse tritt von vornherein, schon weil sie einer Klasse gegenübersteht, nicht als Klasse, sondern als Vertreterin der ganzen Gesellschaft auf, sie erscheint als die ganze Masse der Gesellschaft gegenüber der einzigen, herrschenden Klasse. Sie kann dies, weil im Anfange ihr Interesse wirklich noch mehr mit dem gemeinschaftlichen Interesse aller übrigen nichtherrschenden Klassen zusammenhängt [...]."

Marx, Karl/Engels, Friedrich: Die deutsche Ideologie, in: MEW 3, S. 47f.

M 6: Der Historiker Peter Wende über Revolution, Rebellion, Bürgerkrieg und Reform (2000):

„[...] Revolution impliziert Gewalt ‚von unten', Gewalt des Volkes gegen die Herrschenden. So betrachtet impliziert Revolution auch stets Elemente von Aufstand und Rebellion, die für sich genommen allerdings andere, nämlich begrenztere Zielsetzungen verfolgen. Solche Revolten sind gemeinhin Ausdruck verletzten Rechtsempfindens und, indem sie die Wiederherstellung einer gestörten Rechtsordnung verfolgten, Akte der sozialen Chirurgie, Operationen der Renovation. Das klassische Beispiel sind etwa Unruhen aus Anlass überhöhter Brotpreise [...]. Solcher Aufruhr kann durchaus am Beginn einer Revolution stehen, wenn aus dem Widerstand schließlich das Programm für eine neue, eine andere politische Verfassung erwächst. Dabei kann an die Stelle von spontanen Gewaltakten schließlich der Bürgerkrieg als die höchste Stufe innerstaatlicher gewaltsamer Auseinandersetzungen treten [....]. In dem Maße, wie Revolution Gewalt, besonders Gewalt ‚von unten' impliziert, unterscheidet sie sich von der Reform, die [...] im Rahmen der bestehenden Ordnung stattfindet bzw. zumindest initiiert wird. Das Subjekt der Aktion ist dabei die bestehende Regierung, d.h. reformiert wird ‚von oben' [...]."

Wende, Peter: Einleitung, in: Ders. (Hg.): Große Revolutionen der Geschichte, München 2000, S. 12f.

- Welche Merkmale weist eine Revolution auf? Was bzw. wer ist das Angriffsziel einer Revolution? Wer ist Träger einer Revolution? Welche Gedanken bzw. Ideen stecken hinter einer Revolution?

Nach der Informationsphase folgt die *Anwendungsphase*, in der die von den SchülerInnen erarbeitete Definition am Beispiel des Songtextes von Tracy Chapman und eines Gedichtes von Bertolt Brecht erprobt wird: Können die beschriebenen Vorgängen als Revolutionen bzw. bevorstehende Revolutionen klassifiziert werden? Bei Chapman findet sich lediglich das Merkmal des Aufstandes „von unten". Ob es sich dabei um eine Rebellion, einen Bürgerkrieg oder gar um eine Revolution handelt, bleibt unbestimmt. Hinweise auf ein neues, ideologisch durchdachtes gesellschaftliches Konzept sind nicht zu finden. „Poor people gonna rise up/And get their share", singt Chapman, ohne genauer darauf einzugehen, was sie denn mit „share", dem „Anteil", meint. Eine Interpretation, die hier einen Hinweis auf die Umverteilung der Produktionsgüter im marxistischen Sinne vermutete, ginge ohne Zweifel zu weit. Vielmehr scheint der Begriff der „Revolution" eher im klassischen Sinne als „Zurückwälzung" interpretierbar: „Poor people gonna rise up/And take what's theirs", d.h. sie nehmen sich das, was ihnen ohnehin zusteht und sie vielleicht früher einmal besaßen: Wohlstand und Arbeit. Während Chapman von „Revolution" singt und wohl einen Aufstand meint, lässt sich Bertolt Brechts Gedicht – ganz im Sinne eines „Lehrgedichts" – gleichsam als „theoretische" Auseinandersetzung mit dem Thema verstehen. Zwar trägt das Gedicht den Titel „Revolution", der Ausgang der beschriebenen Situation bleibt aber ungewiss: „Als aber das Maß voll war mit einem Schlage/ Erhob sich die Masse/Aber es war ein Hin und Her und ein Ende und noch kein Anfang". Brecht lässt offen, ob der Aufstand letztlich zu einer völligen Umwälzung der Gesellschaft, d.h. zu einer Revolution führt.

M 7: Tracy Chapman

Talkin' About A Revolution

Don't you know
They're talkin' about a revolution
It sounds like a whisper
Don't you know
They're talkin' about a revolution
It sounds like a whisper

While they're a standing in the welfare lines
Crying at the doorsteps of those armies of salvation
Wasting time in the unemployment lines
Sitting around waiting for a promotion

Poor people gonna rise up
And get their share
Poor people gonna rise up
And take what's theirs

Don't you know
You better run, run, run …
Oh I said you better
Run, run, run …

Finally the tables are starting to turn
Talkin' about a revolution

Tracy Chapman, CD: Elektra/Asylum Records 1988

M 8: Bertolt Brecht

Revolution

I. Gesang

Sie führten die Massen hierhin und dorthin und erschlugen sie
Aber das Maß war noch nicht voll
Sie verwüsteten die Äcker und so weiter
Aber das Maß war noch nicht voll

Und es schien, daß das Maß voll war

2. Gesang

Als aber das Maß voll war mit einem Schlage
Erhob sich die Masse

Aber es war ein Hin und Her und ein Ende und noch kein Anfang

Brecht, Bertolt: Große kommentierte Berliner und Frankfurter Ausgabe, Gedichte 4, Weimar/Frankfurt a. M. 1993, S. 145.

- Wenden Sie die erarbeiteten Merkmale der Revolution auf die beiden Texte an: Handelt es sich um Revolutionen bzw. bevorstehende Revolutionen? Begründen Sie Ihre Antworten.

Die Anwendungsphase geht über den wissenschaftlichen „Ableitungszusammenhang" nicht hinaus. Aus der Summe des geschichtswissenschaftlichen Wissens wird lediglich ein didaktisch relevantes Kernwissen mit Hilfe der „didaktischen Reduktion" abgeleitet.[37] Dieses Kernwissen wird zwar in den individuellen Wissenszusammenhang integriert bzw. durch Anwendung gefestigt,[38] „Orientierungskompetenz" und selbständiges (politisches) Urteilen, wie es das Konzept des „selbstreflexiven Ich" vorsieht, sind damit aber noch nicht gewährleistet. Die politische Urteilskompetenz bildet daher den Kern der *Problematisierungsphase*. Im vorliegenden Fall soll mit dem Wissen, das in den vorhergegangenen Phasen erarbeitet wurde, die Frage geklärt werden, ob die Definition von Revolution auf die „Amerikanischen Revolution" anwendbar ist. Dazu erhalten die SchülerInnen sowohl wissenschaftliche Texte als auch zeitgenössische Quellen, die sie in Gruppen bearbeiten. Ein Teil der Texte (M 9 bis M 12) behandelt den Mythos der Ausbeutung der Kolonien, wie ihn etwa Isaac Barrc in seiner Antwort auf eine Aussage des britischen Politikers Charles Townshend transportierte. Dabei stellt sich die Frage, ob die Unabhängigkeitsbestrebungen als Befreiung aus der „Versklavung", wie Patrick Henry in seiner Rede „Give me Liberty or Death" meinte, oder als Streben nach wirtschaftlicher Unabhängigkeit (M 12) interpretiert werden kann. Dadurch sollen die SchülerInnen befähigt werden, zwischen historisch-ideologischer Konstruktion und wissenschaftlich differenzierter Position zu unterscheiden, d.h. den Begriff der „Freiheit" zu hinterfragen bzw. unterschiedlich auszulegen.

M 9: Der britische Politiker Charles Townshend verteidigte vor dem British House of Commons das Recht Großbritanniens, Steuern in Amerika einzuheben und damit zur Deckung der Kosten infolge des Siebenjährigen Krieges beizutragen (1765):

„Wollen diese Amerikaner, Kinder, unter unserer Obhut angesiedelt und unter unserer Milde aufgezogen, bis sie zu Stärke und Reichtum herangewachsen sind, und beschützt von unseren Waffen, wollen sie uns verweigern, ihr Schefflein beizutragen, um uns vom schweren Gewicht dieser Last zu erleichtern, die wir zu tragen haben?"

Zit. bei: Risjord, Norman K.: America. A History of the United States, Bd. 1. 2. Auflage, Englewood Cliffs/New Jersey 1988, S. 113.

M 10: Colonel Isaac Barre, Soldat in Amerika während des Siebenjährigen Krieges, antwortet auf die Frage von Charles Townshend (1765):

„Sie wurden angesiedelt unter eurer Obhut? Nein! Eure Unterdrückung siedelte sie in Amerika an. Sie flüchteten von einer Tyrannei in ein damals unkultiviertes und ungastliches Land […].
Sie wurden unter eurer Milde aufgezogen? Sie wuchsen unter eurer Vernachlässigung auf. So bald ihr begonnen habt, sie unter eure Obhut zu stellen, habt ihr Vertreter gesandt, um über sie zu herrschen […].
Sie wurden durch eure Waffen geschützt? Sie haben großmütig zu den Waffen gegriffen, um euch zu verteidigen, […] haben all ihre kleinen Ersparnisse zu Gunsten eures Einkommens abgegeben."

Zit. bei: Risjord, Norman K.: America. A History of the United States, Bd. 1. 2. Auflage, Englewood Cliffs/New Jersey 1988, S. 113.

M 11: Patrick Henry, einer der Gründungsväter der USA, meinte in der Rede „Give me Liberty or Death" vor dem Provinzialkongreß von Virginia (1775):

„Wir haben alles in unserer Macht Stehende getan, um den jetzt aufziehenden Sturm abzuwenden. Wir haben Petitionen eingereicht – wir haben protestiert – wir haben demütig gebeten – wir haben uns vor dem Königsthron in den Staub geworfen und haben darum gefleht, er [der König, Anm. d. V.] möge eingreifen und die despotischen Hände seines Kabinetts und des Parlaments zügeln. Unsere Petitionen wurden mißachtet […]. Der Krieg hat in Wirklichkeit schon begonnen! […] Ist das Leben so teuer oder der Friede so süß, daß man sie um den Preis von Ketten und Versklavung erkaufen sollte? Davor behüte uns Gott, der Allmächtige! – Ich weiß nicht, wie sich andere entscheiden werden, aber für mich gibt es nur Freiheit oder Tod!"

Zit. bei: Schambeck, Herbert/Widder, Helmut/Bermann, Marcus (Hg.): Dokumente zur Geschichte der Vereinigten Staaten von Amerika, Berlin 1993, S. 87-89.

M 12: Der Historiker Willi Paul Adams über den amerikanischen Bürgerkrieg (2000):

„Der nach dem Siebenjährigen Krieg zunehmende Widerstand gegen das Kolonialregime wurde von einer breiten Schicht von Farmern, Handwerkern und Kaufleuten ebenso wie von einem Teil der gespaltenen Oberschicht der Reichen und Einflußreichen getragen. Sie befürchteten, daß ihr erreichter Wohlstand oder zumindest dessen weiteres Wachstum durch Besteuerung zugunsten des Mutterlandes gefährdet sei. […] Am Ende des Siebenjährigen Krieges hatte die englische Regierung Staatsschulden von noch nie dagewesenem Ausmaß zu finanzieren […]. Die Grundbesitzsteuer war während der Kriegsjahre in England bereits verdoppelt worden. Die Untertanen in Nordamerika zahlten hingegen durchschnittlich höchstens ein Viertel der Belastungen in England. Eine Beteiligung der Bewohner der Kolonien erschien umso angemessener, als sie langfristig am meisten vom Ende der französischen Kolonialherrschaft profitierten […]."

Adams, Willi Paul: Die USA vor 1900, München 2000, S. 38 (Oldenbourg Grundriß der Geschichte, 28).

- Welche Argumente werden für und gegen Steuern angeführt?
- Wie wird das Verhältnis zwischen England und den Kolonien bei Townshend, wie bei Barre beschrieben?
- Welche Bedeutung hat der Begriff der „Freiheit" bei Barre und Henry?
- Welche andere Bedeutung als bei Barre und Henry könnte der Begriff „Freiheit" haben? Berücksichtigen Sie bei Ihrer Antwort M 12.

Im Zusammenhang mit der differenzierten Betrachtung des Begriffs der „Freiheit", der auch die Ziele der Unabhängigkeitsbestrebungen offenkundig werden lässt, kann nun das bislang nur theoretisch abgehandelte Thema „Revolution" am praktischen Beispiel konkretisiert werden. Die Texte M 13 bis M 17 ermöglichen es den SchülerInnen, unterschiedliche Positionen kennen zu lernen: Leopold Ranke (M 14) sah etwa in den Ereignissen eine „Umkehr des Principes", nach dem bislang die Staaten funktionierten, d.h. eine neue Gesellschaftsordnung, die sich vom Feudalismus durch die „Gewalt von unten" unterscheidet. Hermann Wellenreuther (M 16) sowie Christof Mauch (M 17) weisen dagegen darauf hin, dass sich die Situation der ärmeren Bevölkerungsschichten auch nach dem Unabhängigkeitskrieg kaum wandelte. Dennoch wurden mit den Grundrechtserklärungen der einzelnen Staaten, etwa mit jener von Virginia (M 13), und schließlich mit der US-amerikanischen Verfassung Forderungen der Aufklärung verwirklicht, die auch langfristig auf die europäische Gesellschaft einwirken sollten.

Nachdem die SchülerInnen die Texte in den Gruppen diskutiert haben, formulieren sie mit Hilfe der Argumentationsmodelle, wie sie im allgemeinen Beitrag über politische Bildung in der Unterstufe beschrieben sind, mindestens ein Argument, das für und das gegen die Bewertung der so genannten „Amerikanischen Revolution" als Revolution sprechen. Eine Gruppe, die ausgelost wird, trägt zunächst die zwei Argumente vor, die anderen Gruppen nehmen dazu Stellung bzw. ergänzen die Argumente oder argumentieren dagegen. Möglich ist auch die Erstellung von Plakaten, auf denen begründet wird, warum die Amerikanische Revolution (k)eine Revolution war. Mehrere Argumente werden sich schließlich gegenüberstehen bzw. widersprechen: Eine soziale Umwälzung, wie sie etwa die Französischen Revolution verursachte, fand nicht statt (M 16 und M 17). Außerdem wandte sich keine geringe Anzahl von Kolonialisten gegen die Lostrennung vom englischen Mutterland (M 15). Ob die Vertreter der Unabhängigkeit die Belange des gesamten „Volkes" vertraten, bleibt daher fraglich. Allerdings können die grund- und verfassungsrechtlichen Errungenschaften (M 13 und M 14) durchaus als „revolutionär" bezeichnet werden, zumal hier tatsächlich ein Bruch mit der traditionellen Verfasstheit von Gesellschaften erfolgte und eine Grundlage für den modernen Konstitutionalismus, damit auch für die weitere Entwicklung in Europa gelegt wurde.

> M 13: Die Grundrechtserklärung von Virginia (1776), die als Vorlage für andere Grundrechtserklärungen amerikanischer Staaten und auch der französischen „Déclaration des droits de l'homme et du citoyen" gilt, schreibt u.a. fest:
>
> „Artikel 1. Alle Menschen sind von Natur aus gleichermaßen frei und unabhängig und besitzen gewisse angeborene Rechte [...] und zwar den Genuß des Lebens und der Freiheit und dazu die Möglichkeit, Eigentum zu erwerben und zu besitzen und Glück und Sicherheit zu erstreben und zu erlangen.
> Artikel 2. Alle Macht kommt dem Volke zu und wird folglich von ihm hergeleitet. Beamte sind seine Treuhänder und Diener und ihm jederzeit verantwortlich."
>
> *Zit. bei: Schambeck, Herbert/Widder, Helmut/Bermann, Marcus (Hg.): Dokumente zur Geschichte der Vereinigten Staaten von Amerika, Berlin 1993, S. 110f.*

M 14: Der Historiker Leopold Ranke über den amerikanischen Unabhängigkeitskrieg (1854):

„Dies war eine völlige Umkehr des Principes. Früher war es der König von Gottes Gnaden, um den sich alle gruppierten; jetzt tauchte die Idee auf, daß die Gewalt von unten aufsteigen müsse [...]. Diese beiden Principien stehen einander gegenüber wie zwei Welten [...]."

Ranke, Leopold: Aus Werk und Nachlaß, Bd. 2, München 1971, S. 415, 417.

M 15: Der Historiker Horst Dippel über die „Amerikanische Revolution" (1996):

„[...] ca. 20% der Bevölkerung, die sog. Loyalisten oder Tories, [blieben] regimetreu, ca. 40.000 kämpften auf Seiten der Briten gegen die Patrioten, ca. 80.000 wurden vertrieben, ihr Besitz beschlagnahmt und veräußert."

Dippel, Horst: American Revolution, in: Wersich, Rüdiger B.: USA Lexikon, Berlin 1996, S. 68.

M 16: Der Historiker Hermann Wellenreuther über den amerikanischen Bürgerkrieg (2000):

„Die Ereignisse zwischen 1760 und 1790 produzierten keine Entwicklungen, die jenen Gruppen, denen die Bürgerrechte vorenthalten waren, eben alle oder zumindest einige dieser Rechte verliehen. Frauen blieb das Wahlrecht vorenthalten ebenso wie Indianern, Sklaven und jenen, die über keinerlei Eigentum verfügten oder keine Steuern zahlten."

Wellenreuther, Hermann: Die Amerikanische Revolution, in: Wende, Peter (Hg.): Große Revolutionen der Geschichte. Von der Frühzeit bis zur Gegenwart, München 2000, S. 117.

M 17: Die Entwicklung des Wahlrechts:

„In der Kolonialzeit waren, gemäß englischen Vorstellungen, nur diejenigen sozialen Schichten wahlberechtigt, die ein konkretes gesellschaftliches Interesse („a stake in society") hatten. Meist war ein von der Kolonie festgesetzter Mindestgrundbesitz die Bedingung für das Wahlrecht; um 1787 erfüllten weniger als ein Viertel der weißen, männlichen Bevölkerung die geforderten Voraussetzungen. Darüber hinaus waren u.a. Juden, Katholiken und Quäker vom Recht zu wählen ausgeschlossen, da sie den Eid auf die anglikanische

> Kirche nicht leisten konnten. Während die Religionszugehörigkeit kurz nach der Revolution [...] keine Relevanz mehr [...] hatte, hielten sich einzelne Besitzbestimmungen noch bis in die Mitte des 19. Jahrhunderts."
>
> *Mauch, Christof: Suffrage/Disfranchisement, in: Wersich, Rüdiger B.: USA Lexikon, Berlin 1996, S. 695.*
>
> - Wenden Sie die Definition von „Revolution" auf die vorliegenden Texte an: Welche Aspekte der „Amerikanischen Revolution" sprechen für, welche gegen eine Revolution?
> - Formulieren Sie mindestens ein Pro- und ein Contra-Argument, das im Klassenplenum vorgetragen werden kann.

Als Abschluss des Themas könnte eine Filmsequenz aus dem Spielfilm „The Patriot" (2000) von Roland Emmerich gezeigt werden, der jenes Freiheitsideal transportiert, das Patrick Henry in seiner Rede „Give me Liberty or Death" (M 3) beschwört. Zur Filmanalyse sollte ein Arbeitsblatt mit den folgenden Arbeitsaufgaben bzw. Fragen erstellt werden: Welche Ideologie wird transportiert? Welche filmischen und sprachlichen Mittel werden dazu verwendet? Zu welchen der vorliegenden Arbeitstexten gibt es Parallelen und warum? Der analytische Begriff von „Revolution" sowie die – durch seinen Anwendung auf die Amerikanische Revolution trainierte – politische Urteilsfähigkeit lassen nicht nur einen kritischen Blick auf den Spielfilm zu, sondern auch eine differenzierte Betrachtung anderer so genannter „Revolutionen", etwa der Französischen Revolution oder auch des Zusammenbruchs der staatssozialistischen System infolge der Ereignisse von 1989.

Anmerkungen:

1 Die Perspektiven, die eingenommen werden, sind abhängig von der individuellen Identität. Der Einzelne entwickelt zum einen auf der Basis vorhandener Ressourcen („Identitätsbausteine") individuelle Strategien zur Existenzbewältigung, zum anderen werden auch neue Ressourcen übernommen, die sich aus Erfahrung und aus Sozialisationsprozessen ergeben. Auch neue Perspektiven auf Geschichte können hier als neue „Identitätsbausteine" verstanden werden. Siehe dazu die Ausführungen von Thomas Hellmuth im Einleitungsbeitrag dieses Bandes über das „selbstreflexive Ich" sowie bei: Böckle, Roland/Hellmuth, Thomas/Hiebl, Ewald/Kuschnigg, Wolfgang/Tolar-Hellmuth, Karin/Tuschel, Manfred: Faszination Geschichte 3. 4. Klasse, Begleitheft, S. 6.

2 Die österreichischen Lehrpläne für die AHS-Unterstufe und die Hauptschule finden sich unter: http://www.bmukk.gv.at/medienpool/786/ahs11.pdf und http://www.bmukk.gv.at/medienpool/879/hs15.pdf, 12. Juli 2007. Die Lehrpläne für Geschichte sind für beide Schularten gleich.

3 Siehe dazu den Beitrag von Reinhard Krammer in diesem Band sowie Schreiber, Waltraud: Reflektiertes und (selbst-)reflexives Geschichtsbewusstsein durch Geschichtsunterricht fördern – ein vielschichtiges Forschungsfeld der Geschichtsdidaktik, in: Zeitschrift für Geschichtsdidaktik. Jahresband 2002, S. 18-43; Krammer, Reinhard: Geschichte und Politische Bildung – Aspekte einer Annäherung, in: Diendorfer, Gertraud/Steininger, Sigrid (Hg.): Demokratie-Bildung in Europa.

Herausforderungen für Österreich. Bestandsaufnahme – Praxis – Perspektiven, Schwalbach/Ts. 2006, S. 69f.

4 Max Weber hat bereits darauf hingewiesen, dass die Themen, mit der sich Geschichtswissenschaft auseinandersetzt, aus Werturteilen resultieren. Ebenso betont Hayden White die leitende Funktion der Ideologie des Historikers bei der Erkenntnisgewinnung. Dem ist freilich entgegenzuhalten, dass sich die Geschichtswissenschaft fortentwickelt hat und sich – wenigstens zum Teil – einem reflektierten Geschichtsbewusstsein verpflichtet fühlt, u.a. indem sie sich auch als empirische Wissenschaft versteht. Das Problem der Themenwahl bleibt freilich weiterhin erhalten. Weber, Max: Die „Objektivität" sozialwissenschaftlicher und sozialpolitischer Erkenntnis, in: Ders.: Gesammelte Aufsätze zur Wissenschaftslehre, 7. Auflage, Tübingen 1988, S. 146-214 (UTB); White, Hayden: Metahistory. Die Historische Einbildungskraft im 19. Jahrhundert in Europa, Frankfurt a. M. 1994, S. 39. Zur Problematik der ideologiegeleiteten Geschichtswissenschaft siehe auch: Kayser, Jörg/ Hagemann, Ulrich: Teil A: Theoretische Grundlegung, in: Dies. (Hg.): Urteilsbildung im Geschichts- und Politikunterricht. Themen und Materialien, Berlin 2005, S. 6f. Dass die modernen Methoden der Geschichtswissenschaft der Ideologisierung entgegenarbeiten, zeigt allein ein Blick in: Goertz, Hans-Jürgen (Hg.): Geschichte. Ein Grundkurs, Reinbek bei Hamburg 1998 (rowohlt enzyklopädie).

5 Voit, Hartmut: Vorüberlegungen zu einer Didaktik der Zeitgeschichte, in: Zeitschrift für Geschichtsdidaktik, Jahresband 2002, S. 7. Siehe dazu auch: Lange, Dirk: Historisch-politische Didaktik. Zur Begründung historisch-politischen Lernens, Schwalbach/Ts. 2004, S. 25f (Studien zu Politik und Wissenschaft).

6 Kayser/Hagemann, Theoretische Grundlegung, S. 8. Unter rational verstehen Kayser und Hagemann, „mit klar definierten Begriffen und logisch konsistenten Schlussfolgerungen ein Verfahren in sich stimmig und von außen nachvollziehbar zu gestalten".

7 Assmann, Aleida: Erinnerung als Erregung. Wendepunkte der deutschen Erinnerungsgeschichte, in: Lepenies, Wolf (Hg.): Wissenschaftskolleg Jahrbuch 1998/99, Berlin 2000, S. 202.

8 Wende, Peter: Einleitung, in: Ders. (Hg.): Große Revolutionen der Geschichte. Von der Frühzeit bis zur Gegenwart, München 2000, S. 10f.

9 Ebenda, S. 12-16.

10 Kayser/Hagemann, Theoretische Grundlegung, S. 9. Zur Kategoriebildung siehe auch den Beitrag von Thomas Hellmuth über „Entscheidende politische Sozialisation. Politische Bildung in der Unterstufe" in diesem Band.

11 Wende, Einleitung, S. 12f.

12 Einen guten Überblick über die Unabhängigkeitsbestrebungen der Kolonien und den amerikanischen Unabhängigkeitskrieg bietet: Adams, Willi Paul: Die USA vor 1900, München 2000, S. 37-52 (Oldenbourg Grundriss der Geschichte, 28).

13 Declaratory Act (1766), zit. bei: Adams, Die USA vor 1900, S. 40.

14 Die Unabhängigkeitserklärung (1776), in: Sautter, Udo (Hg.): Die Vereinigten Staaten. Daten, Fakten, Dokumente, Tübingen/Basel 2000, S. 148f.

15 Kotte, Eugen: „Because We Celebrate Our Independence". Revolution und Staatsgründung der USA in US-amerikanischen Schulgeschichtsbüchern, in: Geschichte lernen, 14. Jg. (2001), Heft 21, S. 18-23.

16 Adams, Willi Paul: Revolution und Nationalstaatsgründung 1763-1815, in: Ders. (Hg.): Die Vereinigten Staaten von Amerika, Frankfurt a. M. 1977, S. 31 (Fischer Weltgeschichte, 30).

17 Wellenreuther, Hermann: Die Amerikanische Revolution, in: Wende (Hg.), Große Revolutionen der Geschichte, S. 115, 117.

18 Mauch, Christoph: Suffrage/Disfranchisement, in: Wersich, Rüdiger (Hg.): USA Lexikon, Berlin 1996, S. 695-697.

19 Weber, Max: Die drei reinen Typen der legitimen Herrschaft, in: Ders.: Gesammelte Aufsätze zur Wissenschaftslehre, 3. Auflage, Tübingen 1968, S. 176, 480.

20 Wellenreuther, Die Amerikanische Revolution, S. 118.

21 Krause, Egon: Interpretieren. Begriff und Anwendung im Deutschunterricht, Frankfurt a. M. 1984, S. 12; Matzkowski, Bernd: Wie interpretiere ich? Grundlagen der Analyse und Interpretation einzelner Textsorten und Gattungen mit Analyseraster, Hollefeld 1997, S. 9 (Bange Lernhilfen); Weißeno, Georg: Textanalyse, in: Kuhn, Hans-Werner/Massing, Peter (Hg.): Lexikon der politischen Bildung, Bd. 3. Methoden und Arbeitstechniken, Schwalbach/Ts. 2000, S. 191.

22 Pandel, Hans-Jürgen: Interpretation, in: Mayer, Ulrich/Pandel, Hans-Jürgen/Schneider, Gerhard/Schönemann/Bernd (Hg.): Wörterbuch Geschichtsdidaktik, Schwalbach/Ts. 2006, S. 96.
23 Anstelle des Begriffs der „geschichtskulturellen Komeptenz" wird in der Geschichtsdidaktik auch der Begriff „Dekonstruktion" verwendet. Dieser ist allerdings nicht unumstritten, zumal damit Missverständnisse verbunden sind. So spielt der Begriff der „Dekonstruktion" in der poststrukturalistischen französischen Philosophie eine bedeutende Rolle, in der Geschichtswissenschaft wird er aber meist in einer anderen Bedeutung, nämlich im Sinne von „Interpretation", verwendet: „Jede Rezension eines historiographischen Werkes [...] fragt, welche Quellen der Autor auf welche Weise verwendet hat." Pandel, Hans-Jürgen: Dekonstruktion, in: Mayer u.a. (Hg.), Wörterbuch Geschichtsdidaktik, S. 37f. Zur Dekonstruktionskompetenz siehe: Schreiber, Waltraud/Körber, Andreas/Borries, Bodo von/Krammer, Reinhard/Leutner-Ramme, Sibylla/Mebus, Sylvia/Schöner, Alexand/Ziegler, Béatrice: Historisches Denken. Ein Kompetenz-Strukturmodell, Neuried 2006 (Kompetenzen, 1).
24 Breit, Gotthard: Gruppenarbeit, in: Breit, Gotthard/Eichner, Detlef/Frech, Siegfried/Lach, Kurt/Massing, Peter: Methodentraining für den Politikunterricht II. Arbeitstechniken – Sozialformen – Unterrichtsphasen, Schwalbach/Ts. 2007, S. 181-187 (Didaktische Reihe).
25 Frech, Siegfried: Das Arbeitsblatt, in: Breit u.a., Methodentraining für den Politikunterricht II, S. 79f.
26 Ebenda, S. 80.
27 Zu den vier Phasen, die nicht nur für den Politikunterricht gelten, siehe: Massing, Peter: Die Textanalyse, in: Frech, Siegfried/Kuhn, Wans-Werner/Ders. (Hg.): Methodentraining für den Politikunterricht, Schwalbach/Ts. 2004, S. 40f (Didaktische Reihe) sowie die Aufsätze von Peter Massing und Kurt Lach unter: Teil III: Unterrichtsphasen, in: Breit u.a., Methodentraining für den Politikunterricht II, S. 205-238.
28 Siehe dazu genauer den Einleitungsbeitrag von Thomas Hellmuth in diesem Band sowie Jeismann, Karl-Ernst: „Geschichtsbewusstsein" als zentrale Kategorie der Didaktik des Geschichtsunterrichts, in: Niemetz, Gerold (Hg.): Aktuelle Probleme der Geschichtsdidaktik, Stuttgart 1990, S. 44-75.
29 Im Zuge einer Fachtagung der Landeszentrale für politische Bildung des Landes Baden-Württemberg wurde 1976 der so genannte „Beutelsbacher Konsens" formuliert, der u.a. das „Überwältigungsverbot" enthält. LehrerInnen dürfen demnach SchülerInnen nicht indoktrinieren, sondern sollen vielmehr die Fähigkeit fördern, selbständig zu urteilen. Dazu ist es u.a. notwendig, Kontroversen in der Wissenschaft auch im Unterricht darzustellen. Wie im Einleitungsbeitrag über das „selbstreflexive Ich" in diesem Band deutlich wird, ist dieses als selbstverständlich erscheinende Postulat bei genauerer Betrachtung gar nicht einfach einzulösen, zumal die Lehrperson, ob sie nun will oder nicht, aufgrund ihrer politischen Sozialisation in ihrer „Objektivität" partiell beeinträchtigt ist. Eine ständige Selbstreflexion ist daher bei LehrerInnen notwendig. Sander, Wolfgang: Theorie der politischen Bildung: Geschichte – didaktische Konzeptionen – aktuelle Tendenzen und Probleme, in: Ders. (Hg.): Handbuch politische Bildung, 3., völlig überarbeitete Auflage, Schwalbach/Ts. 2005, S. 18; Hellmuth, Thomas: Reizwort „Indoktrination". Vorschläge für eine „Didaktik der Selbstreflexion", in: Der Standard, 25. April 2007.
30 Krammer, Geschichte und Politische Bildung, S. 69.
31 Lach, Kurt/Massing, Peter: Die Informations- und Anwendungsphase, in: Breit u.a. (Hg.), Methodentraining für den Politikunterricht II, S. 220f.
32 Ebenda.
33 Rüsen, Jörn: Historische Orientierung. Über die Arbeit des Geschichtsbewußtseins, sich in der Zeit zurechtzufinden, Köln/Wien/Weimar 1994. Siehe dazu auch: Hasberg, Wolfgang: Methoden geschichtsdidaktischer Forschung, in: Zeitschrift für Geschichtsdidaktik, Jahresband 2002, S. 59-64. Pandel, Hans-Jürgen: Geschichtskultur, in: Mayer u.a. (Hg), Wörterbuch Geschichtsdidaktik, S. 74f.
34 Lach/Massing, Die Informations- und Anwendungsphase, S. 220.
35 Arendt, Hannah: Über die Revolution, 4. Auflage, München 2000, S. 40.
36 Marx, Karl/Engels, Friedrich: Die deutsche Ideologie, in: MEW 3, Berlin 1969, S. 47f.
37 Zur „didaktischen Reduktion" siehe u.a.: Gagel, Walter: Einführung in die Didaktik des politischen Unterrichts, 2. Auflage, Opladen 2000, S. 110-119 (UTB).
38 Lach/Massing, Die Informations- und Anwendungsphase, S. 223.

Christian Angerer

Luftkrieg und Literatur

Eine Kontroverse um Literatur, Geschichte und Moral im Literaturunterricht der Oberstufe

Die „Sebald-Debatte"

1997 hielt der deutsche Autor W. G. Sebald an der Universität Zürich Vorlesungen zum Thema „Luftkrieg und Literatur", in denen er die Behauptung aufstellt, die Literatur habe bei der Aufgabe, der Leiderfahrung der deutschen Bevölkerung durch die Luftangriffe im Zweiten Weltkrieg Ausdruck zu geben, versagt. Sebald zeichnet nach, welch gravierende Spuren das Bombardement in der Lebensgeschichte von Millionen Menschen hinterlassen haben muss. Weit über hundert deutsche Städte wurden von den alliierten Flugzeugen angegriffen, 600.000 Menschen kamen am Boden in Bombenhagel und Feuerstürmen um, 100.000 alliierte Flieger starben in der Luft, siebeneinhalb Millionen Deutsche wurden obdachlos, Verwesungsgeruch durchzog noch nach dem Krieg die in Trümmer gelegten Städte, Schuttgebirge mit Kreuzen bestimmten die Stadtbilder bis in die 50er Jahre hinein.[1] Dennoch sei dieses allgegenwärtige Leid kaum öffentlich artikuliert worden. Sebald konstatiert eine Diskrepanz zwischen der individuellen und der kollektiven Erinnerung. Während sich das Erlebte meist unausgesprochen hinter Apathie in seelischen Abgründen verbarg, verpflichtete man sich offiziell auf Zukunft statt Erinnerung. Der Heroismus des Wiederaufbaus betrieb nach der materiellen nun die zweite, die moralisch-politische Liquidierung der eigenen Vorgeschichte. So erschien die Zerstörung nicht als Endpunkt eines kollektiven Fehlverhaltens im Nationalsozialismus, sondern als erste Stufe eines Neubeginns.[2] Es blieb das Defizit der Auseinandersetzung mit diesem schwelenden Komplex aus Schuld und Leid, der doch allenthalben in den Trümmern sichtbar war. Und dieses Defizit wurde, so Sebalds Vorwurf, von der Literatur nicht ausgeglichen. Auch die Literatur habe ihre Augen vor den Spuren der Zerstörung verschlossen und sei auf Amnesie eingestellt gewesen.[3] Die Erfahrung des Luftkriegs sei zum Tabu geworden: „Der wahre Zustand der materiellen und moralischen Vernichtung, in welchem das ganze Land sich befand, durfte aufgrund einer stillschweigend eingegangenen und für alle gleichermaßen gültigen Vereinbarung nicht beschrieben werden. Die finstersten Aspekte des von der weitaus überwiegenden Mehrheit der deutschen Bevölkerung miterlebten Schlussakts der Zerstörung blieben so ein schandbares, mit einer Art Tabu behaftetes Familiengeheimnis, das man vielleicht nicht einmal sich selber eingestehen konnte."[4] Aus diesem Geheimnis „der in die Grundfesten unseres Staatswesens eingemauerten Leichen"[5] ströme die psychische Energie, die die Deutschen zusammenhalte.

Sebalds Thesen riefen eine erregte Debatte hervor, die sich um Literatur, Geschichte und Moral drehte. Die Erwiderungen auf Sebald lassen die Widersprüchlichkeit und Sprengkraft des Themas erkennen: Mit Hinweisen auf AutorInnen und Texte wurde der literaturgeschichtliche Befund kritisiert, dass sich die deutsche Literatur des Themas nicht angenommen hätte; in anderen Stellungnahmen wurde das von Sebald konstatierte Schweigen der Literatur zum Luftkrieg begrüßt, weil es aus Scham über den Holocaust geboten sei; und eine dritte Position bezweifelte, dass es ein allgemeines Tabu gegeben habe, über den Luftkrieg zu erzählen.[6] Volker Hage fasst in seinem Rückblick die Debatte zusammen und zieht Bilanz. Er legt dar, dass entgegen Sebalds Annahme für die Zeit zwischen 1945 und 2000 eine Fülle von literarischen Texten zu recherchieren ist, die sich mit dem Luftkrieg beschäftigen – doch sie wurden kaum, jedenfalls nicht nachhaltig wahrgenommen.[7] Das von Sebald beklagte Versagen der Literatur – wobei sich Sebald nicht nur auf die Quantität, sondern auch auf die mangelnde Qualität der literarischen Texte bezog – habe es eigentlich nicht gegeben, wohl aber eine Rezeptionsverweigerung des Publikums. Hage resümiert: „Heute steht für mich fest: Die Lücke, die nicht nur von Sebald empfunden worden ist, war und ist weniger eine der Produktion als der Rezeption – es sind viele Romane und Erzählungen über den Luftkrieg publiziert worden, doch sie fielen schnell und gründlich dem Vergessen anheim, wenn sie denn überhaupt zur Kenntnis genommen wurden (Paradefall: Ledigs „Vergeltung")."[8]

Mit dieser Korrektur verschiebt sich die Frage nach dem Erzähltabu über den Luftkrieg zu einem Gutteil aus dem engeren Bereich der Literatur und der Ästhetik auf die ganze Gesellschaft, auf eine weit gehende Übereinkunft, über dieses Thema nicht oder nur vorsichtig zu reden.[9] Hage konstatiert, dass sich viele Autoren dem Sujet mit Skrupeln, mit einem Zögern nähern, und er vermutet, das Unbehagen bei der Beschäftigung mit dem Luftkrieg werde vielleicht niemals nachlassen.[10]

Die Gründe dafür liegen im komplexen Spannungsfeld von Geschichte, Moral und Ästhetik, in dem der Bombenkrieg steht. „Die Masse der Toten ist zu erdrückend, […] die finstere Sogkraft der Leichen im Keller zu beängstigend, als dass so einfach darüber zu reden und nachzudenken wäre"[11], meint Hage und spricht damit die Schwierigkeit an, einem solchen Geschehen überhaupt Form und Sinn zu geben. Sebald weist auf die konventionelle Sprache der Augenzeugenberichte hin, mit der Erlebnisse neutralisiert werden sollen, die das Fassungsvermögen der Überlebenden überstiegen und ihre Psyche lähmten.[12] Der amerikanische Autor Kurt Vonnegut, der als Kriegsgefangener die Bombardierung Dresdens erlebte und Ende der sechziger Jahre darüber seinen berühmten Roman „Schlachthof 5" schrieb[13], berichtet, dass er lange Zeit keine Worte für diese Erfahrung, die zu „gewaltig" war, gefunden habe; darüber hinaus benennt er eine spezifische Befindlichkeit von Bombenopfern, die eine literarische Gestaltung schwierig mache: „Bombardiert zu werden ist eine außerordentlich passive Angelegenheit. Es gibt nichts, was man tun kann – außer vielleicht zu den Bomben zu sprechen. Man hat als Überlebender auch nichts, worauf man stolz sein könnte."[14] Aus der Erfahrung der totalen Kontingenz, dem blinden Zufall ausgeliefert zu sein, lässt sich weder eine heroische noch eine tragische Erzählung gewinnen. Vonnegut verfasste schließlich seinen Dresden-Roman, aber er schrieb ihn um das zentrale Ereignis herum. Der Roman handelt vor allem von seinen Schreibversuchen, von Erinnerungsprozessen und Visionen, der Luftangriff bleibt als Zentrum im Hintergrund. Auch Sebald betrachtet nicht-chronologische, multiperspektivische, Denk- und Wahrnehmungsmuster diskursiv erschließende Erzählverfahren als dem Thema angemessen[15], wie er sie bei Alexander Kluge exemplarisch verwirklicht sieht.[16]

Die Ratlosigkeit der Autoren und LeserInnen gegenüber der Erfahrung der Bombenopfer wurzelt jedoch nicht nur in grundsätzlichen ästhetischen Komplikationen, sondern vor allem in einem historisch begründeten Skrupel. Klaus Harpprecht nannte es Scham, die Deutsche dazu verpflichtet habe, über eigenes Leid zu schweigen, weil sie anderen Völkern viel größeres angetan haben. Dieses Schweigen erachtet er für kostbarer als alle Literatur.[17] W. G. Sebald hingegen erkennt nicht demütige Scham hinter dem Schweigen über den Bombenkrieg, sondern ein Gefühl der Schande,[18] in das die Deutschen mit der Niederlage im Zweiten Weltkrieg gestürzt seien. Aus dem nationalsozialistischen Größenwahn der Weltherrschaft und der rassistischen „Hygienisierung Europas" fielen sie innerhalb weniger Jahre in die schmutzigen Rattenlöcher der zerbombten Städte: eine Schande, über die man mit niemandem reden, von der man nichts mehr hören wollte.[19] Ob Scham, ob Schande, am Ende steht jene unausgesprochene Übereinkunft, sich mit den Leiderfahrungen der eigenen schuldbeladenen Gesellschaft nicht auseinander zu setzen, eine Scheu, die sich als Schweigen oder als verweigerte Rezeption von Geschriebenem äußerte – ein Tabu?[20]

Zumindest gilt dies für den öffentlichen Diskurs, für den Hauptstrang der deutschen Literatur und für die Geschichtsschreibung. In der Familie und im kleinen lokalgeschichtlichen Rahmen führte der Luftkrieg wohl eine gar nicht so unbedeutende Nischenexistenz.[21] Die „Sebald-Debatte" signalisiert, dass die Diskussion offiziell eröffnet ist und das Thema größere Resonanz findet – davon zeugt auch die Beachtung, die Jörg Friedrichs monumentale, expressiv in der „Leideform" erzählte historische Darstellung des Luftkriegs über Deutschland fand.[22] Gegen die neuen Bestrebungen, verstärkt der Deutschen als Opfer zu gedenken, wäre, wie Volker Ullrich in seiner Rezension zu Jörg Friedrichs Buch „Der Brand" schreibt, „vernünftigerweise nichts einzuwenden, wenn sich daran nicht allzu oft der Wunsch anschlösse, ihre Rolle als Täter in den Hintergrund zu drängen".[23] Ullrich misst Friedrichs Werk daran, „inwieweit es ihm gelungen ist, der Opfer-Täter-Aufrechnungslogik zu entgehen", und stößt dabei auf zwei problematische Punkte: Dass die Strategie des Flächenbombardements von den Deutschen zuvor schon in Warschau, Rotterdam und Coventry angewandt wurde, verschweige Friedrich nicht, zolle aber dieser Kausalität sowie dem Motiv der Alliierten, ein System zu besiegen, das millionenfachen Massenmord beging, in seiner Darstellung zu wenig Aufmerksamkeit. Und im Duktus seiner Geschichtserzählung bediene sich Friedrich, wie Ullrich kritisiert, einer Terminologie, die das alliierte Bombardement nicht nur indirekt als Kriegsverbrechen, als in „unerklärlicher Vernichtungstrunkenheit" begangenes „Zivilmassaker" brandmarke – eine kritische Diskussion des „moral bombing", die auch in Großbritannien begonnen hat –, sondern die darüber hinaus durch Ausdrücke wie „Einsatzgruppen" für Bomberverbände oder

„Krematorien" für Luftschutzkeller eine Analogie zum Holocaust herstelle, womit sich Friedrich gegen seine erklärte Absicht in die Nähe einer Aufrechnungslogik begebe.[24]

Bei der Beschäftigung mit dem Luftkrieg gilt es also, die Verhältnisse zu wahren. Alexander Kluge beispielsweise bezeichnet das als „inneres Gefühl für Proportionen" bei seiner literarischen Arbeit: „Ohne das Kapitel *Verschrottung durch Arbeit*[25], das sich mit einem KZ bei Halberstadt befasst, mit dem ich mich vorher ausführlich beschäftigt habe, hätte ich auch den Luftangriff nicht erzählen können."[26] Ganz ähnlich sieht W. G. Sebald seine Texte über jüdische Lebensläufe, über vom Nationalsozialismus Verfolgte und Vertriebene[27] als notwendige Voraussetzung für sein Schreiben über die deutschen Bombenopfer.[28] Dass Dresden und Auschwitz nicht auf eine Stufe gestellt werden können, ist auch für Kurt Vonnegut eine Prämisse.[29] Wie die Proportionen innerhalb eines Textes durch ein verschachteltes Erzählverfahren zu wahren sind, beweist Günter Grass mit seiner Novelle *Im Krebsgang*, in der er die Versenkung der „Wilhelm Gustloff" durch ein sowjetisches U-Boot, bei der Tausende deutsche Flüchtlinge den Tod fanden, in den Kontext der nationalsozialistischen Vorgeschichte und des aktuellen Rechtsradikalismus stellt.[30]

Im Zentrum der Debatte steht die Frage, „ob das Tätervolk sich mit seinen eigenen Opfern beschäftigen dürfe".[31] Das ist eine politisch-moralische Frage, die, wie die skizzierte Diskussion zeigt, mit historischem Sachverstand, Verantwortungsbewusstsein und, wenn sie auf literarische Texte bezogen wird, mit Aufmerksamkeit für Ästhetik beantwortet werden muss.

Didaktische Skizze

Das Thema ist am besten in der zwölften Schulstufe zu behandeln, wo die notwendigen historischen Grundlagen und die Kenntnis des textanalytischen Instrumentariums vorausgesetzt werden können. Im Fach Geschichte sieht diese Schulstufe außerdem einen Schwerpunkt politische Bildung vor.

Als Einstieg ist ein Klassengespräch denkbar, in dem SchülerInnen berichten, welche Erfahrungen des Bombenkriegs sie in der innerfamiliären Tradierung oder im kommunalen Gedenkkollektiv (Ortschroniken, Ausstellungen, Gedenktafeln) kennen gelernt haben. Eine Variante oder Ergänzung dazu könnte die Erkundung von Spuren der Bombenangriffe im Umfeld der Schule, im Ort, im Stadtteil sein. Zu besprechen ist auch, mit welchen Wertungen – historisch, politisch, moralisch – diese Berichte oder Spuren allenfalls versehen sind. Damit wird quasi eine empirische Ausgangslage für die Problemanalyse geschaffen.

Im nächsten Schritt soll die „Sebald-Debatte" rekonstruiert werden, damit die SchülerInnen mit den verschiedenen Gesichtspunkten und Argumenten in der Auseinandersetzung um die deutsche (und österreichische) Luftkriegserfahrung bekannt gemacht werden. Ausschnitte aus Sebalds Buch, aus Jörg Friedrichs Geschichtserzählung, Volker Ullrichs Rezension dazu[32] und der bilanzierende Aufsatz von Volker Hage[33] können dabei als Materialbasis dienen. Eine Übersicht fasst die wichtigsten Aspekte zur strittigen Frage des Erzähltabus über den Luftkrieg zusammen (Material M 1).

Die daran anschließende Sequenz hat zum Ziel, an literarischen Texten zu untersuchen, wie sie mit der Erfahrung des Luftkriegs und mit der Problematik dieser Erinnerung umgehen, sowohl sprachlich-formal als auch politisch-moralisch. Nach der kurzen Vorstellung einiger Werke durch den Lehrer/die Lehrerin übernehmen SchülerInnen in Gruppen je einen dieser Texte.[34] Die Gruppen analysieren die Texte mit Hilfe eines Kataloges von Leitfragen (M 2) und mit Blick auf die Gesichtspunkte in der Übersicht (M 1). Die Ergebnisse werden der Klasse präsentiert.

M 1: Luftkrieg und Literatur – ein Erzähltabu?

In der Sebald-Debatte genannte Ursachen für ein Erzähltabu, für das „Versagen" der Literatur vor den Erfahrungen des Luftkriegs:

SCHAM
Die Deutschen konnten angesichts des Holocaust, angesichts des Leides, das sie im Übermaß verschuldet haben, dem Leid, das sie selbst erlitten haben, keinen Ausdruck geben. Sie glaubten, keine moralische Berechtigung dazu zu haben. Weil sie sich ihrer Verbrechen schämten, schwiegen sie über ihre Leiderfahrungen. (vgl. Hage, Harpprecht)

PROPORTION
Schreiben über den Luftkrieg ist nur unter der Voraussetzung möglich, dass auch über die deutschen Verbrechen, über KZ und Holocaust geschrieben wird. Die Auseinandersetzung mit den NS-Verbrechen ist erst die Legitimation für die Auseinandersetzung mit dem Thema Luftkrieg. Dass die Schuld bei den Deutschen liegt, muss außer Frage stehen, es darf zu keiner Aufrechnung von Schuld kommen. (vgl. Sebald, Kluge, Hage)

SCHANDE
Das Thema Luftkrieg wurde in der deutschen Literatur gemieden, nicht weil sich die Deutschen für Verbrechen schämten, sondern weil sie das Erlittene als Schande empfanden. Am Höhepunkt ihrer Welteroberungspläne und ihres Selbstbewusstseins wurden sie in die Erfahrung des Ausgeliefertseins gestoßen. Die Träume von imperialem Glanz endeten in der totalen Zerstörung Deutschlands. Sie wollten von dieser Schande nichts mehr wissen. (vgl. Sebald)

KONTINGENZ
Der Luftkrieg war eine Erfahrung der Passivität und der totalen Kontingenz. Der blinde Zufall einer völlig unbeeinflussbaren technischen Maschinerie entschied darüber, ob man überlebte, nicht die eigene Aktivität, schon gar

nicht Heldentum. Aus dem Luftkrieg lässt sich keine heroische Erzählung machen, aus dieser Erfahrung lässt sich kein Selbstbewusstsein gewinnen. (vgl. Vonnegut, Sebald)

ÄSTHETIK
Das vom Zufall bestimmte massenhafte Sterben ist mit literarischen Mitteln schwer darzustellen. Die Sprache wird den beschriebenen Vorgängen und Erfahrungen kaum gerecht. Es ist schwierig, die Darstellung des Luftkriegs mit Sinn und Bedeutung zu versehen. (vgl. Vonnegut, Sebald, Hage)

M 2: Fragen zu den Texten

Erfahrung des Bombenkriegs:

Was wird geschildert?
Welche Orte?
Welche Ereignisse?
Welche Menschen?
Welches Verhalten?
Werden einprägsame Szenen, „Bilder" gezeigt?
Welche Stimmung wird vermittelt?

Blick des Erzählers:

Welchen Standpunkt nimmt der Erzähler ein?
Aus welcher Perspektive schreibt er?
Ist er beteiligt?
Versetzt er sich in Personen hinein?
Wird der Bombenkrieg erzählend vergegenwärtigt oder im Rückblick berichtet?
In welchem Verhältnis stehen Emotion und Sachlichkeit zueinander?
Wird über das Beschriebene reflektiert?

Sprache und Form:

Welche Textsorte(n) wurde(n) gewählt?
Ist zwischen Dokument und Fiktion zu unterscheiden?
Welche Materialien wurden verwendet?
Welche Stilmittel werden eingesetzt?
Welche Motive durchziehen den Text?
Welche Wirkung wird durch Form und Sprache erzielt?
Wird die Schwierigkeit thematisiert, die Erfahrung zu beschreiben?

Kontexte der Erfahrung:

In welchen Zusammenhang wird die Erfahrung des Bombenkriegs gestellt?
Wie wird die Erfahrung interpretiert?
Welche lebensgeschichtliche Bedeutung wird ihr zugeschrieben?
Welche historische/psychologische/philosophische/religiöse Bedeutung?
Welche Erkenntnisse werden formuliert?
Welche Fragen werden gestellt?
Was ist zwischen den Zeilen zu lesen?

Den Abschluss bildet eine Klassendiskussion über die zentrale Frage, ob und wie sich das „Tätervolk" seinen eigenen Opfern zuwenden darf. Möglichst viele der Aspekte, die bei der Beschäftigung mit der „Sebald-Debatte" und mit den literarischen Texten berührt wurden, sollten ins Gespräch einfließen. Im Sinne einer am „selbstreflexiven Ich" orientierten politischen Bildung[35] wäre dabei der Reflexion über Entwicklungen und Differenzierungen in der Auffassung des Themas, die sich für SchülerInnen im Laufe der Arbeit ergeben haben, besonderer Raum zu widmen. Was sehe ich jetzt anders als zuvor? Welche Informationen oder Überlegungen haben diese Veränderung bewirkt? Von welchen kollektiven Normen, Werten, Erwartungen war und bin ich beeinflusst? Wie kann ich meine Ansicht für andere nachvollziehbar begründen?

So sehr es ein Anliegen der politischen Moralerziehung ist, dass sich SchülerInnen über das Problem der Erinnerung an die Opfer der Tätergesellschaft ein selbständiges Urteil bilden, so unumgänglich sind in der Diskussion die historischen Verhältnisse zu wahren, um nicht jede beliebige Position gelten zu lassen. So wäre etwa die Proportionalität verloren gegangen, wenn die Beschäftigung mit dem Luftkrieg in eine Relativierung nationalsozialistischer Verbrechen oder in eine Gleichsetzung mit dem Holocaust münden würde. Aber unter Beachtung dieser Grenzen birgt ein solches Gespräch das Potential, bislang verborgen tradierte Meinungen zum Gegenstand einer offenen Diskussion zu machen. So könnte eine Kombination von Streitgespräch (Kontroversprinzip) und Überdenken der eigenen Argumentation (Reflexionsprinzip) entstehen, durch die moralische Urteilsbildung und Werte-Reflexion gefördert wird.[36] Nicht zuletzt wäre das Thema Luftkrieg im Zweiten Weltkrieg auch auf seinen allgemeinen, für die Gegenwart brisanten politisch-moralischen Gehalt zu untersuchen. Ist militärische Gewalt in bestimmten Situationen vertretbar?[37] Kann Massentötung die gerechtfertigte Reaktion auf Verbrechen sein? „To talk of the mass slaughter of human beings as a ‚just retribution' for the mass slaughter of human beings, especially now, in an age of nuclear, chemical, and biological weapons, would seem to disqualify anyone from occupying anything, that resembles moral ground, whether high or low."[38] Über die Auseinandersetzung mit literarischen Texten treten die SchülerInnen in einen ebenso heiklen wie notwendigen Dialog über Geschichte, Politik und Moral ein.

Die literarischen Texte

Die ausgewählten literarischen Texte über den Luftkrieg werden im Folgenden, chronologisch nach Entstehungszeit, mit Blick auf die zu Grunde liegenden Fragestellungen kurz kommentiert. Da es für die Arbeit in den Gruppen sinnvoller ist, Ausschnitte aus den in der Regel längeren Texten (mit Ausnahme von Wolfgang Borcherts Kurzgeschichte) zu behandeln, werden solche Textpassagen hier vorgeschlagen. In einer mehrstufigen Aufgabenstellung könnten auch die ganzen Texte Arbeitsgrundlage sein. Dann wäre es Aufgabe der Gruppen, nach Lektüre des Werkes selber einen Ausschnitt zur Präsentation auszusuchen. Eine erweiterte Literaturliste befindet sich als „Material 3" im Anhang. Wichtige Aspekte der Textanalyse, die in den Präsentationen durch die Gruppen nicht vorkommen, wären von dem Lehrer/der Lehrerin zu ergänzen.

Hans Erich Nossack: Der Untergang (1943)[39] – *Vorgeschlagener Ausschnitt: Seite 58-73 in der zitierten Ausgabe*

Der Hamburger Schriftsteller Hans Erich Nossack zieht, obwohl er sich bisher um die zahlreichen Luftangriffe auf die Stadt nicht gekümmert hat, im Sommer 1943 für ein paar Wochen aufs Land. Von dort aus wird er Zeuge der Nächte langen katastrophalen Bombardierung Hamburgs.[40] In seinem autobiografischen Bericht, den er Ende 1943 aufzeichnete, der aber erst 1948 veröffentlicht wurde, beschreibt er seine zaghafte Rückkehr in die zerstörte Stadt. Nossacks Bericht ist das rare literarische Zeugnis einer sachlichen, auf genauer Wahrnehmung beruhenden, ins Detail gehenden Schilderung der Folgen des Bombenangriffs.[41] Im ausgewählten Textausschnitt wird deutlich, wie sich Nossack dem Grauen gleichsam in einer „langsame[n] Kamerafahrt" von den Rändern her nähert, mit Scheu vor den Überlebenden und der zerstörten, nicht mehr wieder zu erkennenden Stadt.[42] Der Autor hält feinfühlig die Spuren der Zerstörung fest, an den Menschen, den Tieren, den Pflanzen, den Gebäuden, nicht ohne vor dem Leid des anderen eine respektvolle Distanz des Beobachters zu wahren. Dem drastischen Bild vom Tod im brennenden Luftschutzkeller, das der Autor von seinem Freund erzählt bekommt, steht die ganz andere Verlusterfahrung des Berichterstatters gegenüber, der in die Trümmer zurückkehrt, um festzustellen, dass die Dinge, mit denen er wie mit Freunden gelebt hat, nicht mehr da sind: „Aber es sind doch nur Dinge! Denken Sie, es wären Ihnen Kinder umgekommen oder Ihre Frau. Ja, das ist wahr, sagen wir, und es nützt nichts."[43] Denn Besitz ließe sich ersetzen, Freunde aber – und seien es Dinge – nicht. Diese Erfahrung macht Nossack zum Ausgangspunkt für seine Interpretation der Existenz in den Trümmern. Er beschreibt sie als Verlust der vertrauten Gesellschaft der Dinge, als Verlust der zeitlichen Ordnung von gestern und morgen, als radikale Gegenwart in einem vom Tod bewohnten Niemandsland. Für Nossack ist das gleichbedeutend mit dem Verlust des Menschseins, bildhaft gezeigt in der Parabel von der Horde Überlebender, die in Lumpen auf dem nackten Boden um ein Feuer liegen.[44] Als einer von ihnen träumt, wie es früher gewesen ist, den anderen davon erzählt, ein Lied singt und ihnen sagt: „Ich bekenne: Wir waren Menschen!", wird er von ihnen erschlagen. Sie ertragen es nicht, an die Schande erinnert zu werden, sie wollen in ihrer erbärmlichen Gegenwart verharren und zufrieden sein. In der Rolle des Überbringers der unerwünschten Wahrheit mag man auch den Berichterstatter Hans Erich Nossack erkennen, der seinem Publikum den Spiegel des Konkreten entgegenhält.[45] Indem er das tut, rührt er an die im Motiv des Bekennens angedeutete Frage nach der eigenen Schuld an der Zerstörung aller Zivilisation, die sich die Entmenschten in den Trümmern stellen müssten.

Wolfgang Borchert: Nachts schlafen die Ratten doch (1946/47)[46]

Borcherts Kurzgeschichte ist eines der wenigen prominenten Beispiele deutscher Literatur über den Luftkrieg und verbreitete Schullektüre. Ein neunjähriger Junge bewacht Tag und Nacht die Leiche seines kleinen Bruders, die unter den Trümmern liegt, damit sie nicht von den Ratten gefressen wird. Ein mitleidiger Mann lockt ihn mit dem Versprechen, ihm ein Kaninchen zu schenken, und mit einer Notlüge („nachts schlafen die Ratten doch") von seinem Wachposten in der Trümmerwüste weg. Der Text weist ein Reihe von Kontrastmotiven auf, die dem lähmenden Schrecken des Bombenkrieges einen sich daraus befreienden Lebenswillen entgegensetzen: Der starre Junge wird vom beweglichen Mann kontrastiert, die Ratten von den Kaninchen, das Grau der Trümmer vom Grün des Futters und vom Rot der Sonne. Durch ein Gespräch, in dem er den Kleinen wie einen Erwachsenen ernst nimmt, zugleich aber seine kindlichen Bedürfnisse anspricht, gelingt es dem Mann, den Jungen in die Welt der Lebenden zurückzuholen, in ihm die Hoffnung auf Glück neu zu erwecken.[47] Indem der Text eine kleine mitmenschliche Heldentat schildert, die es erlaubt, mit den Nachwirkungen des Bombenkrieges fertig zu werden, bestätigt er die Tendenz zur Amnesie in der so genannten „Trümmerliteratur", die, so W. G. Sebald, den „wahre[n] Zustand der materiellen und moralischen Vernichtung" verschleiern half.[48] Doch Borcherts Kurzgeschichte sperrt sich gegen eine vollständige Transformation der Schreckenserfahrung zu neu gewonnener Humanität. Sie konterkariert ihre eigene Symbolik, wenn das Prinzip Hoffnung von einem älteren Mann verkörpert wird, während der Junge, dem das eigentlich zustünde, vorzeitig gealtert, todmüde erscheint. Die gut gemeinte Lüge ist eine prekäre Grundlage für seine Rückkehr ins Leben. Die Realitätspartikel der Kurzgeschichte durchstoßen ihre symbolische Hülle und verhaken sich in ihr, um Ende und Aussage offen zu halten.

Gert Ledig: Vergeltung. Roman (1956)[49] *– Vorgeschlagener Ausschnitt: Seite 43-56 in der zitierten Ausgabe*

Gert Ledig erregte 1955 mit seinem Erstlingsroman „Stalinorgel" Aufsehen. Er beschreibt darin im Rückblick auf eigenes Erleben den Kampf um eine Anhöhe bei

Leningrad 1942 ohne jede heroisierende Geste „als puren Wahnsinn, als absurdes Horrorspektakel".[50] Das Buch galt als einer der besten deutschen Romane über den Zweiten Weltkrieg und wurde in mehrere Sprachen übersetzt. Als aber Ledig ein Jahr später im Roman „Vergeltung" dieselben radikalen stilistischen Verfahren wie im Kriegsroman anwandte, um den Bombenangriff auf eine ungenannte deutsche Großstadt 1944 darzustellen, war die Reaktion der Literaturkritik verheerend. Offenbar ertrug es die Öffentlichkeit nicht, mit dem elenden Sterben von Männern, Frauen und Kindern im Bombenhagel in so nüchterner Sprache konfrontiert zu werden.[51] Nachdem 1957 auch sein dritter Roman „Faustrecht" über den Alltag in der Trümmerwelt der unmittelbaren Nachkriegszeit durchfiel, wandte sich Gert Ledig endgültig von der Literatur ab und arbeitete fortan als Journalist. Erst die Neuausgabe der „Vergeltung" durch Volker Hage 1999 (die beiden anderen Romane folgten in den Jahren danach) verschaffte Ledigs Roman über den Luftkrieg die Beachtung, die er auf Grund seines singulären literarischen Zugriffes verdient.[52]

In „Vergeltung" werden mehrere Parallelhandlungen, die innerhalb von 70 Minuten synchron ablaufen, in harten Schnitten mosaikartig montiert. Ledig zerlegt die Ereignisse während des Bombenangriffes multiperspektivisch in Höhenschichten:[53] Im vorliegenden Ausschnitt verfolgen wir den Absturz eines Bombers und den Absprung eines Besatzungsmitgliedes mit dem Fallschirm, der Lynchjustiz entgegen, werden Zeugen der dramatischen Ereignisse auf der Plattform eines Hochbunkers, sehen einen Leutnant seine Flakhelfer, fast Kinder noch, aus dem Unterstand wieder an die Geschütze treiben, nachdem soeben einige der Ihren durch einen Rohrkrepierer zerfetzt worden sind, stoßen auf ein Ehepaar, das seine beiden Söhne im Krieg verloren hat und deshalb während des Angriffs in der Wohnung bleibt, um dort zu sterben, erfahren vom Volltreffer auf den Luftschutzkeller am Bahnhof, begleiten ein Stück weit einen Mann, der sich auf der verzweifelten Suche nach seinem Kind durch das Chaos zum Bahnhof durchschlägt, beobachten, wie im Inneren des Hochbunkers ein Bergetrupp für den Bahnhof zusammengestellt wird. So entsteht ein schockierendes Panoptikum von abgeschnittenen und später wieder aufgegriffenen Geschichten, ein der Zerstörung entsprechender zersplitterter Text, der in hastigen, kurzen, parataktischen Sätzen das Grauen durch zeitdeckende oder zeitdehnende Schilderung extrem verdichtet.[54] Wie Atempausen sind kursiv die Erzählstimmen von Betroffenen, schon Getöteten oder noch Hoffenden, eingeschoben, die mit ihren kleinen Lebensgeschichten die absolute Gegenwart des Bombardements für einen Moment unterbrechen. In seinem Roman, so W. G. Sebald, erzählt Ledig immer wieder „von der Peinigung des menschlichen Körpers, von zerschlagenen Zähnen und Kiefern, zerfetzten Lungen, aufgerissenen Brustkörben, zersprungenen Gehirnschalen, sickerndem Blut, grotesk verrenkten und zerquetschten Gliedern, zersplitterten Becken, von Verschütteten, die sich unter Bergen von Betonplatten noch zu rühren versuchen [...]".[55] Es ist „ein gegen die letzten Illusionen gerichtetes Buch, mit dem Ledig sich ins literarische Abseits manövrieren musste".[56] In eben dieser Abkehr von allen Idealen und Ideologien, von Analyse und Interpretation zugunsten einer blutigen Beschreibung der Zerstörung kann man die Qualität des Buches sehen. Über den Begriff der Vergeltung, der als Titel des Romans einen moralischen Kontext nahe zu legen scheint, schreibt Ledig am Schluss: „Nach der siebzigsten Minute wurde weiter gebombt. Die Vergeltung verrichtete ihre Arbeit./Sie war unaufhaltsam./Nur das Jüngste Gericht. Das war sie nicht."[57]

Der Autor entkleidet den Titel gebenden Begriff seiner Konnotationen von Gerechtigkeit oder Strafe[58], so dass Vergeltung zu einer technischen Bezeichnung in der Mechanik des Krieges wird. Übrig bleibt dann jene nüchterne Notation des Sterbens im Krieg und der zertrümmerten Lebensgeschichten. Das minutiöse Protokoll der im Luftkrieg physisch, psychisch und moralisch geschändeten Menschen – eine literarische Zumutung.

Kurt Vonnegut: Schlachthaus 5 oder Der Kinderkreuzzug (1969)[59] – Vorgeschlagene Ausschnitte: Seite 74-77 und Seite 166-176 in der zitierten Ausgabe

Vonnegut erlebte die Bombardierung Dresdens am 13./14.Februar 1945, bei der schätzungsweise 40.000 Menschen starben[60], als amerikanischer Kriegsgefangener mit. In der Einleitung zu seinem Roman weist er auf diese autobiografische Substanz hin, zugleich beschreibt er seine jahrelangen Schwierigkeiten, eine literarische Form für das Massensterben in Dresden zu finden.[61] Außerdem war es für Vonnegut nicht einfach, mit der nicht zuletzt durch Dresden verursachten Wandlung seiner Sicht auf die Rolle der Alliierten fertig zu werden: „When we went into the war, we felt our Government was a respecter of life, careful about not injuring civilians and that sort of thing. Well, Dresden had no tactical value; it was a city of civilians. Yet the Allies bombed it until it burned and melted. And then they lied about it. All that was startling to us."[62]

Die Frau eines Kameraden von damals verdächtigt ihn, ein Buch über Kriegshelden schreiben zu wollen. Er schwört ihr, keine Heldengeschichte zu schreiben und das Buch „Der Kinderkreuzzug" zu nennen[63] – so kommt es, dass bereits Untertitel und Widmung („Friede") den Text als Anti-Kriegsroman ausweisen. Sein Erzählproblem löst er, indem er ein Alter Ego, den Optiker Billy Pilgrim, zum Protagonisten der Geschichte macht. In einer diskontinuierlichen, aber von einem dichten Netz motivischer Bezüge durchwirkten Folge von Episoden wird Billys Lebensgeschichte beleuchtet, die spiralenförmig in sich erweiternden Erinnerungen, Imaginationen und Perspektiven um die Erlebnisse in Dresden kreist.[64] Die Spur dieser Erfahrungen hat sich in Billys Unterbewusstsein eingegraben. Er muss sich wegen Depressionen behandeln lassen, leidet an einem posttraumatischen Verhaltenssyndrom.[65] In der vorliegenden Schilderung der Feier zu Billys achtzehntem Hochzeitstag ist es ein Amateurquartett, das seine Erinnerungen an Dresden wachruft, weil er an den vier Sängern zunächst untergründig, dann in bewusster Rekonstruktion der Erinnerungsbilder die Mimik und Gestik der vier deutschen Wachsoldaten erkennt, die mit ihren amerikanischen Gefangenen aus dem sicheren Keller des Schlachthofes ins Freie treten und in entsetztem Staunen die schwelende Mondlandschaft, in die sich Dresden durch den Feuersturm verwandelt hat, erblicken. In lakonischen („So geht das"), skurril bildhaften („Sie sahen aus wie in einem Stummfilm von einem Amateurquartett"), makaber humoristischen Formulierungen („Es sollte überhaupt keine Mondmenschen geben") blickt Billy auf Dresden zurück.[66]

Für Billy – und für Vonnegut – erwächst aus der Erfahrung von Dresden die Erkenntnis der Sinnlosigkeit des Krieges. Sein Roman soll ein „Anti-Kriegsbuch" werden, so Vonnegut in der Einleitung, obwohl ihm klar ist, dass Kriege, fast wie Naturphänomene, nicht abzuschaffen sind.[67] Deshalb, und um die Erinnerungsproblematik zu bewältigen, zieht er in Billys Geschichte eine utopische Ebene in Form von Science Fiction ein (der zu Billys Hochzeitstagsfeier eingeladene Science Fiction-Autor Kilgore Trout tritt in Vonneguts Werk wiederholt als weiteres Alter Ego Vonneguts auf): Billy Pilgrim wird auf den Stern Tralfamadore entführt und erlangt dadurch die Fähigkeit, auf Zeitreisen verschiedene Punkte seines Lebens zu besuchen. Für die Trafalmadorianer vergeht die Zeit nicht, aber sie können, und mit ihnen Billy, die Zeit nicht ändern. Jeder Augenblick aus Vergangenheit und Zukunft bleibt der, der er ist. Diese außerirdische Unvergänglichkeit der Zeit funktioniert einerseits als literarisches Vehikel, um die Unüberwindbarkeit von Billys Dresden-Erfahrung zu erklären, die für ihn als untergründige, aber stets präsente Obsession wirkt. Andererseits wird es Billy durch die außerirdische Perspektive gestattet, das Zeitkontinuum zu zerteilen und die Augenblicke in seinem Erleben neu zusammenzusetzen. Die Richtung des Zeitpfeiles wird – vergleichbar den modernen Erkenntnissen in der theoretischen Physik – umkehrbar.[68] So schaut er sich in der Szene, mit der seine Entführung auf Trafalmadore beginnt, einen Fernsehfilm über amerikanische Bombenangriffe auf Deutschland im Zweiten Weltkrieg an, aber er sieht ihn in seiner Vorstellung, schon „ein wenig losgelöst von der Zeit", rückwärts, und der in verkehrter Laufrichtung imaginierte Film eines Bombenangriffs bringt die schöne Vision von der Aufhebung des Krieges hervor, versehen mit der ironischen Schlusspointe einer Rückkehr ins Paradies.[69]

Auch wenn die Veröffentlichung des Werkes am Höhepunkt des Vietnamkrieges „Schlachthof 5" zu einem Kultbuch der Anti-Kriegsbewegung werden ließ[70] – Vonneguts Roman ist von Trauer und Skepsis imprägniert. Ein ebenso verzweifelter wie lakonischer Fatalismus angesichts der Unvermeidbarkeit des Krieges und des Todes durchzieht den Text, leitmotivisch im Refrain „So geht das".[71] Der Roman versteht sich als Zeugnis für ein historisches Dresden, mit dessen moralischer und ästhetischer Verarbeitung sich der Autor abmüht, und für ein Dresden, das sich in Vergangenheit, Gegenwart und Zukunft stets wiederholt.[72] Aber Vonnegut kapituliert vor dem anscheinend Unvermeidlichen nicht. Die fatalistische Haltung, die er seinen Protagonisten Billy Pilgrim auf dessen Lebensreise übernehmen lässt, ist nicht gleichzusetzen mit der Perspektive des Autors. In kleinen Gesten und Handlungsdetails, z.B. in der Begegnung Billys mit einem russischen Kriegsgefangenen[73] und im wiederholten Motiv des leuchtenden Radium-Ziffernblattes in der Finsternis, manifestiert sich die Hoffnung, dass die Zukunft von uns abhängt: „The flicker of recognition that passes between Billy and the Russian prisoners is like that feeble light in total darkness, a small source of hope and affirmation that all is not lost. If we are to avoid wars in the future, we must begin by recognizing that our common humanity is much more important than the social and cultural differences that divide us."[74]

Das Schlusswort des Romans hat der zwitschernde Vogel mit seiner an den in Dresden davongekommenen Billy gerichteten Frage „Ki-witt, Ki-witt?" – gleichsam mit der Frage an uns alle: „Despite everything, would you like to try again?"[75]

Thomas Bernhard: Die Ursache. Eine Andeutung (1975)[76] *– Vorgeschlagener Ausschnitt: Seite 20-34 in der zitierten Ausgabe*

Thomas Bernhards autobiografische Erzählungen inszenieren Lebensgeschichte mit literarischen Mitteln. Um die Grundzüge seines Lebens deutlich zu machen, verdichtet Bernhard das authentische Material in bildkräftigen Stilisierungen, die im Detail manchmal von der verbürgten Überlieferung abweichen, aber im Wesentlichen den Stationen seines Lebens folgen.[77] Das große durchgängige Thema in Bernhards lebensgeschichtlichen Erzählungen ist die Selbstbehauptung des Ich gegen eine feindliche Umwelt.[78]

Im 1975 erschienenen ersten Band der autobiografischen Erzählungen, *Die Ursache*, beschreibt Bernhard seine Salzburger Internatszeit ab 1943 und in der unmittelbaren Nachkriegszeit. Bernhard berichtet, wie er als Zwölfjähriger von der Familie dem nationalsozialistischen und nach 1945 dem katholischen Unterdrückungsapparat des Staates ausgeliefert wird. Die gegen den Schönheitsmythos gerichtete Darstellung Salzburgs als Ort der Vernichtung wird verstärkt durch die Erfahrung des totalen Krieges, der Bombenangriffe auf die Stadt im Herbst 1944.[79] Zur Angst vor dem tyrannischen Internatsleiter Grünkranz kommt die Angst vor den Bomben, mit denen der bislang nur aus Berichten bekannte Krieg Salzburg erreicht hat. Die Angst und die Luftknappheit in den Luftschutzstollen fordern schon während der Fehlalarme ihre Opfer, ehe der erste Angriff tatsächlich stattfindet. Bei der Schilderung dieses Bombardements vom 16. Oktober 1944, das Bernhard im Stollen im Berg überlebt, legt er das Augenmerk darauf, wie sich seine Wahrnehmung der zerstörten Stadt etappenweise verändert.[80] Noch beherrscht von der Vorstellung der unzerstörbaren Schönheit der Stadt und der unveränderlichen Schönheit der Natur, läuft Bernhard in einer Menschenmasse Richtung Altstadt, an einzelnen zertrümmerten Häusern vorbei, unbekannte Geräusche und Gerüche wahrnehmend, ohne stehen zu bleiben, denn das Ziel der erregten Menge ist der Dom. Der Anblick des schwer beschädigten Domes gehorcht noch diesem vertrauten Wahrnehmungsmuster, weil die Sinne damit überfordert sind, auf die plötzliche Gewalteinwirkung des Bombardements zu reagieren:[81] Die „zum Großteil brutal abgerissenen Gemälde auf den Kuppelwänden […] ragten jetzt, angestrahlt von der Nachmittagssonne, in den klarblauen Himmel"; gemeinsam mit den anderen bestaunt Bernhard „das exemplarische, zweifellos ungeheuer faszinierende Bild, das für mich eine Ungeheuerlichkeit als *Schönheit* gewesen war und von dem für mich kein Erschrecken ausgegangen war, auf einmal war ich mit der absoluten Brutalität des Krieges *konfrontiert*, gleichzeitig von dieser Ungeheuerlichkeit *fasziniert* […]."[82]

Erst auf Bernhards weiterem Weg durch die vom Angriff betroffenen Stadtteile stellen sich Sinne und Psyche auf das Geschehene ein. Dabei spielen Details eine wichtige Rolle. Der Tritt „auf einen weichen Gegenstand", den er als abgerissene Kinderhand identifiziert[83], bringt ihm die Katastrophe zu Bewusstsein. Als er dann die vor dem Konsum-Geschäft liegenden Toten sieht, ihre nackten Füße erblickt, die unter den Leintüchern herausragen, die verzweifelten Stimmen der Verwandten hört und den Geruch verbrannten Menschenfleisches spürt, prägen sich ihm diese Sinneseindrücke als unvergessliches Bild des Grauens ein: „Das Geschehen in der Fanny von Lehnertstraße ist ein entscheidendes, mich für mein ganzes Leben verletzendes Geschehen als Erlebnis gewesen."[84] Während die anderen wieder vergaßen, findet Bernhard in diesen Erlebnissen die Grundform der Existenz. Der Bombenangriff auf Salzburg sprengt für ihn bis dahin gültige Wahrnehmungsmuster und lässt ihn in den Katastrophenbildern die Symbole des lebensbedrohlichen Unterdrückungs- und Vernichtungsprozesses erkennen, dem das Ich in den Institutionen ausgesetzt ist: in der Familie, im nationalsozialistischen Internat, im katholischen Internat nach dem Krieg und in den weiteren biografischen Stationen – im *ganzen* Leben. Die für Thomas Bernhard typische monomanische Erzählerperspektive integriert all diese Erfahrungen bildhaft zur Wahrheit der Vernichtungsdrohung und des Sinnverlustes[85], der er in seinen autobiografischen Erzählungen die „Ich-Erfindung", den „Entwurf einer radikal selbstbestimmten Existenz" entgegenhält.[86]

Alexander Kluge: Der Luftangriff auf Halberstadt am 8. April 1945 (1977)[87] *–Vorgeschlagene Ausschnitte: Seite 27-30, 57-66, 79-82 in der zitierten Ausgabe*

Ähnlich wie Thomas Bernhards „Die Ursache" stellt dieser Text Alexander Kluges den Versuch einer literarischen „Mimesis der Wahrnehmung" im Bombenkrieg dar.[88] Im Unterschied jedoch zu Bernhards Erzählermonolog bedient sich Kluge bei seiner Rekonstruktion der Sinnesfunktionen im Luftkrieg der avantgardistischen Verfahren von Zitat, (Pseudo-)Dokumentation, Montage. Er reiht authentische sowie erfundene Zeugnisse aneinander und kombiniert sie mit Fotografien und technischen Skizzen. Wie Bernhard war auch Kluge Betroffener des Luftkrieges, er entging als Dreizehnjähriger beim Bombardement von Halberstadt 1945 knapp dem Tod. Dort entspringt sein entschlossener Schreibimpuls gegen die Katastrophentendenz der Geschichte.[89]

Kluge arrangiert in „Der Luftangriff auf Halberstadt am 8. April 1945" das Material nach der „Strategie von unten" und der „Strategie von oben".[90] Die Zeugnisse der Strategie von unten zeigen die hilflosen, Wahrnehmen und Denken überfordernden Versuche der Menschen am Boden, mit der Katastrophe fertig zu werden, jene der Strategie von oben dokumentieren die Funktion des Bombergeschwaders als Teil eines verzahnten militärisch-industriellen Komplexes. Exemplarisch für die erste Materialgruppe steht die Szene in dem von einer Sprengbombe getroffenen Kino. Frau Schrader, die Leiterin des Kinos, reagiert auf den Bombentreffer während der Vormittagsvorführung des Filmes „Heimkehr" reflexartig mit ihrem gewohnten Rollenverhalten, sie möchte inmitten des Chaos und der Leichen bis zur Nachmittagsvorstellung „Ordnung schaffen"[91], unfähig, ihre Wahrnehmung auf das überdimensionale Gewaltereignis einzustellen. Indem Kluge den Wahrnehmungshorizont des Lesers/der Leserin mit der von der unmittelbaren Situation überforderten Reaktion Frau Schraders konfrontiert, erzeugt er die Wirkung grotesker Komik.[92] Ähnlich verhält es sich mit der Kompanie Soldaten, die nicht wissen, was mit den verstümmelten Leichen, die sie zu bergen hatten, mangels Särgen jetzt geschehen soll. Kluge rekonstruiert anschaulich die Diskrepanz, die im Luftkrieg zwischen den Ereignissen und ihrer Verarbeitung durch die Sinne klafft. Zwei (zumindest zum Teil fingierte[93]) Interviews mit höheren Offizieren des Bomber Command machen deutlich, was unter der Strategie von oben zu verstehen ist. W. G. Sebald fasst das so zusammen: „Die Herausbildung der Strategie des Luftkriegs in ihrer ungeheuren Komplexität, die Professionalisierung der Bomberbesatzungen ‚in geschulte Beamte des Luftkriegs‘, die Bewältigung des psychologischen Problems, wie das Interesse der Besatzungen an ihrer Aufgabe trotz der Abstraktheit ihrer Funktion wach zu halten sei, die Frage, wie der ordentliche Ablauf eines Operationszyklus, in dem ‚200 mittlere Industrieanlagen‘ auf eine Stadt zufliegen, gewährleistet werden kann, wie es technisch zu machen ist, dass die Wirkung der Bomben zu Flächenbränden und Feuerstürmen sich auswächst, all diese Aspekte, die Kluge vom Standpunkt der Organisatoren her anvisiert, lassen erkennen, dass ein derartiges Quantum an Intelligenz, Kapital und Arbeitskraft in die Planung der Zerstörung eingebracht wurde, dass diese sich unter dem Druck des akkumulierten Potentials schließlich vollziehen *musste*."[94]

Weder das Hissen einer riesigen weißen Fahne noch die plötzliche Anwesenheit amerikanischer Besatzungstruppen in der Stadt hätten die einmal angelaufene Maschinerie des Bombenangriffs, in der sich die Interessen und Zwänge der kapitalistischen Produktionsverhältnisse manifestieren, stoppen können. Dieser kompliziert arbeitsteiligen „Strategie von oben", die nach abstrakten Prinzipien funktioniert, ist die „Strategie von unten", die von den in ihrer Wahrnehmungsfähigkeit überwältigten Einzelnen angewandt wird, hoffnungslos unterlegen. Doch Kluges aufklärerisches Kalkül zielt gerade darauf ab, dass sich die LeserInnen aus der eigenständigen Verbindung der montierten Perspektiven Einblick in die „gesellschaftliche Organisation des Unglücks" verschaffen, um daraus Schlüsse für eine „gesellschaftliche Organisation des Glücks" zu ziehen.[95] Ansatzpunkt ist für Kluge nicht die politische Werbung für ein Gesellschaftsmodell, sondern die Anregung der Einzelnen, durch den Blick auf die Geschichte sich ihrer Sinne zu bemächtigen. Dann wäre es möglich, dass die Menschen neue Wege gehen, statt – wie Kluge im Schlussteil des Textes in einer ausdrucksstarken Vignette zeigt – auf den Schuttbergen der Stadt und der Geschichte mit Trampelpfaden an die früheren Wegverbindungen anzuknüpfen. Der Schlusssatz der Textmontage bündelt noch einmal Kluges Ansatz, Fragen der gesellschaftlichen Organisation vom einzelnen Menschen aus zu sehen; der Satz erklärt einerseits den für den amerikanischen Ermittler erstaunlichen Mangel an Rachegefühlen bei den Bombardierten und hält andererseits in einer bescheiden negativen Formulierung fest, was von einer Geschichte nach der Katastrophe zu erwarten wäre: „An einem gewissen Punkt der Grausamkeit angekommen, ist es schon gleich, wer sie begangen hat: sie soll nur aufhören."[96]

Resümee

Kluges Schlusssatz wirkt wie ein knappes Resümee der Literatur über den Luftkrieg: Sie setzt die Erfahrung des Einzelnen in ihr Recht ein, sie macht individuelles Leiden anschaulich. Wir treffen die Einzelnen in diesen Texten am Tiefpunkt der Entwürdigung an, von einem übermächtigen Ereignis überwältigt, ihres Menschseins beraubt, dem blinden Zufall und der Schande preisgegeben. Damit versuchen die Texte in verschiedenen Formen und Interpretationen genau das zu beschreiben, was die Rezeption für ein größeres Publikum so schwer gemacht hat. Auch auf die Schwierigkeit, überhaupt darüber zu schreiben, wird in manchen Texten explizit oder implizit, durch ihre Form, verwiesen. Diese literarischen Zeugnisse spiegeln also in Variationen zentrale Aspekte der Sebald-Debatte wider. Auf die Frage nach der moralischen Berechtigung, an das Leiden des Tätervolkes zu erinnern, antworten sie mit einer individualisierten Darstellung der Erfahrung.[97] Auch wenn sie Individualisierung mit Multiperspektivität kombinieren, lassen sie – durch ihren internen oder externen Kontext – keinen Zweifel daran, dass dieses Leiden eines der Schreckensgesichter der vom Nationalsozialismus verursachten weltgeschichtlichen Katastrophe ist. Bei manchen Autoren (Ledig, Vonnegut, Kluge) wird das moralische Problem des alliierten Bombenkrieges angesprochen, jedoch nicht in geschichtsrevisionistischer Absicht, sondern als Folgerung aus dem Leiden des Einzelnen. Die Texte tendieren, unterschiedlich stark, zu einer universalistischen Interpretation der subjektiven Luftkriegserfahrung, die im Dargestellten eine Grundkonstellation nicht nur *dieses*, sondern *eines jeden* modernen Krieges erkennt: das Ausgeliefertsein des Individuums an eine monströse industrialisierte Kriegsmaschinerie. Das kommt dem wünschenswerten aktualisierenden Transfer der Luftkriegsproblematik entgegen. Gerät aber dadurch nicht der konkrete historische Kausal- und Schuldzusammenhang der beschriebenen Erfahrung zu sehr in den Hintergrund? Ist die Universalisierung vielleicht die Voraussetzung dafür, dass sich Deutsche und ÖsterreicherInnen überhaupt mit diesem heiklen Thema beschäftigen können – gleichsam auf einer historischen Metaebene? Oder dürfen, können, sollen wir zum Erbe der Schuld auch das Erbe *dieses* Leides in unsere kollektive Auseinandersetzung mit der nationalsozialistischen Geschichte integrieren, und wie? So führt der Weg über die literarische Ästhetik hinein in die historischen und moralischen Fragen der politischen Bildung.

M 3: Literaturhinweise – Luftkrieg und Literatur

Als Feuer vom Himmel fiel. Der Bombenkrieg gegen die Deutschen. Spiegel special, Heft 1 (2003).

Bernhard, Thomas: Die Ursache. Eine Andeutung. 7. Aufl., München 1987.

Böll, Heinrich: Der Engel schwieg. Roman, Köln 1992.

Borchert, Wolfgang: Nachts schlafen die Ratten doch. In: Ders.: Draußen vor der Tür und ausgewählte Erzählungen, Reinbek bei Hamburg 1956, S.63-65.

Fichte, Hubert: Detlevs Imaginationen „Grünspan". Roman, Reinbek bei Hamburg 1975.

Forte, Dieter: Der Junge mit den blutigen Schuhen. Roman. 3. Aufl., Frankfurt am Main 1999.

Friedrich, Jörg: Der Brand. Deutschland im Bombenkrieg 1940-1945, München 2002.

Groehler, Olaf: Bombenkrieg gegen Deutschland, Berlin 1990.

Hage, Volker: Zeugen der Zerstörung. Die Literaten und der Luftkrieg. Essays und Gespräche, Frankfurt am Main 2003.

Hamburg 1943. Literarische Zeugnisse zum Feuersturm, hg. v. Volker Hage, Frankfurt am Main 2003.

Kasack, Hermann: Die Stadt hinter dem Strom. Roman. 11. Aufl., Frankfurt am Main 1991.

Kluge, Alexander: Der Luftangriff auf Halberstadt am 8. April 1945. In: Ders.: Chronik der Gefühle. Band II: Lebensläufe, Frankfurt am Main 2000, S.27-82.

Ledig, Gert: Vergeltung. Roman, Frankfurt am Main 1999.

Mulisch, Harry: Das steinerne Brautbett. Roman, Frankfurt am Main 1995.

Noll, Dieter: Die Abenteuer des Werner Holt. Roman einer Jugend. 8. Aufl., Berlin 2002.

Nossack, Hans Erich: Der Untergang, Frankfurt am Main 1976.

Remarque, Erich Maria: Zeit zu leben und Zeit zu sterben. Roman, Köln 1998.

Schmidt, Arno: Aus dem Leben eines Fauns. Kurzroman, Frankfurt am Main 1987.

Sebald, W. G.: Luftkrieg und Literatur. Mit einem Essay zu Alfred Andersch. 5. Aufl., Frankfurt am Main 2005.

Timm, Uwe: Die Entdeckung der Currywurst. Novelle, Köln 1993.

Vonnegut, Kurt: Schlachthof 5 oder Der Kinderkreuzzug. 22. Aufl., Reinbek bei Hamburg 2006.

Anmerkungen

[1] Sebald, W. G.: Luftkrieg und Literatur. Mit einem Essay zu Alfred Andersch, 5. Auflage, München/Wien 2005, S.11-13; Hage, Volker: Zeugen der Zerstörung. Die Literaten und der Luftkrieg. Essays und Gespräche, Frankfurt a. M. 2003, S. 128.

2   Sebald, Luftkrieg und Literatur, S. 14-16.
3   Ebenda, S. 16-17.
4   Ebenda, S. 17-18.
5   Ebenda, S. 20.
6   Hage, Zeugen der Zerstörung, S. 118-119.
7   Hage nennt u.a. Texte von Victor Klemperer, Hans Erich Nossack, Alfred Döblin, Max Frisch, Hermann Kasack, Heinrich Böll, Gerd Gaiser, Erich Maria Remarque, Gert Ledig, Helmut Heißenbüttel, Rolf Hochhuth, Hubert Fichte, Alexander Kluge, Thomas Bernhard, Horst Bienek, Walter Kempowski, Wolfgang Hilbig, Monika Maron, Wolf Biermann, Dieter Forte, Durs Grünbein, Henri Coulonge, Harry Mulisch, Kurt Vonnegut. Zu mehreren dieser AutorInnen bietet er in seinem Buch reichhaltiges Material: Hage, Zeugen der Zerstörung.
8   Ebenda, S. 119-120 (Kursivsetzung im Original). Das erwähnte Buch: Ledig, Gert: Vergeltung. Roman. Mit einem Nachwort von Volker Hage, Frankfurt a. M. 1999.
9   Hage, Zeugen der Zerstörung, S. 126-127.
10 Ebenda, S. 127-128.
11 Ebenda, S. 128.
12 Sebald, Luftkrieg und Literatur, S. 32-33.
13 Vonnegut, Kurt: Schlachthof 5 oder Der Kinderkreuzzug, 22. Auflage, Reinbek b. Hamburg 2006.
14 Hage, Zeugen der Zerstörung, S. 283 (Kurt Vonnegut im Gespräch mit Volker Hage).
15 Ebenda, S. 264-265, 268-269 (W. G. Sebald im Gespräch mit Volker Hage). Die literaturwissenschaftliche Diskussion von Sebalds Versuchen, ästhetische Normen für die literarische Behandlung des Luftkrieges aufzustellen, wird hier nicht ausgebreitet. Siehe dazu: Huyssen, Andreas: On Rewritings and New Beginnings: W. G. Sebald and the Literature about the „Luftkrieg", in: Zeitschrift für Literaturwissenschaft und Linguistik, 31 (2001), S. 72-90; Schulte, Christian: Die Naturgeschichte der Zerstörung. W. G. Sebalds Thesen zu „Luftkrieg und Literatur", in: text + kritik, 158 (2003): W. G. Sebald, S. 82-94; Menke, Timm: W. G. Sebalds *Luftkrieg und Literatur* und die Folgen: Eine kritische Bestandsaufnahme, in: Wilms, Wilfried/Rasch, William (Hg.): Bombs Away! Representing the Air War over Europe and Japan. Amsterdam, New York 2006, S. 149-164 (Amsterdamer Beiträge zur neueren Germanistik, 60).
16 Kluge, Alexander: Der Luftangriff auf Halberstadt am 8. April 1945, in: Ders.: Chronik der Gefühle, Bd. II. Lebensläufe, Frankfurt a. M. 2000, S. 27-82.
17 Harpprecht, Klaus: Stille, schicksallose. Warum die Nachkriegsliteratur von vielem geschwiegen hat, in: Frankfurter Allgemeine Zeitung, 20. Jänner 1998.
18 Hage, Zeugen der Zerstörung, S. 276 (W. G. Sebald im Gespräch mit Volker Hage).
19 Ebenda, S. 272-273.
20 Ebenda, S. 126-127.
21 Ullrich, Volker: Weltuntergang kann nicht schlimmer sein. Jörg Friedrichs brisantes Buch über den alliierten Bombenkrieg gegen Deutschland, in: Die Zeit, 49 (2002).
22 Friedrich, Jörg: Der Brand. Deutschland im Bombenkrieg 1940-1945, Berlin 2004. Im Editorial nennt Friedrich die „Leideform" des Bombenkriegs als Intention seiner Darstellung (S. 542). Stellungnahmen zu Friedrichs Buch sind gesammelt in: Kettenacker, Lothar (Hg.): Ein Volk von Opfern? Die neue Debatte um den Bombenkrieg, Berlin 2003.
23 Ullrich, Weltuntergang kann nicht schlimmer sein.
24 Ebenda.
25 Kluge, Alexander: „Verschrottung durch Arbeit". Das Gebiet südlich von Halberstadt als eines der sieben schönsten von Deutschland, in: Ders., Chronik der Gefühle II, S. 101-127.
26 Hage, Zeugen der Zerstörung, S. 204 (Alexander Kluge im Gespräch mit Volker Hage).
27 Sebald, W. G.: Die Ausgewanderten. Vier lange Erzählungen. Frankfurt a. M. 1994.
28 Hage, Zeugen der Zerstörung, S. 262 (W. G. Sebald im Gespräch mit Volker Hage).
29 Ebenda (Kurt Vonnegut im Gespräch mit Volker Hage), S. 286.
30 Grass, Günter: Im Krebsgang. Eine Novelle, 2. Auflage, München 2006.
31 Hage, Zeugen der Zerstörung, S. 129. Siehe dazu auch: Fulda, Daniel: Abschied von der Zentralperspektive. Der nicht nur literarische Geschichtsdiskurs im Nachwende-Deutschland als Dispositiv für Jörg Friedrichs *Brand*, in: Wilms/Rasch (Hg.), Bombs Away, S. S. 47-48.
32 Auch als Download abrufbar auf: http://zeus.zeit.de/text/archiv/2002/49/P-Fiedrich, eingesehen im Dezember 2007.

33 Auch als Download abrufbar auf: http://www.erinnern.at/e_bibliothek/seminarbilbiotheken-zentrale-seminare/verbrechen-verdrangen-leid-erinnern/seminarbibiliothek-5-zentrales-seminar-verbrechen-verdrangen-leid-erinnern, eingesehen im Dezember 2007.
34 Zu den empfohlenen Beispielen siehe den nachfolgenden Abschnitt „Die literarischen Texte". Bernhard, Thomas: Die Ursache. Eine Andeutung, 7. Auflage, München 1987; Borchert, Wolfgang: Nachts schlafen die Ratten doch, in: Ders.: Draußen vor der Tür und ausgewählte Erzählungen, Reinbek b. Hamburg 1975, S. 63-65; Kluge, Der Luftangriff auf Halberstadt, S. 27-82; Ledig, Vergeltung; Vonnegut, Schlachthof 5.
35 Siehe dazu den Beitrag von Thomas Hellmuth in diesem Band.
36 Reinhardt, Sibylle: Moral- und Werteerziehung. In: Sander, Wolfgang (Hg.): Handbuch politische Bildung, 2. Auflage, Schwalbach/Ts. 1999, S. 338-348.
37 Siehe dazu den Beitrag von Thomas Hellmuth über „Krieg und Frieden". Die bei Hellmuth für die Unterstufe vorgestellten Unterrichtssequenzen ließen sich auch für die Oberstufe modifizieren.
38 Wilms, Wilfried/Rasch, William: Uncovering their Stories: The Rubble of Memory and the Bombing War, in: Dies. (Hg.), Bombs Away, S. 21.
39 Nossack, Hans Erich: Der Untergang. Mit einem Nachwort von Siegfried Lenz, Frankfurt a. M. 1976.
40 Hage, Zeugen der Zerstörung, S. 23.
41 Sebald, Luftkrieg und Literatur, S. 57-59.
42 Hage, Zeugen der Zerstörung, S. 27.
43 Nossack, Der Untergang, S. 63.
44 Ebenda, S. 65.
45 Sebald, Luftkrieg und Literatur, S. 58-59. Was für diese und viele andere Passagen von Nossacks Bericht gilt, dass er das konkret Beobachtete und Gefühlte sachlich aufzeichnet, ist mit Blick auf Nossacks Gesamtwerk zu relativieren. Schon die in den *Untergang* mehrfach eingebaute Form der Parabel verweist auf Nossacks Hang zur Transformation von konkreten Erfahrungen in verallgemeinernde mythische Darstellung. Siehe dazu: Williams, Andrew: „Das stanniolene Rascheln der Weinblätter": Hans Erich Nossack und der Luftkrieg, in: Wilms/Rasch (Hg.), Bombs Away, S. 213-229.
46 Borchert, Wolfgang: Nachts schlafen die Ratten doch, in: Ders., Draußen vor der Tür, S. 63-65.
47 Siehe z.B. die Interpretation von Anna Maria Giachino auf: http://www.uni-essen.de/literaturwissenschaft-aktiv/nullpunkt/pdf/borchert_ratten.pdf, eingesehen im Dezember 2007.
48 Sebald, Luftkrieg und Literatur, S. 17.
49 Ledig, Gert: Vergeltung. Roman. Mit einem Nachwort von Volker Hage, Frankfurt a. M. 1999.
50 Hage, Zeugen der Zerstörung, S. 46.
51 Ebenda, S. 46-49.
52 Ebenda, S. 49.
53 Ebenda, S. 47.
54 Radvan, Florian: Religiöse Bildlichkeit und transtextuelle Bezüge in Gert Ledigs Luftkriegsroman *Vergeltung*, in: Wilms/Rasch (Hg.), Bombs Away, S. 166.
55 Sebald, Luftkrieg und Literatur, S. 101.
56 Ebenda.
57 Ledig, Vergeltung, S. 199.
58 In Ledigs Roman wird die theologische Sinngebung des Leidens ad absurdum geführt, indem sich die Beschreibung des sinnlosen Sterbens zahlreicher transtextueller Bezüge zur Bibel bedient, die so ihre spirituelle Bedeutung einbüßen. Siehe dazu Radvan: Religiöse Bildlichkeit und transtextuelle Bezüge. Dort zum Motiv der Vergeltung: S. 168-171.
59 Vonnegut, Kurt: Schlachthof 5 oder Der Kinderkreuzzug, 22. Auflage, Reinbek b. Hamburg 2006.
60 Friedrich, Der Brand, S. 358.
61 Vgl. auch Hage, Zeugen der Zerstörung, S. 282-283 (Kurt Vonnegut im Gespräch mit Volker Hage).
62 Conversations with Kurt Vonnegut, hg. Von William Rodney Allen, Jackson 1988, S. 230, zit. bei: Allen, William Rodney: Understanding Kurt Vonnegut, Columbia/South Carolina 1991, S. 79 (Understanding Contemporary American Literature).
63 Vonnegut, Schlachthof 5, S.19-20.

64 Allen, Understanding Kurt Vonnegut, S. 85. Zum Motivgeflecht siehe: Marvin, Thomas F.: Kurt Vonnegut. A Critical Companion. Westport/Connecticut 2002, S. 116-123 (Critical Companions to Popular Contemporary Writers).
65 Allen, Understanding Kurt Vonnegut, S. 91.
66 Vonnegut, Schlachthof 5, S. 172-175.
67 Ebenda, S. 9.
68 Allen, Understanding Kurt Vonnegut, S. 81.
69 Vonnegut, Schlachthof 5, S. 75-77.
70 Allen, Understanding Kurt Vonnegut, S. 92.
71 Ebenda, S. 95-96.
72 Ebenda, S. 97-99.
73 Vonnegut, Schlachthof 5, S. 84.
74 Marvin, Kurt Vonnegut, S. 129.
75 Allen, Understanding Kurt Vonnegut, S. 98.
76 Bernhard: Die Ursache. Eine Andeutung, 7. Auflage, München 1987.
77 Höller, Hans: Thomas Bernhard, 2. Auflage, Reinbek b. Hamburg 1993, S. 102-105 (Rowohlt Monographie, 1090).
78 Mittermayer, Manfred: Thomas Bernhard, Stuttgart 1995, S. 84 (Sammlung Metzler, 291).
79 Höller, Thomas Bernhard, S. 105-106.
80 Pape, Walter: „Mich für mein ganzes Leben verletzendes Geschehen als Erlebnis": Die Luftangriffe auf Salzburg (1944) in Thomas Bernhards *Die Ursache* und Alexander Kluges *Der Luftangriff auf Halberstadt am 8.April 1945*, in: Wilms/Rasch (Hg.), Bombs Away, S. 190-196.
81 Ebenda, S. 192-193.
82 Bernhard, Die Ursache, S. 26 (Hervorhebungen von Thomas Bernhard).
83 Ebenda, S. 27.
84 Ebenda, S. 28.
85 Pape, „Mich für mein ganzes Leben verletzendes Geschehen als Erlebnis", S. 196.
86 Mittermayer, Thomas Bernhard, S. 89.
87 Kluge, Der Luftangriff auf Halberstadt am 8. April 1945, S. 27-82.
88 Pape, „Mich für mein ganzes Leben verletzendes Geschehen als Erlebnis", S. 184.
89 Hage, Zeugen der Zerstörung, S. 209. Vgl. auch Stollmann, Rainer: Alexander Kluge zur Einführung, Hamburg 1998, S. 139-140 (Zur Einführung, 175).
90 Kluge, Luftangriff, S. 43, 48.
91 Ebenda, S. 29.
92 Pape, „Mich für mein ganzes Leben verletzendes Geschehen als Erlebnis", S. 187.
93 Hage, Zeugen der Zerstörung, S. 207.
94 Sebald, Luftkrieg und Literatur, S. 70-71.
95 Ebenda, S. 70. Vgl. auch Pape, „Mich für mein ganzes Leben verletzendes Geschehen als Erlebnis", S. 188-189.
96 Kluge, Luftangriff, S. 82.
97 Die hier behandelten Texte entstanden zwar viel früher, kommen aber dem gegenwärtigen Trend zur Subjektivierung im literarischen und historiografischen Geschichtsdiskurs entgegen. Zur Aufkündigung eines „master narrative" (S. 50) zugunsten von Subjektivität und Multiperspektivität in Jörg Friedrichs *Der Brand* und in anderen Texten der jüngsten Zeit siehe: Fulda, Abschied von der Zentralperspektive, S. 45-64.

Albert Hamann

Fotomontage und performative Kunst
Bildnerische Erziehung und politische Bildung

Zur Erarbeitung konkreter Unterrichtsmodelle, den Konnex ästhetischer und politischer Bildung betreffend, bieten sich unterschiedliche Wege an. Zugänge zur Thematik eröffnen sich aus den Sachbereichen und den jeweiligen Bezugswissenschaften, aus aktuellen Themenkomplexen und deren medialer Präsenz sowie aus der Schulkultur und dem Bedürfnis Jugendlicher nach Selbstinszenierung. In der Realität des Schulalltages werden diese Herangehensweisen vielfältiger und überschneidender Natur sein.

Im Folgenden wird der Fokus auf zwei exemplarische Themenfelder, die Fotomontage und die performative Kunst, gerichtet. Führt die erste Thematik zu Unterrichtsvorschlägen für die Dreizehn- bis Vierzehnjährigen, so werden aktionsorientierte Beispiele auf ihre Relevanz für den Unterricht in der AHS-Oberstufe überprüft. Bei der thematischen Umsetzung der Unterrichtsbeispiele kommen handlungsorientierte Methoden zum Tragen, die über die interpretatorische Beschäftigung mit Texten und anderen Medien hinausgehen. Geht es doch immer auch darum, dass die SchülerInnen selbst produktiv werden.

Fotomontage

Die Fotomontage schält Fotografien bzw. Bildelemente aus ihrem Zusammenhang heraus, codiert sie, indem sie die den Bildern anhaftenden Bedeutungen, z.B. durch Übertreibung, Verfremdung, Poesie oder Persiflage, bricht bzw. verändert. Fotografien geben nicht – wie oft vermutet – die Realität wieder, sondern sind nach subjektiven Auswahlkriterien getroffene „Meinungen über das, was das zeitgenössische Bewusstsein, vertreten durch diejenigen, die ihm als optische Antennen dienen, jeweils für Realität hielt. Der Fotomonteur interessiert sich in erster Linie für die Auseinandersetzung mit jenen Meinungen, und indem er die Meinungssymbole zerstückelt, nimmt er – engagiert oder distanziert – Stellung dazu."[1] Das von seinen ursprünglichen Bedeutungen befreite – meist medial vermittelte Bildmaterial – wird zu einer Fundgrube für jene gestalterischen Intentionen, die, indem sie Bilder und Fragmente in einen anderen Kontext bringen, diese mit neuen Bedeutungen aufladen.

Die Fotomontage stellt eine Sonderform der Collage dar, einer bildnerischen Technik, die sich durch das Zusammenfügen unterschiedlichster Bildelemente auszeichnet. Entstanden ist die Technik der Collage bei den Kubisten, die begonnen hatten, Zeitungsausschnitte und Tapetenreste in ihre Arbeiten einzufügen.

Erweitert um das Prinzip „Zufall" fand diese Technik bei den Dadaisten Anklang. Daraus entwickelte sich die politische Fotomontage, die versucht, Meinungen nicht mehr nur zu persiflieren, sondern „Meinung zu beeinflussen, zu überzeugen oder zu irritieren".[2]

Nach 1945 waren es vor allem die Pop-Artisten, die sich mit der Collage beschäftigten. Mit dem Aufkommen der Neuen Medien erlebt die Collagetechnik – jetzt auch digital bearbeitet – einen Aufschwung. Die „Politische Kunst" hat nach wie vor Konjunktur, gesellschaftspolitische Themen werden wieder „symbolisch", mit allen Mitteln zeitgenössischer Ästhetik, sinnlich und eindringlich formuliert: „Selbstbewusst, sinnlich, spielerisch, pointiert und nach wie vor interessiert an heiklen, gesellschaftspolitischen Themen – so präsentiert sich heute eine jüngere, internationale Künstlergeneration."[3]

Für den Einsatz der Fotomontage im Unterricht spricht, dass diese Technik den SchülerInnen eine Vielfalt erschließt, der weder aufgrund der schier unerschöpflichen Verfügbarkeit von analogen bzw. digitalen Bildern noch aufgrund technischer Unzulänglichkeit – wie bei der Zeichnung – Grenzen gesetzt sind. Druckwerke mit den benötigten Abbildungen, Schere und Klebstoff bzw. das Beherrschen eines Bildbearbeitungsprogramms sind neben Ideenreichtum die Voraussetzungen.

Performance

Wie die Fotomontage gilt auch die Performance als eine für das 20. Jahrhundert typische Kunstform, die sich nicht auf das visuell Sichtbare (bzw. akustisch Hörbare) beschränken lässt, sondern auch der Entschlüsselung des Verborgenen, Symbolischen bedarf. Im Gegensatz zur tradierten Kunst, die dem Publikum als eine vom Subjekt losgelöste Objektivation entgegentritt, schafft sie flüchtige und vergängliche Prozesse, Körperbilder, die es zu erleben gilt. „Der Einzug des Performativen in die bildende Kunst führt aus dem Atelier zum Publikum und präsentiert hier den Prozess der Bildwerdung als einen theatralen Vorgang."[4] Performative Praktiken sind an Körperlichkeit gebunden, nützen das zeitliche Element, sind in ihrem Verlauf entweder frei improvisiert oder dramaturgisch geplant und finden coram publico statt. Der Austausch mit den ZuseherInnen, das kollektive Arbeiten und das partizipatorische Engagement „macht die Performance zu einem dialogischen Medium, zu einer demokratischen szenischen Kunstpraxis, die sich als kritische Instanz gegenüber gesellschaftlichen Verhältnissen begründet".[5] Da es sich bei performativen Äußerungen meist um einmalige Aktionen handelt, werden diese oft medial dokumentiert.

Der Ursprung des modernen aktionistischen Kunstwollens liegt unter anderem beim Dadaismus, einer antikünstlerischen Protestbewegung, deren inszenierter Unsinn im legendären Züricher Cabaret Voltaire als Kampfansage gegen den Wahn des Ersten Weltkrieges gilt. Charakteristisch war das sich Öffentlich-zur-Schau-Stellen und die demonstrative Beschimpfung des Bürgertums, jener sozialen Schicht, die die ästhetische und kulturelle Vormachtstellung innehatte. Durch

Schock und Provokation erfolgte die Transformation der ZuschauerInnen zu AkteurInnen, um auf diesem Weg einen Anstoß zu einer neuen Beschäftigung mit den anscheinend selbstverständlichen traditionell bürgerlichen Werten zu geben.[6] Jahrzehnte später entwickelten sich mit Fluxus, Happening, den Wiener Aktionisten, der Body Art und der Frauenperformance eine Vielzahl gestisch-theatralischer Aktionen, die – in Analogie zu den Ursprüngen des Performativen – versuchen, „durch eine Mischung aus Vorführung und Interaktion neue individuelle und soziale Lernprozesse freizusetzen".[7]

Aktionskunst ist im schulischen Kontext in idealer Weise geeignet, das Politische mit dem eigenen „Ich" zu verbinden. „Das Zentrum aller spielerischen Akte bildet der gegenwärtig-handelnde Körper. Durch sein Agieren erfolgt nicht nur eine Wiederbelebung von im Alltag verdrängten und vergessenen Sinnes- und Körpererfahrungen, sondern auch ein Ausbruch aus normativen, ‚erlernten' Körper- und Ausdruckskonzepten."[8] Bei einer Inszenierung werden alle Sinne beansprucht, sind SchülerInnen als ganze Persönlichkeiten eingebunden, und „sie ‚be-greifen', ‚er-tasten' und ‚nehmen-wahr', wie in der Sphäre des Performativen Bewusstes und Intuitives, Erinnertes und Spontanes, Gewusstes und Assoziiertes als Ensemble zusammenwirken".[9] Zudem wird eine gewisse Öffentlichkeit angesprochen. Bei der Reflexion über Wirkungen und Auswirkungen einer Performance können neben den Erfahrungen aller Beteiligten die Reaktionen eines geladenen oder auch zufälligen Publikums wertvolle Denkanstöße bieten.

Unterrichtsbeispiel „Fotomontage" (4. Klasse Hauptschule bzw. AHS-Unterstufe)

Unterrichtsplanung

Der *informierende Unterrichtseinstieg*[10] soll den SchülerInnen aufzeigen, mit welchen Themenfeldern und künstlerischen Arbeitsweisen sie in den kommenden zwei Doppelstunden vertraut gemacht werden. Zur inhaltlichen und formalen Erarbeitung des Themenbereichs ist es nützlich, die ausgewählten Bildbeispiele großformatig zu projizieren und nach folgenden Gesichtspunkten zu analysieren: 1) Beschreibung der Bilder hinsichtlich der formalen Bildelemente, d.h. der verwendeten Formen und deren Anordnung, sowie der Farbigkeit im Bild; 2) Inhaltliche Erarbeitung und Entschlüsselung der Bildzeichen und Symbole; 3) Persönlicher Bezug und Stellungnahme.

Vor Beginn der praktischen Arbeit, in der *Anwendungsphase*, werden schriftliche Unterrichtsmaterialien ausgeteilt. Sie beinhalten neben einer Kurzfassung über die Gestaltungsabsichten des Künstlers/der Künstlerin das vorher besprochene Bildbeispiel sowie eine Definition der jeweiligen Technik. Nach dem Lesen der Unterrichtsmaterialien und dem damit verbundenen Vertiefen des Inhaltes sollen die SchülerInnen zu einem der vorgeschlagenen Themenbereiche Überlegungen für die eigene praktische Arbeit (Einzelarbeit oder mit PartnerIn) anstellen, wobei die Gewichtung auf der eigenständigen Entwicklung von Darstellungen und Gestaltungsweisen liegt. Entscheidend ist, dass die jeweilige Form der Neucodierung der Bildteile in der Eigenkompetenz der SchülerInnen liegt. In der Verschränkung sinnlicher und kognitiver Aspekte werden Wahrnehmungs- und Kommunikationsfähigkeit sowie ästhetisches Vergnügen ebenso gefördert wie Vorstellungskraft, individuelles Gestaltungsvermögen, Experimentierfreudigkeit und Eigenständigkeit.[11]

Gestaltungsarbeit bedarf auch einer Reflexion, die in der *Problematisierungsphase* gewährleistet wird, indem die SchülerInnen ihren persönlichen Begründungszusammenhang zur gewählten Thematik darlegen.

Die Erkenntnis, dass zum Teil abstrakte und auf den ersten Blick vom eigenen Lebensumfeld oft weit weg zu sein scheinende Aspekte eines Kunstwerkes für die eigene Lebenswirklichkeit Bedeutung erlangen können, erschließt sich nicht nur über die kognitive Herangehensweise. Ästhetische Praxis ermöglicht auch emotionale Zugänge, verändert die Wahrnehmung und damit die Sicht auf die „Dinge" und auf einen selbst, eröffnet neue Ausdrucksmöglichkeiten und führt zu spezifischen sozialen Begegnungen. In der Dialektik von Welt- und Selbsterkenntnis liegen letztendlich die Potentiale des „selbstreflexiven Ich", entwickeln sich Kritikfähigkeit und Reflexivität der Bedeutungen, Werte und Ideen. Diese spezifische Verknüpfung von Sach-, Methoden-, Sozial- und Selbstkompetenz sollte auch Einsichten in politische Zusammenhänge ermöglichen.

Zum Abschluss der Unterrichtssequenz werden die Arbeiten präsentiert und im Klassenverband besprochen. Ob und in welchem Umfang die Arbeiten einer größeren Öffentlichkeit zugänglich gemacht werden (Ausstellung, Jahresbericht, Homepage etc.), ist von der Gruppe und den jeweiligen schulstandortspezifischen Voraussetzungen abhängig.

Hannah Höch

„Was Dada angeht: es riecht nicht;
es bedeutet ja nichts, gar nichts.
Dada ist wie Eure Hoffnungen: nichts.
wie Eure Idole: nichts.
wie Eure politischen Führer: nichts.
wie Eure Helden: nichts.
wie Eure Künstler: nichts.
wie Eure Religionen: nichts.
Pfeift, schreit, zerschlagt mir die Fresse
– und was bleibt dann? Ich werde Euch immer sagen,
dass Ihr blöde Hammel seid, Euch unsere Bilder für einige
Franken verkaufen."
(Manifest Cannibale Dada)[12]

Dada war ein Kind seiner Zeit. Aus der Erfahrung der totalen Zerstörung von Sinn, Wahrhaftigkeit und tradierten Werten im Ersten Weltkrieg warfen die Dadaisten alle moralischen Verbindlichkeiten über Bord und riefen die „Antikunst" aus. Das bewusste Ausbrechen aus der Rationalität verhöhnte den Glauben an Vernunft und Logik. Die Willkür des Zufalls wurde gefeiert und führte zu neuen künstlerischen Aussagen und Darstellungsweisen wie der Darbietung unerwarteter Wort- und Lautkombinationen, zu Simultan- und Klanggedichten, zu Gedichten, die durch das Mischen von ausgeschnittenen Wortfetzen entstanden, zu Bildern, die Rekonstruktionen von wahllos auf die Erde geworfener Papierschnitzel zerrissener Bilder waren. Die Herkunft des Begriffs „Dada" ist umstritten. Eine Version spricht vom zufällig aufgeschlagenen französischen Wörterbuch, in dem „dada" Steckenpferd bedeutet.

Mit der Novemberrevolution von 1918, die zur Umwandlung des Deutschen Reiches von einer Monarchie in eine parlamentarisch-demokratische Republik führte, wurde „Dada Berlin" zu einer gezielt politischen Bewegung. Getragen wurde sie unter anderen von George Grosz, John Heartfield, Raoul Hausmann und Hannah Höch. Und kaum ein anderes Ausdrucksmittel wird mit der Dada-Bewegung so assoziiert wie die Fotomontage.[13] Entstanden aus der Abneigung gegen den tradierten Kunstbegriff und als Hinweis auf das Konstruierte und Montierte, sollte die verpönte bürgerliche Auffassung des „Künstler-Genies" in Frage gestellt werden.

Hannah Höch schaffte es, diese Technik konsequent weiter zu entwickeln.[14] Auf der Ersten Internationalen Dada-Messe von 1920, einer legendär gewordenen Antikunst-Schau, zeigte sie ihre beißende Fotomontage „Schnitt mit dem Küchenmesser Dada durch die letzte Weimarer Bierbauch-Kulturepoche Deutschlands", ein dadaistisches Kaleidoskop der Gesellschaft der Kriegs- und Nachkriegszeit. Diese Fotomontage stellt ein optisches Simultangedicht mit 50 karikierten, kopflosen oder verfremdeten Personen dar – von den Machthabern der Kaiserzeit über die Politiker der jungen Republik, von den Repräsentanten von Wissenschaft, Theater und Literatur bis zu den Berliner Dadaisten selbst.

1934 wurde Höch von den Nationalsozialisten zur „*Kulturbolschewistin*" erklärt und mit einem Ausstellungsverbot belegt. Doch trotz Hausdurchsuchungen und polizeilicher Vorladungen blieb sie in Deutschland. In ihrem Garten vergrub sie Kisten voller Dokumente und Arbeiten der als „entartet" diffamierten Moderne. Werke von Schwitters, Grosz, Heartfield und Hausmann wurden so dem Zugriff der Nationalsozialisten entzogen. Erst in den 60er und 70er Jahren des 20. Jahrhunderts erfuhr das Gesamtwerk der Protagonistin der Berliner Dada-Bewegung die ihr gebührende Würdigung.

M 1: Unterrichtsmaterial zu Hannah Höch

Dadaismus ist der Begriff für eine während des Ersten Weltkrieges entstandene Kunstrichtung, die die herkömmliche Kunst ablehnte und an ihre Stelle eine – die Willkür des Zufalls feiernde – „Antikunst" setzte. Dies führte zu neuen künstlerischen Aussagen und Darstellungsweisen. Die Dadaisten begriffen sich selbst nicht mehr als KünstlerInnen, sondern bezeichneten sich gerne als Monteure. So auch Hannah Höch, die maßgeblich an der Entwicklung der künstlerischen Technik der Collage, im Speziellen der Fotomontage, beteiligt war. Hannah Höch war die einzige Frau unter den Berliner Dadaisten. Durch vielfältige Kombination teilweise widersprüchlicher Bildteile und Wortfetzen aus Zeitschriften, Prospekten und Fotografien entstanden neue irritierende Bilderwelten.

Collage ist eine Technik der Bildenden Kunst, bei der durch das Aufkleben (frz. coller = kleben) verschiedener Elemente (z.B. von Zeitungsausschnitten, farbigen Papierstücken, Fotografien ...) ein neues Ganzes geschaffen wird.

Fotomontage ist eine künstlerische Technik, bei der ausgeschnittene fotografische Bildteile neu geordnet und zusammengefügt werden. Arbeitete man früher entweder im Fotolabor oder mit Schere und Kleber, so kommen heute auch digitale Bildbearbeitungsprogramme zum Einsatz.

Auf der 1. Internationalen Dada-Messe 1920 in Berlin erregte Höchs Fotomontage „Schnitt mit dem Küchenmesser Dada durch die letzte Weimarer Bierbauchkulturepoche Deutschlands" Aufsehen. Sie stellt eine dadaistisch zusammengesetzte Bilderfolge der Gesellschaft während des Ersten Weltkrieges und der Nachkriegszeit dar.

Bild 1: Hannah Höch: „Schnitt mit dem Küchenmesser Dada durch die letzte Weimarer Bierbauch-Kulturepoche Deutschlands" (1920, aus: Sprute, Bernhard/Weber, Peter: Experiment Kunst. Die DaDa-Bewegung und ihre Auswirkungen in der Kunst des 20. Jahrhunderts, Hannover 1997, S. 81)

Wir sehen unzähligen Köpfe, Maschinenteile und Räder, aber auch die ins Bild gesetzten Parolen, wobei sich die Eindrücke mischen und überlagern. Als Symbol der alten Macht dominiert das große Bild von Kaiser Wilhelm II. den rechten oberen Teil des Bildes. Sein Bart wird aus zwei Ringern geformt und sein rechtes Auge ist durch einen Säugling in der Badewanne verdeckt. Links finden wir in Großformat das Bild von Albert Einstein, mit einem liegenden Achter, dem Symbol für Unendlichkeit im rechten Auge. Der linke untere Bildteil zeigt Kinder vor der New Yorker Börse neben demonstrierenden Massen und gibt zugleich Einblick in die Weimarer Nationalversammlung. Ein Redner ruft: „Tretet Dada bei". Die in der Fotomontage versammelten Menschen sind Revolutionäre, Adelige, Politiker, Militärs und Kunstschaffende. So wird der Kopf der sozial engagierten Malerin und Freundin Hannah Höchs, Käthe Kollwitz, von einer Tänzerin balanciert. Eingebunden in die Gesamtgestaltung sind einzelne Tiere, diverse Maschinenteile, die als Symbol der technischen Entwicklung gelten, sowie eine Vielzahl von Textelementen, die hauptsächlich auf die neue Kunstrichtung Dada verweisen. (Dech, Julia: Hannah Höch. Schnitt mit dem Küchenmesser Dada durch die letzte Weimarer Bierbauchkulturepoche Deutschlands, Frankfurt, 1989, S. 32-50)

Klaus Staeck

Klaus Staeck, ein 1938 geborener zeitgenössischer Künstler, ist ausgebildeter Jurist und führt als Autodidakt die von den Dadaisten entwickelte Tradition der satirisch-politischen Fotomontage weiter. Er verwendet eine unmittelbare, reduzierte Bildsprache, „deren einzelne Bildzeichen den Medien oder der Kunst entnommen und mit einem knappen Text ergänzt werden".[15] Die sarkastische Gegensätzlichkeit von Bild und Text ruft Gefühle der Irritation, Neugierde, Betroffenheit, bisweilen aber auch der Belustigung hervor und soll zum Nachdenken anregen.

Um möglichst viele Menschen zu erreichen, plakatiert er seit den frühen 1970er-Jahren seine Arbeiten im öffentlichen Raum. Schwerpunkte liegen bei den Themen Meinungsfreiheit, Frieden und Rüstungspolitik, Umwelt sowie soziale Belange. Anfangs finanzierte Staeck alle Plakataktionen selbst, später wurden sie – obwohl sie tagespolitische Themen ausblenden – auch bei Wahlkämpfen eingesetzt.

Staeck will Kunst nicht als Vehikel benutzen, sie ist für ihn stets eine Dimension von Freiheit und Offenheit, „um wichtige gesellschaftliche Probleme, die sonst nur schwer zur Sprache zu bringen sind, darstellen zu können". Ein wesentliches Ziel seiner Arbeit erblickt der Künstler im „Schaffen einer Art Gegenöffentlichkeit".[16]

Zur inhaltlichen Auseinandersetzung gesellschaftlicher Probleme produziert, erregten Staecks Arbeiten immer wieder die Gemüter. So rissen wütende Abgeordnete der CDU/CSU 1976 anlässlich einer Ausstellung in der Parlamentarischen Gesellschaft in Bonn einige Plakate von den Wänden. 41-mal wurde erfolglos versucht, Plakate und Postkarten juristisch verbieten zu lassen.[17] Obwohl bei der documenta 7 und 8 vertreten, nahm der traditionelle Kunstbetrieb Deutschlands lange Zeit wenig Notiz von Staecks Werk, teilweise aus politischen Gründen, aber auch wegen des Umstands, dass die massenhaft reproduzierten Plakate, Postkarten und Aufkleber sich dem Bedürfnis nach auratischer Kunst entziehen.

M 2: Unterrichtsmaterial zu Klaus Staeck

Der deutsche Künstler Klaus Staeck ist seit Anfang der 1970er-Jahre als Grafiker tätig. Sein Hauptwerk umfasst bislang rund 300 Plakate, in denen Bilder mit Texten kombiniert sind.

Text-Bild-Montage ist eine Form der Fotomontage, bei der ein Bild und ein Text zu einer neuen Bildaussage verschmelzen.

Seine Arbeiten sieht Klaus Staeck als Instrument zur kritischen Auseinandersetzung mit gesellschaftlichen Missständen. Mit seinen Montagen fordert er den/die BetrachterIn zum Nachdenken und zur Diskussion auf. „Die Ziele sind dabei: Denkanstöße, Unbequemes zur Sprache zu bringen, Vorurteile zu erschüttern, die Kritikfähigkeit möglichst vieler Menschen zu schärfen […] Es geht um ein neues kritisches Sehen. Dazu kann man am besten mit Bildern beitragen. Die Menschen sollen lernen, hinter die psychologisch ausgeklügelten bunten Bilder der Werbung zu schauen." (Staeck´s Umwelt. Texte und politische Plakate von Klaus Staeck, Göttingen 1984, S. 25)

Bild 2: Klaus Staeck: „Generationenvertrag" (1995, aus: Kirschenmann, Johannes/Schulz, Frank: Praktiken der modernen Kunst, Stuttgart 1996, S. 50)

Mit sparsamen Mitteln gestaltet Staeck ein eindrucksvolles, kontrastreiches Plakat. Der in Schwarzweiß gehaltene Hintergrund zeigt im oberen Drittel ein Kernkraftwerk in der Abenddämmerung. Die Anlage wirkt unnahbar und menschenleer, lediglich ein paar abgestellte Autos verweisen auf die Anwesenheit von Personal. Wie zwei Wehrtürme einer Burg begrenzen die Kühltürme den linken und rechten oberen Rand des gezeigten Bildausschnitts. Starke Scheinwerfer beleuchten die Anlage. Die gespenstische Wirkung dieser Szenerie wird durch die unteren beiden, ganz in Schwarz gehaltenen Drittel des Hintergrundbildes verstärkt. Den Mittelgrund dominiert eine in der Symmetrieachse angeordnete gelbe Tonne. Obwohl sie durch die Farbabstufungen und Helligkeitskontraste plastisch wirkt, erscheint sie wie ein fremdes Objekt. Das Licht, das sie erhellt, hat nichts mit der sie umgebenden Dunkelheit gemein. In der Mitte der Tonne sehen wir das dreieckige Warnzeichen für Radioaktivität. So wie die Tonne sich nicht dem Hintergrund anpasst, hat auch dieses Symbol nur indirekt mit der Tonne zu tun. Aufgrund der Parallelität der unteren Dreieckskante schiebt sich dieses Zeichen optisch vor die Tonne. Auf gleicher Ebene finden wir am unteren Bildrand den ironischen Satz: „Damit unsere Enkel noch in 10 000 Jahren an uns denken", der uns den Bedeutungsgehalt dieser Montage offenbart.

Jiří Kolář

Der 1914 in der Tschechoslowakei geborene Jiří Kolář erwies sich als Doppelbegabung, arbeitete als Literat und bildender Künstler. Er widmete sich dabei ganz der Collage und ging – auch bedingt durch die vom Westen vollzogene Abschottung des Ostblocks – eigene künstlerische Wege. So erfand er etliche Collagetechniken wie die aus Streifen zusammengesetzte „Rollage" oder die „Chiasmage", die aus einer Vielzahl durch Reißen und Schneiden gewonnener, sich kreuzender Fragmente besteht. Die Kunst könne sich nicht, meinte Kolář, mit der Realität messen, reflektiere sie aber dennoch, und zwar in ihren Strukturen. „Die Rollage hat es mir ermöglicht, die Welt immer in mindestens zwei Dimensionen zu sehen, und sie hat mich an die Möglichkeit einer Multiplizierung der Realität herangeführt. Die Chiasmage hat mich gelehrt, mich selbst und die Welt aus tausend und einem Blickwinkel zu betrachten."[18]

Das Ausgangsmaterial in Kolářs variantenreichen Arbeiten waren immer Reproduktionen, die er dekonstruierte, um sie dann wieder neu zusammenzusetzen. Wenn er Texte so zerschnitt, dass von ihnen nur mehr ein flimmerndes Grau übrig bleibt, wenn er Bilder zerknüllte, dass die abgebildeten Objekte zusammenbrechen, oder Reproduktionen von Renaissancebildern zu Rollagen verarbeitete, dann ging es ihm stets darum, unter die Oberfläche seiner Werke zu gelangen. Experimentierfreudig, an kubistischen und surrealistischen Traditionen orientiert, entkleidete er Texte und Bilder ihres offenkundigen Sinns. Kolář war ein Aufdecker, ein Erzähler, der auch mit Witz und Humor die Intensität der Wahrnehmung erhöhte. „Die Patina, Vielschichtigkeit, die Verletzungen, Verwachsungen, der zwiebelhafte Charakter der Dingwelt interessieren ihn."[19]

Auf dem Höhepunkt der stalinistischen Verfolgungen verbrachte Kolář neun Monate in Untersuchungshaft. „Anscheinend halten falsch denkende Leute Experiment und Wagnis in der Kunst für viel gefährlicher als alles andere. Sobald du dir deine eigenen Gedanken machst, bist du gefährlicher als alles, was sich erzeugen lässt. Jegliche Macht von Kunst und Literatur beruht in Wahrheit und in erster Linie nur darauf, dass etwas in einen neuen Wahrnehmungsbereich verschoben wird."[20]

Bedingt durch den Prager Frühling des Jahres 1968 gelang es Kolář, im Westen, unter anderem auf der documenta 4, auszustellen und zu reisen. 1980 ging er nach Frankreich ins Exil und wurde im Heimatland in Abwesenheit verurteilt. Erst nach der Öffnung des Eisernen Vorhangs, im Jahre 1992, wurde er rehabilitiert. Zehn Jahre später starb der Künstler in Prag.

M 3: Unterrichtsmaterial zu Jiří Kolář

Der tschechische Künstler Jiří Kolář (1914-2002) beschäftigte sich viele Jahre seines künstlerischen Lebens mit der Technik der Collage. In seinem 1979 erschienenen „Wörterbuch der Methoden" zählt der Künstler 120 Collagetechniken auf. Bekannt geworden ist er vor allem mit der Technik der Rollage. Er ist ein Erzähler, ein Aufdecker, der banale Bilder und Gegenstände aus der Alltäglichkeit hebt und in einen anderen, weiteren Zusammenhang bringt. Für ihn „beweist die Verwirklichung der Rollage nicht nur die Möglichkeit einer direkten Kreuzung von Zeiten und Räumen, von Charakteren und Arten, sondern sie stellt uns auch das Bild einer Denkart, einer Träumerei […] in ihrer vollen Wirkung vor Augen". (Jiří Kolář, zit. bei: Kirschenmann, Johannes/Schulz, Frank: Praktiken der modernen Kunst, Stuttgart 1996, S. 52)

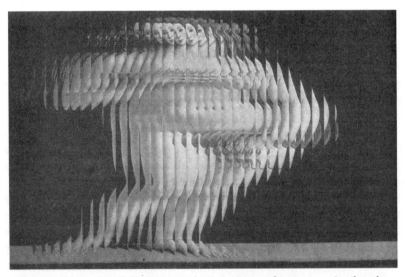

Bild 3: Jiří Kolář: „Venus" (1968, aus: Kolář, Jiří: Monografie mit einem Lexikon der Techniken, Zirndorf 1979, S. 140)

Die Rollage ist eine besondere Form der Collage, bei der ein Bild oder mehrere Bilder in gleich breite Streifen (längs oder quer) zerschnitten werden. Diese Streifen werden gemischt, verschoben, vertauscht, versetzt, ausgelassen, gedreht und nach einer bestimmten Ordnung zu einem neuen Bild zusammengesetzt. Der Name kommt von dem damit verbundenen Roll- oder Vibrationseffekt.

In dem Bild „Venus" verwendet Jiří Kolář die Reproduktion eines der berühmtesten Bilder der Kunstgeschichte als Ausgangsmaterial für eine Rollage. Die Figur stammt aus dem Bild „Die badende Venus", 1485/86 gemalt von Sandro Botticelli, einem italienischen Maler der Frührenaissance. Ist die Originalvenus von Figuren umgeben und auf einer schwimmenden Muschel zu sehen, so ist Kolářs Venus einsam und vor dunklem Hintergrund. Lediglich ein schmaler Boden deutet Räumlichkeit an. Die Vervielfältigung der Streifen ergibt einen flimmernden Effekt, zeigt das ursprüngliche Bild überdehnt, lässt die schlanke Venus in die Breite gehen. Gleichzeitig kommen Rhythmus und Bewegung ins Bild. Aus dem alten, ruhigen Motiv ist nicht nur eine neue, dynamische Form entstanden, ein abendländisches Schönheitsideal (das ja auch heute noch als Produktdesign dient) ist vielmehr in Bewegung geraten, hat sich verwandelt.

Annegret Soltau

Annegret Soltau wurde als Malerin und Grafikerin an den Hochschulen für Bildende Künste in Hamburg und Wien ausgebildet. Seit 1973 lebt sie in Darmstadt und zählt zu den bedeutendsten deutschen Gegenwartskünstlerinnen.

Bekannt geworden ist Soltau mit ihrer speziellen Collagetechnik: der Fotovernähung. In ihren sinnlich greifbaren Fotovernähungen lässt sie heterogene Körper-Bilder miteinander verschmelzen – dabei aber Risse und Brüche nicht nur bestehen, sondern durch die groben Nadelstiche, mit denen sie die Bildfragmente verbindet, geradezu schmerzlich hervortreten. Mit schonungslosen Stichen spinnt sie Fäden über fotografische Bildteile, reißt Innenwelten auf und verschließt wiederum die so entstandenen Verletzungen mit Nadel und Faden. „Mein Hauptinteresse gilt dem Bild des Menschen: speziell der weiblichen Menschen, selbstreflektierend und analysierend in Bezug auf die Gesellschaft."[21] Ihre Arbeiten werfen Themen wie Gewalt, Verletzung, Schwangerschaft, Geburt sowie Generationsfolgen und immer wieder die Frage nach dem eigenen Selbstbild auf.

In der 1994 entstandenen Arbeit „generativ" werden vier Generationen der weiblichen Seite vereint: Mutter, Großmutter, Tochter und Soltau selbst. Die Körperteile verschmelzen dabei miteinander oder werden gegeneinander ausgetauscht. „Ein Körper kommt aus den anderen. Man steigt wie aus einer Verpuppung und geht wieder in den anderen Körper über. Jeder kann sich zwar von seiner Mutter lösen, aber man trägt doch immer etwas von ihr und von seiner Großmutter in sich."[22] Risse im Lebenslauf werden durch das Element des Fadens, der Vernähung, symbolisiert. Soltaus Arbeiten geben über das unmittelbar Sichtbare der fotografischen Elemente hinaus Einblick in den Zyklus menschlichen Lebens. „Fotografie wird über die Dokumentation hinaus zum Mittel, die Genese menschlicher Existenz, das Werden des Lebens zu repräsentieren. Der Prozess des Zusammenfügens macht zugleich Spannungen zwischen dem Ungleichzeitigen der Generationen deutlich und bringt verdrängte Konflikte in Erinnerung."[23]

Mit ihren Arbeiten erregte Annegret Soltau großes Aufsehen. Das Publikum empfand die harte Verbindung von vier Generationen provozierend und schockierend. Die Vorwürfe „Ästhetik des Hässlichen" oder „Verletzung gängiger Moralvorstellungen" zeigen Soltaus Tabubruch auf, der offenbar durch die Darstellung weiblichen Alterns ausgelöst wird.

Seit 2004 führt sie die „generativ"-Arbeiten mit der männlichen Linie ihrer Familie fort und bezieht ihren Mann und ihren Sohn in die Bilder mit ein. In dieser Arbeit mit dem Titel „transgenerativ" sind die Figuren nicht mehr eindeutig einem Geschlecht zuordanbar. In „Vatersuche", einer ihrer jüngsten Arbeiten, konzentriert sie sich auf die Folgen des Krieges in Bezug auf das einzelne menschliche Schicksal. „Als Ausgangsmaterial verwende ich die Dokumente meiner jahrelangen, erfolglosen Suche nach meinem mir unbekannten, im 2. Weltkrieg vermissten Vater. Die künstlerische Arbeit besteht (bis jetzt) aus 39 Selbstportraits. In diese ‚Gesichter' habe ich Original-Briefe der Behörden, z.B. Rotes Kreuz oder Volksbund Deutsche Kriegsgräberfürsorge eingefügt [...]. Somit wird meinen Selbstportraits die ungelöste Schicksalsgeschichte meines im 2. Weltkrieg verschollenen Vaters buchstäblich *ins Gesicht geschrieben.*"[24]

M 4: Unterrichtsmaterial zu Annegret Soltau

Die 1946 geborene Darmstädter Künstlerin Annegret Soltau erstellt provozierende Fotomontagen, seit 1977 arbeitet sie mit der Technik der Fotovernähungen.

Fotovernähung ist eine Technik in der Bildenden Kunst, bei der großformatigen Aufnahmen Teile herausgerissen oder -geschnitten werden. Diese werden anschließend mit grobem Stich wieder zusammengenäht. Der Faden bedeutet etwas Verbindendes, ist darüber hinaus auch Zeichenstrich, da die Fadenstruktur auf der Rückseite der Werke wie eine Grafik wirkt.

Soltaus Bilder zeigen Körper jenseits der gängigen Schönheitsideale. Es sind Körper von ganz normalen Frauen: junge, alte, dicke, dünne. Die ausgerissenen Bildteile der Körper werden von der Künstlerin zu einem neuen Bildganzen zusammengenäht.

Das 1995 erstellte Bild mit dem Titel „generativ" zeigt eine „Vernähung" ihrer engsten weiblichen Verwandten: „Ausgelöst durch den Tod meiner Großmutter, bei der ich aufgewachsen bin, wurde ich mit meiner eigenen Sterb-

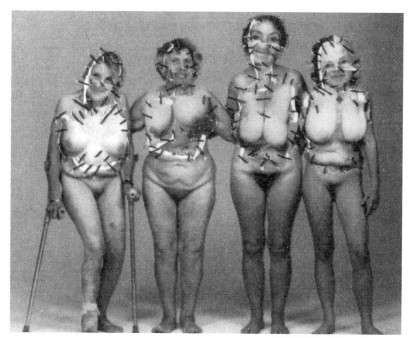

Bild 4: Annegret Soltau: „generativ – mit Tochter, Mutter und Großmutter"; Vorderseite (1984, aus: Kunst und Unterricht, Heft 202 [Mai 1996], Umschlaginnenseite)

lichkeit konfrontiert. Daraus entstand die Idee, die eigene weibliche Kette darzustellen. Angefangen bei meiner Tochter bis hin zu ihrer Großmutter. Der patriarchalen* Weitergabe wollte ich die matrilineare** Verbindung und den Austausch der Generationen untereinander entgegenstellen: Das junge Mädchen trägt schon den alten Körper, die alte Frau noch den jungen Körper in sich. Der schmerzhafte Prozess soll sichtbar bleiben. In der Bildreihe ‚generativ' werden die Risse im Lebenslauf durch das Element des Fadens, der Vernähung, symbolisiert." (http://www.annegret-soltau.de/bilder/bilder.htm, eingesehen: 23. Juni 2007)

* patriarchal = von der vaterrechtlichen Gesellschaftsform geprägt
** matrilinear = der weiblichen Linie folgend

„Im Sommer 1994 ließ der Bürgermeister Jürgen Heyer mein Bild ‚generativ – mit Tochter, Mutter und Großmutter' aus der Wanderausstellung ‚Ästhetik im Alter' im Dietzenbacher Rathaus aus folgendem Grund entfernen: Das Bild verletze die Moralvorstellungen der Besucher wegen der Hässlichkeit des entblößten alten Frauenkörpers. Es wurde von ‚Sauerei' geredet. Die zweite Zensur fand in Augsburg statt. Landrat Dr. Karl Vogele hängte das Bild kurz vor Eröffnung der gleichen Ausstellung ab. Das Bild wurde als schockierend und unästhetisch empfunden." (http://www.annegret-soltau.de/bilder/bilder.htm, eingesehen: 23. Juni 2007)

Candice Breitz

Candice Breitz ist als „Weiße" 1972 in Südafrika geboren und lebt heute in Berlin. Bevor sie für zehn Jahre in die USA ging, absolvierte sie in ihrem Heimatland ein Kunststudium. Ihre Arbeiten wurden in zahlreichen Einzelausstellungen sowie auf den Biennalen in Johannesburg, Sao Paulo, Istanbul, Taipei und Venedig präsentiert.

In ihrem künstlerischen Werk zeigt Candice Breitz mittels der Collagetechnik erstellte Bilder und Videos, in denen der menschliche Körper eine wesentliche Rolle spielt. In den Werkgruppen „Ghost Series" (1994-1996) und „Rainbow Series" (1996) tritt er in manipulierter und fragmentierter Form in Erscheinung. Das Ensemble der ersten Serie besteht aus verfremdeten Bildern verkitschter ethnographischer Ansichtskarten „eingeborener" Frauen. Mit Korrekturflüssigkeit bearbeitet, wirken die schwarzen Körper – lediglich Augen und Kleidung sind unter dem Weiß sichtbar – wie eingeschlossen. „Das gefangene Subjekt ist gleichzeitig seiner eigenen Körperlichkeit unterworfen, die die vermeintlich definitiven Merkmale von „Identität" und „Differenz" (d.h. Hinweise auf Sexualität, Rasse und Geschlecht) sowohl enthüllt als auch verbirgt."[25]

Die „Rainbow Series" zeigen als Reaktion auf den romantisierenden, die kulturellen Unterschiede nivellierenden Globalismus unförmige, aus weißen und schwarzen Körperteilen zusammengesetzte weibliche Wesen, die sich im leeren weißen Raum tummeln und deren Schnittstellen überdeutlich sichtbar sind. Die weißen Körperfragmente sind pornografischen Darstellungen entnommen, die schwarzen entstammen touristischen Zwecken dienenden Karten, die angebliche afrikanische Stammesriten zeigen. Die recycelten Frauentypen entspringen jeweils schamlosen Zurschaustellungen. Der leere weiße Grund steht für den Verlust von Geschichte, Kultur und sozialen Bindungen.[26]

„In dieser Welt des Marketing werden sehr komplizierte Fragen des kulturellen Austausches vereinfacht und uns als hübsche Dinge präsentiert", meint die Künstlerin. „Meine Bilder, die hier gezeigt werden, sind aus einer Serie aus dem Jahr 96, eine Reaktion auf eine ganz spezifische Mythologie im südafrikanischen Kontext [...]. Ich habe Johannesburg einige Jahre nach der ersten demokratischen Wahl verlassen und mich interessierte die Mythologie, die damals verbreitet wurde, sowohl von den Südafrikanern selber und auch von der internationalen Presse. Die Idee der Regenbogennation, der Regenbogenkultur. Das waren die Ausdrücke, um die südafrikanische Erfahrung zu beschreiben, aber natürlich ist das ein sehr einfacher Ausdruck für den Austausch zwischen den Kulturen und den Sprachen, und es schaut aus der Sicht der Werbebranche sehr hübsch aus und ist eine Idee, mit der ich auch sehr sympathisiere. Regenbogennation Südafrika klingt doch sehr schön. Aber wenn ich mich umblicke und mir die Wirklichkeit zu dieser Zeit ansah, schien es mir sehr gefährlich, diesen Mythos zu perpetuieren. Insbesondere in Anbetracht der Tatsache, dass Südafrika damals die höchste Mordrate auf der Welt hatte, Gewalt gegen Frauen etc. Diese Idee der Regenbogennation, die ein nationales Klischee war und ist, die lenkte von den wirklichen sozialen und politischen Problemen ab. Die richtigen Probleme werden dadurch nach wie vor nicht angegangen."[27]

M 5: Unterrichtsmaterial zu Candice Breitz

Candice Breitz ist „weiße" Südafrikanerin und wurde 1972 geboren. In ihrem Herkunftsland existierte bis 1994 ein System der strikten Rassentrennung (Apartheid). So mussten die Schwarzen in abgelegenen Elendsvierteln wohnen, durften nicht wählen und hatten ein eigenes, schlechteres Schulsystem. Nach jahrzehntelangem Widerstand .der schwarzen Bevölkerung fand ein politischer Kurswechsel statt.

Trotz der Beseitigung der Rassendiskriminierung tauchten viele neue Probleme auf. Unter anderem konnte die Gewalt lange Zeit nicht eingedämmt werden. Medial wurden die Veränderungen als neue „Regenbogenkultur" gepriesen. Dieser Wunsch nach dem friedlichen Neben- und Miteinander ließ sich aber nur schwer verordnen – vor allem, da für den schwarzen Teil der Bevölkerung die Lebensbedingungen weiterhin schlecht waren.

In ihren Collagen kritisiert Breitz dieses „Schönreden" und zeigt die immer noch existierenden krassen Gegensätze auf. Die „Rainbow Series" zeigen zusammengesetzte Körper zur Schau gestellter Frauen. Die weißen Körperteile entstammen sexistischem Bildmaterial, die schwarzen kitschigen Touristenkarten.

Bild 5: Candice Breitz: „Rainbow Series # 4" (1996, aus: Breitz, Candice: Cuttings. Ausstellungskatalog O.K. Centrum für Gegenwartskunst, Linz 2001, S. 80)

Wie in dem Beispiel „Rainbow Series # 4" zu sehen, sind die Teile zwar zusammengefügt, bilden jedoch weder hinsichtlich der Ansicht noch der Größenverhältnisse eine Einheit. Der in einer Art Stammestracht gekleidete Unterkörper einer stehenden, mit farbigen Beinringen geschmückten Frau ist mit einem Ausschnitt des Oberkörpers einer offenbar knienden, die Zunge herausstreckenden Frau verbunden. Auch vereint bleiben sie zwei Fremdkörper, wirken wie ein buckeliges Wesen.

Die Technik des Cuttings (der harten Schnitte) ist eine Form der Fotomontage, bei der völlig gegensätzliche Teile übergangslos aneinandergefügt werden.

Anleitung zur ästhetischen Praxis

Nach der intensiven Auseinandersetzung mit den verschiedenen KünstlerInnen sollen die SchülerInnen selbst eine Collage, Rollage, Fotovernähung bzw. ein Cutting gestalten. Folgende Arbeitsaufgabe kann gestellt werden:

> Wähle einen der unten angeführten Themenbereiche und setze ihn mittels der Text/Bild-Collage, Rollage, Fotovernähung bzw. des Cuttings um. Suche und sammle zuerst Bildmaterial, das dich anspricht, entwickle daraus eine Idee und gestalte dann deine Arbeit! Gestalte bei der Text/Bild-Collage entweder aus mehreren Einzelbildern bzw. Bildelementen ein neues Bild oder wähle ein großes Bild als Untergrund und klebe die Teile darauf. (Format: DIN A3 für Einzelarbeit, DIN A2 für Partnerarbeit).

Sollten in einer Schule die Voraussetzungen für digitale Bildbearbeitung gegeben sein, kann die Technik der Fotomontage auch am PC umgesetzt werden. Programmeinschulungen sind zeitaufwendig und betreuungsintensiv, können aber auch in fächerübergreifender Form stattfinden. Eine Anleitung für die Gestaltung einer Fotomontage mit einem Bildbearbeitungsprogramm muss sich von obiger in einigen Punkten unterscheiden:

> Wähle einen der unten angeführten Themenbereiche und setze ihn mittels der Text/Bild-Collage, Rollage bzw. des Cuttings um. Suche und sammle digitales Bildmaterial, das dich anspricht. Du kannst im Internet Bilder suchen, eigene digitale Fotos bzw. eingescanntes Material verwenden. Entwickle daraus eine Idee und gestalte dann deine Arbeit mit Hilfe eines Bildbearbeitungsprogramms! Gestalte bei der Text/Bild-Collage entweder aus mehreren Einzelbildern bzw. Bildelementen ein neues Bild oder wähle ein großes Bild als Hintergrundebene und ordne die Teile darauf an. Präsentiere deine Arbeit mittels eines Beamers, drucke sie aber dennoch aus, wenn du fertig bist! (Format: DIN A4 bzw. A3 – falls ein A3 Drucker zur Verfügung steht).

M 6: Themenbereiche

Schnitt mit dem Küchenmesser Dada durch die österreichische Bierbauchkultur
Wie steht es mit der österreichischen Kultur, wo zeigt sie sich, wie tritt sie in Erscheinung? Suche Bilder von österreichischen PolitikerInnen, Prominenten aus Sport und Kultur, alltägliches Werbematerial, Zeitschriften der Jugendkultur usw. und kombiniere diese Materialien zu deiner Sicht der heutigen österreichischen Kultur!

Live earth
Wir Menschen haben die Erde nur „geliehen". Nachhaltige Nutzung und Umweltschutz werden angesichts eines möglichen Klimawandels immer wichtiger. Wie müsste sich unser Lebensstil ändern, was sollte politisch geschehen, damit Lösungen gefunden werden? Überlege dir „deine" Botschaft und versuche sie möglichst treffend zu gestalten!

Kunst im neuen Kleid
Ein Kunstwerk sagt immer auch etwas über die Zeit aus, in der es entstanden ist. Suche dir ein Abbild eines Kunstwerkes und befrage es hinsichtlich der Wertvorstellungen, die es vermittelt hat bzw. heute (noch) vermittelt. Verquicke dieses Kunstwerk mit einem Bild, das ähnliche (oder völlig gegensätzliche) Werte vermittelt! Orientiere dich bei der Gestaltung an Jiří Kolářs Technik der Rollage.

Generationenmelange
Wie unterscheidet sich deine Sicht der Welt von der deiner Großeltern und Eltern bzw. wo liegen die Gemeinsamkeiten? Versuche mit deinen Großeltern und Eltern über deren Jugendzeit zu reden. Gibt es gemeinsame Ideale, Werte, Ziele? Suche Bilder deiner Familie und scanne diese ein. Verwende diese Bilder als Ausgangsmaterial für eine Kombination der Generationen und deren Ideale!

Das andere Ich – Regenbogenkultur
Sind in Österreich alle Menschen gleich gestellt? Gibt es bei uns eine gelebte Regenbogenkultur? Wo zeigen sich Gemeinsamkeiten, wo Grenzen zu unseren Mitmenschen? Suche Bildmaterial von Menschen unterschiedlichen Geschlechts, unterschiedlicher Hautfarbe und Kultur und zeige, wie du dir das Zusammenleben vorstellst!

Didaktische Hinweise

Die angeführten Themen verstehen sich als Vorschläge und nehmen jeweils Bezug auf die vorgestellten künstlerischen Arbeiten. Selbstverständlich können die Aufgaben erweitert, verändert bzw. völlig neu konzipiert werden.

Zielsetzung ist, dass sich SchülerInnen mit einer Thematik sowohl inhaltlich als auch formal auseinandersetzen, d.h. eine für sie wesentliche Aussage mit geeignetem Bildmaterial gestalten. Dabei verlieren die Bilder bzw. Bildfragmente einerseits ihre ursprünglichen Bedeutungen, werden andererseits aber neu codiert. Die in Zusammenhang mit der Suche nach dem – vorwiegend aus Zeitschriften stammenden – Bilderfundus auftretenden Ideen und Zufälligkeiten führen bisweilen zu überraschenden Konzeptionierungen. In der Dialektik von eigener Vorstellung und dem Bild als Anlass für neue Ideen liegt die eigentliche kreative Phase.

Als vorteilhaft erweist es sich, bei der Bildgestaltung das ausgewählte Bildmaterial zuerst aufzulegen, um nach Rücksprache mit der Lehrkraft bzw. den MitschülerInnen allfällige Veränderungen vornehmen zu können. (Bei digitaler Arbeitsweise ist darauf zu achten, dass jedes Bildelement auf einer eigenen Ebene liegt!)

Eine wesentliche Sequenz ist die anschließende Besprechung der fertigen Arbeiten im Klassenverband. Dabei sollen die SchülerInnen je eine Arbeit der MitschülerInnen auswählen und versuchen, diese zu beschreiben und mit eigenen Assoziationen zu verknüpfen.

Fragen, die an die eigene Lebenswelt anknüpfen, eröffnen relativ einfach den Einstieg zur Bildbeschreibung: An welches Erlebnis erinnert mich das Bild? Welche Vorstellungen, Phantasien werden in mir geweckt? Welche Gefühle löst das Bild bei mir aus? Was empört mich, erheitert mich? Welche Bildelemente lösen diese Reaktionen bei mir aus?[28]

Für die inhaltliche und formale Analyse kann das Modell von Friedemann Schulz von Thun, das so genannte „Nachrichtenquadrat", das zwischen Sender und Empfänger sowie den vier Seiten einer Nachricht – dem Sachinhalt, der Selbstoffenbarung, dem Appell und der Beziehungsebene – unterscheidet hilfreich sein.[29] Bei unserer Bildinterpretation stehen der Sachinhalt, die Selbstoffenbarung und der Appell im Vordergrund. Die für die mündliche Kommunikation relevante Beziehungsebene wird dann bedeutsam, wenn die BildautorInnen ihre Intentionen auch verbal bekunden.

Die Fragen zur Inhaltsebene lauten: Worum geht es in der Montage? Welcher Inhalt wird mit welchen formalen Mitteln (Komposition, Formen, Farben etc.) vermittelt? Welche Bedeutung haben die eingesetzten Bildelemente, welche Botschaften transportieren sie? Bezüglich der Selbstoffenbarung kann die Absicht der MitschülerInnen bzw. die Position, die er/sie zu einer gewählten Thematik vertritt, erforscht werden. Die Appelebene nimmt Bezug auf die Wirkung des Bildes. Was will der/die MitschülerIn erreichen? Ist die Botschaft aktuell? Lässt sie sich verallgemeinern, auf gegenwärtige Probleme in Österreich, Europa, der Welt übertragen?

Im Anschluss an die Präsentation der ausgewählten Arbeit, sollten die BildautorInnen ihre Gestaltungsabsichten und den damit verbundenen Weg zur Ideenfindung darlegen. Für diese Reflexion kann sich das Anfertigen eines Arbeitsprotokolls als nützlich erweisen. Wenn es auf diese Weise gelingt, zum Ausdruck gebrachte subjektive Werthaltungen und Bedeutungen mit gesellschaftlichen und politischen Voraussetzungen zu verknüpfen, dann leistet bildnerisch-ästhetische Praxis einen wesentlichen Beitrag zur Entwicklung des „selbstreflexiven Ich".

Unterrichtsbeispiel „Performance" (Oberstufe)

Unterrichtsplanung

Ähnlich wie beim Unterrichtsbeispiel „Fotomontage" zeigt der informierende Unterrichtseinstieg, mit welcher Thematik und welchen künstlerischen Arbeitsweisen die SchülerInnen (7./8. Klasse AHS) in den kommenden Doppelstunden konfrontiert werden. Neben allgemeinen Informationen zur performativen Kunst werden exemplarische Arbeiten der Kunstschaffenden Wolfgang Flatz und Valie Export vorgestellt und diskutiert. Mittels projizierter Bilder und schriftlicher Unterlagen soll der inhaltliche Zugang eröffnet werden.

Ein wesentlicher Schritt zur thematischen Erarbeitung liegt zum einen in der Decodierung der symbolischen Handlungen und zum anderen in der Herstellung des persönlichen Bezugs und der Förderung begründeter Stellungnahmen. Da es neben dem kognitiven Erfassen auch um die eigene emotionale Bereitschaft für körperbezogene Aktivitäten geht, ist es sinnvoll, diese mittels spielerischer Lockerungsübungen zu fördern.

Erst auf Basis kognitiv erfasster Informationen und der gefühlsmäßigen Bereitwilligkeit, sich auf neue Kunstformen einzulassen, kann mit der Entwicklung einer eigenen Performance begonnen werden. Sinnvoll ist es, ein Protokoll (eine Art Drehbuch) über die sinnlich körperliche Umsetzung der konzipierten Idee anzufertigen und die persönliche Absicht deutlich zu machen. Die Konkretisierung erfolgt erst nach dem gemeinsamen Besprechen der einzelnen Protokolle. Da aktionistische Äußerungsformen häufig in Kooperation entstehen, sind kommunikative und soziale Fähigkeiten gefordert.

Aufgrund der Einmaligkeit der Situation ist auch an eine Dokumentation zu denken. Eine solche erleichtert die Reflexion und ermöglicht auch das Erlernen allfälliger medialer Präsentationsformen.

Performanceübungen

Die SchülerInnen müssen auf performative Ausdrucksformen vorbereitet werden. „Die Öffnung zu einem befreiten Such- und Gestaltungsverhalten, in welchem die Agierenden nicht nur verschiedene Handlungsvarianten und ästhetische Mittel (Licht, Farben, Geräusche, Materialien etc.) erproben, sondern auch das nach ‚vorn offene und kreative Chaos' als produktiver Zustand zugelassen wird, kann durch spielerische Aufgaben provoziert und erreicht werden."[30] Einem körperlichen und psychischen „Warming up" können folgende Wahrnehmungs-, Sensibilisierungs-, Konzentrations- und Bewegungsübungen dienen:
- *Bewegungsübungen:* Bei diesen jeweils 60 Sekunden dauernden Aufgaben übernehmen jeweils Teile des Körpers (Kopf, Wirbelsäule, Arme, Beine) die Führung. Die SchülerInnen können sich u.a. auf geraden Linien, in „slow motion", mit kleinen, eckigen und harten Bewegungen, in unterschiedlichen Geschwindigkeiten oder gemeinsam mit einem Partner bzw. einer Partnerin bewegen.[31]

Bild 6: Blindes Nachstellen einer Figur (Foto des Autors)

- *Nonverbales Arbeiten mit kontrastierenden Begriffspaaren:* Eine Person stellt sich in die Mitte eines von den SchülerInnen gebildeten Kreises und versucht mit ihrer Körperhaltung eine Eigenschaft darzustellen. Eine breitbeinige Haltung mit weit geöffneten Armen signalisiert etwa „offen" und „breit". Ein/e andere/r SchülerIn betritt dann die innere Kreisöffnung und versucht mit eng anliegenden Armen und geschlossenen Beinen „schmal" und „eng" darzustellen.[32]
- *Bewegungs- und Geräuschwelle:* Der/die erste SchülerIn beginnt mit einer Bewegung und dazugehörendem Geräusch. Die im Kreis nächstfolgende Person wiederholt Bewegung und Geräusch. Es soll versucht werden, ohne Unterbrechung eine fließende Welle zustande kommen zu lassen. Nach dem ersten Durchgang gibt die an die erste anschließende Person Neues vor.[33]
- *Skulptur:* Ein/e SchülerIn ist eine biegsame Puppe und wird von einem/r anderen in Form gebracht – einzelne Körperteile werden bewegt, möglichst ungewöhnliche Positionen und „Skulpturen" kreiert. Eine weitere Möglichkeit besteht darin, dass ein/e SchülerIn zu einer „Skulptur" erstarrt. Die zweite Person schließt die Augen, ertastet blind die Lage der einzelnen Körperteile und versucht, die Haltung nachzustellen.
- *Leerreden:* Die SchülerInnen suchen im Schulgebäude einen ruhigen Platz, setzen sich mit geschlossenen Augen und dem Gesicht zur Wand hin. Nun beginnen sie, 15 Minuten lang alle Worte, die ihnen einfallen, auszusprechen. Ganze Sätze sollten vermieden und Worte nicht wiederholt werden.

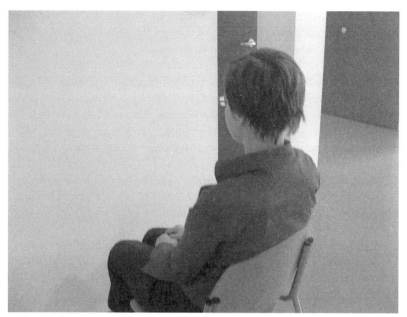

Bild 7: Schülerin redet sich leer (Foto des Autors)

M 7: Unterrichtsmaterial zum Thema „Aktionskunst"

Aktionskunst ist ein Sammelbegriff für eine Ausdrucksform der Gegenwartskunst mit Handlungscharakter. In der Aktionskunst verbinden sich Elemente der bildenden Kunst und des Theaters teilweise auch mit jenen der Musik und Literatur.

Der englische Begriff Performance bedeutet Vorführung, Darstellung. Es ist die auf eine bestimmte Zeit ausgerichtete Aktion eines bildenden Künstlers/ einer bildenden Künstlerin – bezogen auf den jeweiligen Ort und auf ein bestimmtes Thema. Performance ist die handelnde Reaktion auf einen Gedanken oder einen Vorgang, die zuvor durch eine Art Dramaturgie in ihrem Verlauf festgelegt wurde.

Die Performance grenzt sich vom Theater und der Inszenierung insofern ab, als es sich bei ihr um keine wiederholbare Interpretation eines geschriebenen, erdachten oder erzählten Stückes handelt, sondern um ein Ereignis, das in Raum und Zeit real vollzogen wird.

Eine Performance findet oft vor Publikum statt. Dieses wird manchmal in das Handlungsgeschehen einbezogen. Die Aktionen werden meist mittels Fotografie, Film oder Video aufgezeichnet.

Etliche Performances kreisen thematisch um körperliche und geistige Grenzerfahrungen und Bewusstseinsveränderungen, führen zur körperlichen Erschöpfung und bisweilen auch zur Selbstgefährdung.

1980 lotete beispielsweise die Künstlerin Marina Abramović gemeinsam mit ihrem damaligen Lebenspartner und Künstlerkollegen Ulay die Grenzen der psychischen und physischen Belastbarkeit aus. Ein zwischen dem Paar befindlicher Bogen wurde durch die Schräglage der Körper gespannt. Marina Abramović umfasste mit der linken Hand den Bogen, während Ulay die gespannte Saite mit dem auf das Herz von Marina gerichteten Pfeil mit der rechten hielt. Mikrophone übertrugen die schneller werdenden Herzschläge. Nach vier Minuten war die Grenze ihrer Belastbarkeit erreicht, die Schräglage änderte sich und die Spannung ließ nach.

Andere Performances nehmen stärker Bezug auf gesellschaftliche Normen oder politische Ereignisse. So etwa die 1997 entstandene und bei der Biennale in Venedig gezeigte Arbeit „Balkan Baroque", eine Parabel über die Entartung friedlicher Kreaturen zu Wolfsratten, in deren Mittelpunkt der Balkankrieg und die serbisch-montenegrinische Abstammung Abramovićs standen. (Die Zeit, 20. Juni 1997, zit. in: Kunst + Unterricht, 225 [September 1998], Umschlaginnenseite) Die Künstlerin saß an vier Tagen jeweils sechs Stunden inmitten eines Berges blutiger Rinderknochen, damit beschäftigt, diese mit einer Bürste von den Fleischfetzen zu reinigen. Dabei sang sie klagende Lieder ihrer Heimat. Eine dreiseitige Videoprojektion begleitete das Geschehen. Auf der linken und rechten Seite waren die fast regungslosen Gesichter ihres alten Vaters und ihrer Mutter zu sehen. Es ist nicht unwichtig zu wissen, dass beide in der Titoarmee im Zweiten Weltkrieg eine wichtige Rolle bei der Befreiung des Landes spielten. Das Video auf der Frontwand zeigte die Künstlerin im weißen Kittel. Sie sprach von der Art, wie „wir bei uns auf dem Balkan Ratten fangen". Die stärkste Ratte, so die Erzählung, wird freigelassen, nachdem ihr die Augen ausgestochen worden sind. Sie tötet alle Artgenossen, die sie antrifft. „So töten wir bei uns im Balkan…". „Man treibt die Ratten in eine derartige Panik, dass Killerratten aus ihnen werden." (Marina Abramović, zit. in: http://www.blogigo.de/hibou_innercity/Biennale-1997/170/, eingesehen am 12. Juli 2007) Als Musik einsetzte, begann die Frau zu tanzen und zog ein rotes Tuch aus dem Ausschnitt. Der Alte rechts hatte einen Revolver gezogen, die alte Frau links hob hilflos die Hände.

Aktionskunst und Performance gelten als typische Kunstformen des 20. Jahrhunderts. Um eine ganz bestimmte Idee, eine Lebensauffassung oder eine Philosophie zu verbreiten, hat es aber auch schon in früheren Zeiten performative Aktionen gegeben. So finden wir bereits im antiken Griechenland Diogenes, der aus Protest gegen die Athener Überflussgesellschaft in einem leeren Fass lebte und am helllichten Tag mit einer Laterne in der Hand über den Markt von Athen schritt. Er leuchtete hier einem, dort einem ins Gesicht, schüttelte den Kopf, ging weiter, so lange, bis ihn jemand fragte, was er am helllichten Tag mit seiner Laterne wolle. „Ich suche", sagte Diogenes, „einen Menschen." (Jappe, Elisabeth: Performance-Ritual-Prozess: Handbuch der Aktionskunst in Europa, München 1993, S. 10)

Wolfgang Flatz

1952 in Dornbirn geboren, lebt der Künstler heute vorwiegend in München. Primär arbeitet er performativ und skulptural unter Verwendung diverser Materialien und Medien wie Film und Fotografie und ist in der Musikszene tätig. Bei allen Arbeiten nehmen zum einen der Körper, im Speziellen das Verhältnis sozialer Verhaltensweisen zur Körpersprache, und zum anderen die Provokation als Mittel zur Stärkung der Wahrnehmung einen hohen Stellenwert ein. Das Wahrnehmbare, das bei Flatz häufig demontiert wird, dient als Metapher, die auf einen verborgenen Inhalt verweist, den es zu entschlüsseln gilt. „Differenzierung ist für mich die Basisarbeit des Künstlers. Ich fange beim Chaos an und ordne neu, um die bestehenden Normen zu hinterfragen."[34] Vor allem seine körperbezogenen Arbeiten rufen immer auch starke Ablehnung hervor.

Schon in den frühen 1970er-Jahren begann Flatz mit performativen Ausdrucksformen zu experimentieren. Bei einer seiner ersten Performances besuchte er mit einem schwarzen Sack über dem Kopf eine Ausstellungseröffnung. Bereits nach wenigen Minuten wurde er von einigen Besuchern die Treppe hinunter geschlagen, zur Polizei geschleppt und inhaftiert.[35] Interessanterweise reagierte das Publikum in mehreren Fällen, in denen sich Flatz ihm auslieferte, wenig hilfreich, sondern voyeuristisch und gewaltbereit. „Denn nicht Hilfe wurde dem Hilflosen gewährt, sondern eher das Gegenteil. Die Lust zu quälen, jene sadistischen Züge [...] waren dominant."[36]

Ein anderes Mal war Flatz, eingewickelt in einen Teppich und vor dem Eingang der Münchner Akademie der bildenden Künste liegend, den Tritten des Publikums ausgesetzt. Immer wenn jemand auf den Teppich trat, stieß er einen Pfiff aus. Die Aktion war für zwölf Stunden angesetzt, erst nach drei hoben zwei Männer den Teppich weg.

Eigen- und Fremdaggression durchziehen Flatz' Werk. Immer wieder strebt er Erfahrungen an, die bis an die physischen und psychischen Grenzen des Machbaren gehen. So pendelte er beispielsweise mit zusammengebundenen Händen und dem Kopf nach unten als menschlicher Glockenschlegel fünf Minuten zwischen zwei Stahlplatten hin und her. Diese als Demontage IX bezeichnete Performance fand in Georgien, damals noch Teil der UDSSR, statt. Die Aktion nahm Bezug auf historische Gegebenheiten. Zur Zeit der Zaren wurden nämlich politisch Verfolgte in die Glocken gehängt, bis sie „sangen".

Die Demontagen sind mit der Werkgruppe „Physical Sculptures" verknüpft, in deren Rahmen sich Flatz mit der immer größer werdenden Kluft zwischen der technologischen und sozialen Entwicklung auseinandersetzt. Ihm geht es darum,

„diese Kluft sichtbar zu machen und dadurch das Erkennen des Menschseins in einer viel komplexeren Form, die Verwobenheit der Systeme, transparent zu machen und damit auch Erkenntnisse auf sich selbst zuzulassen."[37]

Eine dieser Physical Sculptures war „Bodycheck", eine Arbeit, die 1992 für die documenta 9 entwickelt wurde. Sie bestand aus eng gehängten Boxsäcken, durch die sich das Publikum durchkämpfen musste. „Wie in dem Gleichnis einer sozialen Chaostheorie erkennt man sich selbst als Auslöser von Anstößen, die immer eine Wirkung auf das gesamte Umfeld haben und sich letztlich auf indirektem Wege wieder zurückwenden. Jede Bewegung artet zwangsläufig und unausweichlich in ein Gegeneinander von Kräften aus, gegen die es sich zu behaupten und die es zu überwinden gilt."[38]

M 8: Unterrichtsmaterial zu Wolfgang Flatz

Für den Künstler Wolfgang Flatz sind Körper, Raum und Zeit die Elemente für seine Ausdrucksweise. Die bei seinen Performances wahrnehmbaren Aktionen, Objekte, Geräusche etc. sind immer Metaphern, d.h. Bilder, die als Transportmittel auf Dahinterliegendes verweisen. U.a. tätowierte er seinen Oberarm mit einem Strichcode. Das aus dem allgemeinen Zusammenhang gelöste bekannte Zeichen gewinnt auf dem Körper des Künstlers eine neue, hintergründige Bedeutung.

Die Projekte von Wolfgang Flatz intendieren immer eine bestimmte Reaktion seitens des Publikums. „Provokation der Provokation wegen interessiert mich nicht. Wenn aber eine Provokation etwas auszulösen imstande ist, ein bestehendes Weltbild erschüttert, ein Bewusstsein ins Rollen bringt oder Irritation hervorruft, dann habe ich schon einen Ansatz oder einen Eingang zu jemandem gefunden. Das ist der erste Schritt, etwas zu verändern, und insofern ist Destruktion ein sehr konstruktives Moment." (Flatz, Wolfgang: Strategien – Über Kunst und Gesellschaft, Regensburg 1994, S. 31)

Bereits die Performances der 1970er-Jahre sind von dieser Auffassung geprägt. So stellte sich Flatz 1975 – zum dritten Jahrestag eines von ihm verschuldeten Autounfalls – mit einer Tafel an den Unfallsort. Auf ihr waren die Auswirkungen des Unfalls und das Schuldbekenntnis des Künstlers zu lesen. Nach drei Stunden wurde er von zwei Polizisten abgeführt und in die Psychiatrie eingeliefert.

Zum Nationalfeiertag desselben Jahres trat er in rot-weiß-rot bemalter Kleidung auf dem Grazer Hauptplatz in Erscheinung und verteilte Zettel, auf denen Folgendes zu lesen war: „Der österreichische Staatsbürger Wolfgang Flatz aktiviert am österreichische Nationalfeiertag zwölf Stunden lang sein Nationalbewusstsein." (Flatz, Wolfgang: Performances 1974-1982, Demontagen 1987-1991, München 1991, S. 27)

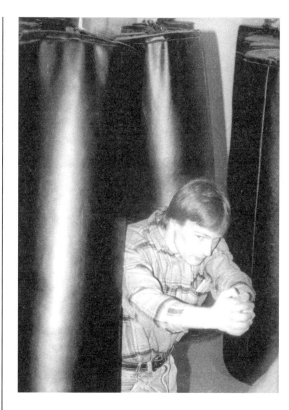

Bild 8: Wolfgang Flatz: „Bodycheck" (1992, aus: FLATZ: Physical sculptures, Ostfildern-Ruit bei Stuttgart 1998, o. S.)

Bei einer Aktion in Stuttgart im Jahre 1979 agierte der Künstler als nackte Dartscheibe, die vom Publikum für ein Preisgeld von 500 DM mit Pfeilen beworfen wurde. Der elfte Werfer traf übrigens und erhielt die Prämie ausbezahlt.

Mit diesem Sich-aufs-Spiel-Setzen des Künstlers rückt die Performance, im Gegensatz zum Theater, das Geschehen in den Bereich des Wirklichen, bei dem das Publikum vom betrachtenden zum handelnden Status wechselt und letztendlich die Performance erst ermöglicht. Vordergründig steht das Wurfgeschoßwerfen und Beteiligtsein, hintergründig das Bewusstmachen individueller Verhaltensweisen, die zum Unfassbaren führen. „Nicht der Künstler hatte die Grenzen des Darstellbaren überschritten, sondern das Publikum." (Schwarzbauer, Georg: Untersuchungen zu den Performances und Demontagen von FLATZ, in: Flatz, Performances, S. 89) Interessantes Detail am Rande: Selbst der Stuttgarter Kulturrefent, der anfangs noch gegen diese Aktion auftrat, warf schließlich Pfeile auf Flatz.

Sein performatives Werk nennt Flatz in den späten 1980er und frühen 1990er-Jahren Demontagen, weil sie bestehende Ordnungen verändern, aber gleichzeitig neue schaffen.

Bild 9: Wolfgang Flatz: „Demontage X" (1991, aus: Flatz, Physical sculptures, o.S.)

In der „Demontage X", einer 1991 im Münchner Kunstverein entstandenen Arbeit, kann dieser Ansatz nachvollzogen werden. Das Publikum, eine körperbezogene Performance von Flatz erwartend, versammelte sich in einer Galerie, wo es auf eine von einem Klavierspieler begleitete Opernsängerin traf. Während die 700 Leute dem Gesang lauschten, wurden sie mit Büchern – die zuvor als Bücherskulpturen neben dem Eingang aufgebaut gewesen waren – eingemauert. Damit die Falle zuschnappen konnte, wurde das Publikum mit einer Darbietung aus dem Bereich der etablierten Hochkultur regelrecht eingelullt. Um sich zu befreien, musste es aggressiv werden, die Büchermauer umstürzen und über den Bücherberg steigen. Interessanterweise animierte dies die Leute dazu, Bücher mitzunehmen. „Auch Chaos ist eine Form, die dann letztendlich das Draufsteigen, das Büchermitnehmen, das regelrechte Plündern ermöglichte." (Flatz, Wolfgang: Strategien über Kunst und Gesellschaft, Regensburg 1994, S. 43) Beinahe zwei Tonnen der insgesamt vier Tonnen Bücher verschwanden am Eröffnungsabend.

Die auf der documenta 9 präsentierte Arbeit „Bodycheck" bestand aus über 70 zylindrischen, mit Maiskörnern gefüllten Boxsäcken, die sich in einem rechteckigen Raum befanden. Ihre Proportionen waren vom menschlichen Körper abgeleitet. Wollte man die ganze documenta sehen, musste der Raum zwei Mal durchschritten werden. Ihre Vielschichtigkeit entfaltete die Arbeit erst durch die Interaktion der sie durchdringenden Menschen. Da die Säcke versetzt und eng nebeneinander hingen, war weder eine Durchsicht noch ein Durchschreiten ohne Berührung möglich. „In dem Moment des Eintritts ist man einerseits Opfer der Struktur, andererseits wird man ein Täter, weil man Bewegungen auslöst, die auf andere Auswirkungen haben […] Der Einzelne muss sich zur Masse verhalten, wie sich die Masse zum Einzelnen verhält." (Flatz, Strategien, S. 18)

Bodycheck ist eine Metapher über das Zusammenspiel von Macht und Masse, Gewalt und Provokation sowie Opfer und Täter.

Valie Export

Die 1940 als Waltraud Höllinger in Linz geborene Künstlerin nahm 1967 den Namen VALIE EXPORT an. Nach einem Designstudium in Wien wandte sie sich der Filmbranche zu und entwickelte in den 1960er-Jahren das Konzept des erweiterten Kinos. Die Auseinandersetzung mit dem Medium Film basiert auf forschender und aktionistischer Ebene. „Zum einen werden die Materialien des Films, wie beispielsweise die Leinwand und der Projektor, untersucht und durch analoge Prozesse und Materialien ersetzt. Zum anderen besteht ein wesentlicher Aspekt in der Interaktion mit dem Publikum. Die dritte Gruppe zeichnet den Gebrauch des Körpers als Filmmaterial aus, wie zum Beispiel im „Tapp- und Tastkino" von 1968. Unabhängig davon, wie viele Menschen die Expanded Cinemas tatsächlich besuchten, ist es Export mit viel Witz und ganz einfachen Mitteln gelungen, ein komplexes System von Filmproduktion und Publikum im Verhältnis zu Gesellschaft und Geschlechterhierarchien zu thematisieren."[39]

Die Verschränkung von körperbezogener performativer Arbeitsweise und politisch-feministischem Aktivismus definiert in weiten Teilen das künstlerische Werk Valie Exports. Zentrale Thematiken sind gesellschaftlich und geschlechtsspezifisch bedingte Codierungen und die damit in Verbindung stehenden Macht- und Gewaltstrukturen.

Als beispielhaft für diese Arbeiten gilt die 1973 aufgeführte Performance „Kausalgie", bei der sich die Künstlerin auf den in eine Wachsplatte eingebrannten Schatten eines auf einem Hakenkreuz stehenden Mannes legte. Während die Körperwärme der Künstlerin das Wachs langsam zu verändern begann, umzäunte der Mann das nach seinem Schatten geformte Bild der Frau mit einem elektrisch geladenen Zaun. Schließlich löste sich die Frau aus ihrer Starre und bewegte „sich auf die Grenzen des Schattens zum Leben außerhalb der Begrifflichkeit des Mannes hin".[40] Nachdem der glühende Draht nach mehrmaligen schmerzhaften Versuchen überwunden war, wurden die hinterlassenen Spuren auf der Wachsplatte mit Blei ausgegossen, der Abdruck gleichsam begraben.

Integraler Bestandteil Valie Exports performativer Arbeit ist die Auseinandersetzung mit den Medien. Sie erweiterte die Möglichkeiten der konzeptuellen

Fotografie und des Films, arrangierte Videoinstallationen und nutzte schon früh die Gestaltungsmöglichkeiten digitaler Bilder. Sie beschreibt ihre Arbeitsweise folgendermaßen: „Konzept, Prozess, Zeichenanalyse sind die signifikantesten Merkmale meiner künstlerischen Auseinandersetzung in den verschiedenen Medien wie Körperkunst, Materialinstallationen, Medien-Arbeiten, skulpturale Arbeiten, wobei die Verschränkung dieser differenten Gestaltungsformen im Mittelpunkt steht".[41]

Valie Exports Werk stieß oft auf Ablehnung, rief beim Publikum häufig aggressive verbale, bisweilen aber auch körperliche Reaktionen hervor und wurde medial attackiert. Heute gilt sie als bedeutende Repräsentantin zeitgenössischer Kunst, deren Arbeiten weltweit vertreten sind. Von 1980 bis 2005 lehrte sie zudem an verschiedenen Hochschulen in Europa und den USA, zuletzt war sie als Professorin für Multimedia-Performance in Köln tätig.

M 9: Unterrichtsmaterial zu Valie Export

Die Künstlerin Valie Export gilt heute in Österreich und international als eine der bedeutendsten Protagonistinnen der Performance- und Medienkunst.

Valie leitet sich vom ursprünglichen Vornamen Waltraud ab, Export bedeutet für sie, ihr Innenleben nach Außen zu tragen, einem Katalysator gleich, der die verschiedenen Einflüsse und Impressionen aus ihrem sozialen und kulturellen Hintergrund in sich aufnimmt, reflektiert, interpretiert, um- und bewertet, um sie dann durch künstlerische Aktion wieder nach außen zu tragen. „Ich exportiere meine Ideen, ich exportiere meine Gedanken, ich gehe Ex-Port, ich gehe aus diesem Hafen, aus diesem umschlossenen Bereich und begebe mich auf die Weltenmeere der Zivilisation oder der Kultur." (Valie Export; in: http://www.fehe.org/index.php?id=572, eingesehen: 24. Juli 2007)

Thematischer Schwerpunkt ihrer körperbezogenen Performances ist die Auseinandersetzung mit Rollenklischees, herkömmlichen Verhaltensweisen und alltäglichen Machtstrukturen. Den Körper sieht sie als Leinwand, auf dem die Gesellschaft ihre Spuren hinterlässt. „Da in der Gesellschaft zwangsläufig der Körper des Individuums auch der Körper der Gesellschaft ist, das heißt, der Körper nicht nur physisches, sondern auch ein soziales Gebilde ist, folgt, dass die Körpersprache, durch welche die Gesellschaft spricht, dominiert. Das Vokabular des Körpers ist dürftig geworden und angepasst." (Valie Export: Ausstellungskatalog OÖ. Landesgalerie, Linz 1992, S. 246)

Wichtiges Anliegen ist ihr die Emanzipation der Frau. Sie thematisiert die gesellschaftliche Unterdrückung der Frau oft unter Einsatz der eigenen Person und der Nutzung des öffentlichen Raumes als Bühne. Ihre Arbeiten polarisieren – um sie zu verstehen, ist es notwendig, sich darauf einzulassen.

Bild 10: Valie Export: „Tapp- und Tastkino" (1968, aus: Valie Export: Ausstellungskatalog OÖ. Landesgalerie, Linz 1992, S. 259)

Eine ihrer frühen Arbeiten ist das 1968 in München aufgeführte „Tapp- und Tastkino", bei der ein mit einem Megafon ausgestatteter Begleiter die Menschen aufforderte, die Brüste der Künstlerin anzufassen, die sie unter einem umgeschnallten Kasten verbarg.

„Die Vorführung findet wie stets im Dunkeln statt. Nur ist der Kinosaal etwas kleiner geworden. Es haben nur zwei Hände in ihm Platz. Um den Film zu sehen, d.h. in diesem Fall zu spüren und zu fühlen, muss der ‚Zuschauer' (Benutzer) seine beiden Hände durch den Eingang in den Kinosaal führen, Damit hebt sich der Vorhang, der bisher nur für die Augen sich hob, nun endlich auch für die Hände. Die taktile Rezeption steht gegen den Betrug des Voyeurismus […]. Tapp- und Tastfilm als erster echter Frauenfilm, die Attribute der Frau, die in unserer Kultur zu einem Objekt für die Sexualität des Mannes gemacht werden, wurden hier direkt abgeschafft und auf die Straße gebracht, in einer Form, die die gesellschaftlichen Regeln durchbricht […]. Es ist der erste Schritt der Frau vom Objekt zum Subjekt." (Valie Export, Ausstellungskatalog, S. 258)

Nur wenige Männer waren bereit, vor großem Publikum das Lieblingsobjekt filmischer Manipulation als nackte Tatsache leibhaftig zu begreifen.

Die Befreiung der Frau wurde provokativ bis zum Extrem gesteigert, als Valie Export ihren Partner Peter Weibel wie einen Hund an der Leine ausführte. Das Künstlerpaar inszenierte eine Aktion im öffentlichen Raum, die die Beziehung der Geschlechter als Herrschaftsspiel dokumentieren und entlarven wollte.

Bild 11: Valie Export/Peter Weibel: „Aus der Mappe der Hundigkeit" (1969, aus: Jappe, Elisabeth: Performance – Ritual – Prozess: Handbuch der Aktionskunst in Europa, München 1993, S. 32)

Anleitung zur ästhetischen Praxis

Wie auch bei den Unterrichtsvorschlägen für die AHS-Unterstufe setzen sich die SchülerInnen zunächst mit den exemplarisch genannten KünstlerInnen eingehend auseinander und versuchen im Anschluss, selbst ein Kunstwerk, im vorliegenden Fall eine Performance zu realisieren. Folgende Arbeitsaufgaben können gestellt werden:

Wählt einen der unten angeführten Themenbereiche, konzipiert eine Performance von fünf bis zehn Minuten Länge und realisiert diese. Ihr könnt eure Performance alleine, zu zweit oder zu dritt entwickeln.

Schreibt zuerst ein Protokoll (eine Art Drehbuch).

Überlegt dabei:
- wo und wann die Performance stattfinden soll
- wer daran beteiligt ist
- ob es ein Publikum gibt und welches
- welche Materialien benötigt werden
- die Art der Dokumentation

Vor der Durchführung eurer Performance müsst ihr eure Ideen in der Klasse vorstellen und im Anschluss sollt ihr ein Gedächtnisprotokoll anfertigen. Viel Erfolg!

Bild 12: SchülerInnenarbeit: Sofaaktion am Südbahnhofmarkt in Linz

M 10: Themenbereiche

Mannsbilder – Frauenbilder
Entwickelt eine Performance, die sich mit der Geschlechterproblematik auseinandersetzt. Benutzt Verhaltensweisen, die dem jeweiligen Geschlecht zugeordnet werden und hinterfragt mit eurer Performance Vorurteile und Klischees.

Störfall
Ruft euch die Performance des Künstlers Flatz in Erinnerung, überlegt euch Störfälle, die ihr vielleicht erlebt habt oder konstruiert eigene „Störereignisse".

Nähe und Enge
Gerade in Beziehungsfragen treffen wir auf das Problem der Nähe und Enge – sei es mit unserem Partner/unserer Partnerin oder auch in unserer Familie, in der Schule usw. Überlegt euch konkrete Umsetzungen zu diesem Problembereich.

So nah – so fremd
Das Fremde um mich, das Fremde in mir. Erarbeitet eine Performance zum Themenbereich des Aufeinandertreffens des „Unbekannten" verschiedener Kulturen oder auch des Hervortretens des „eigenen Unbekannten".

Unangepasste Körpersprache
Versuche festgefahrene Wahrnehmungsweisen in einer Aktion zu hinterfragen.

Didaktische Hinweise

Anders als bei den für die Sekundarstufe I formulierten Aufgaben, beziehen sich die Themen nur teilweise auf die vorgestellten künstlerischen Arbeiten. Stärker akzentuiert sind neben der eigenständigen Ideenfindung die Kooperation und die differenzierte Reflexion. Dennoch gilt es, bei den zentralen Aspekten der performativen Arbeiten von Flatz und Export Anleihe zu nehmen: zum einen beim metaphorischen Charakter der Aufführung, die mittels hervorgerufener Irritationen Bewusstseinsprozesse in Gang zu setzen in der Lage ist, und zum anderen bei jenem Verständnis, das den so genannten „privaten Körper" als etwas eminent Politisches begreift. Ziel ist es, die eigenen Werthaltungen zu hinterfragen, neue Wahrnehmungsweisen zu entwickeln und mittels körperbezogener Interventionen Diskussionsprozesse anzuregen. Da es sich um 17 bis 18jährige SchülerInnen handelt, ist die Betonung der Geschlechterdifferenz bewusst gesetzt. Nicht unwichtig ist es, dass die geplanten Performances vor der Durchführung besprochen und allfällige Probleme und Reaktionen antizipiert werden. Selbstverständlich muss klar sein, dass auch der Freiheit der Kunst im Schulbereich Grenzen gesetzt sind.

Die inhaltliche Auseinadersetzung ist eine doppelte. SchülerInnen sind sowohl Akteure als auch Publikum in wechselnden Rollen. Sollten Performances außerhalb des Klassenzimmers präsentiert werden, sind auch „unbeteiligte" Zuseher und Passanten ein wesentlicher Teil des Geschehens. Darin liegt ein unberechenbares, aber spannendes Element. Allfällige verbale (oder auch handlungsbezogene) Interventionen anderer geschehen spontan und sind kaum planbar, führen aber sehr oft zu stark emotionalisierten Situationen.

Für die Nachbesprechung wesentlich ist es, auf schriftliche Gedächtnisprotokolle und eine Dokumentation der Aufführung zurückgreifen zu können. Zu favorisieren ist das Medium Film, das visuelle und akustische Eindrücke speichert und heute auch schon sehr unauffällig (Handykamera) gehandhabt werden kann. In diesem Kontext können die subjektiven Erfahrungen innerhalb der Gruppe bzw. der Klasse ausgetauscht und verallgemeinert werden.

Anmerkungen

1 Roter, Eberhard: Die dadaistische Photomontage, in: Sprute, Bernhard/Weber, Peter (Hg.): Experiment Kunst, Hannover 1985, S. 79.
2 Ebenda, S. 79.
3 Pressetext zur Ausstellung „Biennale Cuvée 2006" im Offenen Kulturhaus Linz, http://www.kunstaspekte.de/index.php?tid=18551&action=termin, eingesehen: 1. Juni 2007.
4 Klein, Gabriele/Sting, Wolfgang (Hg.): Performance als soziale und ästhetische Praxis; in: Dies.: Performance. Positionen zur zeitgenössischen szenischen Kunst, Bielefeld 2005, S. 12.

5   Ebenda, S. 14f.
6   Siehe dazu u.a: Damus, Martin: Kunst im 20. Jahrhundert. Von der transzendierenden zur affirmativen Moderne, Reinbek b. Hamburg 2000, S. 113-121 (rowohlts enzyklopädie).
7   Kunst + Unterricht: Aktionskunst, 225 (September 1998), S. 6.
8   Lange, Marie-Luise: „...it happens...", in: Kunst + Unterricht, 273 (Juni 2003), S. 9.
9   Ebenda.
10 Zu den Unterrichtsphasen siehe die Aufsätze von Peter Massing und Kurt Lach unter: Teil III: Unterrichtsphasen, in: Breit, Gotthard/Eichner, Detlef/Frech, Siegfried/Lach, Kurt/Massing, Peter: Methodentraining für den Politikunterricht II. Arbeitstechniken – Sozialformen – Unterrichtsphasen, Schwalbach/Ts. 2007, S. 205-238 (Didaktische Reihe).
11 Siehe den theoretischen Beitrag von Albert Hamann über die „Ästhetische Erziehung und politische Bildung" im vorliegenden Band.
12 Picabia, Francis: Manifest Cannibale Dada (1920), in: Sprute/Weber (Hg.), Experiment Kunst, S. 18.
13 Damus, Kunst im 20. Jahrhundert, S. 116-121.
14 Götz, Adriani (Hg.): Hannah Höch. Collagen. Ausstellungskatalog, Stuttgart/Bad Cannstatt 1984.
15 Kirschenmann, Johannes/Schulz, Frank: Praktiken der modernen Kunst, Stuttgart 1996, S. 50.
16 Staeck's Umwelt. Texte und politische Plakate von Klaus Staeck, Göttingen 1984, S. 24, 26.
17 Vgl. Homepage von Klaus Staeck: http://www.klaus-staeck.de/biogra, eingesehen: 10. Juli 2007.
18 Kolář, Jiří: Monografie mit einem Lexikon der Techniken, Zirndorf 1979, S. 77.
19 Sonnberger, Gerwald, zit. bei: Jiří Kolář und seine poetische Bilderwelt. Katalog, Krumlov 1998, o. S.
20 Kolář, Monografie, S. 181.
21 Homepage von Annegret Soltau: http://www.annegret-soltau.de/index1.htm, eingesehen: 10. Juli 2007.
22 Soltau, zit. bei: Best, Nora: Loth-Preis für Annegret Soltau, http://www.artists-net.de/annegret-soltau, eingesehen: 10. Juli 2007.
23 Kirschenmann/Schulz, Praktiken der modernen Kunst, Stuttgart 1996, S. 51.
24 Homepage von Annegret Soltau: http://www.annegret-soltau.de/bilder/bilder.htm, eingesehen: 23. Juni 2007.
25 Breitz, Candice: „Cuttings". Katalog, OK Centrum für Gegenwartskunst, Linz 2001, S. 51.
26 Vorkoeper, Ute: Perspektivlosigkeit schafft Grauen, in: Zeit online, 23. November 2005 (http://www.zeit.de/feuilleton/kunst_naechste_generation/monster_4, eingesehen: 7. Juli 2007).
27 Wortmeldung von Candice Breitz beim Symposium „Mining Cultural Diversity?" (18. Oktober 2001), http://www.vidc.org/kultureninbewegung/archiv/panel3.htm, eingesehen: 7. Juli 2007.
28 Schelle, Carla: Mit Bildern lernen: Foto, Karikatur, Grafik, Gemälde, in: Sander, Wolfgang (Hg.): Handbuch politische Bildung. 3., völlig überarbeitete Auflage, Schwalbach/Ts. 2005, S. 523-536 (Politik und Bildung, 32).
29 Schulz von Thun, Friedemann: Miteinander reden, Bd. 1. Störungen und Klärungen. Allgemeine Psychologie der Kommunikation, Reinbek b. Hamburg 1992. Siehe auch die Beiträge von Thomas Hellmuth über „Politische Bildung in der Unterstufe" und über „Krieg und Frieden" sowie den Beitrag von Christian Angerer über „Erich Hackls Erzählung ‚Abschied von Sidonie'" im vorliegenden Band.
30 Lange, Marie-Luise: Performanceübungen und Aufgabenstellungen, in: Kunst und Unterricht: Performance, 273 (Juni 2003), S. 11.
31 Diese Übungen wurden von dem Performer und Tanzpädagogen Andrew de L. Harwood entwickelt: http://www.impulstanz.com/festival07/workshops/did130, eingesehen: 12. Juli 2007.
32 Haselbach, Barbara: Tanz und Bildende Kunst. Modelle zur Ästhetischen Erziehung, Stuttgart 1991, S. 48.
33 Siehe zu dieser und die folgenden drei Übungen: Lange, Performanceübungen, S. 11f.
34 Interview mit Wolfgang Flatz, http://www.heise.de/tp/r4/artikel/3/3482/1.html, eingesehen: 12. Juli 2007.
35 Flatz, Wolfgang: Performances 1974-1982, Demontagen 1987-1991, München 1991, S. 23.
36 Schwarzbauer, Georg: Untersuchungen zu den Performances und Demontagen von FLATZ, in: Flatz, Performances, S. 83.
37 Flatz, Wolfgang: Physical sculptures, Ostfildern-Ruit b. Stuttgart 1998, o. S.

38 Ebster, Diana: Bodycheck – Physical Sculpture Nr. 5, http://hartware-projekte.de/archiv/ inhalt/ flatz.htm, eingesehen: 12. Juli 2007.
39 Feichtinger, Aline: Das Widerständige in Valie Exports Aktionen – der inszenierte Schmerz, http://www.zwei-null.ch/PDF/IMPORT-EXPORT-TRANSPORT.pdf, eingesehen: 24. Juli 2007.
40 Valie Export: Ausstellungskatalog OÖ Landesgalerie, Linz 1992, S. 220.
41 Valie Export, http://www.medienkunstnetz.de/kuenstler/export/biografie/, eingesehen am 24. Juli 2007.

Politische Bildung auf dem Prüfstand

Cornelia Klepp

(Politische) Bildung und Qualität – Ein Paradoxon?

Schulische und außerschulische politische Bildung bleiben in Österreich von der momentan kursierenden Qualitätsdiskussion noch weitgehend verschont. Es macht den Anschein, dass eine diesbezügliche Diskussion noch nicht notwendig ist. Verantwortlich dafür ist nicht zuletzt der Umstand, dass selbst die Diskussion über die Institutionalisierung der politischen Bildung noch nicht abgeschlossen ist. Der folgende Artikel soll dennoch wesentliche Einflussgrößen der Qualitätsdiskussion im Bildungsbereich beschreiben, Zusammenhänge und Wechselseitigkeiten analysieren, Vor- und Nachteile der Entwicklung von Bildungsstandards im Bereich politischer Bildung beleuchten und somit vielleicht Appetit auf einen Qualitätsdialog machen.

Der Diskussionsbedarf sollte sowohl auf Seiten der PraktikerInnen wie auch auf Seiten der Wissenschaft nicht länger geleugnet werden. Immerhin wurde im Zuge einer Demokratie-Initiative 2007/08 im Auftrag des Unterrichtsministeriums ein Kompetenz-Struktur-Modell erarbeitet (Details unter: www.politik-lernen.at). Die Qualitätsdiskussion ist damit freilich nicht abgeschlossen.

Bildung braucht „mehr" Qualität

Die Anwendung neoliberaler Theorien und die Umsetzung von ebensolchen Ideen können seit geraumer Zeit im Bildungsbereich beobachtet werden. Am deutlichsten zeigt sich dies durch die Verwendung neuer Begrifflichkeiten, die bislang nur in privatwirtschaftlichen Unternehmen oder von Managern verwendet worden sind. Begriffe wie Autonomie, Globalbudget, Leistungsvereinbarung usw. werden an Hochschulen bereits seit längerem im täglichen Sprachgebrauch verwendet und erfahren mittlerweile weitgehende Akzeptanz[1]. Doch auch im schulischen Bereich ist der Gebrauch bestimmter betriebswirtschaftlicher Termini Alltag geworden. Klaus-Peter Hufer meint dazu: „Aus Lerninhalten werden Schlüsselqualifikationen, Bildung wird zum Produkt, der Teilnehmer zum Kunden, Bildungsziele sind von Kostendeckungsgraden abgelöst worden, die Adressatenansprache ist zum Marketing mutiert. Ohne Umschweife, ohne Zögern, ohne Scham hat die Sprache der Ökonomie Einzug gehalten in einen ihr fremden Bereich."[2]

Allein die Tatsache, dass Begriffe aus der Betriebswirtschaftslehre im Zusammenhang mit Bildung und Bildungseinrichtungen verwendet werden, lässt Schulen und Hochschulen nicht über Nacht zu Unternehmen werden und Bildung auf die Erbringung einer Dienstleistung reduzieren. Bildung kann und darf nicht ohne weiteres in ein Korsett von marktregulierenden und privatwirtschaftlich erprobten Mechanismen gepresst werden. Der Versuch eines reinen Überstülpens – ohne Prüfung, ob spezifische Modifikationen notwendig sind – kann lang- und kurzfristig keinen Erfolg bringen. Gleichungen wie „Bildung ist gleich Dienstleistung", „Bildung ist gleich Ware" oder „Schule ist gleich Unternehmen" können nicht gefahrlos aufgestellt werden. Zumindest eine Unterstufung in schulische und außerschulische Bildung ist notwendig. Ein bestimmtes Maß an Schulbildung zählt in allen Industrieländern zu den Aufgaben eines Staates. Schulbildung ist eine öffentliche Dienstleistung, zu deren Erbringung die jeweiligen Staaten verpflichtet sind. Im außerschulischen Bereich hat sich primär die Erwachsenenbildung immer schon an einem Markt oder zumindest an marktähnlichen Gebilden orientiert und ging auf die Bedürfnisse seiner TeilnehmerInnen bzw. KundInnen ein.

Im schulischen Bereich haben zuletzt die weniger schmeichelhaften Ergebnisse diverser Studien (vor allem jene der viel zitierten PISA-Studie) zu einem verstärkten Ruf nach mehr „Qualität" geführt. Was genau unter diesem „mehr" an Qualität zu verstehen ist, wird sehr oft nicht weiter diskutiert. Allein die lautstarke und meist mediale Forderung danach soll dem „kranken" Schulsystem wieder seine gewohnte Sicherheit zurückgeben. Im besten Fall haben internationale Studien dazu geführt, dass ausführlich und auf breiter öffentlicher Basis diskutiert wird, welche bildungspolitische Reformen denkbar oder notwendig wären. Im schlimmsten Fall kann der beobachtbare Ruf nach „mehr Qualität" auch Gegenteiliges bewirken, indem er auch Bewährtes in Frage stellt und zu reformieren versucht.

Der Begriff „Qualität" kann in den entsprechenden Zusammenhängen sehr unterschiedlich definiert werden. So ist es möglich, die Qualität eines technischen Produkts – wie etwa eines Autos – aufgrund unterschiedlicher Parameter zu beschreiben und relativ eindeutig zu definieren. Die Qualität einer öffentlichen Dienstleistung ist ungleich schwieriger zu erfassen bzw. zu messen. Ada Pellert wählt einen philosophischen Zugang, wie Qualität im Bildungsbereich definiert werden könnte: „Qualität wurde schon ob der Unmöglichkeit, sie klar zu definieren, in Essays mit der Liebe verglichen: Man spürt Qualität, man weiß, wenn sie da ist, man weiß auch, wenn sie fehlt, man kann sie nicht genau beschreiben und definieren."[3]

Der Bildungsbereich kann sich jedoch nicht darauf verlassen, ob die Existenz von Qualität gespürt wird oder nicht. Eine Sichtweise aus der Technik versteht Qualität als „das Erfüllen von Erwartungen und Forderungen".[4] Auch diese Definition deckt nicht alle Aspekte des facettenreichen Zusammenspiels von Bildung und Qualität ab. Dennoch zeigen beide Zitate, dass Qualität im Bildungsbereich einerseits subjektiv und andererseits auf Basis bestimmter zu definierender Schwellenwerte messbar ist.

Die Qualitätsdiskussion im Bildungsbereich lässt sehr oft den Eindruck entstehen, dass es sich dabei um etwas Neues handelt. Dies stimmt aber nur bedingt. Qualität an sich ist keine Erfindung der letzten Jahre. Maßnahmen zur Qualitätssicherung bzw. zur Qualitätssteigerung haben auch in der Vergangenheit stattgefunden, wenn auch eher im Verborgenen und nicht immer in standardisierter Form. Folglich kann die derzeitige Diskussion auch so verstanden werden, dass der Aufbau eines Qualitätsmanagements im Bildungsbereich dazu führt, dass bereits existierende Maßnahmen einen Rahmen finden, der „eine neue Gesamtsicht ermöglicht".[5]

Vor allem bei Angeboten der außerschulischen politischen Bildung, die sich größtenteils über TeilnehmerInnenbeiträge finanzieren, wurde die Frage der Qualitätssteigerung immer schon bewusst gestellt. Befragungen von TeilnehmerInnen, AbsolventInnen oder ReferentInnen sind lange vor einer Qualitätsdiskussion regelmäßig durchgeführt und als Grundlage für kommende Planungen verwendet worden.[6] Maßnahmen zur Überprüfung von Qualität bzw. zu ihrer Sicherung und Steigerung hat es in der politischen Erwachsenenbildung immer schon gegeben. Begriffe wie Evaluation oder Evaluationsforschung haben sich erst viel später zu etablieren begonnen. Klaus Ahlheim konstatiert innerhalb der politischen Erwachsenenbildung einen „Siegeszug der Evaluation(sforschung)"[7] und macht gleichzeitig darauf aufmerksam, dass diese Entwicklung zwei Seiten hat. Positiver Effekt dieser Entwicklung ist die ständige Frage nach Qualität. Negativ hingegen ist, dass seiner Ansicht nach ein Evaluationszwang überwiegt: „Bildungspolitisch wurde das Messbare zum Maß der Dinge. Und so gewiss Kontrolle und Spareffekte allenfalls nur ein und nicht eben das edelste Motiv der Evaluationsforschung sind, so sicher haben Bildungspolitiker jeglicher Couleur dieses eine Ziel ins Visier genommen: ‚Abbauen, Runterfahren, Sparen'."[8]

Das nicht eindeutig definierbare Zusammenspiel zwischen Bildung und Qualität lässt die alleinige und häufig nicht reflektierte Forderung nach „Qualität" im Bildungsbereich Gefahr laufen, zu einer Leerformel zu mutieren. Qualitätsdiskussionen im Bildungsbereich haben ein mediales Kommen und Gehen und kehren im jährlich wechselnden Rhythmus – besonders vor Wahlen bzw. nach Veröffentlichung von internationalen Bildungsstudien – wieder. Entgegen diesen Tendenzen – oder vielleicht auch gerade deswegen – ist eine langfristige Betrachtung von Qualität im Bildungsbereich sinnvoll.

Zur Diskussion in Österreich – Politische Bildung als Disziplin mit Defiziten

Der österreichischen politischen Bildungslandschaft wird gerne und schnell der Status eines Entwicklungslandes[9] attestiert, wohl deshalb, weil sich politische Bildung selbst gerne über ihrer Defizite definieren lässt. Es fehlt der politischen Bildung weitgehend an einem klaren Profil. Am besten lässt sich dies durch das Fehlen einer einheitlichen Bezeichnung des Faches im Schulbereich, das Fehlen einer eigenständigen Fachdidaktik, das Fehlen einer standardisierten Ausbildung für LehrerInnen, das weitgehende Fehlen von Weiterbildungsangeboten für Politische BildnerInnen auf Hochschulniveau oder auch durch das Fehlen eines überregionalen Netzwerkes, dass Initiativen zur politischen Bildung anregt und auch eigenständig umsetzt, illustrieren. Diese Liste kann wahrscheinlich noch um eine Reihe von Defiziten erweitert werden.

Es stellt sich demnach folgende Frage: „Warum sich Gedanken über die Entwicklung von Bildungsstandards machen, wenn politische Bildung doch an so vielen unterschiedlichen Fronten zu kämpfen hat?" Die Antwort ist denkbar einfach: Die Einführung von Bildungsstandards im schulischen Bereich könnte dabei helfen, dass eine Reihe der oben genannten Probleme parallel gelöst werden. Mit dem bereits eingangs erwähnten Kompetenz-Struktur-Modell ist bereits ein erster Schritt in diese Richtung unternommen worden. Die Formulierung von Standards könnte ein logischer nächster Schritt sein.

Politische Bildung in den Schulen

Schulische politische Bildung ist in Österreich von der Qualitätsdiskussion noch weitgehend ausgenommen. Es ist jedoch eine Frage der Zeit, wie lange sich politische Bildung dieser Diskussion noch entziehen wird können. Mit dem 1978 erlassenen Unterrichtsprinzip und in einigen Schultypen existierenden Fach „Politische Bildung", im AHS-Bereich in Verbindung mit dem Fach Geschichte, wird der Großteil der Politischen Bildung im Schulbereich abgedeckt.[10] Die einzelnen Lehrpläne garantieren ein Mindestmaß an Qualität, in dem sie den Rahmen dafür geben, welche Inhalte vermittelt werden müssen. Eine Überprüfung, ob die Vermittlung der Inhalte auch mit der Entwicklung bestimmter Kompetenzen bei den SchülerInnen einhergeht, existiert bis dato nicht. Überspitzt formuliert ist einzig die Note im Zeugnis ein sichtbares Zeichen dafür, dass die SchülerInnen bestimmte Anforderungen erfüllt und Leistungen erbracht haben. Nichtsdestotrotz stehen im schulischen Alltag LehrerInnen und SchülerInnen permanent auf dem Prüfstand.

Peter Weinbrenner hat sechs Thesen entworfen, innerhalb derer sich Politikunterricht und Qualitätsansprüche bewegen: So sei „Qualität […] ein dynamischer Prozeß, besonders im Dienstleistungsbereich Schule", und sie sei gratis, denn Geld koste lediglich „das Fehlen von Qualität". Ferner bedeute „Qualität […], die ‚richtigen' Dinge zur rechten Zeit zu erledigen". Sie sei „ergebnisorientiert und wird gemessen an dem, was erreicht und nicht an dem, was getan wurde". Außerdem liege sie „im Verantwortungsbereich jedes einzelnen und erstreckt sich auf die gesamte Organisation bzw. das gesamte System".[11]

Dieser – zugegebenermaßen sehr idealtypisch formulierte – Rahmen umfasst dennoch die wesentlichen Meilensteine. Qualität ist geprägt durch ihren prozessualen Charakter. Sie ist nie nur eine Momentaufnahme, sondern ein kontinuierlicher Prozess, dessen Entwicklungsstand zu einem bestimmten Zeitpunkt gemessen wird. Besonders augenscheinlich wird dies beim Instrument der Evaluation. Evaluationen können immer erst im Nachhinein, d.h. nachdem eine bestimmte gewollte oder nicht gewollte Entwicklung stattgefunden hat, durchgeführt werden. Evaluationen lassen Abstufungen im Urteil zu und ermöglichen weit reichende Interpretationsspielräume. Ein anderes, im Bildungsbereich seit geraumer Zeit gerne verwendetes Instrument ist die Akkreditierung. Vor allem im Hochschulbereich kommen Akkreditierungen zur Anwendung. Zum einen können Institutionen oder auch Studiengänge akkreditiert werden. Akkreditierungen können sowohl ex-ante als auch ex-post durchgeführt werden und überprüfen im Wesentlichen, ob bestimmte Kriterien erfüllt werden oder nicht. Eine Interpretation außerhalb dieser Ja/Nein-Entscheidung ist nicht zulässig.

Mit der Entwicklung von Bildungsstandards im Schulbereich wird ein dem hochschulischen Verfahren sehr ähnlicher Weg eingeschlagen. Bildungsstandards formulieren ebenfalls Erwartungen und (Minimal-)Anforderungen, die im Laufe eines Schuljahres oder innerhalb einer bestimmten Altersstufe erreicht werden sollen. Ein wesentlicher Vorteil von Bildungsstandards besteht darin, dass die SchülerInnen relativ schnell Kompetenzen entwickeln, die sich mit Noten messen lassen. Grundsätzlich können zwei Typen von Standards unterschieden werden: 1) *Content standards* (curriculare Standards): In den Lehrplänen werden nicht mehr nur Lernziele und -inhalte aneinandergereiht, sondern aufgrund der vorgegebenen Standards unterschiedliche Kompetenzen entwickelt. 2) *Performance standards* (Leistungsstandards): Diese Form der Bildungsstandards geht einen Schritt weiter und legt jenen Grad an Kompetenzerreichung fest, den man für eine bestimmte SchülerInnengruppe in einem bestimmten Alter bzw. einer bestimmten Schulstufe vorsehen möchte.[12]

Die Formulierung von Bildungsstandards beruht auf der Formulierung von Mindeststandards, die erfüllt werden sollen, d.h. ein Bildungsstandard beschreibt immer einen gewissen zu erreichenden Schwellenwert. Der Begriff „Mindeststandard" führt im Bildungsbereich sehr häufig zu Diskussionen. Die Konkretisierung „Mindest" impliziert sehr schnell, dass sich Standards an niedrigen Schwellenwerten orientieren. Wie soll folglich der Anspruch nach größtmöglicher Qualität gewährleistet sein, wenn man sich im Vorfeld an der Erfüllung von Mindestansprüchen orientiert? Dieser Vorwurf kann und muss im Bezug auf Standards immer genau analysiert werden. Zu niedrige Schwellenwerte lassen Qualitätssicherung zu einer reinen Pflichtübung ohne Erkenntnisgewinn und Anreiz für zukünftige Verfahren werden. Zu hohe Schwellenwerte führen dazu, dass man von Beginn an das unabdingbare Scheitern vor Augen hat und sich somit das Verfahren selbst ad absurdum führt. Ziel und Bestrebung bei der Formulierung von Bildungsstandards muss es sein, „einen Mittelweg zwischen Vorgaben und Freiheiten zu finden".[13] Wenn dies beachtet wird, lassen Bildungsstandards pädagogische Freiräume für LehrerInnen und SchülerInnen zu. Standardisierung um jeden Preis kann nicht das Ziel sein. Konkret geht es darum, „einen Weg zwischen Generalisierung und Normierung durch das Curriculum einerseits und Spezialisierung und Deregulierung durch Schulprofile und Autonomie andererseits zu suchen".[14]

Demnach steht nicht die Diskussion, ob Bildungsstandards eingeführt werden sollen oder nicht, im Vordergrund, sondern die Konkretisierung, wie spezifisch oder wenig spezifisch die einzelnen Standards formuliert werden müssen. Standards geben in jedem Fall einen Rahmen vor, innerhalb dem bestimmte Kompetenzen entwickelt werden sollen. Die Überprüfung, ob die Standards erfüllt werden, findet somit auf Ebene der SchülerInnen statt, in den meisten Fällen strukturkonservativ in Form einer schriftlichen oder mündlichen Prüfung. Bei einer ganzheitlichen und nachhaltigen Einführung von Bildungsstandards müsste man sich nach und nach auch im Bezug auf Prüfungsmodalitäten Gedanken machen. Erworbene und weiterentwickelte Kompetenzen können nicht nur mittels althergebrachter, für die Lehrenden praktischer und wenig zeitaufwändiger Prüfungsmethoden gemessen werden. Alternative Modelle müssen elaboriert und parallel zu den Bildungsstandards eingeführt werden.

Gleichzeitig werden auch LehrerInnen mit ganz neuen Herausforderungen konfrontiert. Die Koppelung der Vermittlung von Inhalten an die Entwicklung von Kompetenzen macht es notwendig, dass LehrerInnen ihren gewohnten Unterricht neu überdenken müssen. „Auf der Schulebene kann die Auseinandersetzung mit Standards und Testergebnissen dazu führen, dass Lehrer stärker untereinander kooperieren, sich wechselseitig beraten und einen Konsens über pädagogische Konzepte ausbilden."[15] Eine Überprüfung, ob LehrerInnen selbst die notwendige Kompetenz für die Vermittlung der in den Bildungsstandards zu entwickelnden Kompetenzen erbringen, wird derzeit noch nicht durchgeführt.

Entwicklung von nationalen Bildungsstandards in der BRD

Nicht nur Österreich, sondern auch die Bundesrepublik Deutschland sah sich nach den schlechten Ergebnissen der PISA-Studie zum (raschen) Handeln gezwungen. Am 25 Juni 2002 entschied die Kultusministerkonferenz, dass Bildungsstandards für alle Schulfächer eingeführt werden sollen. Für einzelne Hauptfächer[16] wie Deutsch, Mathematik und erste Fremdsprache sind im allgemeinbildenden und berufsbildenden Schulbereich bereits verbindliche Bildungsstandards entwickelt worden.[17] Die Entwicklung von Bildungsstandards für politische Bildung durch die Kultusministerkonferenz bzw. das Bundesministerium für Bildung und Forschung ist bis dato noch nicht beschlossen worden. Auf dieser Grundlage hat die Gesellschaft für Politikdidaktik und politische Jugend- und Erwachsenenbildung (GPJE) im Jahr 2003 einen ersten Entwurf für Bildungsstandards zur politischen Bildung vorgelegt. Die GPJE ist durch eine „Bottom-up"-Initiative[18] aktiv geworden und hat von sich aus – ohne Auftrag der betreffenden Ministerien – einen Vorschlag ausgearbeitet. Wolfgang Sander versteht diese Vorgehensweise als „bildungspolitische Intervention"[19] mit dem Ziel, „die Interessen des Faches zu wahren und die Qualitätsansprüche der Wissenschaft […] zur Geltung zu bringen".[20] Kritiker dieser Vorgehensweise meinen, dass „keine unmittelbare Handlungsnotwendigkeit [bestand], wohl aber stand die Befürchtung im Raume, dass ‚fremdbestimmte' Bildungsstandards kommen könnten".[21]

Die Qualitätsdiskussion innerhalb der politischen Bildung wird in der Bundesrepublik Deutschland seit geraumer Zeit sehr leidenschaftlich geführt. Es lassen sich zwei Lager erkennen: Zum einen existiert ein prominenter Personenkreis, der den Einzug von wirtschaftlichen Instrumenten in die politische Bildung begrüßt und einen Paradigmenwechsel von der Input- zur Outputorientierung fordert.[22] Diesem Kreis gehört vor allem der Gießner Politikdidaktiker Wolfgang Sander an. Ein anderer – ebenfalls prominent besetzter – Personenkreis wehrt sich gegen den Einzug wirtschaftlicher Begriffe und kämpft vor allem dagegen an, dass politische Bildung kein Produkt ist, sondern das politische Bildung ein öffentlicher Auftrag ist, der sich auf einem freien Markt nicht behaupten muss.[23]

Betreffend die Bezeichnung von Unterrichtsfächern, die politische Bildung vermitteln, sind Österreich und die Bundesrepublik Deutschland mit ähnlichen Problemstellungen konfrontiert. Dies führt in der Bundesrepublik Deutschland zum Kuriosum, dass es bislang keine einheitliche Bezeichnung für das Fach gibt, die Existenz einer eigenen Fachdidaktik politische Bildung aber außer Streit steht. Wolfgang Sander beschreibt dieses Kuriosum als „Anachronismus, der die weitere

Profilierung und Entwicklung des Faches in der Schule behindert".[24] Aus diesem Anachronismus ergibt sich die Forderung, das Fach Politische Bildung bundesweit einheitlich zu bezeichnen. In der Grundschule als „Sachunterricht" und im Sekundarschulbereich und im beruflichen Schulwesen als „Politische Bildung".[25]

Dem Entwurf der GPJE liegt das Verständnis zugrunde, dass es in einer Demokratie zu den Bildungsaufgaben des Schulsystems gehört, „alle Menschen zur Teilnahme am öffentlichen Leben zu befähigen".[26] Die Zielperspektive von politischer Bildung wird im Entwurf konkretisiert und ist demnach die „Entwicklung *politischer Mündigkeit*",[27] die ihrerseits zu einer höheren Bereitschaft zur Partizipation führt. Für den Schulbereich im Besonderen heißt dies, dass die Entwicklung von politischer Mündigkeit nicht auf ein Fach beschränkt werden kann. Das Fach Politische Bildung stützt sich dem Verständnis der GPJE folgend auf einen umfassenden Politikbegriff, der grundlegende Fragen und Probleme des gesamtgesellschaftlichen Zusammenlebens umfasst:[28] 1) Politik im engeren Sinn; 2) wirtschaftliche Fragen und Problemen; 3) Fragen und Probleme des gesellschaftlichen Zusammenlebens; 4) rechtliche Fragen und Probleme.

Dieses komplexe Zusammenspiel der Themenfelder wurde auch bei der Formulierung der Bildungsstandards berücksichtigt. Gleichzeitig sind auch die folgenden drei Ebenen einbezogen worden, die sich durch ihren Grad an Allgemeinheit unterscheiden:[29] 1) die Ebene der aktuellen politischen Ereignisse, Probleme und Konflikte; 2) die Ebene mittel- und langfristiger Problemlagen, in die tagesaktuelle Politik häufig eingebettet ist; 3) die Ebene grundlegender Vorstellungen vom Zusammenleben der Menschen in der Gesellschaft und in der Welt.

Die Einbeziehung der zitieren Überlegungen hat zur Entwicklung eines Kompetenzmodells geführt, das bei der Formulierung der Bildungsstandards den Rahmen bildet:[30]

Konzeptuelles Deutungswissen

Politische Urteilsfähigkeit	**Politische Handlungsfähigkeit**
Politische Ereignisse, Probleme und Kontroversen sowie Fragen der wirtschaftlichen und gesellschaftlichen Entwicklung unter Sachaspekten und Wertaspekten analysieren und reflektiert beurteilen können.	Meinungen, Überzeugungen und Interessen formulieren, vor anderen angemessen vertreten, Aushandlungsprozesse führen und Kompromisse schließen können.

Methodische Fähigkeiten

Sich selbstständig zur aktuellen Politik sowie zu wirtschaftlichen, rechtlichen und gesellschaftlichen Fragen orientieren, fachliche Themen mit unterschiedlichen Methoden bearbeiten und das eigene politische Weiterlernen organisieren können.

Grafik 1: Ein Kompetenzmodell politischer Bildung

Für die Entwicklung von Kompetenzen in den einzelnen Kompetenzbereichen ist der Erwerb von Wissen notwendig. Im Rahmen dieses Kompetenzmodells wird der Erwerb von Wissen nicht auf die Kenntnis von Einzelaspekten reduziert, sondern vielmehr als *Deutungswissen* verstanden, das SchülerInnen den Sinngehalt und die innere Logik von Institutionen, Ordnungsmodellen und Denkweisen einschließlich der damit verbundenen Kontroversen erschließt.[31] Konzeptuelles Deutungswissen zielt darauf ab, dass das Wissen um grundlegende Konzepte das Verstehen von Politik, Wirtschaft, Gesellschaft und Recht erleichtert. Demnach befähigt konzeptuelles Deutungswissen zur besseren Strukturierung von Vorstellungen und Wahrnehmungen.

Die Entwicklung von Kompetenzen im Rahmen der *politischen Urteilsfähigkeit* stellt eine große Herausforderung dar. Urteile können in Sach- und Werturteile unterschieden werden. Politische Urteile zeichnen sich sehr oft dadurch aus, dass Sach- und Wertaspekte miteinander verknüpft sind.[32] Daraus ergibt sich für den schulischen Alltag eine Reihe von Problemstellungen. Auf Seiten der SchülerInnen soll die politische Urteilsfähigkeit entwickelt und verbessert und gleichzeitig die freie Meinungsäußerung nicht angetastet werden. Auf Seiten der LehrerInnen können ebenfalls Problemstellungen entstehen. Allein die Beantwortung der Frage, wie Leistungen zur politischen Urteilsfähigkeit bewertet werden, ist problematisch. Sie kann nur auf Grundlage von formalen Kriterien erfolgen und sich nicht auf Inhalte berufen.

Die Kompetenzen im Bereich der *politischen Handlungsfähigkeit* orientieren sich an der Entwicklung oder Weiterentwicklung von praktischen Fähigkeiten, die in eine aktive Partizipation an gesamtgesellschaftlichen Prozessen münden. Exemplarisch soll beispielsweise die Fähigkeit gefördert werden, „in politischen Kontroversen konfliktfähig [zu] sein, aber auch Kompromisse schließen [zu] können" oder auch „sich im Sinne von Perspektivenwechsel in die Situation, Interessen und Denkweisen anderer Menschen versetzen" zu können.[33] Kompetenzen zur politischen Handlungsfähigkeit sollen das Rüstzeug für die Teilnahme am öffentlichen Leben vermitteln.

Die Entwicklung von Kompetenzen im Bereich der *methodischen Fähigkeiten* ist charakterisiert durch Interdisziplinarität. Die zu entwickelnden Methoden sind meist fächerübergreifend und lassen sich nicht auf das Fach Politische Bildung reduzieren. Im Vorschlag der GPJE werden etwa Lesekompetenz, Zeitplanung und Selbstorganisation genannt.[34]

Die Formulierung von Bildungsstandards beruht folglich auf einer komplexen Grundlage, d.h. sie muss fächerübergreifend für den schulischen Bereich bzw. interdisziplinär für das alltägliche Leben erfolgen. Struktur und Inhalt des von der GPJE gewählten Kompetenzmodells sind keine neue Erfindung, sondern eine Weiterentwicklung von bereits bestehenden und erprobten Modellen.[35] Im Entwurf werden die Kompetenzen in einem ersten Schritt konkretisiert, dann den jeweiligen Schulstufen und Schulformen zugeordnet.

Auf Grundlage dieser Bildungsstandards sind im Anschluss Vorschläge für Arbeitsaufgaben formuliert worden. Bei der Formulierung der konkreten Arbeitsaufgaben haben sich die WissenschaftlerInnen eines Rasters bedient, der abbildet, in welchen Bereichen sich Leistungen von SchülerInnen erfahrungsgemäß bewegen:[36]

Anforderungsbereich I	Anforderungsbereich II	Anforderungsbereich III
Kennen und wiedergeben	*Analysieren, Erklären und Transfer*	*Reflektiert politisch urteilen und handeln*
Vergegenwärtigen des notwendigen inhaltlichen und methodischen Wissens sowie der notwendigen Arbeitstechniken für die Bearbeitung der Aufgaben. Artikulation eigener Meinungen.	Gewinnen von Erkenntnissen durch Strukturieren, Einordnen und Analysieren von Informationen. Anwendung von Erkenntnissen auf neue, vergleichbare Probleme. Sich mit andern Positionen als der eigenen angemessen auseinandersetzen.	Selbstständiges, reflektiertes politisches Argumentieren und Urteilen. Methodenbewusstes Vorgehen bei der eigenen Lernorganisation. Sicheres, ein der Situation angemessenes Verhalten in der Öffentlichkeit.

Grafik 2: Anforderungsbereiche

Die vorgeschlagenen Aufgaben sind so formuliert, dass die Lösung durch Erbringung von Leistungen in allen drei Aufgabenbereichen notwendig ist. Zusätzlich kann der Schwierigkeitsgrad durch unterschiedliche Parameter, etwa die Verwendung einer Fachsprache oder die Komplexität der Aufgabe, gesteuert werden.

Die vorgeschlagenen Aufgabenbeispiele sind für die einzelnen Schultypen formuliert worden und bauen aufeinander auf, d.h. die Aufgaben für den Sachunterricht in der Grundschule sind Grundlage für die Aufgaben für die Sekundarstufe I. Dieser modulare und ineinander greifende Aufbau lässt schultypenübergreifende Dokumentationen[37] zu, die bislang noch nicht möglich waren. Ein besonderer Vorteil dieser Zugangsweise ist die Möglichkeit der Abbildung der individuellen Bildungslaufbahnen von SchülerInnen.

Der Vorschlag der GPJE überzeugt nach Ansicht der Autorin durch eine wohldurchdachte und interdisziplinäre Herangehensweise. Die Formulierung der Standards hat demnach nicht vordergründig die Rezeption von Wissen, sondern die Entwicklung von unterschiedlichen Kompetenzen zum Ziel. Wissen wird als konzeptuelles Deutungswissen verstanden, das den Rahmen für das Verstehen der Komplexität von politischen, wirtschaftlichen, rechtlichen und gesellschaftlichen Fragen gibt.

Auf breiter Ebene kann dem Vorschlag der GPJE insofern zugestimmt werden, dass verpflichtende Bildungsstandards in der politischen Bildung dazu führen, dass diese im schulischen Umfeld einen permanenten Qualitätsprozess durchläuft. Eine Ausweitung der Bildungsstandards auf den außerschulischen Bildungsbereich hätte zum Vorteil, dass Aus- und Weiterbildungsprogramme kontinuierlich hinsichtlich ihrer Qualität überprüft und die Vergleichbarkeit mit anderen Programmen möglich wäre.

Resümee und Ausblick

Die Frage, ob die Einführung von Bildungsstandards sinnvoll ist, muss wohl mit „Ja" beantwortet werden. Besonders im schulischen Bereich ist die Entwicklung und Festsetzung von Bildungsstandards zu begrüßen. Das österreichische Schulwesen befindet sich gerade in einer Pilotphase. Mit Beginn des Schuljahres 2004/05 sind rund hundert österreichische Volks-, Haupt- und allgemein bildende höhere Schulen an einem Projekt des Bildungsministeriums beteiligt. An den teilnehmenden Schulen werden – im Sinne einer „Top-down"-Initiative – Bildungsstandards im Unterricht verwendet und getestet. Die Entwicklung der Bildungsstandards erfolgt im Auftrag des Bildungsministeriums und wird in Arbeitsgruppen von FachdidaktikerInnen und SchulpraktikerInnen durchgeführt. Bislang beschränkt sich der probeweise Einsatz von Bildungsstandards auf die Hauptfächer Deutsch, Englisch und Mathematik. Jeweils die vierte Klasse Volksschule (in Deutsch und Mathematik) und die vierte Klasse AHS bzw. Hauptschule (in Deutsch, Mathematik und Englisch) werden pro Jahr überprüft. Die Auswertung der Ergebnisse erfolgt extern über das Pädagogische Institut bzw. die Pädagogische Hochschule in Linz. Nach Abschluss der Pilotphase sollen der Einsatz der Bildungsstandards evaluiert und anschließend nationale Bildungsstandards erlassen werden.

Eine Diskussion rund um die Einführung von Bildungsstandards im Fach „Politische Bildung" hat in Österreich zum aktuellen Zeitpunkt erst begonnen. Das Modell der GPJE wurde für das österreichische Kompetenz-Struktur-Modell als Grundlage herangezogen. Die wissenschaftliche Auseinandersetzung mit Inhalten rund um politische Kompetenzmodelle steckt derzeit noch in den Kinderschuhen. Einige grundlegende Unterschiede zwischen den beiden Ländern können wohl Grund und Ursache dafür sein: Anders als die Bundesrepublik Deutschland verfügt Österreich erst seit kurzem über eine ausgewiesene Fachdidaktik „Politische Bildung", die von sich aus offensiv werden kann: Der österreichweit einzige Lehrstuhl für Didaktik der Politischen Bildung ist mit 1. Oktober 2008 an der Universität Wien besetzt worden. Derzeit werden die Pädagogischen Akademien zu Pädagogischen Hochschulen umgewandelt. Mit Oktober 2007 haben die Pädagogischen Hochschulen ihre Arbeit aufgenommen. Dieses „Up-grade" könnte auch für die politische Bildung zukünftig von Bedeutung sein. Einerseits besteht innerhalb dieses neuen Hochschultyps die Möglichkeit, politische Bildung von Beginn an zu verankern und eventuell die Errichtung eines Fachdidaktikzentrums zu überlegen. Zum anderen könnten die Pädagogischen Hochschulen in Zukunft auch standardisierte Ausbildungsprogramme für LehrerInnen der politischen Bildung anbieten. Derzeit befinden sich die Pädagogischen Akademien aber noch in einem Transformationsprozess und sind bemüht, dass mit Abschluss dieses Prozesses die Ausbildung in den bisherigen Fächern den hochschulischen Formalia angepasst werden. Innovationen der Pädagogischen Hochschulen im Bereich der Politischen Bildung werden wohl noch eine Zeit lang auf sich warten lassen.

Über die Sinnhaftigkeit der Implementierung der Pädagogischen Hochschulen kann viel diskutiert werden. Gerade die – nach den Nationalratswahlen 2006 und 2008 wieder aufgeflammte – Idee, ein Gesamtschulmodell einzuführen, nährt diese Diskussion und auch die Frage, ob nicht die Implementierung eines einheitlichen Modells zur LehrerInnenbildung bildungspolitisch zweckmäßiger wäre. Pädagogische Hochschulen bilden zukünftig PflichtschullehrerInnen aus, Universitäten weiterhin LehrerInnen für den AHS- und BHS-Bereich. Ein einheitliches System wäre aber gerade im Hinblick auf die mögliche Entwicklung von Gesamtschulen ein sinnvoller Ansatz, um die LehrerInnenausbildung ganzheitlich zu reformieren und nachhaltig zu gestalten. Die kommenden Jahre werden zeigen, ob nicht doch eine Zusammenführung aller Lehrerbildungseinrichtungen unter ein gemeinsames Dach, eventuell im Sinne von universitären Fachbereichen mit entsprechenden Fachdidaktiken, sinnvoll gewesen wäre. Für die politische Bildung würde der zweite Vorschlag die Errichtung eines eigenen Fachbereiches und parallel dazu die Entwicklung einer Fachdidaktik der politischen Bildung bedeuten. Beide Entwicklungen – die Verankerung der Ausbildung in politischer Bildung an den Pädagogischen Hochschulen oder an den Universitäten – wären ein ungeahnter Motor für die politische Bildung in Österreich. Bislang bildet jedoch das Masterstudienprogramm Politische Bildung[38] seit mehr als 20 Jahren das einzige[39] universitäre Aus- und Weiterbildungsangebot in Österreich, das mit einem Master of Science (Politische Bildung) abschließt.

Für die schulische politische Bildung wäre eine Diskussion rund um die Einführung von Bildungsstandards zu begrüßen. Die Grundvoraussetzungen für eine erfolgreiche Diskussion umfassen (wenigstens) die folgenden Punkte: 1) Formulierung der Bildungsstandards als Mindeststandards, die nicht in den Verdacht geraten, eine reine Leerformel zu werden; 2) Entwicklung alternativer Methoden, die die Erreichung der Bildungsstandards auf Ebene der SchülerInnen überprüfen; 3) Entwicklung einer Möglichkeit zur Dokumentation jener Leistungen pro SchülerIn, die in unterschiedlichen Schulstufen erreicht worden sind; 4) Entwicklung von Maßnahmen, die auch die Kompetenzen der Lehrenden in bestimmten Abständen überprüfen. Qualität setzt voraus, dass sich alle daran beteiligen, d.h. LehrerInnen müssen auch in die Pflicht genommen werden und sich ihrer diesbezüglichen Verantwortung bewusst sein. Bildungsstandards machen es notwendig, dass auch Gewohnheiten von Seiten der LehrerInnen überdacht werden.

Bildungsstandards können als Möglichkeit verstanden werden, der politischen Bildung ein einheitliches Profil zu geben. Thomas Krüger, Präsident der Bundeszentrale Politische Bildung, bringt pointiert zum Ausdruck, welchen Spagat politische Bildung in Zukunft schaffen muss: „Politische Bildung braucht ein Gesicht, sie braucht ein Profil, aber sie muss in der Praxis die Grenzen der Disziplin überschreiten, um wirksam zu werden."[40]

Anmerkungen

1 Im Besonderen ist für den österreichischen Bildungsbereich das Universitätsgesetz 2002 – stellvertretend für andere Hochschulgesetze – zu nennen. Bei Durchsicht der Gesetzestexte finden sich zahlreiche Begriffe aus der Betriebswirtschaftslehre. Das Universitätsgesetz 2002 findet sich als Download unter: www.bmbwk.gv.at, eingesehen: 23. August 2006.

2 Hufer, Klaus-Peter: Vom Bildungsziel zum Kostendeckungsgrad – politische Bildung auf dem „Weiterbildungsmarkt", in: kursiv – Journal für Politische Bildung, 1 (1998), S. 29.
3 Pellert, Ada: Hochschule und Qualität, in: Reil, Thomas/Winter, Martin (Hg.): Qualitätssicherung an Hochschulen: Theorie und Praxis, Bielefeld 2002, S. 24
4 Schweizer Normenvereinigung: ISO 9000: SN ISO/CD2 9000-2000. Qualitätsmanagementsysteme – Grundlagen und Begriffe, in: SNV Schriftenreihe, 1 (1999), S. 12.
5 Beer, Wolfgang/Peter, Erik/Rimmek, Angelika: Autonomie bewahren – Qualität verbessern: Aspekte der Diskussion um Qualitätsentwicklungskonzepte in der politischen Bildung, in: Praxis Politische Bildung, 3 (2004), S. 165.
6 Filzmaier, Peter/Ingruber, Daniela: Politische Bildung in Österreich. Erfahrungen und Perspektiven eines Evaluationsprozesses, Innsbruck/Wien/Bozen 2001.
7 Ahlheim, Klaus: Wirkungsoptimismus und Messbarkeitsskepsis: Evaluation und Wirkungsforschung in der politischen Erwachsenenbildung, in: Praxis Politische Bildung, 1 (2005), S. 17.
8 Ebenda, S. 17.
9 Vgl. den Vortrag von Peter Filzmaier zum Thema „Politische Bildung und Demokratie in Österreich" im Rahmen der Konferenz „Demokratiebildung in Europa. Herausforderungen für Österreich", 28. bis 29. April 2005 in Wien.
10 Im Rahmen dieses Artikels soll nicht näher darauf eingegangen werden, wie Unterrichtsfach und Unterrichtsprinzip innerhalb der österreichischen Schullandschaft koexistieren. Dennoch muss angemerkt werden, dass vor allem das Unterrichtsprinzip die Interdisziplinarität von politischer Bildung unterstreicht. Die Umsetzung des Unterrichtsprinzips Politische Bildung ist nicht unproblematisch, derzeit konkurrenzieren sich mehr als zehn unterschiedliche Unterrichtsprinzipien im Schulalltag.
11 Weinbrenner, Peter: Was heißt „Qualität" in der schulischen politischen Bildung?, in: kursiv – Journal für Politische Bildung, 1 (1998), S. 22.
12 Klieme, Eckhard: Bildungsstandards als Beitrag zur Qualitätssicherung im Schulsystem, in: DIPF-informiert, Deutsches Institut für Internationale Pädagogische Forschung, 3 (2002), S. 2.
13 Richter, Dagmar: Diskussionen über Bildungsstandards – alles nur ein Déjà-vu-Erlebnis?, in: Massing, Peter/Sander, Wolfgang (Hg.): Bildungsstandards. Evaluation in der Politischen Bildung, Schwalbach/Ts. 2005, S. 32.
14 Ebenda, S. 32.
15 Klieme, Bildungsstandards, S. 4.
16 Im Schuljahr 2004/05 hat das österreichische Bildungsministerium ein Pilotprojekt zur Entwicklung von nationalen Bildungsstandards in den Fächern Deutsch, Englisch und Mathematik gestartet. Weitere Informationen finden sich unter: www.bmbwk.bv.at bzw. www.klassezukunft.at, eingesehen: 7. September 2006.
17 Details zu den bereits fixierten Bildungsstandards in einzelnen Fächern finden sich unter: www.kmg.org. eingesehen: 6. September 2006.
18 Dem Redaktionsteam gehören an: Joachim Detjen, Hans-Werner Kuhn, Peter Massing, Dagmar Richter, Wolfgang Sander und Georg Weißeno.
19 Sander, Wolfgang: Die Bildungsstandards vor dem Hintergrund der politikdidaktischen Diskussion, in: Massing, Peter/Sander, Wolfgang (Hg.): Bildungsstandards. Evaluation in der Politischen Bildung, Schwalbach/Ts. 2005. S. 38.
20 Ebenda, S. 38.
21 Hufer, Klaus-Peter: Bildungsstandards und eine zahnlose Politikdidaktik, in: Praxis Politische Bildung, 1 (2006), S. 14.
22 Massing, Peter: Die bildungspolitische und pädagogische Debatte zur Einführung nationaler Bildungsstandards; In: Massing, Peter/Sander, Wolfgang (Hg.): Bildungsstandards. Evaluation in der Politischen Bildung, Schwalbach/Ts 2005, S. 18f.
23 Sander, Wolfgang: Von der Teilnehmer- zur Kundenorientierung?, in: Kursiv – Journal für Politische Bildung, 1 (1998), S. 28-35; Hufer, Vom Bildungsziel zum Kostendeckungsgrad.
24 Sander, Die Bildungsstandards, S. 42.
25 Detjen, Joachim/Kuhn, Hans-Werner/Massing, Peter/Richter, Dagmar/Sander, Wolfgang/Weißeno, Georg: Anforderungen an Nationale Bildungsstandards für den Fachunterricht in der Polischen Bildung an Schulen. Ein Entwurf, Schwalbach/Ts. 2004, S. 12.
26 Ebenda, S. 9.

27 Ebenda, S. 9. Dabei stellt sich allerdings die Frage nach der Definition von „politischer Mündigkeit", die die traditionelle aufklärerische Bedeutung oder auch die Bedeutung im Sinne des „selbstreflexiven Ich" haben kann. Siehe dazu die Beiträge von Thomas Hellmuth und Martin Heinrich in diesem Band.
28 Ebenda, S. 10f.
29 Ebenda, S. 11.
30 Ebenda, S. 13.
31 Ebenda, S. 14
32 Ebenda, S. 15.
33 Ebenda, S. 17.
34 Ebenda, S. 18.
35 Richter, Diskussionen über Bildungsstandards.
36 Detjen u.a., Anforderungen an Nationale Bildungsstandards, S. 30.
37 Im Hochschulbereich findet seit geraumer Zeit das Diploma Supplement Anwendung. Im Sinne einer Erweiterung wird die Einführung eines Europäischen Passes diskutiert, der fünf Dokumente in sich vereint und erworbene Fähigkeiten klar und einheitlich darstellt. Für weitere Informationen: www.europass.at, eingesehen: 8. September 2006.
38 Das MSc-Programm wird seit 1. Oktober 2005 in Kooperation zwischen der Donau-Universität Krems und der Alpen-Adria Universität Klagenfurt durchgeführt. Details zum Programm finden sich unter: www.donau-uni.ac.at, eingesehen: 7. September 2006.
39 In Kooperation mit der Universität Salzburg wird in Schlosshofen in Vorarlberg ein Universitätslehrgang durchgeführt, der mit einem Zertifikat – akademische/r politische/r Bildner/in – abschließt. Details unter: www.schlosshofen.at, eingesehen: 7. September 2006.
40 Krüger, Thomas/Länge, Theo W.: Es müsste zwischen Politik und politischer Bildung mal wieder richtig krachen ..., in: Praxis Politische Bildung, 1 (2003), S. 15.

Thomas Hellmuth/Gerhard Zenaty

Was bedeutet politische Bildung?
Eine quantitative Analyse der LehrerInnenausbildung und des Verständnisses von politischer Bildung in Österreich*

Theoretische Grundlagen, Ziele und Aufbau des Fragebogens

„Politische Bildung" ist ein Begriff, der mit zahlreichen Inhalten verbunden wird und – zumindest in Österreich – viele Missverständnisse in sich birgt. Noch immer schwebt etwa über politischer Bildung der Vorwurf der Indoktrination, nicht zuletzt genährt durch die Existenz der vielen Parteiakademien, die zwar nicht immer, aber manchmal wohl doch zur ideologischen Festigung der SympathisantInnen der jeweiligen Partei beitragen. Die Furcht vor Indoktrination wäre freilich unbegründet, existierte in Österreich eine entsprechende Ausbildungsstruktur und hätte sich eine entsprechende Fachdidaktik etabliert, die der Perspektivenvielfalt und dem Prinzip des „selbstreflexiven Ich"[1] verpflichtet wäre. Das Fehlen einer solchen Fachdidaktik resultiert nicht zuletzt aus einer Haltung des „Unpolitischen" als teils unbewusste Reaktion auf das unbewältigte Trauma des Faschismus und Nationalsozialismus in Österreich. War im österreichischen Ständestaat bzw. Austrofaschismus und in der Ära des Nationalsozialismus die österreichische Schule ein Ort der ideologischen Indoktrination, so galt das Jahr 1945 vielen als „Stunde Null", was für die Schule und die Bildung zu einer eigenartigen „Abstinenzregelung" führte. Mindestens bis in die frühen 70er-Jahre galt in den Schulen das ungeschriebene Gebot, dass „Politik" und Schule möglichst getrennt gehörten, d.h. dass alle politischen Ambitionen, die über die Vermittlung eines basalen staatsbürgerlichen Wissens hinausgehen, unter dem Verdacht einer unzulässigen Beeinflussung, Manipulation und Indoktrination stünden und daher zu unterlassen seien.

Die Diskussion über politische Bildung hat so erst in den letzten Jahren verstärkt eingesetzt und berührte bislang in erster Linie die (ohne Zweifel wichtige) Frage, wie zum einen politische Bildung institutionalisiert werden soll, etwa als eigenes Fach oder – im Sinne des Grundsatzerlasses von 1978[2] – weiterhin als fächerübergreifendes Unterrichtsprinzip, und zum anderen auf welche Weise eine fundierte Ausbildung der Lehrenden gewährleistet werden kann. Über Inhalte einer adäquaten Fachdidaktik wird dagegen erst seit kurzem diskutiert.[3] Dies erklärt auch, dass selbst der Grundsatzerlass zur Politischen Bildung die Furcht vor Indoktrination nährt. So wird darin als wesentliches Anliegen der politischen Bildung unter anderem die „Erziehung zu einem demokratisch fundierten Österreichbewusstsein" und „zu einem gesamteuropäischen Denken" angeführt. Auch wenn die demokratische Fundierung betont wird, sind doch die Begriffe „Österreichbewusstsein" und „gesamteuropäisches Denken" problematisch, zumal hier Indoktrination in Richtung unreflektierter Identifikation mit staatlichen bzw. supranationalen Staaten befürchtet werden kann. Die Identifikation etwa mit Österreich sollte nicht anerzogen werden, sondern eine individuelle, auf rationaler Basis getroffene Entscheidung sein.[4]

Politische Bildung muss sich daher unseres Erachtens (und wie wir mit dieser empirischen Erhebung zu untermauern suchen) in erster Linie an Kompetenzvermittlung orientieren. Arbeits- und Konzeptwissen, wozu auch die Institutionen- bzw. Staatsbürgerkunde zu zählen ist, muss demnach immer auf die Relevanz für die Vermittlung von Kompetenzen überprüft werden. Drei Kompetenzen stehen im Zentrum einer adäquaten Didaktik politischer Bildung: Urteils-, Methoden- und Handlungskompetenz. Unter *politischer Urteilskompetenz* werden die Fähigkeit und Bereitschaft verstanden, politische Standpunkte zu Problemen aus Politik, Wirtschaft und Gesellschaft sowie das daraus resultierende Verhalten und Handeln der Beteiligten „objektiv", d.h. auf rationaler bzw. intersubjektiv überprüfbarer Basis zu beurteilen. Dazu ist *politikbezogene Methodenkompetenz* notwendig, die befähigt, sich Informationen zu Problemen aus Politik, Wirtschaft und Gesellschaft zu beschaffen, am politischen Diskurs teilzunehmen und politische Standpunkte zu beurteilen. *Politische Handlungskompetenz* bedeutet schließlich, über die Fähigkeit und Bereitschaft zu verfügen, eine eigene Position in politischen Fragen zu formulieren und zu artikulieren, nachdem mehrere Perspektiven auf ein Problem geprüft worden sind, ferner für die Bedürfnisse und Einstellungen anderer Menschen Verständnis aufzubringen und an der Lösung von politischen, wirtschaftlichen und gesellschaftlichen Problemen mitzuarbeiten.[5]

Die vorliegende Untersuchung hat diese Überlegungen einem Fragebogen zugrunde gelegt, mit dem Daten zu folgenden Themenkomplexen erhoben wurden: Welches Verständnis von den Inhalten politischer Bildung haben LehramtsstudentInnen und LehrerInnen in der Fortbildung? Wie schätzen diese die Beziehung zwischen Mensch und Politik ein? Wie beurteilen diese die gegenwärtige politische Kultur? Wie beurteilen sie die gegenwärtige Ausbildung? Befragt wurden insgesamt 229 Probanden, wovon 92 an der Pädagogischen Akademie bzw. der Pädagogischen Hochschule Oberösterreich (PH) und 92 Probanden das Fach Geschichte an den Universitäten Salzburg und Wien (Uni) studieren. Bei den Studierenden der Pädagogischen Hochschule sind 38 Personen der Volksschulausbildung (VS), 15 der Sonderschulausbildung und 39 der Hauptschulausbildung (HS) zuzurechnen. Weitere 39 Probanden absolvieren den Hochschullehrgang „Politische Bildung" der Donau-Universität Krems und der Universität Klagenfurt, sechs der Probanden haben sich nicht deklariert.

Die Probanden konnten bei der Beantwortung der Fragebögen zwischen vier Optionen wählen: „trifft völlig zu", „trifft eher zu", „trifft kaum zu" und „trifft überhaupt nicht zu". Zur besseren Übersicht wurden bei der Auswertung der Daten – mit wenigen Ausnahmen – die ersten beiden sowie die letzten beiden Optionen zusammengezählt. Die Auswertung achtete nicht nur auf Häufigkeiten, sondern auch auf Korrelationen zwischen dem Alter und den diversen Aussagen, ebenso wurde das Geschlecht und die Frage, ob sich jemand als politischer Mensch versteht, für die Errechnung und Interpretation von Korrelationen herangezogen. Zwischen den Geschlechtern, soviel sei hier vorweggenommen, waren aber keine signifikanten Unterschiede festzustellen.

Bei der Berechnung der Korrelationen wurde im Übrigen auf die Kendall-Tau-Korrelation zurückgegriffen, die eine Ordinalskalierung vornimmt, d.h. lediglich die Reihenfolge der möglichen Antworten berücksichtigt.[6] Die Unterschiede zu intervall- und verhältnisskalierten Korrelationsberechnungen haben sich jedoch als so gering erwiesen, dass die als konservativ geltende Kendall-Tau-Korrelation ohne weiteres angewandt werden konnte. Bei Werten von 0 bis 0,20 ist demnach ein geringer bis gar kein Zusammenhang zwischen verschiedenen Fragen bzw. Items anzunehmen, darüber hinaus ist von einer deutlichen bzw. signifikanten Korrelation auszugehen. Schließlich sei noch darauf hingewiesen, dass an den Universitäten Salzburg und Wien lediglich GeschichtestudentInnen befragt wurden und sich daher im Vergleich mit der Pädagogischen Hochschule und dem Hochschullehrgang „Politische Bildung" vermutlich Verzerrungen ergeben.

Hypothesen

Folgende hypothetische Annahmen liegen der Auswertung des Fragebogens zu Grunde:

1) Beim Verständnis von politischer Bildung lassen sich zwei Typen unterscheiden: Ein Typus versteht unter politische Bildung vor allem Wissensvermittlung, damit in Verbindung auch die traditionelle Staatsbürger- bzw. Institutionenkunde, etwa die Vermittlung von Kenntnissen über politische Systeme oder über tagespolitische Ereignisse. Der zweite Typus präferiert dagegen eher die Vermittlung von Kompetenzen. Als solche wurden auf dem Fragebogen folgende Fähigkeiten aufgelistet: Umgang mit Argumentationstechniken, Kommunikations- und Interaktionsfähigkeit, Fähigkeit der Analyse von Medien, Urteils- und Kritikfähigkeit, Offenheit gegenüber anderen Meinungen, Fähigkeit der Hinterfragung eigener Standpunkte.

2) Aufgrund der Annahme zweier Typen beim Verständnis von politischer Bildung ist auch von zwei Typen auszugehen, wenn es um die Frage geht, welche wissenschaftlichen Disziplinen und welche Schulfächer für die politische Bildung verantwortlich sind. So wird vermutlich zwischen Disziplinen und Fächern unterschieden, die zum einen primär als Wissensvermittler, zum anderen als Kompetenzvermittler eingeschätzt werden. Es ist zudem anzunehmen, dass bestimmten Disziplinen und Fächern, etwa einem Großteil der Naturwissenschaften oder auch der Musikwissenschaft, die Zuständigkeit für politische Bildung mehr oder weniger abgesprochen wird. Diese wird in erster Linie mit jenen Disziplinen und Fächern in Verbindung gebracht, die sich mit Politik im engeren oder weiteren Sinn beschäftigen, d.h. mit Fächern, die sich zumindest gesellschaftlichen Aspekten widmen, die implizit politischen Inhalte aufweisen (wie etwa „Geschichte" und „Geographie").

3) Da wir in Rahmen einer künftigen Didaktik der politischen Bildung der Vermittlung einer qualifizierten Medienkompetenz entscheidende Bedeutung

zumessen, haben wir diesen Bereich auch im Fragebogen entsprechend platziert. Unsere diesbezügliche Hypothese ist, dass Personen, die im Zusammenhang mit den Hypothesen 1 und 2 dem „wissenszentrierten" Typus zugeordnet werden können, auch der Entwicklung einer Medienkompetenz weniger Bedeutung zusprechen werden. Im Gegensatz dazu erwarten wir für den „kompetenzenzentrierten" Typus eine entsprechende Sensibilität für Fragen und Problemstellungen im Kontext des Einflusses von Medien auf die Politik und das Politikverständnis.

4) In Bezug auf die Einschätzung der gegenwärtigen politischen Kultur ist vermutlich mit folgender Polarisierung zu rechnen: Wir haben hier zu zwei Grundfragen („Wie beurteilen Sie die gegenwärtige politische Kultur?" und „Welche gegenwärtigen Entwicklungen im politischen Geschehen könnten Sie veranlassen, sich aktiver als bisher mit Politik zu beschäftigen?") jeweils mehrere Aussagen vorgegeben, die entweder deutlich positiv oder negativ konnotiert sind (z.B. „Grundsätzlich läuft alles demokratiepolitisch sinnvoll, rational geplant und gesteuert ab" bzw. „die anhaltende Verstimmung über die Formen der politischen ‚Information', die mir mehr als Desinformation erscheint"). Entsprechend erwarten wir eine polarisierende Einschätzung – einerseits Probanden, die ihre politische Umgebung im Wesentlichen für in Ordnung halten gegenüber jenen, die in einer Art von „Krisenstimmung" sind. In diesem Zusammenhang ist auch die Frage von Interesse, inwiefern sich diese zwei Gruppen mit der persönlichen Einschätzung „Ich sehe mich selbst als politischen Menschen" korrelieren lassen. Unsere Vermutung geht einerseits in die Richtung, dass „unpolitische Menschen" entweder ein naiv positives Verhältnis zum Status quo der sie umgebenden politischen Kultur unterhalten oder aber in einer Art von defaitistischem Bewusstsein leben. Andererseits ist bei „politisch bewussten Menschen" eine differenzierte und auch individualisierte Bewertung dieser Frage anzunehmen.

5) Zwischen älteren und jüngeren Probanden sind Unterschiede bei der Definition von politischer Bildung zu erwarten, zumal politische bzw. Lebenserfahrung bei den älteren eine andere Wahrnehmung bedingt. Vermutlich wirkt sich das Alter auch auf die Frage aus, welche wissenschaftlichen Disziplinen und Schulfächer für politische Bildung verantwortlich sind.

6) Eine Ausbildung in politischer Bildung ist in Österreich nur marginal vorhanden. Daher besteht vermutlich bei Lehrveranstaltungen, die sich mit diesem Thema beschäftigen, eine enorm große Erwartungshaltung seitens der TeilnehmerInnen, die nicht erfüllt werden können. In der Folge wird die Enttäuschung und Unzufriedenheit über die angebotene Ausbildung in politischer Bildung relativ hoch sein.

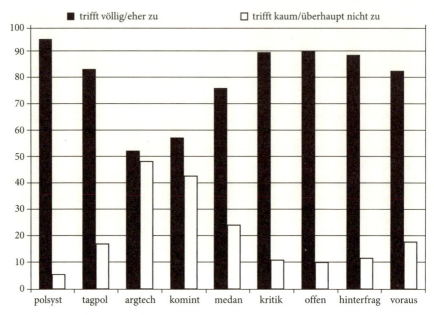

Grafik 1: Was bedeutet politische Bildung?

polsyst: Kenntnisse über politische Systeme; *tagpol*: Kenntnisse über tagespolitische Ereignisse; *argtech*: Argumentationstechnik; *komint*: Kommunikations- und Interaktionsfähigkeit; *medan*: Medienanalyse; *kritik*: Urteils- und Kritikfähigkeit; *offen*: Offenheit gegenüber anderen Meinungen; *hinterfrag*: Hinterfragen eigener Standpunkte; *voraus*: Kenntnisse über gesellschaftliche und kulturelle Voraussetzungen für menschliches Handeln („Polsyst", „tagpol" und „voraus" wurden in unserer Interpretation dem wissenszentrierten/institutionenkundlichen Typus, der Rest dem Kompetenztypus zugeordnet.)

Was bedeutet politische Bildung und wer ist dafür zuständig?

Bei der Definition von politischer Bildung lässt sich bei den Probanden eine Präferenz für die traditionelle Staatsbürger- bzw. Institutionenkunde erkennen (siehe Grafik 1): 86,9 % der Befragten legen besonderen Wert auf die Vermittlung von Kenntnissen über politische Systeme und tagespolitische Ereignisse sowie andere wissensorientierte Inhalte, während im Durchschnitt 75,5 % die Kompetenzvermittlung als besonders wichtig einschätzen. Die – wenn auch nicht besonders ausgeprägte – Dominanz der traditionellen Staatsbürgerkunde bzw. der Wissensvermittlung ist vermutlich auf die in Österreich noch am Beginn stehende Diskussion über politische Bildung zurückzuführen, die – wie bereits erwähnt – didaktische und methodische Fragen bislang eher peripher behandelt hat. Argumentationstechniken (52 %) sowie der Kommunikations- und Interaktionsfähigkeit (57,2 %) werden bei den Kompetenzen die geringste Bedeutung beigemessen. Vermutlich betrachten viele Probanden diese Kompetenzen als Aufgabenbereiche anderer Fachbereiche. Auffällig ist allerdings, dass vor allem Ältere die Kommunikations- und Interaktionsfähigkeit (0,280) ebenso wie die Medienanalyse (0,238) als bedeutend für die politische Bildung einschätzen.

Tabelle 1: Vergleich von PH und Universitäten: Was bedeutet politische Bildung? (in %)

Merkmale	Pädagogische Hochschule*				Universitäten*			
	I	II	III	IV	I	II	III	IV
polsyst	72,2	26,8	1,0	0,0	54,8	36,6	6,4	2,2
tagpol	42,3	43,3	13,4	1,0	36,6	48,8	15,0	0,0
argtech	14,4	33,0	39,2	13,4	21,5	30,1	44,1	4,3
komint	14,4	36,1	34,0	15,5	16,7	35,6	43,3	4,4
medan	22,7	36,1	28,8	12,4	49,5	35,5	9,6	5,4
kritik	51,5	35,1	13,4	0,0	73,1	16,1	7,5	3,2
offen	45,4	37,1	13,4	4,1	58,1	36,5	4,3	2,2
hinterfrag	43,8	35,4	20,8	0,0	58,1	36,6	2,2	3,2
voraus	26,8	48,5	21,6	3,1	39,8	44,1	12,9	3,2

* I: trifft völlig zu; II: trifft eher zu; III: trifft kaum zu; IV: trifft überhaupt nicht zu

Tabelle 2: Vergleich von HS-Ausbildung und Universitäten: Was bedeutet politische Bildung? (in %)

Merkmale	HS-Ausbildung*				Universitäten*			
	I	II	III	IV	I	II	III	IV
polsyst	74,4	25,6	0,0	0,0	54,3	37,0	6,5	2,2
tagpol	43,6	46,2	7,7	2,6	35,9	48,9	15,2	0,0
argtech	10,3	33,2	46,2	10,3	21,7	30,4	43,5	4,3
komint	15,4	28,2	41,0	15,4	16,9	36,0	42,7	4,5
medan	30,8	30,8	23,0	15,4	48,9	35,9	9,8	5,4
kritik	56,4	33,3	10,3	0,0	73,9	15,2	7,6	3,3
offen	53,8	33,3	12,8	0,0	57,6	35,9	4,3	2,2
hinterfrag	56,4	30,8	12,8	0,0	57,6	37,0	2,2	3,3
voraus	33,3	43,6	23,1	0,0	39,1	44,6	13,0	3,3

* I: trifft völlig zu; II: trifft eher zu; III: trifft kaum zu; IV: trifft überhaupt nicht zu

Werden die Studierenden an den Universitäten Salzburg und Wien mit jenen der Pädagogischen Hochschule in Linz verglichen, lässt sich bei ersteren eine leichte Präferenz für Kompetenzen feststellen. Dies zeigt sich vor allem bei einer detaillierten Betrachtung der Daten: Studierende der Universitäten Salzburg und Wien haben bei den Merkmalen politischer Bildung, die den Kompetenzen zuzuordnen sind, häufiger die Option „trifft völlig zu" gewählt (siehe Tabelle 1). Bei den wissenszentrierten Merkmalen bzw. der Staatsbürgerkunde verhält es sich umgekehrt. Noch deutlicher zeigt sich dieser Unterschied beim Vergleich von Studierenden der Universitäten mit angehenden VolksschullehrerInnen, die mehreren Kompetenzen, die einem „reflektierten" Verständnis von politischer Bildung entsprechen, weniger Bedeutung beimessen. Folgenden Kompetenzbereichen wurden von den Studierenden der Universitäten gegenüber den künftigen VolksschullehrerInnen größere Bedeutung beigemessen: Fähigkeit der Analyse von Medien (VS: 78,9 %; Uni: 89,1 %), Vermittlung von Urteils- und Kritikfähigkeit (VS: 78,9 %; Uni: 89,1 %), Offenheit gegenüber anderen Meinungen (VS: 73,6 %; Uni: 93,3 %), Vermittlung der Fähigkeit, eigene Standpunkte zu hinterfragen (VS: 67,5 %, Uni: 94,6 %).

Nicht nur zwischen VS-Studierenden und UniversitätsstudentInnen, sondern auch innerhalb der Pädagogischen Hochschule sind, je nach Studienrichtung, erhebliche Auffassungsunterschiede bezüglich der Definition von politischer Bildung festzustellen: Angehende HauptschullehrerInnen gaben bei mehreren Kompetenzen signifikant höhere Bewertungen als die VolksschullehrerInnen: Die Fähigkeit der Analyse von Medien wird von HauptschullehrerInnen mit 61,1 % als wichtig gewertet, von VolksschullehrerInnen mit lediglich 47,3 %, die Vermittlung von Urteils- und Kritikfähigkeit mit 89,7 % bzw. 78,9 %, die Vermittlung von Offenheit gegenüber anderen Meinungen mit 87,1 % bzw. 73,6 %.

Lediglich bei den Fähigkeiten, die auch in den Bereich „soziale Kompetenzen" fallen, dreht sich das Verhältnis um. So wurde die „Fähigkeit, eigene Standpunkte zu hinterfragen" von künftigen VolksschullehrerInnen mit 72,9 %, von den HauptschullehrerInnen dagegen nur mit 43,6 % als wesentlich eingestuft. Dafür scheint uns das Selbstverständnis von VolkschullehrerInnen bzw. deren Berufsbild verantwortlich zu sein, zumal sich VolksschullehrerInnen für die soziale Kompetenz von Kindern besonders zuständig fühlen dürften und diese daher auch mit politischer Bildung in Verbindung setzen.[7]

Die Unterscheidung zwischen einem wissenszentrierten und einem kompetenzorientierten Typus spiegelt sich nur zum Teil in der Auffassung über die wissenschaftlichen Disziplinen und Fächer, die für politische Bildung zuständig sein sollen. Werden die Antworten zu den relevanten Fragen ohne Unterscheidung nach Institutionen und Studienrichtungen zur Analyse herangezogen, zeigt sich zwar bei jenen Disziplinen, die gewöhnlich mit politischer Bildung und wenigstens zum Teil mit Kompetenzen in Verbindung gebracht werden, ein relativ ausgeglichenes Bild. So werden den Geistes-, Gesellschafts- und Kulturwissenschaften die größte Kompetenz für politischer Bildung zugesprochen (80,4 %), allerdings mit nur geringem Abstand vor den Wirtschaftswissenschaften (79,2 %) und den Rechtswissenschaften (72,5 %). Bei den beiden letzteren handelt es sich um wissenschaftliche Disziplinen, die weniger mit Kompetenzvermittlung als mit Wissensvermittlung in Zusammenhang gebracht werden (was freilich nicht besagt, dass diese tatsächlich nur wissenszentriert sind). Wird zudem die Dominanz des wissenszentrierten Typus berücksichtigt, ist anzunehmen, dass auch die Geistes-, Gesellschafts- und Kulturwissenschaften – zumindest bei den Studierenden bestimmter Studienrichtungen – weniger als kompetenz-, sondern vielmehr als wissensorientiert betrachtet werden.

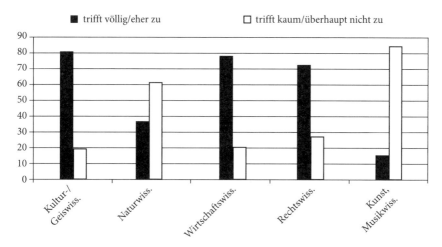

Grafik 2: Welche wissenschaftliche Disziplin ist für politische Bildung verantwortlich?

Tabelle 3: Vergleich von PH und Universitäten: Welche wissenschaftlichen Disziplinen sind für politische Bildung verantwortlich? (in %)

wissenschaftliche Disziplinen	PH		Universität	
	I	II	I	II
Geistes- und Kulturwissenschaften	79,4	20,7	76,9	23,1
Naturwissenschaften	47,2	52,8	30,3	69,7
Wirtschaftswissenschaften	90,6	9,4	68,5	31,5
Rechtswissenschaften	84,2	15,8	63,0	37,0
Kunst und Musikwissenschaft	17,2	82,8	8,9	91,1

* I: trifft völlig/eher zu; II: trifft kaum/überhaupt nicht zu

Ein differenziertes Bild bietet allerdings die detaillierte Analyse nach Institutionen und Studienrichtungen: Studierende der Universitäten, die eher dem Kompetenztypus zuzuordnen sind, stufen die Bedeutung der Wirtschafts- und Rechtswissenschaften bei der politischen Bildung deutlich niedriger (68,5 % bzw. 63 %) ein als die Studierenden der Pädagogischen Hochschule (90,6 % bzw. 84,2 %). Verzerrungen ergeben sich jedoch aufgrund der Studienrichtungen, die die Probanden belegt haben: Während die Studierenden der Pädagogischen Hochschule ein breites Spektrum an Fächern abdecken, wurden an den Universitäten – wie bereits erwähnt – nur StudentInnen für das Lehramt Geschichte befragt. Diese studieren zwar ein zweites Fach, weisen allerdings eine starke Identifikation mit dem Fach Geschichte auf und messen diesem daher auch große Bedeutung bei der politischen Bildung bei. Dies lässt sich aber auch damit begründen, dass allgemein eine enge Verbindung von Geschichte und Politik bzw. politischer Bildung[8] angenommen wird. Zudem existiert seit dem Jahr 2002 in der AHS-Oberstufe ein eigenes Fach „Geschichte und Politische Bildung", das von GeschichtelehrerInnen unterrichtet wird. Daraus ergibt sich eine Abgrenzung von anderen, ebenfalls für politische Bildung geeigneten Disziplinen, die vielleicht auch als Konkurrenz betrachtet werden.

Diese Abgrenzung spiegelt sich auch in der Bewertung anderer wissenschaftlichen Disziplinen als der Wirtschafts- und Rechtswissenschaften: Zwar wird sowohl von den Studierenden der Pädagogischen Hochschule als auch der Universitäten neben Geschichte (PH: 97,9 %; Uni: 92,7 %) auch der Politikwissenschaft (PH: 99 %; Uni: 96,8 %) und der Soziologie (PH: 89,6 %; Uni: 71 %) große Bedeutung bei der politischen Bildung zugestanden. Allerdings stufen die Studierenden der Universitäten nicht nur die naturwissenschaftlichen Disziplinen sowie Kunst und Musikwissenschaften, sondern auch die Wirtschafts- und Rechtswissenschaften als deutlich unwichtiger ein als die Studierenden der Pädagogischen Hochschule (siehe Tabelle 3).

Interessante Unterschiede lassen sich im Übrigen wieder innerhalb der Pädagogischen Hochschule feststellen. So werden wissenschaftliche Disziplinen, die im Allgemeinen als wenig spezifisch für politische Bildung angesehen werden, von den künftigen VolksschullehrerInnen als wesentlich betrachtet, nicht zuletzt wohl wegen ihres auf sozialer Kompetenz beruhenden Berufsbildes. Zudem existieren in der Volksschule praktisch keine „Fachlehrer" und spezialisierte Fächer – es dominiert ein „ganzheitliches" pädagogisches Konzept, repräsentiert durch den/die eine/n KlassenlehrerIn. Während lediglich 34,2 % der angehenden HauptschullehrerInnen Psychologie als bedeutend für politische Bildung einstufen, sind es bei den VolksschullehrerInnen 50 %. Auch die Naturwissenschaften sowie Kunst und Musikwissenschaften werden von den VolksschullehrerInnen höher bewertet.[9] Künftige HauptschullehrerInnen messen dagegen den Fachbereich Geschichte als klassische Domäne der politischen Bildung größere Bedeutung bei (VS: 89,2 %, HS: 100 %).

Neben den wissenschaftlichen Disziplinen wurde schließlich auch nach den Schulfächern gefragt, die für politische Bildung zuständig sind. Die Antworten darauf überschneiden sich interessanterweise nur zum Teil mit der Einschätzung bei den wissenschaftlichen Disziplinen (siehe Grafik 3). Besondere Bedeutung wird erwartungsgemäß dem Fach Geschichte beigemessen, gefolgt von den Fächern Geographie, Deutsch sowie Religion und Ethik. Die naturwissenschaftlichen Fächer bleiben mit Ausnahme von Geographie, das allerdings mit Wirtschaftskunde in Verbindung gebracht wird, weit abgeschlagen. Auch den Fächern Bildnerische Erziehung und Musikerziehung wird kaum Verantwortung für politische Bildung zugestanden. Die Fremdsprachen bewerteten die Probanden immerhin zu rund 50 % als wichtig, vermutlich weil mit ihnen auch Länderkunde konnotiert wird, die unter anderem – im Sinne des wissenszentrierten Typus – die Behandlung der politischen Verhältnisse in den jeweiligen Ländern beinhaltet.

Die detaillierte Betrachtung der Ergebnisse zeigt allerdings zwischen der Pädagogischen Hochschule und den Universitäten einige gravierende Unterschiede: Das

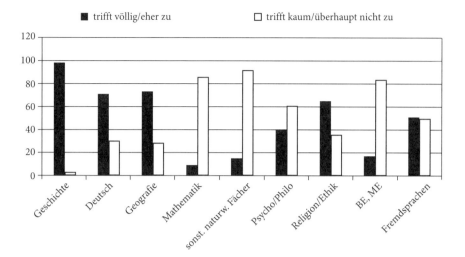

Grafik 3: *Welche Schulfächer sind für politische Bildung verantwortlich?*

Fach Geschichte wird etwa von nur 59,4 % der Studierenden der Pädagogischen Hochschule als wesentlich eingeschätzt, während 98 % der Studierenden an den Universitäten – allerdings handelt es sich dabei um GeschichtestudentInnen – diesem Fach besondere Verantwortung beimessen. Das Fach Geographie schneidet im Übrigen sowohl bei den Studierenden der Pädagogischen Hochschule als auch der Universitäten um vieles besser als die entsprechende wissenschaftliche Disziplin ab. Paradoxerweise stellen die Probanden offenbar einen nur partiellen Zusammenhang zwischen Studium und Fach her, vermutlich nicht zuletzt deshalb, weil das Fach an den Schulen unter der Bezeichnung „Geographie und Wirtschaftskunde" geführt wird. Daher scheinen die Probanden – auch wenn bei der Ausbildung kein Zusammenhang besteht – Geographie mit den Wirtschaftswissenschaften in Verbindung zu bringen, denen eine größere Bedeutung in der politischen Bildung beigemessen wird.

Auffallend ist auch die relativ hohe Bedeutung, die von GeschichtestudentInnen den Fächern Religion und Ethik eingeräumt wird: Zwar sind 44,9 % der Studierenden der Pädagogischen Hochschule der Meinung, zur Aufgabe des Religion- und Ethikunterrichts gehöre auch die politische Bildung, die StudentInnen der Universitäten weisen aber mit 64,1 % einen beträchtlich höheren Anteil auf. Auch das Fach Deutsch wird von den GeschichtestudentInnen (69,6 %) höher als von den Studierenden der Pädagogischen Hochschule (35,3 %) bewertet. Verantwortlich dafür zeichnen wieder die starken Unterschiede innerhalb der Pädagogischen Hochschule. So stufen etwa lediglich 50 % der künftigen VolksschullehrerInnen das Fach Deutsch als wesentlich ein, von den Studierenden der Studienrichtung Hauptschule dagegen 80 %. Für die VolksschullehrerInnen scheint das Fach Deutsch nur zum Teil mit sozialen Kompetenzen, die für sie einen wichtigen Aspekt politischer Bildung darstellen, in Verbindung zu stehen.

Verhältnis Mensch und Politik

Zunächst einige generelle Befunde: Die Aussage „Ich sehe mich als politischen Menschen" korreliert mit Merkmalen politischer Bildung, die dem „Kompetenztypus" zuzuordnen sind: Signifikant ist etwa die Korrelation mit der „Vermittlung der Kommunikations- und Interaktionsfähigkeit" (0,283), der „Fähigkeit der Analyse von Medien" (0,274), der „Vermittlung der Urteils- und Kritikfähigkeit" (0,297) und der „Fähigkeit, eigene Standpunkte zu hinterfragen" (0,216). Ferner halten jene Probanden, die sich als politische Menschen sehen, die Schulfächer Deutsch (0,246) und Philosophie/Psychologie (0,268) – im Gegensatz zu den „unpolitischen" Probanden – als geeignet, politische Bildung zu vermitteln. Eine Korrelation mit Religion bzw. Ethik ist mit einem Wert von 0,199 zumindest geringfügig gegeben. Als politisch verstehen sich im Übrigen – die Korrelation ist mit einem Wert von 0,424 hochsignifikant – vor allem ältere Menschen, womit auch eine Korrelation zwischen Alter sowie Philosophie/Psychologie (0,247) und Religion (0,212) besteht. Interessanterweise beurteilen ältere Probanden auch Bildnerische Erziehung und Musik als relevante Fächer für die politische Bildung (0,236). Dies deutet darauf hin, dass ältere Studierende und TeilnehmerInnen des Hochschullehrganges Politische Bildung bzw. bereits im Schuldienst stehende LehrerInnen ein weiteres und differenzierteres Verständnis von politischer Bildung aufweisen.

Bei der Einschätzung der gegenwärtigen politischen Kultur ist zudem bei allen Probanden ein „Krisenbewusstsein" festzustellen: So wurden zwei Grundfragen in Bezug auf die Einschätzung der gegenwärtigen politischen Kultur gestellt: „Wie beurteilen Sie die gegenwärtige politische Kultur?" und „Welche gegenwärtigen Entwicklungen im politischen Geschehen könnten Sie veranlassen, sich aktiver als bisher mit Politik zu beschäftigen?". Bei jedem dieser Fragekomplexe waren mehrere Aussagen vorgegeben, die entweder deutlich positiv oder negativ konnotiert waren (zum Beispiel „Grundsätzlich läuft alles demokratiepolitisch sinnvoll, rational geplant und gesteuert ab" bzw. „Die anhaltende Verstimmung über die Formen der politischen ‚Information' [erscheint] mir mehr als Desinformation"). Die negativ konnotierten Aussagen wurden wesentlich höher bewertet. So glauben lediglich 33,9 % der Probanden, dass derzeit in unserer Demokratie alles politisch sinnvoll abläuft. Nur 29,5 % stimmen der Aussage zu, dass unsere politische Welt durch „ausreichende öffentliche Debatten und funktionierende Formen der aktiven Mitbeteiligung gekennzeichnet" ist. 80,4 % der Probanden sehen zudem das politische Klima durch „zunehmende Unübersichtlichkeit" geprägt. Ganze 79,9 % sind der Meinung, dass die „Medien vorgeben, was die ‚wirklichen' politischen Probleme sind". Als weitere Beleg für das allgemeine Krisenbewusstsein ist die Tatsache zu werten, dass der Faktor „Vernunft" in der Politik generell niedrig eingeschätzt wird („Einsicht": 47,1 %), dagegen „irrationale Kräfte" wie „Gefühle und Stimmungen" (84 %) höher.

Der Vergleich der drei Gruppen der Volksschul-, Hauptschul- und Universitätsstudierenden ergibt allerdings ein heterogenes Bild. So sehen die künftigen VolksschullehrerInnen das politische Bewusstsein stärker durch „rationale Überlegung und Einsicht" geprägt (61,6 %) als die Vergleichsgruppen (HS: 48,7 %; Uni: 41,8 %). Konsequenterweise ist die Einschätzung des Einflussfaktors „durch

Gefühle und Stimmungen" umgekehrt (Uni: 83,6 %; HS: 82,0 %; VS: 71,0 %). Die Meinung, Politik verlaufe primär nach rationalen Überlegungen, scheint unseres Erachtens Ausdruck eines eher geringeren Krisenbewusstseins, mehr noch: als Zeichen einer eher unkritischen bzw. unreflektierten Position zur Politik und zu den PolitikerInnen, zumal damit großes Vertrauen in das Funktionieren politischer Prozesse gesetzt wird. Tatsächlich weisen aber etwa die zahlreichen Studien zu den populistischen Bewegungen bzw. zur demagogischen Politik in Europa, die in den letzten Jahren erschienen sind, auf die große Bedeutung von Gefühlen und Stimmungen, damit auch auf die Gefahr politischer Manipulation und Indoktrination hin.[10] „Demagogische Politik", schreibt Walter Ötsch, „räumt Gefühlen einen besonderen Stellenwert ein. Erfolgreiche Demagogen sind Experten im Umgang mit Stimmungen. Sie können gezielt eine bestimmte Atmosphäre erzeugen, steigern und für ihre Absichten verwenden. Demagogen sind Gefühls-Manager."[11]

Das heterogene Bild, das sich bei genauer Analyse der unterschiedlichen Studienrichtungen und Institutionen ergibt, wird auch durch die Frage nach der politischen Beeinflussung bzw. Sozialisation der Probanden bestätigt. 79,4 % der künftigen VolksschullehrerInnen sehen sich von den Eltern stark geprägt gegenüber 57,3 % der UniversitätsstudentInnen, bei denen offenbar die Eigendefinition als „mündige Bürger" im Sinne von Immanuel Kant, als „Citoyens" bzw. autonom handelnde BürgerInnen, ausgeprägter zu sein scheint. Bei der Frage, wodurch nach Meinung der Probanden „das Verhältnis des Menschen zur Politik beeinflusst" wird, glaubten 61,6 % der künftigen VolksschullehrerInnen an einen überwiegenden Einfluss „durch rationale Überlegung und Einsicht" gegenüber 41,8 % der UniversitätsstudentInnen. Ein umgekehrtes Bild ergibt sich bei der Bewertung des Einflusses durch „Gefühle und Stimmungen": Zwar schätzten ein überwiegender Anteil der künftigen VolksschullehrerInnen (71 %) diesen als stark ein, die Studierenden der Universitäten liegen aber mit 83,6 % höher.

Auch bei der Beantwortung der Frage, „welche gegenwärtigen Entwicklungen im politischen Geschehen" den Probanden veranlassen könnte, „sich aktiver als bisher mit Politik zu beschäftigen", traten bei immerhin zwei von fünf Einzelaspekten signifikante Bewertungsunterschiede auf: Die „wachsende Verärgerung über politische Skandale" wurde von 72,9 % der künftigen VolksschullehrerInnen als möglicher Anlass für ein stärkeres politisches Interesse angegeben, bei den UniversitätsstudentInnen betrug der Anteil 60,5 %. Die „anhaltende Verstimmung über die Formen der politischen ‚Information', die mir mehr als Desinformation erscheint", wurde von 52,7 % der künftigen VolksschullehrerInnen als möglicher Anlass für ein stärkeres politisches Interesse angeführt, bei den UniversitätsstudentInnen gaben dagegen 72,4 % diesen Grund für ein eventuelles politische Engagement an.

Während also ein deutlich höherer Prozentsatz der künftigen VolksschullehrerInnen sich in seinen/ihren politischen Überzeugungen von den Eltern beeinflusst sieht, zeigen die Bewertungen der uns umgebenden politischen Kultur ein anderes Bild. Diese Bewertungen zusammengenommen lassen die Deutung plausibel scheinen, die wir schon bei der Einschätzung der „Definition" von politischer Bildung vorgenommen haben: Studierende der Universitäten scheinen, zumindest in einigen relevanten Bereichen, ein reflektierteres oder kritischeres

Urteil zu haben. Beispielhaft möchten wir hier nochmals auf die unterschiedliche Bewertung des Einflusses von „Einsicht und rationale Überlegung" versus „durch Gefühle und Stimmungen" verweisen: Die künftigen VolksschullehrerInnen glauben eher an das Rationale in der Politik, während die andere Gruppe den Einfluss „irrationaler Kräfte" höher veranschlagt. Zudem korrelieren die unterschiedlichen Einschätzungen mit einer deutlich anderen Selbstdefinition: UniversitätsstudentInnen sehen sich wesentlich entschiedener als „politische Menschen" (73,9 %) als die künftigen VolksschullehrerInnen (52,7 %).

Signifikante Unterschiede bezüglich des politischen Problembewusstseins treten auch zwischen den beiden Gruppen der VS- bzw. HS-Studierenden der Pädagogischen Hochschule Oberösterreich auf. So sehen sich etwa 79,4 % der künftigen VolksschullehrerInnen in ihren politischen Überzeugungen von den Eltern stark geprägt, während die Studierenden für Hauptschule mit einer Zustimmung von 66,7 % eine zumindest partielle politische Mündigkeit bzw. individuelle Autonomie für sich beanspruchen. Auch bei der Relation „Rationalität" versus „Gefühle" zeigt sich wieder eine deutliche Differenz (die in ähnlicher Form auch beim Vergleich von Volksschullehrerinnen und UniversitätsstudentInnen festgestellt werden konnte): 61,6 % der künftigen VolksschullehrerInnen glauben an einen überwiegenden Einfluss „durch rationale Überlegung und Einsicht" gegenüber 48,7 % der künftigen HauptschullehrerInnen. Den Einfluss durch „Gefühle und Stimmungen" bewerteten 71,0 % der künftigen VolksschullehrerInnen als stark gegenüber 82,0 % bei den künftigen HauptschullehrerInnen.

Bei der Beantwortung der Frage, welche gegenwärtigen Entwicklungen im politischen Geschehen für ein verstärktes politisches Engagement ausschlaggebenden sein könnte, traten bei drei von fünf Einzelaspekten signifikante Bewertungsunterschiede auf: Der „zunehmende Eindruck, dass ich das ‚Chaos' der Politik nicht mehr durchblicke", wurde von 45,9 % der künftigen VolksschullehrerInnen und 61,1 % der künftigen HauptschullehrerInnen als möglicher Anlass für ein stärkeres politisches Interesse angegeben. Die „anhaltende Verstimmung über die Formen der politischen ‚Information', die mir mehr als Desinformation erscheint", ist für 52,7 % der künftigen VolksschullehrerInnen ein möglicher Grund, sich stärker politisch zu engagieren; die HauptschullehrerInnen weisen mit 77,8 % einen noch größeren Anteil auf. Die „Erfahrungen in meinem persönlichen Leben, die mir zeigen, dass mit unserer politischen Kultur vieles im Argen liegt", wurden von 81,1% der künftigen VolksschullehrerInnen als möglicher Anlass für ein stärkeres politisches Interesse angegeben gegenüber 91,7 % bei den künftigen HauptschullehrerInnen.

Medienkompetenz

Medien werden oftmals als „vierte Macht" bezeichnet,[12] d.h. dass ihnen neben den drei klassischen demokratischen Staatsgewalten – Legislative, Exekutive und Judikative – besondere politische Bedeutung beigemessen wird. Aber auch in totalitären Staaten besitzen die Medien eine Bedeutung, die es rechtfertigt, Medienkompetenz als einen zentralen Aspekt der politischen Bildung zu betrachten.[13] Im Fragebogen wurde dieser Aspekt daher auch entsprechend platziert: zum einen bei der Definition von politischer Bildung, zum anderen im Fragekomplex, der dem Verhältnis von Mensch und Politik nachgeht.

Unter den Antwortmöglichkeiten zur „Definition von politischer Bildung" erreichte die Zustimmung zur „Fähigkeit der Analyse von Medien" mit 75,9 % ein – verglichen mit anderen Zustimmungsraten – zwar beachtliches, aber letztlich doch nur mittleres Ergebnis. Der „wissenszentrierte" Aspekt bzw. die „Kenntnisse über politische Systeme" lagen hier mit 94,7 % deutlich vor dem besten Ergebnis eines „kompetenzenorientierten" Aspekts („Kritikfähigkeit" mit 89,4 %). Allerdings ist zu überlegen, ob nicht die Schulung und Entwicklung von „Kritikfähigkeit" eine traditionellere Bezeichnung zumindest für einen Teilbereich dessen darstellt, was man heute eben mit „Medienkompetenz" verbindet. Folglich ist davon auszugehen, dass bei den Probanden ein relativ entwickeltes Problembewusstsein für die Notwendigkeit der Schulung von „Medienkompetenz" im Rahmen der politischen Bildung vorhanden ist.

Dies zeigt sich zunächst indirekt bei der Frage nach den Schulfächern, die für politische Bildung verantwortlich sind: Deutsch, das paradigmatische Fach für Medienkompetenz, liegt mit 70,5 % immerhin am dritten Platz hinter Geschichte und Sozialkunde (93,2 %) und Geographie (72,9 %). Weiters messen 68,7 % der Probanden den Medien große Bedeutung bei der politischen Beeinflussung zu. Auf die Frage, wodurch das Verhältnis der Menschen zur Politik beeinflusst wird, sagen zudem 84,5 % „durch politische Propaganda", womit wohl im Zeitalter der Mediendemokratie in erster Linie die Medien gemeint sind. Bei der Beurteilung der politischen Kultur stimmen 79,9 % folgender Aussage zu: „Mehr und mehr geben die Medien vor, was die ‚wirklichen' politischen Probleme sind". Beim Fragebereich, „welche gegenwärtigen Entwicklungen im politischen Geschehen" die Probanden veranlassen könnte, „sich aktiver als bisher mit Politik zu beschäftigen", wurden unter anderem zwei Antwortmöglichkeiten angeboten, die direkt mit dem Einfluss der Medien zu tun haben und eine hohe Zustimmung verzeichnen konnten: erstens „die anhaltende Verstimmung über die Formen der politischen ‚Information', die mir mehr als Desinformation erscheint" (mit 71,8 % Zustimmung) sowie zweitens „der Eindruck, es gibt keinen funktionierenden öffentlichen Diskurs über die wesentlichen politischen Fragen" (71,2 % Zustimmung).

Das Problembewusstsein bezüglich der politischen Bedeutung der Medien erweist sich allerdings bei den untersuchten Gruppen von Studierenden als sehr unterschiedlich. Weiter oben wurde bereits darauf hingewiesen, dass sich der „wissenszentrierte Typ" eher unter den Studierenden der Pädagogischen Hochschule befindet und dort vor allem bei der Gruppe der künftigen VolksschullehrerInnen, der „kompetenzenorientierte Typ" dagegen unter den Universitätsstudierenden und den TeilnehmerInnen des Hochschullehrganges Politische Bildung. Der Vergleich von Pädagogischer Hochschule und Universität bezüglich der Medienaspekte bestätigt diesen Trend: Die „Analyse von Medien" als Teil der politischen Bildung wird von 85 % der UniversitätsstudentInnen, aber nur von 58,8 % der Studierenden des Pädagogischen Hochschule als wesentlich angesehen. Bei letzteren gibt es zudem noch zusätzlich bei den verschiedenen Studiengängen größere Unterschiede: So zeigt der Vergleich zwischen UniversitätsstudentInnen und zukünftigen HauptschullehrerInnen bei der „Analyse von Medien" eine Zustimmung von 85 % bzw. 61,1 %. Zwischen den Universitätsstudierenden (84,8 %) und den Volksschulstudierenden (47,3 %) ist diese Differenz mit 37,5 % noch deutlicher. Dieser Trend setzt sich weiter fort: Der Aussage, eine aktive polische Beteiligung sei wahrscheinlich, wenn die „Verstimmung über die Formen der politischen ‚Information'" anhalte, „die [...] mehr als Desinformation erscheint", stimmen 52,7 % der zukünftigen VolksschullehrerInnen gegenüber 72,4 % der UniversitätsstudentInnen zu. Auch die Fähigkeit, „politische Vorurteile" von „rational begründeten politischen Urteilen unterscheiden [zu] können", was uns als ein zentrales Ergebnis der Sensibilisierung durch eine erfolgreiche „Medienkompetenzschulung" erscheint, finden nur 44,5 % der VS-Studierenden, aber 80,3 % der UniversitätsstudentInnen für notwendig.

Politische Bildung auf dem Prüfstand

Bei den entsprechenden Fragebereichen ging es um die Qualität der Lehrveranstaltungen: Wie weit wurden grundsätzlich die Erwartungen in einer Lehrveranstaltung zum Bereich „Politische Bildung" erfüllt? Wie war der „Praxisbezug" der Lehrveranstaltung? Hier wurde zum einen nach der „Verwertbarkeit" in der eigenen politischen Praxis, zum anderen auch im eigenen Unterricht gefragt. Schließlich wurden auch Fragen zur Methodik und didaktischen Aufbereitung der Lehrveranstaltungen gestellt.

Grundsätzlich fielen die Rückmeldungen zu diesen Bereichen im Gegensatz zu unserer Erwartung (siehe Hypothese 6) sehr positiv aus. Über zwei Drittel der Befragten (76 %) gaben an, dass ihre Erwartungen in die Lehrveranstaltung „völlig" bzw. „eher" erfüllt wurden (gegenüber 24 %, deren Erwartungen „kaum" bzw. „gar nicht" erfüllt wurden). Auch die grundsätzliche „Kontrollfrage" („Die Lehrveranstaltung hat entsprochen, weil sie den Inhalten politischer Bildung angemessen ist") wurde mit 80 % als „völlig" bzw. „eher" zutreffend bewertet, ebenso wie die didaktische Aufarbeitung („Die Inhalte wurden gut aufgearbeitet"), der 77 % der Probanden überraschend zustimmten.

Eine weitere Fragenreihe betraf den „Praxisbezug". Die Eingangsfrage („Das erworbene Wissen ist praktisch verwertbar") wurde mit 77 % der Stimmen eindeutig positiv bewertet. Ferner wollten wir wissen, in welcher Weise das erworbene Wissen verwertbar sei, wobei sich 72 % der Probanden für den Unterricht entschieden sowie 64 % der Überzeugung waren, durch die vermittelten Inhalte eigene politische Entscheidungen treffen zu können.

Tabelle 4: Erfüllung der Erwartungen in die Lehrveranstaltung / Ausbildung in Politische Bildung (in %)

Frage	I	II	III	IV
Die LV hat meinen Erwartungen entsprochen, weil	34,9	41,4	19,1	4,7
• sie den Inhalten politischer Bildung angemessen ist	42,4	37,6	17,6	2,4
• die Inhalte didaktisch gut aufgearbeitet waren	36,1	41,0	17,1	5,9
Das erworbene Wissen ist praktisch verwertbar				
• für den Unterricht	33,8	42,9	18,7	4,6
• als Hilfe, um eigene politische Entscheidungen zu treffen	25,5	36,9	21,0	6,5
	28,2	36,1	26,9	8,8

I = trifft völlig zu; II = trifft eher zu; III = trifft kaum zu; IV = trifft überhaupt nicht zu

Tabelle 5: Verwertbarkeit des erworbenen Wissens für den Unterricht (in %)

Fragebereich	I	II
Vermittlung von Fakten	74	26
Vermittlung der Funktion politischer Systeme/Staatsbürgerkunde	75	25
Vermittlung von Perspektivenvielfalt	77	23
Vermittlung der Fähigkeit, eigene politische Entscheidungen zu hinterfragen	75	25
Vermittlung der Fähigkeit, eigene politische Entscheidungen rational zu begründen	70	30
Berücksichtigung der Lebensinteressen der SchülerInnen	60	40
Fähigkeit zu Interaktion und Kommunikation	59	41
Interesse an Politik wecken	78	22
Beteiligung an Politik wecken	66	34
Vermittlung der Fähigkeit, zwischen politischen Vorurteilen und rational begründeten politischen Urteilen zu unterscheiden	72	28
Vermittlung von Kenntnissen über die gesellschaftlichen und kulturellen Voraussetzungen für menschliches Handeln	69	31
Vermittlung der Fähigkeit, die eigene politische Urteilsbildung rational zu begründen	68	32

I = trifft völlig bzw. eher zu; II = trifft kaum bzw. überhaupt nicht zu

Tabelle 6: Zufriedenheit mit den Lehrveranstaltungen – Vergleich der Institutionen (in %)

Frage	PH Linz	Uni Sbg.	Uni Wien	Krems
Die LV hat meinen Erwartungen entsprochen	78,1	77,0	44,0	92,1
hat entsprochen, weil sie den Inhalten der politischen Bildung angemessen war	81,6	77,2	64,0	91,7
hat entsprochen, weil die Inhalte didaktisch gut aufgearbeitet waren	76,7	70,7	72,0	91,7

Anmerkung: Die Prozentsätze geben die positive Zustimmung an (trifft völlig bzw. eher zu).

Bei der Verwertbarkeit des angebotenen Wissens für den Unterricht konnten die Probanden zwölf Einzelbereiche (von „Vermittlung von Fakten" über „Vermittlung der Fähigkeit, eigene politische Entscheidungen zu treffen" bis „Beteiligung an Politik wecken") bewerten. Das Ergebnis liegt bei allen zwischen 59 % und 78 % im positiven Bereich; als Mittelwert ergibt sich der Wert von 70 %, wobei die Bewertungen hier insgesamt erstaunlich homogen ausfielen. Die relativ höchsten Bewertungen gab es dabei mit 78 % für das „Wecken politischen Interesses" und mit 77 % für die „Vermittlung von Perspektivenvielfalt". Die relativ schwächsten Bewertungen gab es mit 60 % für die „Berücksichtigung der Lebensinteressen, Probleme und Bedürfnisse der Schüler". 59 % der Probanden gaben an, mit dem erworbenen Wissen die „Fähigkeit zur Interaktion und Kommunikation" bei den SchülerInnen fördern zu können. Die Frage, inwiefern auch „für den Unterricht brauchbare Materialien zur Verfügung gestellt wurden", beantworteten aber lediglich 52 % positiv. Hier liegt also für die Lehrenden offenkundig noch ein Feld vor, in dem sie Verbesserungen einbringen könnten.

Die Frage, ob und inwiefern das in den Lehrveranstaltungen erworbene Wissen auch bei eigenen politischen Entscheidungen hilfreich sein kann, wurde im Durchschnitt mit 69 % positiv eingeschätzt. So glauben immerhin mehr als zwei Drittel der Befragten, dass sie durch das neue Wissen „mehr Einblick in politische Systeme gewonnen haben" (70 %), sie „politische Handlungen und Entwicklungen nun besser verstehen" (69 %) und ihnen „die Fähigkeit vermittelt wurde, das eigene politische Verhalten und Handeln zu hinterfragen" (71 %) sowie „die eigene politische Urteilsbildung rational zu begründen" (67 %). Ferner bewerteten es mehr als zwei Drittel der Befragten (68 %) als positiv, dass ihnen „unterschiedliche politische Verhaltens- und Handlungsmöglichkeiten vermittelt wurden". Ganze 87 % der Befragten stimmten (völlig bzw. eher) zu, dass ein „Bezug zur Gegenwart hergestellt wurde".

Die abschließende Frageserie widmete sich der „Methodik" der Seminare. Von den sechs Unterfragen waren zwei „negativ" formuliert („Es gab zu viele Frontalvorträge; „Es gab zu viele selbsttätige Phasen"), was bedeutet, dass hier eine niedrige Zustimmung als positiv zu interpretieren ist. Die Bewertungen ergeben hier ein differenzierteres Bild: Mit 71 % wurde die Objektivität des Vortrags und der Materialien eindeutig positiv bewertet. Die Frage, ob viel Wert auf Diskussion gelegt wurde, bejahten 70 % der Probanden. Kritik an „zu vielen selbsttätigen Phasen, wobei die Information zu kurz kam", übten lediglich 23 %. Es gab allerdings auch durchschnittliche bzw. uneindeutige Ergebnisse: Rund die Hälfte der Befragten (51 %) beklagten sich über zu viele Frontalvorträge". Interdisziplinarität bestätigten 56 %, viele Möglichkeiten für praktische Übungen fanden nur 36 % der Probanden. Dennoch überwiegt das fast durchgängig positive Zeugnis, das die StudentInnen ihren Lehrenden ausstellen.

Ohne Zweifel steht dieser weitgehend positive Befund im Kontrast zu dem – zumindest über die Medien vermittelten Bild – der österreichischen LehrerInnen und ProfessorInnen, die speziell an höheren Bildungseinrichtungen bezüglich methodisch-didaktischer Fähigkeiten einen deutlich negativen Ruf besitzen.

Die hohe Zufriedenheit differenziert sich allerdings bei der detaillierten Betrachtung nach Institutionen und Studienrichtungen. So zeigen die Bewertungen, dass die TeilnehmerInnen des Hochschullehrgangs Politische Bildung bei allen drei Frageaspekten die mit Abstand besten Bewertungen abgaben. Die Studierenden der Pädagogischen Hochschule Oberösterreich bewerteten ebenfalls deutlich positiv, gefolgt von den Studierenden der Universität Salzburg und Wien. Zur Erklärung der hohen Bewertung im Rahmen des Hochschullehrgangs Politische Bildung kann vermutlich zum einen die Tatsache herangezogen werden, dass die Teilnahme an diesem Lehrgang freiwillig erfolgt, während die Studierenden an den anderen drei Einrichtungen diese Lehrveranstaltungen „verpflichtend" innerhalb ihrer Studienrichtungen zu belegen haben. (Dies soll freilich die möglicherweise bessere Qualität der Lehrveranstaltungen des Lehrgangs nicht in Zweifel stellen.) Zum anderen vermuten wir auch einen Einfluss der Lehrenden auf dieses Ergebnis. Zu bedenken ist dabei, dass an der Universität Salzburg die betreffenden Lehrveranstaltungen in der Regel von einer Lehrperson abgehalten werden, an der Universität Wien und der Pädagogischen Hochschule Linz von mehreren Lehrenden. Und auch im Rahmen des Hochschullehrganges Politische Bildung lernen die LehrgangsteilnehmerInnen im Laufe der Zeit eine ganze Reihe an Vortragenden und SeminarleiterInnen kennen. Zudem ist die Anzahl der Lehrveranstaltungen an den Universitäten, die explizit unter dem Titel „Politische Bildung" geführt werden, verhältnismäßig gering.

Noch größere Unterschiede zeigen sich beim Vergleich der Studienrichtungen, vor allem bei den drei Gruppen von Studierenden innerhalb der Pädagogischen Hochschule Linz (Tabelle 7). Während die Gruppe der künftigen SonderschullehrerInnen alle drei Fragen mit 100 % als „zutreffend" beurteilte, was einer fast unglaublichen völligen Zufriedenheit entspricht, sind die künftigen HauptschullehrerInnen zwar deutlich skeptischer, aber in ihren Bewertungen immer noch sehr hoch, mit Abstand gefolgt von den künftigen VolksschullehrerInnen. Die Gruppe der Studierenden an den Universitäten Salzburg und Wien bewerten etwas besser als die künftigen VolksschullehrerInnen. Auch hier vermuten wir als einen stark steuernden Faktor den Einfluss der Lehrenden. Zudem kann zur auffälligen Bewertung durch die künftigen SonderschullehrerInnen angemerkt werden, dass diese Berufswahl vermutlich auch eine spezielle persönliche politische Positionierung zum Ausdruck bringt, ist doch die „Integration" ein auf verschiedenen politischen Feldern in Österreich stark polarisierendes Thema.

Beim Vergleich der beiden Gruppen von VS- und HS-Studierenden lässt sich als durchgängiger Trend feststellen, dass die Gruppe der künftigen HauptschullehrerInnen mit vielen Aspekten der Lehrveranstaltungen zufriedener sind als die künftigen VolksschullehrerInnen. Die grundsätzliche Einschätzung („Die Lehrveranstaltung hat meinen Erwartungen entsprochen") zeigt mit einer positiven Bewertung seitens der künftigen VolksschullehrerInnen von 64,8 % im Vergleich zu 89,2 % seitens der künftigen HauptschullehrerInnen eine – die Differenz beträgt 24,4 % – überdeutliche Aussage. Die Zusatzfrage („Sie hat entsprochen, weil sie den Inhalten der politischen Bildung angemessen ist") zeigt einen ähnlichen Unterschied, wenngleich weniger deutlich (VS: 71,4 %; HS: 86,5 %).

Beim Fragekomplex „Praxisbezug" wurde die Eingangsfrage, ob „das erworbene Wissen […] praktisch verwertbar" sei, von 75,6 % der künftigen VolksschullehrerInnen und von 89,1 % der künftigen HauptschullehrerInnen bejaht. Die Zusatzfrage, „in welcher Weise […] das erworbene Wissen verwertbar" sei, wurde in Bezug auf den „Unterricht" von 56,7 % der künftigen VolksschullehrerInnen und von 77,8 % der künftigen HauptschullehrerInnen als (sehr) brauchbar beantwortet. Den Beitrag dieser Lehrveranstaltungen als „Hilfe, um eigene politische Entscheidungen zu treffen", bewerteten 57,9 % der künftigen VolksschullehrerInnen und 70,2 % der künftigen HauptschullehrerInnen als (sehr) zutreffend.

Die Verwertbarkeit des erworbenen Wissens für den Unterricht wurde auf dem Fragebogen noch durch zwölf zusätzliche Antwortoptionen differenziert. Bei acht von 12 möglichen Antwortoptionen ergaben sich signifikante Differenzen mit dem stets gleich bleibenden Trend, d.h. dass die künftigen HauptschullehrerInnen stets höhere Bewertungen als die VolksschullehrerInnen abgaben (Tabelle 8). Ähnlich verhält es sich bei der Explikation der Frage, inwiefern das erworbene Wissen bei den „eigenen politischen Entscheidungen helfen kann" (Tabelle 9).

Tabelle 7: Zufriedenheit mit den Lehrveranstaltungen – Vergleich der unterschiedlichen Studienrichtungen (in %)

Frage	VS	SoSch	HS	Uni	Krems
Die LV hat meinen Erwartungen entsprochen	64,8	100	89,2	67,1	92,1
hat entsprochen, weil sie den Inhalten der politischen Bildung angemessen war	71,4	100	86,5	72,9	91,7
hat entsprochen, weil die Inhalte didaktisch gut aufgearbeitet waren	67,7	100	75,6	70,7	91,7

Anmerkung: SoSch = Sonderschule

Tabelle 8: Verwertbarkeit des Wissens für den eigenen Unterricht – Vergleich der Studienrichtungen Volksschule und Hauptschule (in %)

Aspekte des politischen Unterrichts	VS	HS	Differenz
Vermittlung von Fakten	60,5	84,2	23,7
Staatsbürgerkunde	65,8	92,1	26,3
Perspektivenvielfalt	52,6	81,6	29,0
Fähigkeit, eigene politische Entscheidungen zu hinterfragen	64,8	84,2	19,4
Fähigkeit, eigene politische Entscheidungen rational zu begründen	56,7	71,0	14,3
Fähigkeit, zwischen politischen Vorurteilen und politischen Urteilen zu unterscheiden	44,5	75,6	31,1
Kenntnisse über gesellschaftliche und kulturelle Voraussetzungen für menschliches Handeln	54,0	70,3	16,3
Fähigkeit, die eigene politische Urteilsbildung rational zu begründen	54,0	67,6	13,6

Tabelle 9: Verwertbarkeit des erworbenen Wissens – Vergleich der Studienrichtungen Volksschule und Hauptschule (in %)

Das erworbene Wissen kann mir bei meinen eigenen politischen Entscheidungen helfen, weil	VS	HS	Differenz
ich Einblick in die politischen Systeme gewonnen habe	67,5	89,5	22,0
ich politische Handlungen nun besser verstehe	51,3	81,6	30,3
unterschiedliche politische Verhaltens- und Handlungsmöglichkeiten vermittelt wurden	58,3	77,8	19,5

Tabelle 10: Bewertung der Methodik der Lehrveranstaltungen – Vergleich der Studienrichtungen Volksschule und Hauptschule (in %)

Methodischer Aspekt	VS	HS	Differenz
Es gab zu viele Frontalvorträge	59,0	50,0	9,0
Es gab zu viele selbsttätige Phasen	33,3	7,9	25,4
Die Objektivität der Darstellung war gegeben	52,6	65,8	13,2
Es wurde viel Wert auf Diskussionen gelegt	51,3	71,1	19,8
Interdisziplinarität war gegeben	41,1	76,3	35,2

Abschließend bewerteten die Probanden verschiedene, die „Methodik" der Lehrveranstaltungen betreffende Aspekte. Auch hier bestätigte sich der bisherige Trend: „Positiv" konnotierte Aspekte wurden von den künftigen HauptschullehrerInnen besser bewertet, „negativ" konnotierte Aspekte von den künftigen VolksschullehrerInnen (Tabelle 10).

Wir haben es also durchgängig mit einer größeren Zufriedenheit seitens der HS-Studierenden mit ihren Lehrenden zu tun, in vielen Bereichen sind die Bewertungsunterschiede – bis zu 25 % – markant. Eine hypothetische Erklärung dafür beruht auf der Annahme eines höheren Problembewusstseins der künftigen HauptschullehrerInnen, das im Zusammenhang mit den Inhalten der politischen Bildung festgestellt werden konnte. Unsere Erhebungsergebnisse legen die Vermutung nahe, dass dieses höhere Problembewusstsein mit größerer Zufriedenheit bezüglich des Lehrveranstaltungsangebots positiv korreliert. Vielleicht ist das ein Hinweis darauf, dass Menschen mit einem höheren Problembewusstsein entweder ein realistischeres Bewusstsein bezüglich der Möglichkeiten und Grenzen von seminaristischer Vermittlung haben oder dieses höhere Problembewusstsein sie zugleich befähigt, im Sinne eines „besseren Kostverwerters" sich aus bestehenden Lehrangeboten das Brauchbare und Verwertbare herauszufiltern.

Ein höheres Problembewusstsein findet sich auch bei den Studierenden der Universitäten und erklärt vermutlich, warum auch diese mit vielen Aspekten der Lehrveranstaltungen zufriedener waren als die künftigen VolksschullehrerInnen. Eine signifikante Differenz betrifft den „Praxisbezug". Die Zusatzfrage, „in welcher Weise [...] das erworbene Wissen verwertbar" sei, wurde in Bezug auf den „Unterricht" von 79,1 % der UniversitätsstudentInnen als (sehr) brauchbar bewertet. Auch bei der Frage, für welche Unterrichtsbereiche das erworbene Wissen verwendet werden kann, ergaben sich – ähnlich wie beim Vergleich der VS-Studierenden mit den künftigen HauptschullehrerInnen – bei acht von zwölf möglichen Antwortoptionen signifikante Differenzen (Tabelle 11). Nur in einem Fall, bei der „Fähigkeit zur Interaktion und Kommunikation", sahen sich offenkundig die künftigen VolksschullehrerInnen besonders zuständig. Dafür scheint wieder deren Selbstverständnis eine Erklärung zu sein, zumal sich dieser Aspekt des politischen Unterrichts mit den sozialen Kompetenzen überschneidet. Der Trend der höheren Bewertung durch die UniversitätsstudentInnen ist ferner bei den Erklärungen festzustellen, warum das erworbene Wissen „bei den eigenen politischen Entscheidungen helfen kann", sowie bei den methodischen Aspekten. Bei letzteren wurde die Objektivität der Darstellung von 52,6 % der künftigen VolksschullehrerInnen und von 69,9 % der UniversitätsstudentInnen als gegeben bewertet. Die Frage, ob viel Wert auf Diskussionen gelegt wurde, beantworteten 51,3 % der VolkschullehrerInnen und 66,6 % der UniversitätsstudentInnen positiv.

Zusammenfassend lässt sich eine durchgehend hohe Zufriedenheit bei Studierenden der Universitäten Salzburg und Wien feststellen. In vielen Bereichen sind die Bewertungsunterschiede relativ hoch. Erklärbar ist dies vermutlich durch die Studienwahl „Geschichte", mit der sich die UniversitätsstudentInnen auch implizit für eine Zuständigkeit in Sachen politischer Bildung entschieden haben. Vermutlich erleichtert eine solche positive Identifikation auch eine entsprechende positive Identifikation mit dem einschlägigen Lehrangebot. Möglicherweise trägt zudem das bereits erwähnte hohe Problembewusstsein zur positiven Beurteilung bei.

Tabelle 11: Verwertbarkeit des Wissens für den eigenen Unterricht – Vergleich der Studienrichtungen Volksschule und Universitätsausbildung (in %)

Aspekte des politischen Unterrichts	VS	Uni	Differenz
Vermittlung von Fakten	60,5	77,9	17,4
Perspektivenvielfalt	52,6	77,0	24,4
Fähigkeit, eigene politische Entscheidungen zu hinterfragen	64,8	73,6	8,8
Fähigkeit, eigene politische Entscheidungen rational zu begründen	56,7	70,1	13,4
Fähigkeit zur Interaktion und Kommunikation	63,2	53,5	9,7
Fähigkeit, zwischen politischen Vorurteilen und politischen Urteilen zu unterscheiden	44,5	80,3	35,8
Kenntnisse über gesellschaftliche und kulturelle Voraussetzungen für menschliches Handeln	54,0	72,4	18,4
Fähigkeit, die eigene politische Urteilsbildung rational zu begründen	54,0	70,9	16,9

Tabelle 12: Verwertbarkeit des erworbenen Wissens – Vergleich der Studienrichtungen Volksschule und AHS

Das erworbene Wissen kann mir bei meinen eigenen politischen Entscheidungen helfen, weil	VS	Uni	Differenz
ich politische Handlungen nun besser verstehe	51,3	75,3	24,0
die Fähigkeit vermittelt wurde, das eigene politische Verhalten zu hinterfragen	62,1	78,0	15,9
die Fähigkeit vermittelt wurde, meine eigene politische Urteilsbildung rational zu begründen	54,0	75,3	11,3

Resümee

Beim Verständnis von politischer Bildung lassen sich zwei Typen unterscheiden: der kompetenzorientierte und der wissensorientierte Typus (Hypothese 1), wobei letzterer dominiert. Nur zum Teil zeigt sich diese Differenzierung – im Gegensatz zur Annahme in Hypothese 2 – auch bei der Einschätzung der wissenschaftlichen Disziplinen und Schulfächer, die für politische Bildung zuständig seien. Zwar dominieren hier mit Geschichte, Deutsch und Geographie jene Fächer, die zumindest partiell mit Kompetenzen verbunden werden. Unmittelbar in der Rangliste folgen allerdings mit den Rechts- und den Wirtschaftswissenschaften andere Fächer, die eher für Wissensvermittlung stehen. Aufgrund der Dominanz des wissenszentrierten Typus bei der Definition von politischer Bildung ist daher anzunehmen, dass auch bei den „klassischen" Fächern die Wissensvermittlung primär im Zentrum des Unterrichts steht.

Dennoch scheint bei den Probanden ein gewisses Bewusstsein darüber vorhanden zu sein, dass Medienkompetenz in politischer Bildung einen besonderen Stellenwert besitzt (Hypothese 3). Dabei sind wiederum deutliche Unterschiede je nach Studienfach und Institution festzustellen: Bei den künftigen VolksschullehrerInnen ist das Medienbewusstsein relativ gering, bei den UniversitätsstudentInnen relativ hoch.

Diese Differenzierung scheint sich auch im allgemeinen politischen Bewusstsein der Probanden zu spiegeln. Allerdings lässt sie sich nicht auf ein unterschiedliches politisches Krisenbewusstsein übertragen, wie es in Hypothese 4 vermutet wurde. Grundsätzlich ist unter allen befragten Studierenden ein „Krisenbewusstsein" bezüglich der sie umgebenden politischen Kultur ausgeprägt. Die Vermutung, dass es eine Gruppe von Probanden gebe, die mit dem „Status quo" relativ versöhnt lebt, kann nicht bestätigt werden. Es trifft zwar zu, dass das „Krisenbewusstsein" unterschiedlich stark vorhanden ist, bei allen drei von uns verglichenen Gruppen von Studierenden (angehende Volks- und HauptschullehrerInnen sowie UniversitätsstudentInnen) ist es aber stark ausgeprägt. Auch die Vermutung, dass es einen eindeutigen Zusammenhang zwischen der Ausprägung eines „politische Bewusstseins" (im Sinne der Zustimmung zur Frage „Ich sehe mich als politischen Menschen") und einer stärker ausgeprägten kritischen Sicht der politischen Verhältnisse gäbe, kann nur begrenzt bestätigt werden. Nur einige wenige Signifikanzen deuten in diese Richtung, wonach die Gruppe der Universitätsstudierenden ein ausgeprägteres „Krisenbewusstsein" hat. Deutlich zeigt sich allerdings bei älteren Personen ein höheres politisches Problembewusstsein, damit verbunden auch eine Präferenz für Kompetenzvermittlung in der politischen Bildung (Hypothese 5).

Wie bereits in der Einleitung dieses Beitrags erwähnt, gewährleistet in Österreich die gegenwärtige Ausbildung in politischer Bildung Kompetenzvermittlung nur zum Teil. Dennoch oder gerade weil eben der wissenszentrierte Typus politischer Bildung dominiert, besteht – im Gegensatz zur Hypothese 6 – bei den Probanden eine relativ hohe Zufriedenheit mit der derzeitigen Ausbildungssituation, auch wenn sich bei genauerer Betrachtung gewisse Unterschiede je nach Institutionen bzw. Studienrichtungen ergeben. So zeigen vor allem VolksschullehrerInnen die geringste Zufriedenheit mit den Lehrveranstaltungen in politischer Bildung, was letztlich – so eine hypothetische Annahme, die noch zu überprüfen wäre – mit einem geringeren politischen Problembewusstsein zusammenhängen könnte: HauptschullehrerInnen, vor allem aber UniversitätsstudentInnen und TeilnehmerInnen am Hochschullehrgang Politische Bildung würden sich demnach aus dem Angebot jene Aspekte herausfiltern, die ihnen als relevant für ihre Arbeit und die Erfüllung ihrer Wissensbedürfnisse erscheinen.

Dennoch bleibt festzuhalten, dass die Ausbildung in politischer Bildung und auch die Beschäftigung mit einer adäquaten Didaktik in Österreich – mit wenigen Ausnahmen[14] – noch ein weitgehend unbearbeitetes Feld darstellt. Sinnvoll wäre wohl die institutionelle Verankerung politischer Bildung an den Universitäten, etwa in Form von Zentren oder Instituten, die – im Sinne des Unterrichtsprinzips Politische Bildung – als Anlaufstelle für verschiedene Studienrichtungen dienen und zudem mit den Pädagogischen Hochschulen zusammenarbeiten könnten.

Damit wäre unseres Erachtens ein wichtiger Schritt zu einer – sowohl auf pädagogischer als auch fachlicher Ebene – fundierten Ausbildung getan.

Eine solche Ausbildung bedarf aber auch einer Reflexion über didaktisch-methodische Grundlagen einer politischen Bildung. In Österreich steckt eine solche aber noch in den „Kinderschuhen" bzw. orientiert sich nur zum Teil an der in der Bundesrepublik Deutschland längst etablierten und durch langjährige Forschung fundierten Fachdidaktik.[15] Zentraler Inhalt einer solchen Diskussion, die allmählich in Gang kommt,[16] werden die Frage der Kompetenzvermittlung, das Verhältnis zwischen Kompetenzen und Wissen sowie die Herausbildung eines „selbstreflexiven Ich" sein.

Anmerkungen

* An dieser Stelle sei Dr. Karl Hauer von der Pädagogischen Hochschule Oberösterreich für die Unterstützung bei der Auswertung der Daten gedankt.
1 Siehe dazu die theoretisch-methodischen Beiträge von Thomas Hellmuth und Martin Heinrich in diesem Band.
2 http://www.bmukk.gv.at/medienpool/15683/polit_bild_grundsatzerl.pdf, eingesehen: 18. Jänner 2008.
3 Immerhin hat eine Arbeitsgruppe von ExpertInnen im Auftrag des Ministeriums für Unterricht, Kunst und Kultur Richtlinien zu „Kompetenzen Politischer Bildung" für die vierte Klasse der AHS-Unterstufe erarbeitet (Leitung: Univ.-Prof. Dr. Reinhard Krammer). Eine konkrete Umsetzung dieser theoretisch-methodischen Vorschläge erfolgte bislang in einem neuen Lehrplan für die Hauptschule und AHS-Unterstufe. Dieser kann allerdings nur ansatzweise als zufriedenstellend erachtet werden, zumal theoretisch-methodische Grundlagen und Lehrinhalte auseinanderklaffen. Arbeitsmaterialien und Schulbücher, die sich auf die Ergebnisse der Arbeitsgruppe beziehen, sind im Entstehen.
4 Siehe dazu u.a. die theoretisch-methodischen Beiträge in diesem Band.
5 Zu den Kompetenzen sowie zum Arbeits- und Konzeptwissen siehe die Beiträge von Cornelia Klepp zur „(Politischen) Bildung und Qualität", von Reinhard Krammer zur politischen Bildung in der AHS-Oberstufe sowie von Thomas Hellmuth zum Thema „Krieg und Frieden". Siehe dazu auch grundlegend: Detjen, Joachim/Kuhn, Hans-Werner/Massing, Peter/Richter, Dagmar/Sander, Wolfgang/Weißeno, Georg: Anforderungen an Nationale Bildungsstandards für den Fachunterricht in der Politischen Bildung an Schulen. Ein Entwurf, 2. Auflage, Schwalbach/Ts. 2004, S. 13-18.
6 Zur Kendall-Tau-Korrelation siehe: Kendall, Maurice G./Dickinson Gibbons, Jean: Rank correlation methods, 5. Auflage, London 1990.
7 Siehe dazu auch den Beitrag von Astrid Huber über politische Bildung in den Volksschulen: In einer Interviewstudie zeigt Huber, wie VolksschullehrerInnen zum Teil in die so genannte „Parallelisierungsfalle" – die Gleichsetzung von sozialem und politischem Lernen – tappen.
8 Es stellt sich dabei die Frage, ob in Österreich die Unterscheidung zwischen Politik und politischer Bildung klar wahrgenommen wird, zumal letztere bislang – wird von den Diskussionen rund um den Grundsatzerlass von 1978 abgesehen – eher periphere Bedeutung in der Bildungsdiskussion besessen hat. Wie bereits in der Einleitung dieses Beitrages erwähnt, verschwimmt die Grenze zwischen Politik und politischer Bildung, weshalb letztere noch immer der politischen Indoktrination verdächtigt wird.
9 Naturwissenschaften: VS: 34,2 %; HS: 23,7 %; Kunst und Musikwissenschaften: VS: 21,6 %; HS: 10,5 %.
10 Siehe dazu u.a.: Hauch, Gabriella/Hellmuth, Thomas/Pasteur, Paul (Hg.): Populismus. Ideologie und Praxis in Frankreich und Österreich, Innsbruck/Wien/München/Bozen 2002 (Studien zur Gesellschafts- und Kulturgeschichte, 12); Thadden, Rudolf von/Hofmann, Anna (Hg.): Populismus in Europa – Krise der Demokratie?, Göttingen 2005 (Genshagener Gespräche, 7); Eismann, Wolfgang

(Hg.): Rechtspopulismus. Österreichische Krankheit oder europäische Normalität, Wien 2002. Unterrichtsmaterial zum Thema Populismus findet sich in: Wochenschau. Für politische Erziehung, Sozial- und Gemeinschaftskunde, 56/1 (2005).

11 Ötsch, Walter: Haider Light. Handbuch für Demagogie, 5. Auflage, Wien 2002, S. 51.

12 Meyer, Thomas: Mediokratie. Die Kolonisierung der Politik durch das Mediensystem, Frankfurt a. M. 2001; Fabris, Hans Heinz/Hausjell, Fritz (Hg.): Die vierte Macht. Zur Geschichte und Kultur des Journalismus in Österreich seit 1945, Wien 1991 (Österreichische Texte zur Gesellschaftskritik, 53); Chill, Hanni/Meyn, Hermann: Funktionen der Massenmedien in der Demokratie, in: Informationen zur Politischen Bildung, 260 (1998).

13 Siehe dazu die Beiträge von Ewald Hiebl über Medien und politische Bildung, von Gerhard Zenaty über Psychoanalyse und politische Ethik sowie den Praxisbeitrag von Thomas Hellmuth über „Krieg und Frieden". Unterrichtsvorschläge und -materialien finden sich auch bei: Hellmuth, Thomas/Hiebl, Ewald: Bürgerlich-demokratische Systeme, in: Hellmuth, Thomas (Hg.): Politik verstehen. Informationen, Unterrichtsvorschläge und Materialien zu Geschichte und Politische Bildung, 2 Bände, Linz 2002, S. 24f, 29 (Bd. 1) sowie S. 13f (Bd. 2).

14 Siehe dazu den Hochschullehrgang Politische Bildung der Donau-Universität Krems und der Universität Klagenfurt sowie ein von der Universität Salzburg getragenes Programm in Schloßhofen in Vorarlberg. Im didaktischen Bereich sind die nun eingeführten Didaktikveranstaltungen im Rahmen des Studienlehrganges Politische Bildung zu erwähnen, die allerdings nicht verpflichtend besucht werden müssen. Erwähnenswert scheinen u. E. auch die Initiativen und Bemühungen der Geschichteinstitute der Universitäten Salzburg und Wien sowie des Demokratiezentrums Wien, die sich in letzter Zeit verstärkt mit der Didaktik der politischen Bildung auseinandersetzen. Zudem gibt es bereits zahlreiche Materialsammlungen, u.a. von der Abteilung für politische Bildung, VerbraucherInnenbildung und Umweltbildung des österreichischen Unterrichtsministerium herausgegeben, die allerdings noch keiner wirklich systematisierten Didaktik der politischen Bildung zugeordnet wurden.

15 Grundlegend siehe dazu: Sander, Wolfgang (Hg.): Handbuch politische Bildung, 3., völlig überarbeitete Auflage, Schwalbach/Ts. 2005 (Politik und Bildung, 32); Weißeno, Georg (Hg.): Lexikon der politischen Bildung, 3 Bände, Schwalbach/Ts. 1999-2000.

16 Siehe dazu das geplante Schwerpunktheft der Österreichischen Zeitschrift für Politikwissenschaft (ÖZP, 2 [2009]) zum Thema „Politische Bildung Revisited" (hg. von Peter Filzmaier und Kathrin Stainer-Hämmerle), die anvisierte Reihe „Österreichische Zeitschrift für Geschichtsdidaktik. Geschichte – Sozialkunde – Politische Bildung" (hg. von Reinhard Krammer, Christoph Kühberger, Irmgard Plattner und Elfriede Windischbauer) sowie die vom Forum Politischer Bildung herausgegebenen „Informationen zur Politischen Bildung" (redigiert von Gertraud Diendorfer und Petra Mayrhofer).

Cornelia Klepp

Master of Science (Politische Bildung) – Ein österreichisches Best Practice-Beispiel auf dem Prüfstand

Status Quo – Außerschulische Politische Bildung in Österreich

Im Reigen der an österreichischen Schulen unterrichteten Fächer fristet Politische Bildung seit Jahrzehnten ein Schattendasein. Österreich wurde nach dem Zweiten Weltkrieg von den alliierten Mächten als erstes Opfer des nationalsozialistischen Regimes anerkannt. Somit gab es keine Verpflichtung zur Auseinandersetzung mit der unmittelbaren Geschichte. Österreich stellte die alte Ordnung wieder her, die vor 1933, dem Jahr der Ausschaltung des Parlaments, geherrscht hatte. Im krassen Gegensatz dazu stehen die Entwicklungen in der Bundesrepublik Deutschland. Der jungen Republik wurde nach 1945 die alleinige Täterrolle zugeschrieben und umfassende Re-Education-Maßnahmen verordnet.[1]

In Österreich erfolgte eine Thematisierung von politischer Bildung erst im Laufe der späten 1960er und frühen 1970er-Jahre. 1973 wurden die ersten Parteiakademien gegründet, die den Nachwuchs der Parteien politisch aus- und weiterbilden sollen. Das so genannte „Parteiakademiegesetz" regelt auch heute noch die Finanzierung der einzelnen Parteiakademien.[2] Die Höhe der Finanzierung richtet sich nach der Anzahl der Sitze im Nationalrat der jeweiligen Parteien.[3] Die Gründung der Parteiakademien hatte zur Folge, dass politische Bildung in Österreich über lange Zeit mit parteipolitischer Bildung gleichgesetzt worden ist.

Im Schulbereich sind etwa zeitgleich erste Diskussionen betreffend die Implementierung eines Schulfaches „Politische Bildung" geführt worden. In einem umfassenden Prozess wurde der Vorschlag modifiziert und adaptiert und mündete schließlich in den Erlass eines Unterrichtsprinzips „Politische Bildung".[4] Unterrichtsprinzipien umfassen – dem allgemeinen Verständnis nach – cross-curriculare Themen, die quer durch alle Unterrichtsfächer und Schultypen berücksichtigt werden sollen. Derzeit existieren in Österreich mehr als zehn unterschiedliche Unterrichtsprinzipien, die einerseits friedlich koexistieren und sich andererseits gegenseitig im schulischen Alltag konkurrenzieren, da im Unterricht nicht alle Unterrichtsprinzipien in gleicher Weise berücksichtig werden können.[5]

Als eigenständiges Fach existiert Politische Bildung nur an den Polytechnischen Schulen und an den Berufsschulen. Im AHS-, BMHS- und BHS-Bereich gibt es unterschiedlichste Fächerkombinationen wie etwa „Geschichte, Sozialkunde und Politische Bildung". Im Jahr 2002 fand eine große Reform im AHS-Bereich statt.

Die oben zitierte Fächerkombination wurde für die 7. und 8. Klasse Oberstufe eingeführt. Die Freude über die Einführung der Fächerkombination währte aber nur kurz, kaum ein Jahr nach der Einführung kam es zu Stundenkürzungen. Neu erstellte Lehrbücher waren somit über Nacht überholt bzw. nur mehr eingeschränkt verwendbar. Im Herbst 2008 ist es von Seiten des Unterrichtsministeriums zu einer Stärkung der politischen Bildung im Pflichtschulbereich gekommen. So sollen in der achten Schulstufe nun verstärkt Inhalte der politischen Bildung in der Fächerkombination „Geschichte und Politische Bildung" vermittelt werden.

Kurzum: Politische Bildung im schulischen Bereich ist geprägt durch Kompromisse und Mittelwege, die bei genauerer Betrachtung den Eindruck erwecken, dass Entscheidungen rund um politische Bildung in der Schule immer auf Basis des kleinsten gemeinsamen Nenners erfolgen. Diese ernüchternde Diagnose kann auch für den Status der außerschulischen politischen Bildung gestellt werden. Neben einem nahezu unüberschaubaren Angebot an Veranstaltungen, die unterschiedliche Facetten von politischer Bildung umfassen, existieren nur einige wenige Programme, die politische Bildung auf Hochschulniveau anbieten.[6]

Ein von der Universität Salzburg getragenes Programm wird in Schloßhofen in Vorarlberg angeboten.[7] Der viersemestrige Lehrgang wird berufsbegleitend in modularer Form abgehalten und schließt mit einem Zertifikat und der Bezeichnung „akademischer politischer Bildner" bzw. „akademische politische Bildnerin" ab. Ein weiteres Angebot auf Hochschulniveau stellt der Universitätslehrgang bzw. Master of Science Politische Bildung dar.[8] Das Masterstudienprogramm ist österreichweit einzigartig und soll auf den folgenden Seiten genauer vorgestellt werden. Seit Oktober 2005 wird das postgraduale Studienangebot in Kooperation zwischen den Universitäten Krems und Klagenfurt durchgeführt.

Im ersten Halbjahr 2007 hat ein frischer Wind innerhalb der österreichischen politischen Bildungslandschaft Einzug gehalten. Vom Ministerrat wurde im Frühjahr Wählen ab 16 beschlossen. Damit ist Österreich das erste Land in Europa, das 16- und 17-Jährigen erlaubt, aktiv an Wahlen auf Bundesebene mitzuwirken. Es bleibt abzuwarten, ob diese Entscheidung auch das Ziel erreicht, das Interesse an Politik zu stärken und junge Menschen verstärkt an die Wahlurnen zu bringen. Die Senkung des Wahlalters ist ein erster Schritt. Erfahrungen wie zum Beispiel während der Wiener Landtagswahl 2005[9] haben gezeigt, dass junge Menschen großes Interesse an Politik und an der Möglichkeit zur Partizipation haben. Eine Zielerreichung ist aber nur möglich, wenn flankierende Maßnahmen im schulischen wie im außerschulischen Bereich initiiert werden. Ebenfalls müssen adäquate Aus- und Weiterbildungsprogramme für LehrerInnen verstärkt aufgebaut und bestehende ausgebaut werden. Anfang Mai 2007 hat sich die Österreichische Bundesregierung daher zu einem Regierungsschwerpunkt unter dem Motto „Demokratie lernen" entschlossen. Primäres Ziel des Regierungsschwerpunktes ist es, in den Jahren bis 2009 Maßnahmen und Initiativen zu setzen, die das Interesse von jungen Menschen an Politik und politischen Prozessen wecken bzw. steigern.

Master of Science (Politische Bildung)

Vom Hochschullehrgang zum Master of Science (Politische Bildung)

Der Hochschullehrgang Politische Bildung[10] wurde 1983 gegründet. Gertraud Diem-Wille, die erste wissenschaftliche Koordinatorin, beschreibt die damals herrschende Stimmung: „Der ‚Grundsatzerlass Politische Bildung' (1978) wäre ohne flankierende Maßnahmen in der LehrerInnenfortbildung vermutlich fast ohne Relevanz geblieben. In dieser Aufbruchstimmung stellte er jedoch einen Anlaß dar, ihn als bewegendes Moment der Schulreform zu nutzen und so einen praktischen Beitrag zur Umsetzung der inneren Schulreform zu leisten."[11] Einer Handvoll engagierter UniversitätslehrerInnen verdankt der jetzige MSc Politische Bildung seine Existenz. Namentlich waren dies Rudolf Wimmer, Projektleiter und Koordinator der dreijährigen Aufbauphase, Anton Pelinka und Michael Mitterauer. Das erste Curriculum sah die Absolvierung von fünf Pflichtseminaren mit zwei Arbeitsgemeinschaften und vier Wahlseminaren mit vier Arbeitsgemeinschaften im Umfang von insgesamt 48 Semesterwochenstunden vor. Der Abschluss des Hochschullehrgangs erfolgte schon damals mittels eines Zertifikats. Pro Studienjahr wurden alle Pflichtseminare und einige Wahlfächer angeboten. Das jährliche Angebot aller Pflichtseminare hatte relativ homogene TeilnehmerInnengruppen zur Folge. Der Besuch von Wahlseminaren war für viele TeilnehmerInnen häufig der Einstieg in den Lehrgang.

Im Jahr 1999 wurde der Hochschullehrgang in einen Universitätslehrgang mit dem Abschluss Master of Advanced Studies (Civic Education) umgewandelt. Eine nochmalige Änderung des Curriculums erfolgt im Jahr 2002. Seitdem schließt der Universitätslehrgang mit einem Master of Science (Politische Bildung) ab. Vergleichbar mit dem ersten Studienabschnitt im Regelstudium wird auch mittels Zertifikat der Grad eines akademischen Experten bzw. einer akademischen Expertin vergeben.[12]

Von Beginn an lag dem Lehrgang ein sehr breites und interdisziplinäres Verständnis von Politischer Bildung zu Grunde. Dies spiegelt sich auch noch heute innerhalb des Curriculums.

Struktur

Die derzeit geltende Lehrgangsstruktur (siehe Grafik 1) sieht den Besuch von insgesamt zehn Seminaren und der Abfassung einer Master Thesis vor. Die Grundlage für den Universitätslehrgang bietet ein Einführungsseminar (E1), das Basisinformationen zur Politischen Bildung bietet, Einblicke in den momentanen Stand der Forschung gibt, die Struktur des Lehrgangs näher beschreibt und die grundlegenden Begrifflichkeiten erklärt. Im Anschluss daran wird der Besuch der Pflichtseminare (P1, P2, P3) empfohlen. Die Inhalte der drei Pflichtseminare entsprechen den drei Säulen des Lehrgangs und liefern das Rüstzeug für weitere Vertiefungen im Rahmen der Absolvierung der Wahlpflichtseminare. Sowohl für den akademischen politischen Bildner bzw. die akademische politische Bildnerin als auch für den Master of Science kann die Vertiefung in den Wahlfächern individuell gestaltet werden. Die Lehrgangsleitung versucht ein jährlich wechselndes Programm an Pflicht- und Wahlpflichtfächern zu erstellen, wobei in erster Linie darauf geachtet wird, dass pro Studienjahr immer zwei Pflichtfächer angeboten werden. Das Angebot der Wahlpflichtfächer orientiert sich einerseits an der Nachfrage bzw. auch an den Rückmeldungen der TeilnehmerInnen. Andererseits werden auch völlig neue Seminare und Seminarteams in das Programm aufgenommen.

Zusätzlich zu den beschriebenen Seminaren bietet der Studienlehrgang seit dem Sommersemester 2007 auch Schreibwerkstätten für das Verfassen von Seminararbeiten bzw. Master-Thesen an. Eine Schreibwerkstatt „Basics" wendet sich vor allem an StudienanfängerInnen, die mit den Methoden des wissenschaftlichen Arbeitens wenig oder gar nicht vertraut sind. Darauf aufbauend wird für StudentInnen, die sich am Ende des Studiums befinden, eine Schreibwerkstatt „Advanced" angeboten, die vor allem vor und während des Abfassens der Master-These Hilfestellung leisten soll. Beide Seminare werden in Kleingruppen mit maximal zehn TeilnehmerInnen durchgeführt. Sie leisten einen wesentlichen Beitrag zur Sicherung und Steigerung der Qualität von Seminar- und Abschlussarbeiten.

Im Durchschnitt werden pro Studienjahr zehn Seminare durchgeführt. Die einzelnen Seminare finden geblockt in Bildungshäusern und Seminarhotels an unterschiedlichen Orten innerhalb Österreichs statt. Ein Seminar dauert entweder 4,5 Tage oder zwei mal 2,5 Tage. Die Teilnahme von LehrerInnen wird vom Bundesministerium für Unterricht, Kunst und Kultur (BMUKK) finanziell unterstützt.[13]

Die jährliche Zahl der Teilnehmenden hat sich in den letzten Jahren bei rund 185 inskribierten Studierenden eingependelt. Für die Absolvierung ist eine durchgehende Inskription notwendig. Die Verrechnung der Seminarbeiträge erfolgt anhand der tatsächlich besuchten Seminare. Für nichtaktive TeilnehmerInnen fällt somit semesterweise nur der Studierendenbeitrag (auch ÖH-Beitrag genannt) an. Im Wintersemester 2006/07 waren insgesamt 201 Studierende inskribiert (Grafik 2), wobei insgesamt 29 TeilnehmerInnen das Studium begonnen haben.

Evaluierungsprozess

Der Ruf nach Qualität im Bildungsbereich macht auch vor dem Masterstudienprogramm Politische Bildung nicht halt. Verfahren zur Sicherung und Steigerung der Qualität von unterschiedlichen Bildungsangeboten haben sich innerhalb der letzten zehn Jahre vor allem im Hochschulbereich zunehmend etabliert. Im Bereich des Universitätslehrganges Politische Bildung bot sich im Studienjahr 2005/06 die Wiederholung einer bereits im Studienjahr 1999/2000 durchgeführten Evaluation[14] an. Das Design und die Fragenkomplexe wurden beibehalten, um gleichzeitig auch einen Vergleich mit den damaligen Ergebnissen ziehen zu können.

Der Fragebogen bestand aus 34 Fragenkomplexen mit bis zu acht Fragen. In Summe mussten von den TeilnehmerInnen 160 Einzelfragen beantwortet werden.

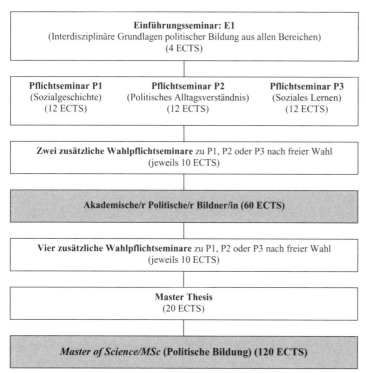

Grafik 1: Lehrgangsstruktur

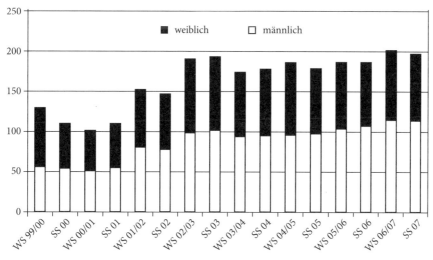

Grafik 2: Entwicklung der Studierendenzahlen

Die Beantwortung des Fragebogens nahm zwischen 30 und 45 Minuten in Anspruch. Die Untersuchung bestand aus zwei Teilen. Zum einen sollten Fragen beantwortet werden, die eine umfassende Bewertung des jeweils besuchten Seminars umfassten. Zum anderen wurde auch das politische Informationsverhalten der LehrerInnen in einem gesonderten Teil des Fragebogens untersucht. Gegenstand des vorliegenden Artikels sollen die Ergebnisse der Seminarbeurteilungen sein. Insgesamt sind 180 ausgefüllte Fragebögen retourniert worden. 60 % der Teilnehmenden waren Männer, 40 % Frauen.

Seit dem Studienjahr 2006/07 wird die Seminarevaluation mit einem stark verkürzten Fragebogen durchgeführt. Eine jährlich wechselnde offene Frage soll zudem die aktive Mitarbeit bzw. Möglichkeit zur Mitgestaltung der TeilnehmerInnen fördern. Im Design von 2007/08 fragt die offene Frage nach Seminarthemen, die zukünftig angeboten werden könnten.

In den kommenden Jahren sollen Langzeitstudien die Möglichkeit bieten, noch genauer die Pluspunkte bzw. Veränderungspotenziale des Lehrgangs zu lokalisieren und zu hinterfragen. Bereits seit längerem kann der Trend beobachtet werden, dass die TeilnehmerInnen durchschnittlich älter als 45 Jahre sind. (Grafik 3) Parallel dazu lässt sich seit einigen Jahren ein sanfter Generationswechsel erkennen. Ein Grund für das relativ hohe Durchschnittsalter der Studierenden basiert auf der Tatsache, dass junge Lehrende meist über keine fixen Anstellungen verfügen und für eine Seminarwoche nur schwer eine Freistellung erhalten. Um dem entgegenzuwirken werden seit einigen Jahren vermehrt Seminare in den Schulferien angeboten. Bislang sind diese Seminare von den Teilnehmenden sehr positiv aufgenommen und durchwegs gut besucht worden.

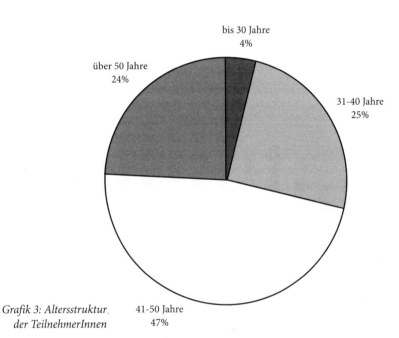

Grafik 3: Altersstruktur der TeilnehmerInnen

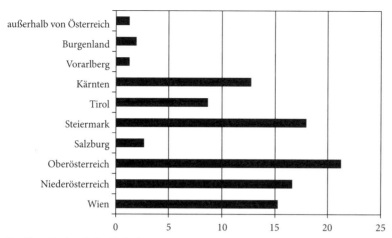

Grafik 4: Herkunft der TeilnehmerInnen

Die TeilnehmerInnen des Universitätslehrganges bzw. Masterstudienprogramms kommen aus allen österreichischen Bundesländern.[15] Die Verteilung im Studienjahr 2005/06 zeigt, dass die meisten TeilnehmerInnen aus Oberösterreich (32 TeilnehmerInnen), gefolgt von der Steiermark (27 TeilnehmerInnen) und Niederösterreich (25 TeilnehmerInnen) stammen. (Grafik 4)

Ergebnisse

Die meisten Fragebögen starten mit so genannten „Aufwärmfragen". Diese dienen als Einstieg und umfassen meist Fragen, die subjektive Befindlichkeiten abfragen, ohne dass die TeilnehmerInnen diese genauer spezifizieren müssen. So wurden die TeilnehmerInnen am Beginn gefragt, ob ihnen das Seminar alles in allem gefallen oder nicht gefallen hat. Die zweite Frage lautete: „Meine Erwartungen wurden im Großen und Ganzen erfüllt bzw. nicht erfüllt". In der dritten Frage, einem Fragenkomplex mit sieben unterschiedlichen Fragen, war es möglich, die Antworten von Frage 1 und 2 zu spezifizieren. Dem überwiegenden Teil der TeilnehmerInnen (98,3 %) hat das Seminar gefallen. Ein ähnliches Ergebnis zeigt sich bei der Frage, ob die Erwartungen erfüllt bzw. nicht erfüllt worden sind. Insgesamt haben 97,8 % gemeint, dass ihre Erwartungen erfüllt worden sind.

Die Spezifizierung der Einstiegsfragen (Frage 3) gibt bereits ein differenziertes Bild. Der Frage, ob den TeilnehmerInnen das Seminar aufgrund der ReferentInnen bzw. der Seminarleitung gefallen hat, stimmten 89,8 % völlig bzw. weitgehend zu. (Tabelle 1) Die personelle Zusammensetzung der Seminarteams ist folglich für die Teilnahme an einem Seminar eine wichtige Entscheidungsgrundlage. Persönliche Gespräche mit einzelnen ReferentInnen haben dieses Ergebnis bestätigt. Subjektiv – und nicht auf Untersuchungsergebnisse basierend – kann demnach behauptet werden, dass sich sowohl TeilnehmerInnen als auch ReferentInnen in den Seminare wohlfühlen. Bereits seit Anbeginn des Lehrgangs lässt sich ein Phänomen erkennen: Die Seminare von bestimmten Seminarteams werden aufgrund ihrer Zusammenstellung überaus gerne und oft von TeilnehmerInnen besucht. Es kommt immer wieder vor, dass einzelne TeilnehmerInnen an einem Seminar im Abstand von mehreren Jahren mehrmals teilnehmen.

Im Gegensatz dazu wurde die Frage nach der Zusammensetzung der Gruppe als Faktor für das Gefallen der Seminare weniger einheitlich beantwortet. Knapp 70 % der Antworten meinten, die Zusammensetzung der Gruppe sei ausschlaggebend für das Gefallen bzw. nicht Gefallen des Seminars. (Tabelle 2) Immer wieder finden sich auch TeilnehmerInnen in Gruppen und absolvieren bestimmte Seminare gemeinsam. Gespräche mit diesen TeilnehmerInnen haben gezeigt, dass der Charakter der Gruppe einem Verständnis als gut funktionierende und eingespielte Arbeitsgruppe entspricht und dass dieses Verständnis ein fokussiertes und rasches Studium bedient. Knapp 60 % gaben an, dass die eigene Rolle in der Gruppe völlig bis weitgehend ausschlaggebend für das Gefallen oder Nichtgefallen des besuchten Seminars war. (Tabelle 3)

Tabelle 1: Seminarleitung und -referentInnen als Faktor für das Gefallen der Seminare

Dass mir das Seminar gefallen/nicht gefallen hat und meine Erwartungen erfüllt/nicht erfüllt wurden, lag vor allem an der Seminarleitung und den ReferentInnen	Häufigkeit	Gültige Prozent	Kumulierte Prozent
trifft völlig zu	109	61,9	61,9
trifft weitgehend zu	49	27,8	89,8
unentschieden	13	7,4	97,2
trifft kaum zu	5	2,8	100,0
trifft überhaupt nicht zu	0	0	
Gesamt	**176**	**100,0**	

Tabelle 2: Zusammensetzung der Gruppe als Faktor für das Gefallen der Seminare

Dass mir das Seminar gefallen/nicht gefallen hat und meine Erwartungen erfüllt/nicht erfüllt wurden, lag vor allem an der Zusammensetzung der Gruppe	Häufigkeit	Gültige Prozent	Kumulierte Prozent
trifft völlig zu	62	35,8	35,8
trifft weitgehend zu	59	34,1	69,9
unentschieden	36	20,8	90,8
trifft kaum zu	10	5,8	96,5
trifft überhaupt nicht zu	6	3,5	100,0
Gesamt	**173**	**100,0**	

Tabelle 3: Eigene Rolle in der Gruppe als Faktor für das Gefallen der Seminare

Dass mir das Seminar gefallen/nicht gefallen hat und meine Erwartungen erfüllt/nicht erfüllt wurden, lag vor allem an der eigenen Rolle in der Gruppe	Häufigkeit	Gültige Prozent	Kumulierte Prozent
trifft völlig zu	37	21,9	21,9
trifft weitgehend zu	64	37,9	59,8
unentschieden	51	30,2	89,9
trifft kaum zu	7	4,1	94,1
trifft überhaupt nicht zu	10	5,9	100,0
Gesamt	176	100,0	

Fast 90 % der TeilnehmerInnen führten an, dass das Thema des Seminars völlig bzw. weitgehend als Faktor für das Gefallen der Seminare ausschlaggebend war. (Tabelle 4) Dieses Ergebnis wurde in zahlreichen Informationsgesprächen bestätigt, in denen TeilnehmerInnen klar zum Ausdruck brachten, wie wichtig die inhaltliche Ausrichtung der Seminare für eine spätere Seminaranmeldung ist. Vor allem bei Seminaren mit aktuellen oder ganz neuen Seminarthemen kann mit einer hohen Zahl an Anmeldungen gerechnet werden. Die Pflichtseminare sind davon auszunehmen, da nur zwei Seminare pro Studienjahr angeboten werden und diese erfahrungsgemäß immer sehr gut besucht sind. Die TeilnehmerInnenzahlen liegen meist zwischen 25 und 35 Personen.

Eine ebenfalls wichtige Rolle spielte für die TeilnehmerInnen die Aufbereitung der Inhalte. Über 80 % der TeilnehmerInnen stimmten dieser Frage völlig bzw. weitgehend zu. Auffällig ist, dass sich die TeilnehmerInnen des Lehrgangs durch ihre durchwegs kritische Haltung auszeichnen. Die Aufbereitung von Inhalten wird besonders von LehrerInnen kritisch bewertet, da sie tagtäglich mit der Aufbereitung und Vermittlung von Inhalten befasst sind. (Tabelle 5)

Ein weiterer wesentlicher Faktor, ob ein Seminar gefällt oder nicht gefällt, war die Frage nach der allgemeinen Stimmung im Seminar. 80 % der TeilnehmerInnen empfanden die allgemeine Stimmung während des Seminars als völligen bzw. weitgehend ausschlaggebenden Faktor dafür. Unter den Punkt „Allgemeine Stimmung" fallen auch Faktoren wie die Zufriedenheit mit dem Bildungshaus, die Verpflegung sowie das Service vor Ort und ähnliche Faktoren. (Tabelle 6)

Jedes Seminar innerhalb des Lehrgangs ist zielorientiert angelegt. Die ReferentInnen werden bei der Konzepterstellung gebeten, auch auf Ziele, Inhalte und Methoden des geplanten Seminars einzugehen. Die Übermittlung der Seminarkonzepte an die TeilnehmerInnen erfolgt einige Wochen vor Seminarbeginn. So können sie sich bereits vor Seminarbeginn mit den geplanten Inhalten bzw. den Zielen und Methoden des Seminars vertraut machen. (Tabelle 7) Knapp 86 % der TeilnehmerInnen bestätigen, dass die Vorgabe der Lehrgangsleitung betreffend die Darlegung der Ziele des Seminars von den ReferentInnen erfüllt worden ist.

Tabelle 4: Thema als Faktor für das Gefallen der Seminare

Dass mir das Seminar gefallen/nicht gefallen hat und meine Erwartungen erfüllt/nicht erfüllt wurden, lag vor allem am Thema	Häufigkeit	Gültige Prozent	Kumulierte Prozent
trifft völlig zu	107	60,8	60,8
trifft weitgehend zu	51	29,0	89,8
unentschieden	13	7,4	97,2
trifft kaum zu	2	1,1	98,3
trifft überhaupt nicht zu	3	1,7	100,0
Gesamt	176	100,0	

Tabelle 5: Aufbereitung der Inhalte als Faktor für das Gefallen der Seminare

Dass mir das Seminar gefallen/nicht gefallen hat und meine Erwartungen erfüllt/nicht erfüllt wurden, lag vor allem an der Aufbereitung der Inhalte	Häufigkeit	Gültige Prozent	Kumulierte Prozent
trifft völlig zu	83	48,0	48,0
trifft weitgehend zu	62	35,8	83,8
unentschieden	19	11,0	94,8
trifft kaum zu	8	4,6	99,4
trifft überhaupt nicht zu	1	0,6	100,0
Gesamt	176	100,0	

Tabelle 6: Allgemeine Stimmung als Faktor für das Gefallen der Seminare

Dass mir das Seminar gefallen/nicht gefallen hat und meine Erwartungen erfüllt/nicht erfüllt wurden, lag vor allem an der allgemeinen Stimmung	Häufigkeit	Gültige Prozent	Kumulierte Prozent
trifft völlig zu	67	39,2	39,2
trifft weitgehend zu	71	41,5	80,7
unentschieden	21	12,3	93,0
trifft kaum zu	6	3,5	96,5
trifft überhaupt nicht zu	6	3,5	100,0
Gesamt	176	100,0	

Ein weiterer wesentlicher Bereich ist die ausreichende Erklärung der Leistungsanforderungen. Grundsätzlich müssen die TeilnehmerInnen nach Abschluss des Seminars eine Seminararbeit schreiben. Die formalen Anforderungen an diese Arbeiten sind von der Lehrgangsleitung festgelegt und werden ebenfalls vorab mit den ReferentInnen besprochen. Die inhaltliche Ausrichtung der Arbeiten obliegt den TeilnehmerInnen, muss aber mit den ReferentInnen abgesprochen sein. Die formalen Kriterien für eine Seminararbeit sind vergleichbar mit jenen von Seminararbeiten im universitären Regelstudium. Auch hier zeigt das Ergebnis, dass die ReferentInnen die Vorgaben der Lehrgangsleitung umgesetzt haben. (Tabelle 8)

Die TeilnehmerInnen des Lehrgangs sind einerseits wissensorientiert, andererseits legen sie – insbesondere LehrerInnen – auch Wert auf didaktisch-methodisches Handwerkszeug, d.h. auf Anleitungen, wie sie gelernte Inhalten im beruflichen Alltag umsetzen können. In diesem Bereich zeigt die Befragung ein heterogenes Bild: 42 % meinen, dass die Umsetzbarkeit völlig bzw. weitgehend gegeben war. Knapp ein Viertel meint, dass dies kaum bzw. überhaupt nicht zutrifft und 31,6 % beantworten diese Frage mit „unentschieden". (Tabelle 9) Zwar werden in der Planungsphase die ReferentInnen von der Lehrgangsleitung dazu angehalten, auch auf die Umsetzbarkeit der Inhalte in der praktischen Arbeit zu achten. Allerdings sind viele ReferentInnen FachwissenschafterInnen und keine DidaktikerInnen, weshalb wohl das Ergebnis der Auswertung bei dieser Frage weniger eindeutig ausfiel.

Tabelle 7: Ziele des Seminars

Die Ziele des Seminars wurden ausführlich und verständlich dargelegt	Häufigkeit	Gültige Prozent	Kumulierte Prozent
trifft völlig zu	98	55,7	55,7
trifft weitgehend zu	54	30,7	86,4
unentschieden	17	9,7	96,0
trifft kaum zu	7	4,0	100,0
trifft überhaupt nicht zu	0	0	
Gesamt	**176**	**100,0**	

Tabelle 8: Erklärung der Leistungsanforderungen

Die Erwartungen gegenüber den TeilnehmerInnen und auch allfällige Leistungsanforderungen wurden ausreichend erklärt	Häufigkeit	Gültige Prozent	Kumulierte Prozent
trifft völlig zu	98	56,0	56,0
trifft weitgehend zu	55	31,4	87,4
unentschieden	17	9,7	97,1
trifft kaum zu	4	2,3	99,4
trifft überhaupt nicht zu	1	0,6	100,0
Gesamt	**175**	**100,0**	

Tabelle 9: Umsetzung von Inhalten im beruflichen Alltag

Die Vermittlung von Arbeitsmethoden zur Umsetzung der Inhalte in meinem beruflichen Alltag hatte hohen Stellenwert	Häufigkeit	Gültige Prozent	Kumulierte Prozent
trifft völlig zu	30	17,2	17,2
trifft weitgehend zu	43	24,7	42,0
unentschieden	55	31,6	73,6
trifft kaum zu	27	15,5	89,1
trifft überhaupt nicht zu	19	10,9	100,0
Gesamt	**176**	**100,0**	

Eine hohe Bedeutung wird innerhalb jedes Seminars der logischen Nachvollziehbarkeit der aufbereiteten Inhalte beigemessen. Bereits während der Seminarkonzeption werden die ReferentInnen von der Lehrgangsleitung darauf aufmerksam gemacht und gebeten, dies bei ihrer Planung zu berücksichtigen. Fast 90 % der TeilnehmerInnen bescheinigen der logischen Nachvollziehbarkeit der Inhalte ein positives Urteil. (Tabelle 10)

Ein weiterer wichtiger Punkt bei der Gestaltung und Durchführung der Seminare ist die Berücksichtigung aktueller politischer Ereignisse und wissenschaftlicher Tendenzen. 62,8 % der TeilnehmerInnen meinten, dass dies völlig zutrifft; 17,8 % antworteten, dass dies weitgehend zutrifft und knapp 10 % beurteilten diesen Punkt mit „unentschieden". In Summe gaben 7,2 % an, dass dies kaum bzw. überhaupt nicht zutrifft. (Tabelle 11) Einige ReferentInnen haben berichtet, wie tagespolitische Ereignisse ganze Seminarkonzepte verändern können. So hat die Diskussion rund um das Tragen von Kopftüchern als religiöses Symbol dazu geführt, dass ein Seminar zum Thema „Partizipation, Gleichheit, Geschlecht" eine neue Ausrichtung bekommen hat. Ähnliches passiert auch immer wieder im Pflichtseminar „Politisches Alltagsverständnis", wo vor allem tagesaktuelle innenpolitische Ereignisse zum Seminarthema werden.

Die verständliche Weitergabe von Lehrveranstaltungsinhalten ist ebenfalls ein wichtiger Indikator für die Qualität eines Seminars. Genau 89 % der TeilnehmerInnen beantworteten diese Frage mit völliger bzw. weitgehender Zustimmung (Tabelle 12). Ziel dieser Frage war es herauszufinden, ob eine Balance zwischen Wissensvermittlung und der eigenständigen Erarbeitung von Inhalten gegeben ist. Ein Zuviel an Frontalvorträgen wird von SeminarteilnehmerInnen immer als unangenehm empfunden. 24 % gaben an, dass dies kaum der Fall war. 37,7 % meinten, dies treffe überhaupt nicht zu. (Tabelle 13) Rund 75 % der TeilnehmerInnen stimmten der Aussage zu, dass im Seminar viel Wissen von „Fakten" vermittelt worden sei. Besonders bei Seminaren aus den Bereichen „Politik" und „Geschichte und Gesellschaft" lässt sich anhand persönlicher Gespräche mit TeilnehmerInnen und auch ReferentInnen feststellen, dass die TeilnehmerInnen während des Seminars die Vermittlung von Faktenwissen einfordern. Im Bereich der „Sozialen Kompetenz und Organisationsentwicklung" zeigt sich dies ein wenig anders, da dieser Lehrgangsbereich in Richtung soziales Lernen und gruppendynamische Einflüsse ausgerichtet ist. (Tabelle 14)

Tabelle 10: Logische Nachvollziehbarkeit der Inhalte

Die Inhalte wurden logisch nachvollziehbar gegliedert	Häufigkeit	Gültige Prozent	Kumulierte Prozent
trifft völlig zu	95	54,0	54,0
trifft weitgehend zu	61	34,7	88,6
unentschieden	15	8,5	97,2
trifft kaum zu	5	2,8	100,0
trifft überhaupt nicht zu	0	0	
Gesamt	**176**	**100,0**	

Tabelle 11: Berücksichtigung aktueller politischer Ereignisse und wissenschaftlicher Tendenzen

Aktuelle politische Ereignisse und/oder aktuelle wissenschaftliche Tendenzen wurden berücksichtigt	Häufigkeit	Gültige Prozent	Kumulierte Prozent
trifft völlig zu	113	62,8	64,9
trifft weitgehend zu	32	17,8	83,3
unentschieden	16	8,9	92,5
trifft kaum zu	9	5,0	97,5
trifft überhaupt nicht zu	4	2,2	100,0
Gesamt	**174**	**100,0**	

Tabelle 12: Verständliche Weitergabe der LV-Inhalte

Die LV-Inhalte wurden gut verständlich weitergegeben	Häufigkeit	Gültige Prozent	Kumulierte Prozent
trifft völlig zu	88	54,0	54,0
trifft weitgehend zu	57	35,0	89,0
unentschieden	16	9,8	98,8
trifft kaum zu	2	1,2	100,0
trifft überhaupt nicht zu	0	0	
Gesamt	**176**	**100,0**	

Tabelle 13: Frontalvorträge

Es gab zu viele „Frontalvorträge"	Häufigkeit	Gültige Prozent	Kumulierte Prozent
trifft völlig zu	19	10,9	10,9
trifft weitgehend zu	20	11,4	22,3
unentschieden	28	16,0	38,3
trifft kaum zu	42	24,0	62,3
trifft überhaupt nicht zu	66	37,7	100,0
Gesamt	175	100,0	

Tabelle 14: Vermittlung von Fakten

Es wurde mir viel Wissen von „Fakten" übermittelt	Häufigkeit	Gültige Prozent	Kumulierte Prozent
trifft völlig zu	77	43,0	43,0
trifft weitgehend zu	57	31,8	74,9
unentschieden	25	14,0	88,8
trifft kaum zu	11	6,1	95,0
trifft überhaupt nicht zu	9	5,0	100,0
Gesamt	179	100,0	

Die ReferentInnen werden bereits während der Seminarkonzeption dazu ermuntert, Skripten für die TeilnehmerInnen zu erstellen. Die Skripten werden vom Lehrgangsbüro kopiert und den TeilnehmerInnen entweder per Post zugesandt oder im Seminarhotel bereitgestellt. Darüber hinaus haben die ReferentInnen auch die Möglichkeit, ausgewählte Bücher für die TeilnehmerInnen über den Lehrgang anzukaufen und diese den TeilnehmerInnen als Arbeitsmaterialien zur Verfügung zu stellen. 52 % der TeilnehmerInnen meinten, dass die verwendeten Unterlagen hilfreich waren, um die Inhalte des Seminars besser verstehen zu können. Knapp 32 % stimmten weitgehend zu. (Tabelle 15)

Die Herstellung von fächerübergreifenden und interdisziplinären Verbindungen spielt nicht nur in der wissenschaftlichen Forschung, sondern auch im Lehrbereich eine immer wesentlichere Bedeutsamkeit. Vor allem das Feld der Politischen Bildung ist von Interdisziplinarität geprägt. Inhalte der Politischen Bildung sind nicht auf ein Fach bzw. eine Fächerkombination reduzierbar. So existieren etwa Überschneidungen mit dem Geschichte-, Geographie- oder Deutschunterricht.[16] Inhalte von Politischer Bildung können aber auch Bestandteil von naturwissenschaftlichen Fächern sein und finden sich auch in der Bildnerischen Erziehung[17] oder auch im Musikunterricht. Insgesamt sahen 35,4 % der TeilnehmerInnen dieses Anliegen als gelungen an. 39,4 % meinten, dass dieses Ziel weitgehend im jeweiligen Seminar erreicht worden ist. 18,9 % beurteilten diese Frage mit „unentschieden". (Tabelle 16)

Ein wesentlicher Faktor für das Gelingen eines jeden Seminars ist die Zusammensetzung des ReferentInnenteams und die Kompetenz der einzelnen ReferentInnen. (Tabelle 17) Bei der Zusammensetzung der Seminarteams versucht die Lehrgangsleitung auf eine bestimmte Ausgewogenheit hinsichtlich der Kompetenz der ReferentInnen zu achten. Folgende Maßregel gilt und wird so auch kommuniziert: Eine Person soll die wissenschaftliche und inhaltliche Expertise mitbringen, eine Person sollte über praktische Erfahrungen im Themenfeld verfügen und eine Person sollte die didaktisch-methodische Seite abdecken. Diese Maßregel kann nicht immer erfüllt werden. Manche Seminarinhalte machen die Umsetzung dieser Vorgabe nur schwer möglich. Oft sind es aber auch die ReferentInnen selbst, die mehrere der genannten Kompetenzen in sich vereinen, weshalb die personelle Splittung somit nicht notwendig bzw. möglich ist.

Ein weiterer wesentlicher Indikator für die Kompetenz von ReferentInnen ist die Frage, ob diese auch bei kontroversen Diskussionen die Objektivität bewahren. Besonders im Bereich der Politischen Bildung stellt die Unvoreingenommenheit – die Vielfalt der Perspektiven und somit das Postulat des „selbstreflexiven Ich"[18] – einen wichtigen Faktor dar. Das Ergebnis bescheinigt den ReferentInnen, die Objektivität weitgehend gewahrt zu haben. 80,9 % der TeilnehmerInnen beantworteten diese Frage mit „trifft völlig zu". (Tabelle 18)

Tabelle 15: Bewertung von Unterlagen

Die verwendeten Unterlagen waren hilfreich, um die Inhalte des Seminars besser zu verstehen	Häufigkeit	Gültige Prozent	Kumulierte Prozent
trifft völlig zu	93	52,0	52,0
trifft weitgehend zu	58	32,4	84,4
unentschieden	19	10,6	95,0
trifft kaum zu	5	2,8	97,8
trifft überhaupt nicht zu	4	2,2	100,0
Gesamt	179	100,0	

Tabelle 16: Herstellung von fächerübergreifenden bzw. interdisziplinären Verbindungen

Fächerübergreifende/Interdisziplinäre Verbindungen wurden hergestellt	Häufigkeit	Gültige Prozent	Kumulierte Prozent
trifft völlig zu	62	35,4	35,5
trifft weitgehend zu	69	39,4	74,9
unentschieden	33	18,9	93,7
trifft kaum zu	7	4,0	97,7
trifft überhaupt nicht zu	4	2,3	100,0
Gesamt	175	100,0	

Tabelle 17: Fachliche Kompetenz der Seminarleitung und der -referentInnen

Die Seminarleitung und die ReferentInnen erschienen mir fachlich kompetent und auf dem neuesten Wissensstand zu sein	Häufigkeit	Gültige Prozent	Kumulierte Prozent
trifft völlig zu	138	79,8	79,8
trifft weitgehend zu	28	16,2	96,0
unentschieden	4	2,3	98,3
trifft kaum zu	3	1,7	100,0
trifft überhaupt nicht zu	0	0	
Gesamt	173	100,0	

Tabelle 18: Objektivität der ReferentInnen

Die Seminarleitung und die ReferentInnen bewahrten Objektivität gegenüber verschiedenen Meinungen	Häufigkeit	Gültige Prozent	Kumulierte Prozent
trifft völlig zu	144	80,9	80,9
trifft weitgehend zu	27	15,2	96,1
unentschieden	4	2,2	98,3
trifft kaum zu	1	0,6	98,9
trifft überhaupt nicht zu	2	1,1	100,0
Gesamt	178	100,0	

Besonders erfreulich ist die Beurteilung der Leistungen der Seminarleitungen und der -referentInnen ausgefallen. Die TeilnehmerInnen wurden gebeten, die Leistungen anhand des Schulnotensystems zu benoten. Ein Nicht genügend wurde nicht einmal vergeben, 62,9 % haben die Leistungen mit Sehr gut beurteilt. (Grafik 5)

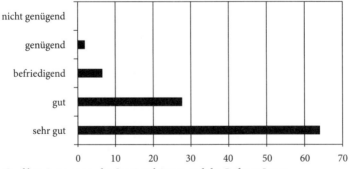

Grafik 5: Leistungen der Seminarleitung und der ReferentInnen

Ein sehr bedeutender Fragenkomplex innerhalb der Untersuchung hat sich mit der Frage beschäftigt, welche Motivation die TeilnehmerInnen für den Besuch der Lehrgangsseminare haben. Eine Pflicht zur Fortbildung war für die wenigsten TeilnehmerInnen ein Argument zur Teilnahme an einem bestimmten Seminar bzw. am Lehrgang. So meinten 66,7 % der TeilnehmerInnen, die Pflicht zur Fortbildung sei kein Grund für den Besuch eines Seminars gewesen. Aus Sicht von 92,4 % der TeilnehmerInnen war das Interesse an Politik (völlig bzw. weitgehend) Grund für die Teilnahme. Für 71,9 % bildete die Freude an der Fortbildung den primären Grund, für 75 % war die Frage ausschlaggebend, wie politische Bildung didaktisch am besten aufbereitet werden kann.

Ein primäres Anliegen jedes Fort- und Weiterbildungsprogramms ist schließlich die Frage, ob das Angebot einen Lerneffekt erzielt hat. 51,4 % der TeilnehmerInnen beschreiben die jeweils besuchten Seminare als lehrreich, 29,7 % attestieren den Seminaren weitgehend lehrreich zu sein. Knapp 80 % der Antworten stufen folglich die Seminare des Lehrgangs als lehrreich bzw. weitgehend lehrreich ein. (Tabelle 19)

Stellt man die Ergebnisse der Beurteilung der Leistungen der ReferentInnen in Relation zur Beurteilung des Seminars (Grafiken 6 und 7), so zeigt sich, dass die Leistungen der ReferentInnen – wenn auch nur geringfügig – positiver bewertet worden sind. In Summe werden sowohl Seminar als auch ReferentInnen überdurchschnittlich gut bewertet.

Tabelle 19: Lerneffekt durch den Seminarbesuch

Das Seminar war nicht lehrreich/sehr lehrreich	Häufigkeit	Gültige Prozent	Kumulierte Prozent
nicht lehrreich	2	1,1	1,1
weitgehend nicht lehrreich	9	5,1	6,3
eher nicht lehrreich	10	5,7	12,0
eher lehrreich	12	6,9	18,9
weitgehend lehrreich	52	29,7	48,6
lehrreich	90	51,4	100,0
Gesamt	**175**	**100,0**	

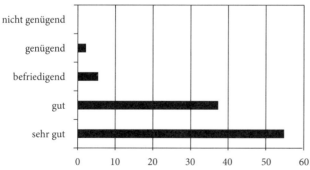

Grafik 6: Beurteilung des Seminars

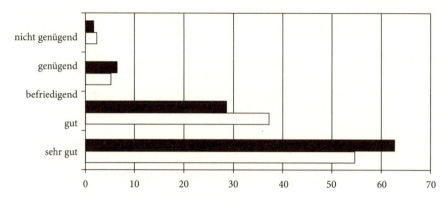

Grafik 7: Seminarbeurteilung vs. Leistung der ReferentInnen

Ausblick

Welchen Herausforderungen soll sich der Lehrgang in Zukunft stellen? Auch vor dem Universitätslehrgang Politische Bildung machen Reformen und Änderungen nicht halt. Das herkömmliche und zugegebenermaßen auch bewährte Lehrgangsdesign stößt vielfach an seine Grenzen. Zum einen zeichnet sich ein Generationswechsel innerhalb der TeilnehmerInnen ab, der zunehmend dazu führt, dass das bisherige Design der Seminarwochen langfristig nicht mehr durchführbar sein wird. Der Mix aus langjährigen, treuen TeilnehmerInnen, die immer wieder das eine oder andere Seminar besuchen, und neuen, relativ jungen TeilnehmerInnen, die den Lehrgang in der vorgeschriebenen Zeit absolvieren möchten, macht curriculare Änderungen erforderlich. Auch das vermehrte Anbieten von Seminaren in Rand- und Ferienzeiten bzw. die Teilung von Seminaren in zwei Blöcke zu je 2,5 Tagen ist immer öfter notwendig. Die Herausforderung der Reformen und Entwicklungen besteht darin, den Anforderungen und Erwartungen der unterschiedlichen Zielgruppen auch weiterhin gerecht zu werden. Seit Dezember 2005 unterstützt etwa ein interdisziplinär zusammengesetztes Beratungsgremium (Think Tank) die Lehrgangsleitung. Die bisherigen Erfahrungen zeigen, dass die Installation einer unabhängigen Ideenfabrik eine richtige Entscheidung war und erste Anregungen der Mitglieder befinden sich bereits in Umsetzung. Neben der kontinuierlichen Evaluation der Seminare des Masterprogramms ist die Lehrgangsleitung auch bemüht, die Qualität von Seminararbeiten und Masterthesen permanent weiterzuentwickeln und zu verbessern. Mit Wintersemester 2006/07 wurden erstmals eigene Seminare für das wissenschaftliche Arbeiten angeboten. Zudem wird auch der Didaktik politischer Bildung vermehrt Rechnung getragen, indem einige Seminare dazu in das Programm aufgenommen wurden.

Anmerkungen

1 Wolf, Andrea: Zur Geschichte der politischen Bildung an Österreichs Schulen, in: Dies. (Hg.): Der lange Anfang. 20 Jahre „Politische Bildung" in den Schulen, Wien 1998, S. 23; Gagel, Walter: Geschichte der politischen Bildung in der Bundesrepublik Deutschland bis 1989, in: Wolf (Hg.): Der lange Anfang, S. 108-110.
2 Bundesgesetz über die Förderung der politischen Bildungsarbeit und Publizistik, BGBl. Nr. 369/1984 idF BGBl. I Nr. 136/2003.
3 Als Konsequenz des Ergebnisses der Nationalratswahl 2006 wird es in Zukunft in Österreich fünf Parteiakademien geben: Renner Institut (SPÖ), Politische Akademie (ÖVP), Grüne Bildungswerkstatt (Die Grünen), Freiheitliche Akademie (FPÖ) und die Zukunftsakademie Österreichs des BZÖ, die sich derzeit noch im Aufbau befindet. (Stand: 15. Februar 2007)
4 Grundsatzerlass „Politische Bildung", BMUKK 1978 bzw. Wiederveröffentlichung 1994. http://www.edui.at/dl/Grundsatzerlass_Politische_Bildung_deutsch.doc, 22. August 2007.
5 Folgende Unterrichtsprinzipien finden sich auf der Homepage des Bundesministeriums für Bildung, Wissenschaft und Kultur: Erziehung zur Gleichstellung von Männern und Frauen, Gesundheitserziehung, Interkulturelles Lernen, Leseerziehung, Medienerziehung, Politische Bildung, Sexualerziehung, Umwelterziehung, Verkehrserziehung, Wirtschaftserziehung (www.bmukk.gv.at, 23. August 2007). Bei genauerer Recherche finden sich noch weitere Unterrichtsprinzipien, die derzeit im österreichischen Schulsystem angewandt werden: Vorbereitung auf die Arbeits- und Berufswelt, Erziehung zur Anwendung neuer Technologien, Lese- und Sprecherziehung, Musische Erziehung – ebenfalls: www.bmukk.gv.at, 22. August 2007. Details siehe: Filzmaier, Peter/Klepp, Cornelia: Civic Education as an Interdisciplinary Subject, in: Austria: A Review, in: Sowi-Online Journal, 2 (2006). Artikel online unter: http://www.jsse.org/2006-2/filzmaier_klepp_austria.htm#Literatur, 7. März 2007.
6 Für weitere Informationen siehe: Klepp, Cornelia: Politische Bildung in Österreich zwischen Vielfalt und Überschaubarkeit. Betrachtungsweisen, Erkenntnisse und Herausforderungen, in: Praxis Politische Bildung. Materialien – Analysen – Diskussion, 9/3 (2006), S 196- 202.
7 Details zum Programm unter: www.schlosshofen.at, 22. August 2007.
8 Zwischen beiden Angeboten gibt es bereits eine langjährige Kooperation. Den AbsolventInnen des Lehrgangs in Schloßhofen werden die erbrachten Studienleistungen im Masterstudienprogramm Politische Bildung angerechnet.
9 Details zum Wahlverhalten von Jugendlichen bei der Wiener Landtagswahl 2005 finden sich unter: http://www.sora.at/images/doku/gesamtbericht_nachwahlanalyse_wiener_jugendlicher, 22. August 2007.
10 Das Programm feiert 2008 sein 25-jähriges Jubiläum. Im Zuge der Feierlichkeiten wurde ein Jubiläumsband „25 Jahre Universitätslehrgang Politische Bildung" – herausgegeben von Cornelia Klepp und Daniela Rippitsch – vorgestellt. Namhafte WissenschafterInnen aus dem In- und Ausland setzen sich darin mit aktuellen Trends und Herausforderungen innerhalb der politischen Bildungsarbeit auseinander.
11 Diem-Wille, Gertraud: Zwölf Jahre Hochschullehrgang „Politische Bildung für LehrerInnen" am IFF. Aufbau, Bewertung, Ausblick, in: Österreichischen Zeitschrift für Politikwissenschaft, 1 (1996), S. 20.
12 Details zu den unterschiedlichen Abschlüssen und zur Lehrgangsstruktur finden sich in Grafik 1: Lehrgangsstruktur.
13 Details finden sich unter: www.donau-uni.ac.at/dpk/polbil – ULG/MSc Politische Bildung, 22. August 2007
14 Ein besonderer Dank gilt an dieser Stelle an Frau Daniela Ingruber. Sie hat im Jahr 1999 den Fragebogen entwickelt und die erste Evaluation durchgeführt. Die Ergebnisse des Prozesses sind in eine mit Peter Filzmaier gemeinsam herausgegebene Publikation gemündet. Für nähere Details siehe: Filzmaier, Peter/Ingruber, Daniela: Politische Bildung in Österreich. Erfahrungen und Perspektiven eines Evaluationsprozesses, Innsbruck/Wien/München 2001.
15 150 TeilnehmerInnen haben diese Angabe am Statistikblatt ausgefüllt.
16 Siehe dazu die Praxisbeiträge von Christian Angerer (Deutsch), Thomas Hellmuth (Geschichte und Deutsch) sowie von Edith Killingseder und Barbara Mayerhofer (Geografie) in diesem Band.

17 Siehe dazu etwa den Praxisbeitrag von Albert Hamann in diesem Band.
18 Siehe dazu die theoretisch-methodischen Beiträge von Thomas Hellmuth, Martin Heinrich und Gerhard Zenaty in diesem Band.

AutorInnen

Angerer, Christian, Dr., Pädagogische Hochschule Oberösterreich, AHS-Lehrer für Deutsch und Geschichte, Vermittlungsprojekt www.erinnern.at.

Hamann, Albert, Dr., Pädagogische Hochschule Oberösterreich (Institut für Ausbildung APS sowie Institut für Bildungskooperation und Hochschullehrgänge).

Heinrich, Martin, Dr., o. Univ.-Prof. für Bildungsforschung mit den Schwerpunkten empirische Professionsforschung und Bildungstheorie, Leibniz Universität Hannover.

Hellmuth, Thomas, Dr., Univ.-Ass., Institut für Neuere Geschichte und Zeitgeschichte der Johannes Kepler Universität Linz sowie AHS-Lehrer für Geschichte, Deutsch sowie Kommunikation und Medienkunde.

Hiebl, Ewald, Dr., V.-Ass., Fachbereich Geschichte der Paris Lodron Universität Salzburg, Leiter des Leopold-Kohr-Archivs in Salzburg, freier Mitarbeiter des ORF.

Huber, Astrid, Dr.[in], Pädagogische Hochschule der Diözese Linz und Pädagogische Hochschule Oberösterreich.

Killingseder, Edith, Mag.[a], Fachbereich Geographie und Geologie der Paris Lodron Universität Salzburg, Lehrerin im Werkschulheim Felbertal für Geographie und Wirtschaftskunde sowie Deutsch.

Klepp, Cornelia, Dr.[in], Univ.-Ass., Arbeitsbereich Didaktik der Politischen Bildung der Universität Wien, geschäftsführende Leiterin und wissenschaftliche Koordinatorin des Masterstudienprogrammes Politische Bildung (durchgeführt in Kooperation zwischen den Universitäten Krems und Klagenfurt).

Krammer, Reinhard, Dr., ao. Univ.-Prof. für Didaktik der Geschichte, Fachbereich Geschichte der Paris Lodron Universität Salzburg.

Mayerhofer, Barbara, Mag.[a], Fachbereich Geographie und Geologie der Paris Lodron Universität Salzburg, AHS-Lehrerin für Geografie und Wirtschaftskunde sowie Englisch und Informatik, Lehrbeauftragte für Geography (in English) an der Fachhochschule Salzburg.

Zenaty, Gerhard, Dr., Pädagogische Hochschule Oberösterreich, AHS-Lehrer für Philosophie und Psychologie, Psychoanalytiker mit eigener Praxis.